大数据与商务分析

郭崇慧　吴江宁　编著

科学出版社
北京

内 容 简 介

本书全面阐释大数据与商务分析的时代背景、基本概念、模型算法与前沿技术，使读者对大数据与商务分析领域能有一个比较清晰的认识。全书共9章，主要内容包括大数据概论、商务分析基础、大数据管理、数据预处理、数据探索分析、描述性数据分析、预测性数据分析、规范性数据分析和非结构化数据分析。

本书既可作为高等院校大数据管理与应用、数据科学与大数据技术、信息系统与信息管理等专业的本科生教材，也可以作为管理科学与工程、工商管理等相关专业的研究生课程以及“新工科”“新商科”和“新文科”通识课程的教材，还可供从事信息技术相关工作的人士阅读参考。

图书在版编目（CIP）数据

大数据与商务分析 / 郭崇慧，吴江宁编著. —北京：科学出版社，2022.5

ISBN 978-7-03-072191-4

Ⅰ. ①大… Ⅱ. ①郭… ②吴… Ⅲ. ①数据处理-应用-商务-经济分析 Ⅳ. ①F7-39

中国版本图书馆 CIP 数据核字（2022）第 074958 号

责任编辑：杨慎欣 张培静 / 责任校对：樊雅琼

责任印制：吴兆东 / 封面设计：无极书装

科学出版社出版

北京东黄城根北街 16 号

邮政编码：100717

http://www.sciencep.com

天津市新科印刷有限公司印刷

科学出版社发行 各地新华书店经销

*

2022 年 5 月第 一 版 开本：787×1092 1/16

2024 年 7 月第三次印刷 印张：16 3/4

字数：408 000

定价：62.00 元

（如有印装质量问题，我社负责调换）

前　言

信息技术与经济社会的交汇融合引发了数据迅猛增长，大数据已成为国家基础性战略资源，正日益对全球生产、流通、分配、消费活动以及经济运行机制、社会生活方式和国家治理能力产生重要影响。以数据流引领技术流、物质流、资金流、人才流，将深刻影响社会分工协作的组织模式，促进生产组织方式的集约和创新。大数据推动了社会生产要素的网络化共享、集约化整合、协作化开发和高效化利用，改变了传统的生产方式和经济运行机制，可显著提升经济运行水平和效率。大数据持续激发商业模式创新，不断催生新业态，已成为互联网等新兴领域促进业务创新增值、提升企业核心价值的重要驱动力。大数据产业正在成为新的经济增长点，将对未来信息产业格局产生重要影响。

大数据时代，企业对数据的整体需求提升。通过建设一站式大数据解决方案，优化企业数据处理的每个流程，可以更好地管理和应用海量数据，实现大数据的商业价值。基于大数据技术的商务分析从企业业务层面入手，融入企业管理思想与决策思维模式，通过技术手段对数据进行业务分析、模拟和预测，从而帮助企业洞察管理、辅助决策，应对经营环境的不确定性变化，提升企业顾客价值的创造力。大数据的意义不在于掌握海量的数据，而在于对这些海量数据进行处理、分析与挖掘，通过数据“加工”实现数据的“增值”。

大数据作为一种基础性战略资源，它的应用和创新迫切需要大量既懂大数据技术又懂经济管理的复合型人才，对大数据自觉地加以管理与应用以实现商业价值。因此，一个新的专业——“大数据管理与应用”就应运而生。“大数据管理与应用”是教育部2017年度新设置的普通高等学校本科专业，近几年在新增备案本科专业名单中，申报和获批“大数据管理与应用”专业的高校数量一直位于前列。在 “管理科学与工程”与“工商管理”学科专业的研究生培养方案中，“大数据管理与商务分析”也是一个重要的研究方向。在各高校经济管理类的本科生与研究生的教学计划中也陆续开始设置“大数据与商务分析”“大数据概论”“大数据分析”“数据挖掘”与“机器学习”等课程。

近年来，大数据相关课程已经开始列入国内各高校不同专业的教学计划中，并且已经有多种教材问世，但是这些教材大部分是从数据科学和大数据技术视角编写的，比较适合理工科学生学习，而不太适合于经济管理类的学生。本书作者从 2017 年开始为经济管理学院的本科生开设了“大数据概论”课程，2018 年开始为研究生开设了“大数据与商务分析”课程，迫切需要编写一本“大数据与商务分析”方面的教材。为贯彻落实《大连理工大学一流大学建设方案》的要求，进一步推进世界一流大学和一流学科建设工作进程，突出人才培养在学科建设中的核心地位，大连理工大学推出了“新工科”系列精品教材专项，“大数据与商务分析”有幸入选学校首批研究生精品专业教材建设项目，历经三年终于完成书稿。

本书共 9 章，各章的内容如下。

第 1 章“大数据概论”是对大数据的概括介绍，阐述大数据的定义与特征、大数据的产生与来源、大数据时代的科研范式以及大数据人才与组织，最后探讨大数据安全与隐私保护。

第 2 章“商务分析基础”是对商务分析的概括介绍，阐述商务智能与商务分析的含义、商务数据分析框架、常用的商务数据分析方法与商务数据分析流程。

第 3 章“大数据管理”从如何更好地管理大数据这一问题出发，对大数据管理进行概括介绍。从结构化数据与非结构化数据、元数据管理、大数据存储管理与数据质量管理等方面，阐明大数据管理的特点。

在概括介绍了大数据、商务分析与大数据管理之后，接下来的两章介绍数据预处理与数据探索分析。

第 4 章“数据预处理”从数据预处理技术出发，着重介绍数据清洗、数据集成、数据转换以及数据降维。

第 5 章“数据探索分析”从统计学视角着重介绍数据描述统计分析和数据可视化方法。

第 6～8 章则针对三种商务数据分析框架，对描述性数据分析、预测性数据分析与规范性数据分析进行阐述。

第 6 章“描述性数据分析”是对大数据进行深度分析的初级阶段，主要关注数据中的关联关系、顺序关系、相似关系、异常关系等，着重介绍关联分析、序列模式分析、聚类分析与离群点检测。

第 7 章“预测性数据分析”是对大数据进行深度分析的核心，首先从统计学视角介绍线性回归分析、时间序列分析与判别分析，然后从数据挖掘与机器学习视角介绍多种分类算法与推荐算法。

第 8 章“规范性数据分析”是对大数据进行深度分析的终点，目的是在描述性数据分析和预测性数据分析基础上，辅助决策者制定决策获得最大收益。从决策科学视角介绍决策分析、数据驱动的决策、决策支持系统、商务智能系统、知识管理系统、个性化推荐系统与收益管理系统。

随着信息与通信技术的快速发展及应用创新，非结构化数据类型越来越多、数据量增长越来越快，最后一章对非结构化数据分析这一前沿技术领域进行了阐述。

第 9 章“非结构化数据分析”针对 Web 数据、文本数据和图数据这三类典型的非结构化数据，介绍它们的处理技术和分析方法。

本书第 1、3、7、8 章由郭崇慧编写，第 2、4、5、6、9 章由吴江宁编写，全书由郭崇慧统稿。

本教材的编写是在大连理工大学“新工科”系列精品教材编委会统一安排和指导下进行的。我们衷心感谢教材编委会、大连理工大学研究生院、经济管理学院以及大数据与智能决策研究中心对于本书编写提供的工作条件。衷心感谢国家自然科学基金委员会长期的支持和提供的项目（71771034、71171030、70871015）资助，使我们能够较早地进入大数据与商务分析这一研究领域。感谢硕士研究生左玉倩和朱家和对本书的部分图表绘制和公式编辑提供的帮助。

“大数据与商务分析”是一门新的课程，编著者从事这门课程的教学和研究时间还不长，理论水平、实践经验和学术眼界也都还有限，因此书中不足之处在所难免，恳请使用本书的广大读者多加批评指正！

编著者谨识

2021年6月

目　录

第 1 章　大数据概论

在过去的数年中，信息与通信技术（information and communication technology，ICT）在生产、生活、经济、社会等各个领域不断渗透和推陈出新，ICT 的快速发展及创新正使各个产业发生改变，各行各业都产生了海量数据，大数据时代已经来临。在移动互联网、物联网、云计算、区块链、人工智能、5G 等一系列新兴技术的支持下，社交媒体、众包、平台经济等新型应用模式正在持续拓展人类创造和利用信息的范围和形式。大数据浪潮，汹涌来袭，与互联网的发明一样，这绝不仅仅是 ICT 领域的革命，更是在全球范围内启动透明政府、加速企业创新、引领社会变革的利器。

1.1　什么是大数据

大数据（big data）并不是一个新概念，但大数据时代却是伴随着近年来信息爆炸式增长而来。1980 年，著名未来学家阿尔文 • 托夫勒便在《第三次浪潮》一书中，将大数据热情地赞颂为“第三次浪潮的华彩乐章”。从 2009 年开始，“大数据”成为 ICT 行业的流行词汇。2012 年以来，“大数据”一词越来越多地被人们提及，媒体将 2013 年称为“大数据元年”。

1.1.1　大数据时代背景

人类文明的进步总是以科技的突破性成就为标志。19 世纪，蒸汽机引领世界；20 世纪，石油和电力扮演主角；21 世纪，伴随着信息技术和互联网的爆发式发展，数据成为当今世界的基础性战略资源，大数据成为学术界、产业界和各级政府部门关注的热点领域。

2008 年 9 月和 2011 年 2 月，*Nature* 与 *Science* 杂志分别出版专刊 *Big Data*: *Science in the Petabyte Era* 和 *Dealing with Data*，从互联网技术、互联网经济学、超级计算、环境科学、生物医药以及气象学、生态学、神经科学、社会科学、科学数据可视化等多个方面讨论大数据处理和应用专题。

2010 年 2 月，*The Economist* 杂志发表了“The Data Deluge”作为封面文章。文章指出，当今世界上的信息数量正快速递增，随着这股数据洪流不断增加，存储这些数据，提取并分析有用信息将变得更困难。商业、政府、科学以及人们的日常生活都已经显现数据泛滥的前兆。处理数据泛滥的最好方法就是让更多数据被用到正确的地方，但这个过程可能会十分漫长。毕竟，人类学习处理数据洪流、找到如何管理它们的过程才刚刚开始。

2011 年 6 月，麦肯锡咨询公司发布了《大数据：下一个竞争、创新和生产力的前沿领域》研究报告。麦肯锡在研究报告中指出，数据正渗透到当今每一个行业和业务职能领域，成为重要的生产因素。各行各业海量数据的挖掘和运用预示着新一波生产率增长和消费者盈余浪潮的到来，“大数据”时代已经降临。

全球范围内，运用大数据推动经济发展、完善社会治理、提升政府服务和监管能力正成为趋势，有关发达国家相继制定实施大数据战略性文件，大力推动大数据发展和应用。2012 年 3 月，美国政府宣布投资 2 亿美元发起“大数据研究和发展倡议”，致力于提高从大型复杂数据集中提取信息和知识的能力，并服务于能源、健康、金融和信息技术等领域的高科技企业。2012 年 4 月，英国、美国、德国、芬兰和澳大利亚研究者联合推出“世界大数据周”活动，旨在促使政府制定战略性的大数据措施。联合国也在 2012 年 5 月发布了《大数据促发展：挑战与机遇》白皮书，指出大数据对于联合国和各国政府来说是一个历史性的机遇，人们如今可以使用极为丰富的数据资源来对社会经济进行前所未有的实时分析，帮助政府更好地响应社会和经济运行。

为全面推进我国大数据发展和应用，加快建设数据强国，国务院于 2015 年 8 月发布了《促进大数据发展行动纲要》。2015 年 10 月，十八届五中全会首次提出“国家大数据战略”。2016 年 2 月，国家发展改革委、工业和信息化部、中央网信办发函批复，同意贵州省建设国家大数据（贵州）综合试验区，这也是首个国家级大数据综合试验区。2016 年 10 月，京津冀地区、珠江三角洲、上海市、河南省、重庆市、沈阳市、内蒙古自治区七个区域获批第二批国家级大数据综合试验区。2016 年 12 月，工业和信息化部发布了《大数据产业发展规划（2016—2020 年）》。2018 年 4 月，国务院办公厅印发《科学数据管理办法》，提出了要进一步加强和规范科学数据管理，保障科学数据安全，提高开放共享水平，更好地为国家科技创新、经济社会发展和国家安全提供支撑。2020 年 5 月，工业和信息化部发布了《关于工业大数据发展的指导意见》，提出了促进工业数据汇聚共享、融合创新，提升数据治理能力，加强数据安全管理，着力打造资源富集、应用繁荣、产业进步、治理有序的工业大数据生态体系。2020 年 11 月，《中共中央关于制定国民经济和社会发展第十四个五年规划和二〇三五年远景目标的建议》提出，加快数字化发展，发展数字经济，推进数字产业化和产业数字化，推动数字经济和实体经济深度融合，打造具有国际竞争力的数字产业集群。

越来越多的政府、企业等机构开始意识到数据正在成为组织中最重要的资产，数据分析能力正在成为组织的核心竞争力。“大数据”时代对政府管理转型来说是一个历史性机遇，对于企业来说，海量数据的运用将成为未来竞争和增长的基础。大数据的兴起意味着大机遇，但同时也带来了理论与实践范式、支撑技术、价值开发、产业与生态系统治理等多方面的重大挑战，需要在基础理论、工程技术和人才培养等各个层面上加以应对。

1.1.2　大数据的定义

大数据是一个较为抽象的概念，至今尚无确切、统一的定义。下面列出几种比较常见的定义。

维基百科中关于大数据的定义为：大数据是指无法在一定时间内用常规软件工具对其内容进行获取、管理和处理的数据集合。

国际著名 IT 咨询机构加特纳集团（Gartner Group）给出的大数据定义是：大数据是需要

利用新处理模式进行处理，才能具有更强的决策力、洞察发现力和流程优化能力来适应海量、高增长率和多样化的信息资产。

麦肯锡全球研究院给出的大数据定义是：一种规模大到在获取、存储、管理、分析方面大大超出了传统数据库软件工具能力范围的数据集合，具有海量的数据规模、快速的数据流转、多样的数据类型和价值密度低四大特征。

日本野村综合研究所认为“所谓大数据，是一个综合型概念，它包括因具备 3V 特征①而难以进行管理的数据，对这些数据进行存储、处理、分析的技术，以及能够通过分析这些数据获得实用意义和观点的人才和组织”[1]。这实际是在广义层面上给出了大数据的一个定义，如图 1.1 所示。

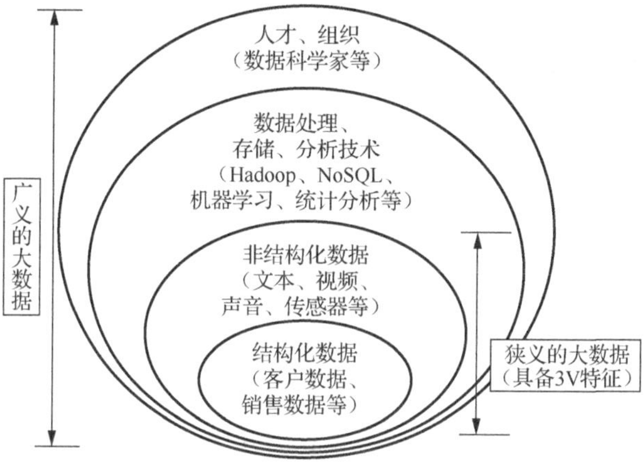

图 1.1　广义的大数据

基于不同的视角，学术界对大数据给出了不同的定义。与大数据密切相关的学科领域包括计算机科学与技术、统计学、机器学习、社会科学等，这些不同领域和学科的专家学者对大数据的理解和定义也有所不同[2]，如图 1.2 所示。

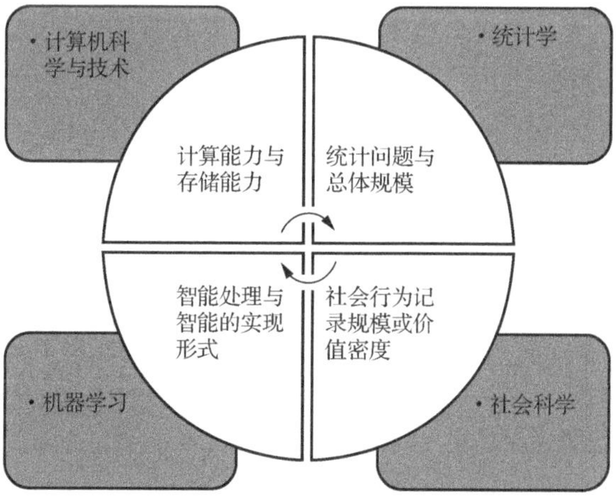

图 1.2　不同学科对术语“大数据”的理解不同

① 大数据的 3V 特征是指体量（volume）大、类型（variety）多、速度（velocity）快。

计算机科学与技术领域的专家学者认为：当数据量、数据的复杂程度、数据处理的任务要求等超出了传统数据存储与计算能力时，称之为“大数据”。可见，计算机科学与技术中是从存储和计算能力视角理解“大数据”——大数据不仅仅是“数据存量”的问题，还涉及“数据增量”、复杂度和处理要求（如实时分析）。

统计学领域的专家学者认为：当能够收集足够多的个体（总体中的绝大部分）的数据，且计算能力足够大，可以不用抽样，直接在总体上就可以进行统计分析时，称之为“大数据”。可见，统计学主要从所处理的问题和“总体”的规模之间的相对关系视角理解“大数据”。

机器学习领域的专家学者认为：当训练集足够大，且计算能力足够强，只需通过对已有的实例进行简单查询或机器学习方式即可达到“智能计算的效果”时，称之为“大数据”。可见，机器学习主要从“智能的实现方式”理解大数据——智能的实现通过简单的实例学习和机器学习的方式即可实现。

社会科学领域的专家学者认为：当多数人的大部分社会行为可以被记录下来时，称之为“大数据”。可见，社会科学家眼里的“大数据”主要从“数据规模与价值密度”视角来看——数据规模过大导致价值密度过低。

大数据的产生和发展正在对实际的管理活动产生深刻的影响。在广度上，诸多领域的大数据对不同产业的发展以及人们的生产生活方式都产生了深刻影响；而在深度上，大数据正在影响人们生产和消费信息的方式，从而对管理机制和决策模式产生显著影响；在细微之处，大数据存在于生活的方方面面，并潜移默化影响着人们的行为方式。

基于大数据的资源观和管理视角，杨善林和周开乐认为大数据是一类能支持管理决策的重要资源，提出了基于管理视角的大数据定义：“大数据是一类能够反映物质世界和精神世界运动状态和状态变化的信息资源，它具有复杂性、决策有用性、高速增长性、价值稀疏性和可重复开采性，一般具有多种潜在价值”[3]。

陈国青等则从信息管理与信息系统领域中“造”与“用”的视角来讨论大数据，如图 1.3 所示[4]。大数据以信息技术的形式呈现，通常可以概括为数据和系统（包括算法、应用、平台等）。从“造”（设计科学）的视角出发，涉及的主要问题包括大数据分析（如画像、学习、推断等）和大数据系统建设（如体系、功能、集成等）。从“用”（行为科学）的视角出发，涉及的主要问题包括大数据使用行为（如采纳、影响、管理等）和大数据使能创新（如要素、价值、市场等）。

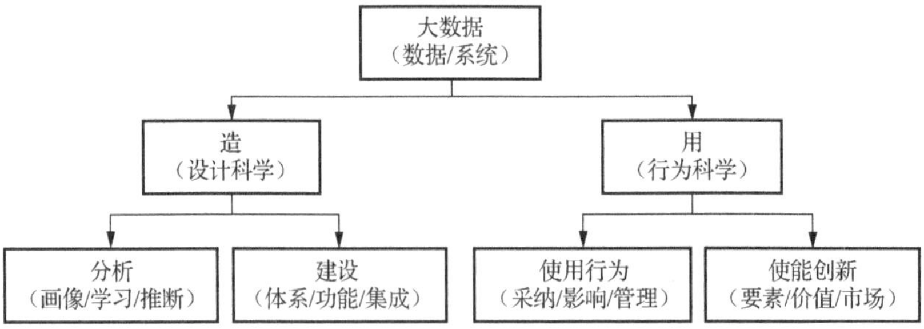

图 1.3　大数据的“造”与“用”视角

目前人们认识大数据的视角是存在差异的，造成这种差异的原因主要是人们分析大数据的背景和应用大数据的目的不同。除了上述具有代表性的定义外，还有许多关于大数据的不同定义，然而人们对大数据的认识就像是盲人摸象，每个定义都是基于特定的视角，如大数据的技术特征、应用价值、来源和处理方法等。

1.1.3　大数据的特征

大数据既是数据量的一个激增，同时也是数据复杂性的提升。大数据同过去的海量数据有所区别，其基本特征可以用 4 个 V 开头的英文关键词来描述，即体量（volume）大、类型（variety）多、速度（velocity）快、价值（value）密度低。

大数据的第一个特征是数据体量巨大。计算机中的数据都是用二进制数表示的，所以信息的最小单位就是一个二进制位（bit），但是计算机处理信息时一般是以字节（B）为单位，一个字节是 8 位的二进制数（1B =8bit），存储器中的一个单元存放一个字节。大数据的数据量是非常庞大的，数据存储量的计量单位从 TB 量级跃升到 PB 量级。当前，典型个人计算机硬盘的容量为 TB 量级，而一些大企业的数据量已经接近 EB 量级。表 1.1 列出了计算机中的数据存储单位及换算关系。

表 1.1　计算机中的数据存储单位及换算关系

存储单位	英文缩写	中文读音	换算关系
Kilo	K	千	1KB = 1024B
Mega	M	兆	1MB = 1048576B
Giga	G	吉	1GB = 1073741824B
Tera	T	太	1TB = 1099511627776B
Peta	P	拍	1PB = 1125899906842624B
Exa	E	艾	1EB = 1152921504606846976B
Zetta	Z	泽	1ZB = 1180591620717411303424B
Yotta	Y	尧	1YB = 1208925819614629174706176B

大数据的第二个特征是数据类型繁多，包括结构化的数据表和半结构化的网页以及非结构化的文本、图像、视频、地理位置等。物联网、云计算、移动互联网、车联网、手机、平板电脑以及遍布地球各个角落的各种各样的传感器，无一不是数据来源或者承载的方式。这些多类型多来源的数据对数据处理能力提出了更高要求。

大数据的第三个特征是数据增长与处理速度快。数据源增加，数据通信的吞吐量提高，数据生成设备的计算能力提高，使得数据产生和更新的速度非常快。传统数据仓库、商务智能应用都采用的是批处理方式，但对于大数据应用，必须进行实时数据流处理。

大数据的第四个特征是价值密度低。产业界对大数据特征的定义普遍采用上述 3V 特征来描述，不过也有人认为除了 3V 特征，还应该增加 1 个 V，即价值（value），它是大数据处理与分析的最终意义，即获得洞察力和价值。这也是大数据的核心特征。但是现实世界所产生的大数据中，有价值的数据所占比例很小，即价值密度低。相比于传统的小数据，大数据最大的价值在于通过从大量不相关的各种类型的数据中，挖掘出对未来趋势与模式预测分析有价值的数据，并通过机器学习方法、人工智能方法或数据挖掘方法深度分析，发现新规律和新知识，并运用于农业、金融、医疗等各个领域，从而最终达到改善社会治理、提高生产效率、推进科学研究的效果。

舍恩伯格和库克耶认为大数据有三个主要的特点，分别是全体性、混杂性和相关性[5]。第一是全体性，即去收集和分析有关研究问题的更多、更全面数据。数据量绝对的数字并不重要，重要的是有多少数据是和研究的现象相关。通过研究问题有关的更多、更全面的数据可以看到很多细节，这些细节在以前通过随机抽样方式获取少量样本数据的条件下是得不到的。第二是混杂性，即接受混杂的数据。在小数据时代人们总是试图收集一些非常干净的、高质量的数据，花费很多金钱和精力来确定这些数据是好数据，是高质量的数据。可是在大数据时代，就不用去追求代价高昂的精确性。当微观上失去了精确性，宏观上却能获得准确性。第三是相关性。因为大数据的混杂性特点，要求人们从小数据时代寻求因果关系转向大数据时代发现相关关系。人们不要认为可以真正地、容易地找到因果关系，其实多数情况下只是发现了相关关系。

相关关系和因果关系，在人们的工作和生活中，都扮演着极其重要的角色，它们单独或共同影响着人们的行为方式。相关关系，类似“事实判断”，回答的“是什么”的问题。因果关系，类似“价值判断”，回答的是“为什么”的问题。大数据的意义在于从海量的数据里寻找出一定的相关性，然后推演出行为方式的可能性。

1.1.4　DIKW 模型

DIKW 模型是一个关于数据（data）、信息（information）、知识（knowledge）和智慧（wisdom）之间衍生递进关系的模型，展现了数据如何转化为信息、知识乃至智慧的方式。DIKW 模型将数据、信息、知识、智慧纳入到一种金字塔形的层次体系，每一层比下一层都多涌现出一些特质，如图 1.4 所示。

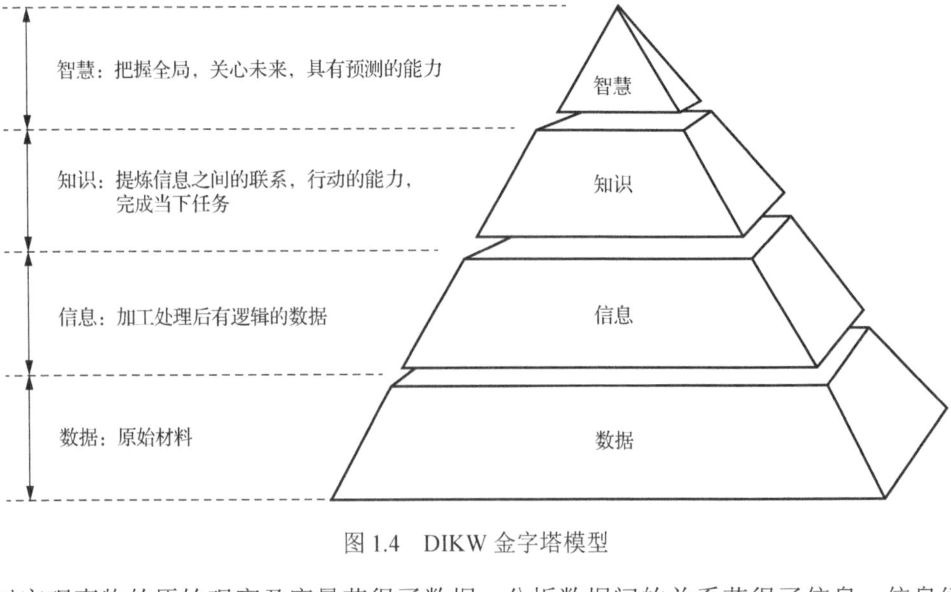

图 1.4　DIKW 金字塔模型

对客观事物的原始观察及度量获得了数据，分析数据间的关系获得了信息，信息经过提炼获得了知识，利用知识获得了完成当下任务与行动的能力，智慧则是把握全局，关心未来，具有预测的能力，不仅要知其然，还要知其所以然，达到天人合一的境界。

数据是指对客观事物进行记录并可以鉴别的符号，是对客观事物的性质、状态以及相互关系等进行记载的物理符号或这些物理符号的组合。它是可识别的、抽象的符号。这里应该说明的是数据不仅包含数字，而且还包括文字、声音、图像、视频等广义数据。在计算机科学中，数据是指所有能输入到计算机并被计算机程序处理的符号介质的总称。

信息是具有时效性的、有一定含义的，有逻辑的、经过加工处理的、对决策有价值的数据。信息是以有意义的形式加以排列和处理的数据，是有目的、有意义、有用途的数据。信息可以提炼成知识，但信息本身不等于知识。信息虽然可以告诉人们事物运动的状态是什么以及状态会以什么方式改变，但不具有普遍抽象的品质。只有经过积累、抽象提炼，具有更加普遍、深刻与抽象的品格，才能形成知识。

知识是对信息进行深加工，经过逻辑或非逻辑思维，认识事物的本质而形成的经验与理论。知识乃是经过人的思维整理过的信息、形象、意象、价值标准以及社会的其他符号化产物，不仅包括科学技术知识（这是知识中的重要组成部分），还包括人文、社会科学的知识，商业活动、日常生活和工作中的经验和知识，人们获取、运用和创造知识的知识，以及面临问题做出判断和提出解决方法的知识。

按照经济合作与发展组织（Organization for Economic Cooperation and Development，OECD）报告的分类[6]，为了有利于经济分析，把知识分成如下四类：

（1）“知道是什么”（know-what）的知识，指的是关于历史事实、经验总结、统计数据的知识，这类知识与通常所说的信息很难区分。

（2）“知道为什么”（know-why）的知识，指的是那些自然、社会和人的思维运动的法则和规律的科学知识。这些知识和经济活动的联系并不是直接的，但在多数产业中，需要它支持技术的发展和产品与工艺的进步。

（3）“知道怎么做”（know-how）的知识，是关于技能与诀窍方面的知识，指的是怎样做某件事情的能力。它与生产相关，也与经营管理等其他很多活动相关。熟练工人操作复杂的机器也需要这类知识。应该提到的是，不仅从事实践工作的人需要这类知识，科学家也需要这类知识。

（4）“知道是谁”（know-who）的知识，包括关于谁知道什么以及谁知道怎样做的知识。在工作过程中，如果出现了问题知道应该请教谁。特别是它还包括与有关专家形成的特殊社会关系，以便有可能获得并有效利用这些专家的知识。

由于知识的获取、处理、应用和创新都是人的心智活动，所以从直观上来说，智力或智能就是人们获取知识、处理知识和应用知识的能力，这种能力表现在如下三方面：

（1）智能具有感知能力。人们能够通过视觉、听觉和触觉等，接收来自外界的信息（如图像、声音和语言等），知识是通过感知信息来获取的。

（2）智能具有记忆与思维能力。通过感觉器官获得的感性认识，通过概括加工形成信息，存储在大脑之中，这就是记忆能力。对信息进行处理，进行分析、比较、判断和推理等活动，将感性认知抽象为理性认识和理性知识，这就是思维能力。

（3）智能具有学习与适应能力。通过学习、教育和训练过程，不断丰富自己的知识和技能。学习可能是有意识的，也可能是无意识的；学习可能由教师来培训、指导，也可能是在实践中自学。人们在与环境相互作用的过程中，不断学习，不断获取知识，以适应环境的变化。

从上面这三方面看来，智能主要是人的信息获取能力和将信息进行处理获得知识的能力。

什么是智慧呢？根据《辞海》的解释，智慧是对事物能认识、辨析、判断处理和发明创造的能力。这四个方面中的前三种能力正是前面谈到的智能所具备的能力，而智慧高于智能之处，在于第四个方面——人的发明创造能力。从知识的角度来看，就是创造新知识的能力。人类的创造力，除了包含前三个方面的智能之外，还需要有想象力、预见性和洞察力等，除了理性活动之外，还需要有激情、有坚强的意志等非理性的情志因素。可以说，智慧是人类智力活动的最高境界。

1.2 大数据的产生与来源

从人类文明诞生的那一刻起，数据就伴随着人类社会文明的进化。人类交流信息所用的语言和文字，计量距离或数量所使用的记号和图案，观察自然所积累和传承的经验等，都是数据构成的。大数据就在我们身边，每个人都是大数据的生产者。随着互联网时代信息与通信技术的快速发展，数据存储成本的下降，大量曾被轻易忽略的数据都保存了下来。无处不在的电子终端设备和信息网络产生了海量的数据，而以云计算为代表的计算技术的不断进步，为人类提供了强大的计算能力。

1.2.1 信息-物理-社会融合系统

ICT 的快速发展和广泛应用，使人类社会进入了物理空间、社会空间和信息空间交叉融通、映射关联的三元世界[7]。其中，物理空间承载着社会形成和演变的主要职能，建筑、交通、自然资源等是社会规划管理的核心领域，当前物理空间探索的主要内容为地理空间构建，即通过地理信息系统实现物理世界的数字化。社会空间则涵盖了人以及包括国家、民族、机构在内的各种社会组织和复杂的社会关系，构成人类社会流动与循环体系的基本内核，承载具体的社会运行职责，伴随着人际知识网络、人际交互网络的扩展，人类社会所产生的数据量也急剧增长，内涵不断丰富。信息空间的基础状态是各领域自发生成的原始数据的序化组织和语义融合，即在现有信息化水平承载之下，涵盖物理信息、社会信息、信息平台及其交互融合的社会信息空间。

随着信息与物理系统得到进一步融会贯通，网络与人类社会无缝连接，形成更为复杂的人、机器、信息融于一体的系统，即信息-物理-社会融合系统（cyber-physical-social system，CPSS），物理空间、社会空间、信息空间三元世界的联通与融合成为大数据应用的重要特征与主要趋势[8]。信息-物理-社会融合系统中“大数据”成为连接信息、物理和社会空间的重要载体，物理空间和社会空间数据通过网络传输到信息空间，而信息空间经过计算和决策对物理空间和社会空间进行反馈。城市大数据系统是一个典型的信息-物理-社会融合系统，它集成和融合信息空间（如政府和组织机构的数据）、物理空间（如监控摄像头、智能手机等）和社会空间（如群智感知和移动社交感知）的信息来实现对城市动态的高质量感知。

1.2.2　大数据的产生方式

从采用数据库作为数据管理的主要方式开始，人类社会的数据产生方式大致经历了三个阶段，而正是数据产生方式的巨大变化才最终导致大数据的产生。

（1）被动式生成数据的运营式系统阶段。数据库的出现使得数据管理的复杂度大大降低，在实际使用中，数据库大多为各行各业的运营系统所采用，作为运营系统的数据管理子系统，如超市的销售记录系统、银行的交易记录系统、医院病人的医疗记录等。人类社会数据量的第一次大的飞跃正是在运营式系统开始广泛使用数据库时开始的。这个阶段的最主要特点是，数据的产生往往伴随着一定的运营活动，而且数据是记录在数据库中的，这种数据的产生方式是被动的。例如，商店每售出一件产品就会在数据库中产生一条相应的销售记录。

（2）主动式生成数据的用户生成内容阶段。互联网和移动互联网的诞生促使人类社会数据量出现第二次大的飞跃，但是真正的数据爆发产生于 Web 2.0 时代，而 Web 2.0 的最重要标志就是用户生成内容（user generated content，UGC）。这类数据近几年一直呈现爆炸性的增长，主要有以下两个方面的原因。一是以博客、即时通信、短视频为代表的新型社交网络的出现和快速发展，使得用户产生数据的意愿更加强烈。二是以智能手机、平板电脑为代表的新型移动设备的出现，这些易携带、全天候接入网络的移动设备使得人们在网上发表自己意见的途径更为便捷。这个阶段的数据产生方式是主动的。

（3）自动式生成数据的感知式系统阶段。物联网的诞生促使人类社会数据量出现了第三次大的飞跃。这次飞跃的根本原因在于感知式系统的广泛使用。随着物联网技术的快速发展，人们已经有能力制造极其微小的带有处理功能的传感器，并开始将这些设备广泛地布置于社会的各个角落，通过这些设备来对整个社会的运转进行监控。这些设备会源源不断地产生新数据，这种数据的产生方式是自动的。

简单来说，数据产生方式经历了被动、主动和自动三个阶段。这些被动、主动和自动产生的数据共同构成了大数据的数据来源，但其中主动式和自动式的数据才是大数据产生的最根本原因。

1.2.3　典型大数据来源

近年来，全球大数据的发展处于活跃阶段。大数据的数据来源有很多种，按大数据的产生主体来划分，包括组织、个人以及机器，企业或政府部门等组织大数据来源又包括组织内部来源和组织外部来源。按大数据的内容来划分，大数据包括交易类、交互类和感知类三大类数据集。交易类数据主要包括收款机数据、信用卡刷卡数据、电子商务数据、企业资源规划（enterprise resource planning，ERP）系统数据、销售系统数据、客户关系管理（customer relationship management，CRM）系统数据、公司的生产数据、库存数据、订单数据、供应链管理（supply chain management，SCM）系统数据等。交互类数据主要包括移动通信设备记录的数据、呼叫详细记录、Web 文本和点击流数据、电子邮件以及通过博客、即时通信、短视频等新型社交网络平台生成的社交媒体数据。感知类数据主要是指机器和传感器所产生的数据，即来自各类新兴的物联网（internet of things，IoT）的数据。全世界的工业设备、汽车、电表上有着无数的传感器，随时测量和传递着有关位置、运动、振动、温度、湿度乃至空气中化学物质的变化，产生了海量的机器和传感器数据。虽然各行各业都有广泛的大数据源，但它们仍有一些共同的主题。虽然目的不同，但各行各业都使用了相同的底层技术，如无线射频识别（radio frequency identification，RFID）技术。

下面简要介绍网络数据、文本数据、社交媒体数据、传感器数据、RFID 数据、时空数据、车载信息服务数据、智能电网数据、智能家居数据、视频游戏遥测数据等 10 种大数据源及每种数据源在商业中的应用和启示[9]。

（1）网络数据。网络数据即使不是最原始的大数据源，也是使用最广泛、认可度最高的大数据源。网络数据是指用户浏览万维网所产生的日志信息，是等待分析和挖掘的信息宝库。有些企业组织已经把来自网站的详细而又处于客户层面的行为数据源整合到它们自身的企业数据分析环境中。然而，当前大多数企业组织依旧没有把在线交易数据进行整合。传统的网络数据分析公司只提供了以网络数据的点击率、流量来源和度量标准为基础的运维报告。除了网络报告的内容，人们还没有利用过那些详细的网络行为历史数据。网络数据能帮助企业了解详细的客户购物、搜索和反馈行为以及整个购买过程，能在诸如最优产品推荐、客户流失预测、客户响应预测、客户群体划分、付费搜索和在线广告等领域产生更有价值的结果。

（2）文本数据。文本数据也是使用广泛的一类大数据源。一般来说，人们关心的是如何从文本中提取到重要的事实，然后如何使用这些事实作为其他分析流程的输入。文本分析一般会从解析文本开始，然后将各种单词、短语、句子以及段落赋予语义。可以通过简单的词频统计或更复杂的操作来进行文本分析。文本分析既是一门科学，也是一门艺术，总会存在一定的不确定性。文本分析往往会有分类错误和含义模糊的问题。情感分析是目前很流行的一种文本分析应用。情感分析是从大量人群的评论中挖掘出总体观点，并提供市场对某个公司的评论、看法和感受等相关信息。情感分析通常使用社交媒体网站的文本数据。文本数据可能会对所有的行业都产生影响。对企业来讲，掌握如何收集、解析和分析文本是很重要的。

（3）社交媒体数据。与传统数据相比，社交媒体数据本身就是一种大数据源。利用社交媒体执行社交网络分析的过程需要处理无比庞大的数据集。利用社交媒体数据可以产生很多种新的客户评价方法。在电信业，社交网络分析已经把焦点从账户盈利分析转向了社交网络盈利分析。由于社交网络分析会保持指数级的增长态势，社交网络分析的流行度和影响力一定会持续下去。也许最有效的功能是提供关于客户整体影响和价值的洞察，而这种洞察可以完全颠覆企业对客户的看法。

（4）传感器数据。世界各地安装了许多复杂的机器，例如，飞机、火车、汽车、建筑设备、钻孔设备等。因为造价昂贵，保持这些设备的稳定运转是非常重要的。近些年来，从飞机发动机到坦克等各种机器上也开始使用嵌入式传感器，目标是以秒或毫秒为单位来监控设备的状态。如果大量传感器都长时间重复着传感器数据收集流程，那会产生大量丰富的分析数据。只要好好地分析这些数据，就能发现设备的缺陷，就有机会主动修复这些问题，还可以把设备中的弱点先行识别出来。随后，可以制定好流程，解决这些被发现的问题。这些措施带来的收益不只是安全级别的提升，还会让成本下降。使用传感器数据辅助运维，发动机和设备都会更加安全，能够提供服务的时间就会比较长，这样运营会比较平稳，成本也会比较低。

（5）RFID 数据。无线射频识别标签，即 RFID 标签，是安装在装运托盘或产品外包装上的一种微型标签。RFID 标签上有一个唯一的序列号。RFID 读卡器发出信号，RFID 标签返回响应信息。如果多个标签都在读卡器读取范围内，它们同样会对同一查询做出响应，这样辨识大量物品就会变得比较容易。即使当这些东西堆叠在一起或者放到了墙后面，只要信号可以穿透，就能得到响应信息。在零售业和制造业，RFID 数据开始支持新的分析应用，从库存分析到欺诈分析，再到员工绩效分析。作为物联网的核心底层技术之一，未来几年 RFID 将会对制造业和零售业产生巨大的影响。RFID 标签价格在持续下跌，标签和读卡器的质量却在不断上升，从经济的角度考虑，RFID 的应用将会更加广泛。

（6）时空数据。随着全球四大核心卫星导航系统（中国的北斗导航卫星系统、美国的全球定位系统、欧洲的伽利略系统以及俄罗斯的格洛纳斯系统）、移动通信设备、智能手机的出现，时间和位置的信息在迅猛增加，并且影响力越来越大。为了在某个时间和地点给客户提供针对性的信息服务，公司必须要利用更复杂的信息。许多公司已经开始意识到掌握客户的时间与位置数据的威力，它们开始尝试从客户那里收集这类信息。当然，这类信息必须建立在筛选的基础上，并且必须制定明确的隐私政策，并严格地遵守这些政策。有些公司推出了令人难以抗拒的位置增值服务，吸引用户把时间和位置信息开放给它们。未来几年间，时间和位置数据的应用会经历爆炸性的增长，面向消费者的选择流程和激励措施终将成熟。

（7）车载信息服务数据。车载信息服务数据是通过汽车内置的传感器和黑盒来收集和掌握车辆的相关信息，可以监测车速、行驶里程，以及汽车是否安装了紧急制动系统。车载信息服务数据能够帮助保险公司更好地理解客户的风险等级，并设置合理的保险费率，针对汽车保险政策提供更好的定价策略。如果彻底地忽略隐私问题，车载信息服务装置可以跟踪到汽车去过的所有地点、何时到达的、以多快的速度、使用了汽车的哪些功能等。如果车辆都安装了车载通信装置，那么任何交通拥堵的地方都能被发现。城市道路和交通管理系统的革新，以及城市道路建设规划，都将惠及普通大众。车载通信刚开始出现时是为了满足保险定价的需求，但有了它还可以缓解交通压力和驾驶员堵车时焦急等待的心情，它的存在终将使高速公路的管理模式发生革命性的改变。

（8）智能电网数据。智能电网是下一代电力基础设施，有非常复杂的监控、通信和发电系统，可以提供稳定的服务，如果出现停电和其他问题，可以更好更快地恢复。智能电网中各类传感器和监控设备记录了电网本身和流经电流的许多信息。智能电网中的智能电表是一种传统电表的替代品。以前抄表人员都是每隔几周或几个月就挨家挨户地抄电表，而智能电表可以每隔 15 分钟到一个小时从每一个家庭或企业自动地收集数据，甚至可以跨区或者跨电网收集数据。不再受每月一次抄表的限制，耗电信息会以秒或分钟为间隔被测量。遍布电网的精巧传感器，使数据的使用变得与以往完全不同。以此开展的数据分析会在费率套餐、用电管理等诸多方面产生很多创新。智能电网不但能使电力公司更好地管理电网，而且也可以使消费者更好地控制自己的用电量。

（9）智能家居数据。智能家居是多领域融合的切入点，是社会家庭管理的支撑点，是民生服务的新亮点。我们每个人都是数据的贡献者，全球平均每人大概携带200GB的数据，而智能家居作为围绕人与设备的新兴领域，大数据对于智能家居领域的贡献也是不言而喻的。智能家居系统所产生数据的包含面非常广，既有硬件传感器的数据，也有硬件本身的运行状态数据，也有用户和硬件交互的数据，还有用户通过应用程序等客户端产生的数据，更有用户自身的使用习惯和生活场景的数据等，这就导致整体的智能家居所产生数据的积累速度和数据量都很大。利用大数据分析挖掘用户的设备使用行为，让厂商可以深入了解用户、优化产品策略和市场策略，还可以对用户进行学习，建立用户画像，针对不同的用户提供个性化体验，给不同的用户提供个性化优惠服务，加大二次销售，也可以做设备活动状态的分析、故障率的分析，根据分析结果指导产品迭代升级。

（10）视频游戏遥测数据。遥测数据是视频游戏产业的一个术语，用来描述捕捉游戏活动的状况。视频游戏制造商可以使用遥测数据更好地定位微交易，改善游戏流程，通过游戏风格对玩家进行分群。遥测数据能够了解到玩家的认知层次，基于此可以改变整个游戏业。通过游戏分析，能够识别出游戏中哪些关卡每名玩家都能轻松过关，哪些关卡即使是顶级的玩家也很难过关。视频游戏制造商可以尽量使难度等级比较平衡，为玩家提供更加一致的体验和满足感，这样会带来更高的刷新率和更多的购买行为。游戏业已经开始使用遥测数据，相信在不久的将来这个领域将会得到长足的发展。依据遥测数据分析的效果，游戏制作和推广的方式将会发生巨大的改变。

值得一提的是，上述 10 种大数据源中的各类数据，并非相互独立的，而是彼此之间存在交叉现象，例如网络数据和社交媒体数据中含有大量的文本数据，车载信息服务数据也涉及时空数据和传感器数据。

目前，商业领域已经从对大数据重要性的认识阶段发展到大数据的战略实施阶段。然而，在公共管理领域，大数据还大有可为，政务大数据创新应用还有极大的挖掘潜力。政府掌握着社会方方面面的大数据，例如人口、交通、卫生、社保、税收、城市规划等，但是各个部门间的数据并没有进行高效整合，大量部门的数据如一个个信息孤岛，既给政府公共管理和公众办事带来了不便，又制约了数据活力的激发。

大数据分析对公共管理至关重要，数据正以独有的方式驱动公共管理的变革。大数据分析技术已为世界多个国家所重视和运用，成为政府施政的主要工具。我国在信息化建设中，沉淀了大量的宝贵数据资源。这些数据是整个社会经济活动的数字化记录，是可以无限次重复利用的特殊非物质财富，是不可或缺的管理和决策的依据。在政策制定阶段，数据分析是决定政策质量高低的关键性因素；在政策实施阶段，数据分析能够有效监控政策实施情况；在政策评估阶段，数据分析可以用来评估政策实施效果。数据驱动的政府将更有效能，引导政府前进的将是“基于证据的政策制定”。

1.3　大数据时代的科研范式

随着 ICT 的快速发展，科学研究的知识基础已发生了革命性的变化。通过各类观察、感知、计算、仿真、模拟和传播等，科研领域的大数据正迅速产生、广泛传播和有效地组织保存，成为科学研究的有力工具，甚至新的基础。尽管科学界一直在与数据打交道，但“大数据”的洪流也在改变着人们对数据及其作用的认识。当数据海量化、泛在化、开放化、网络化和计算化时，它的作用也在发生革命性的变化。2007 年，已故的图灵奖得主吉姆·格雷（Jim Gray）在他最后一次演讲中描绘了数据密集型科研“第四范式”（the fourth paradigm）的愿景。将大数据科研从第三范式（计算机模拟）中分离出来单独作为一种科研范式，是因为其研究方式不同于传统的科学研究方式。

1.3.1　数据科学

大数据的兴起，催生了一门新的学科，即数据科学（data science），有时也被称为数据分析学（data analytics）。数据科学是关于数据的科学[10]。从事数据科学研究的学者更关注数据的科学价值，试图把数据当成一个“自然体”（data nature）来研究，提出所谓“数据界”（data universe）的概念，颇有把计算机科学划归为自然科学的倾向。但脱离各个领域的“物理世界”，作为客观事物间接存在形式的“数据界”究竟有什么共性问题还不清楚。物理世界在网络空间中有其数据映像（即数字孪生），目前一些学者认为，数据界的规律其本质可能是物理世界的规律，还需要在物理世界中测试验证。除去各个领域的规律，作为映像的“数据界”还有其独特的共同规律吗？这是一个值得深思的问题。

基于“本体论”视角，数据是反映物理世界的符号化表示。既然物理世界是客观存在并具备共性科学规律的，那么反映物理世界的数据空间也可能具有独立于各个领域的一般性规律。因而，数据科学应该是“用科学方法来研究数据”，数据科学也应该有类似“信息论”这样的学科基础理论。

作为一门学科，数据科学所依赖的两个因素是数据的广泛性和多样性，以及数据研究的共性。现代社会的各行各业都充满了数据。而且这些数据也是多种多样，不仅包括传统的结构化数据，也包括网页、文本、图像、视频和语音等非结构化数据。数据解析本质上都是在求解反问题，而且是随机模型的反问题，所以对它们的研究有着很多的共性。例如，自然语言处理和生物大分子模型里都用到隐马尔可夫过程和动态规划方法。其最根本的原因是它们处理的都是一维的随机信号。再如，图像处理和统计学习中都用到的正则化方法，也是处理反问题的数学模型中最常用的一种手段。所以，用于图像处理的算法和用于压缩感知的算法有着许多共同之处。

除了新兴的学科如计算广告学之外，数据科学主要包括用数据的方法来研究科学（方法论视角）和用科学的方法来研究数据（本体论视角）两个方面[11]。前者包括生物信息学、天体信息学、数字地球和商务智能等领域；后者包括统计学、机器学习、数据挖掘、数据库和数据可视化等领域。这些学科都是数据科学的重要组成部分。但只有把它们有机地放在一起，才能形成整个数据科学的全貌。

数据科学到底应该从哪些视角来定义其独有的内涵与特征？一般认为，作为一门学科的定义，至少应该从其研究对象、方法论和学科目标三个维度去界定。数据科学的内涵应该既包括本体论内容和方法论内容，还包括其独特的价值实现目标[12]，如图 1.5 所示。

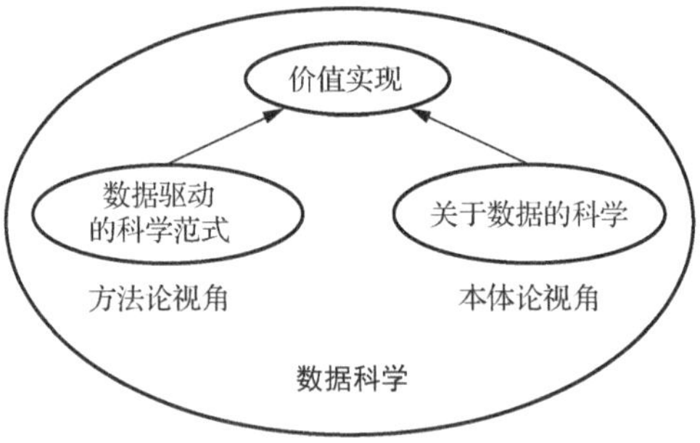

图 1.5　数据科学的内涵

根据数据科学的内涵，可以将数据科学定义为“有关数据价值链实现过程的基础理论和方法学，它运用基于分析、建模、计算和学习杂糅的方法，研究从数据到信息、从信息到知识、从知识到决策的转换，并实现对现实世界的认知和操控”。这“三个转换、一个实现”是数据科学的学科目标。而实现这一目标的方法论来自多个学科方法的融合，包括数学与统计学（特别是统计学）、计算机科学（特别是人工智能）、社会科学（特别是管理学）等。

1.3.2　数据密集型科学发现

2009 年 10 月，微软公司发布了《第四范式：数据密集型科学发现》一书的英文版。这是国际上第一本系统描述大数据现象、深刻揭示其对科学研究的革命性影响的著作，对大数据时代如何理解和组织科学研究、科研管理以及科研知识服务，具有重要的意义。该书扩展了吉姆·格雷的思想，基于 e-Science 提出了科学研究的第四范式，即以大数据为基础的数据密集型科学研究，从地球环境、健康医疗、科学的基础架构以及学术交流四大部分，对数据密集型科学研究愿景进行了探讨，就如何充分利用科学发展的第四范式提供了深刻见解。2012 年 11 月，《第四范式：数据密集型科学发现》一书的中文版出版。

e-Science 这一术语最早由英国科学家于 2000 年提出，用以概括在信息化基础设施支持下所开展的科学研究活动所需要的一系列工具和技术。如今，随着大数据时代的到来，科学发展正在迈入一个新阶段，科研的方法也从之前的实验型科研（experimental science）、理论型科研（theoretical science）、计算型科研（computational science）推进到第四范式——数据密集型科研（data-intensive science）。第四范式的基本思想是把数据看成现实世界的事物、现象和行为在数字空间的映射，认为数据自然蕴含了现实世界的运行规律，进而以数据作为媒介，利用数据驱动及数据分析方法揭示物理世界现象所蕴含的科学规律。这是一种类似方法论视角来定义的数据科学的内涵，即数据驱动科学发现。

科学研究第四范式，将带来科学研究的革命。科学正在进入一个崭新的阶段。在 ICT 迅速发展的推动下，大量从宏观到微观、从自然到社会的观察、感知、计算、仿真、模拟、传播等设施和活动，产生出大量科学数据，形成被称为“科学大数据”的新型科学基础设施。科学家不仅通过对广泛的研究对象进行实时、动态地监测与分析来解决各类科学问题，更是把数据作为科学研究的对象和工具，基于数据来思考、设计和实施科学研究。数据不再仅仅是科学研究的结果，而是变成了科学研究的基础。人们不仅关心数据建模、描述、组织、保存、访问、分析、复用和建立科学数据基础设施，更关心如何利用泛在网络及其内在的交互性和开放性，利用海量数据构造基于数据的、开放协同的研究与创新模式。因此，诞生了数据密集型的知识发现，即科学研究的第四范式。在过去十几年间，随着可获得和可使用的科学大数据持续增长，第四范式作为一种新的科学研究范式，受到科学家越来越多的关注。

1.3.3　计算社会科学

在社会科学领域，大数据和科学研究的第四范式带来的变革和挑战也是颠覆性的，显著特征就是人类社会的数字化生存。社会化媒体使得人们的社会生活、行为态度、交往过程和互动关系都被数据记录并保存下来，大数据为社会科学研究和预知社会产生革命性影响，带来了社会科学研究的春天，诞生了计算社会科学[13]。所谓计算社会科学是指对复杂的、通常是大规模人类行为数据计算方法的开发和应用。传统定量社会科学横向研究案例、纵向研究变量，且通常假设观察值之间具有独立性，而计算社会科学关注的重点则涵盖了语言、位置与移动、网络、图像以及视频多种内容，并应用统计模型来获取数据中的多重依赖性。过去十多年，计算社会科学蓬勃发展，研究人员利用观察数据、实验设计和大规模仿真发表了大量研究成果。

社会科学研究的对象是人以及人所在的群体、组织和相互关系。社会是由人和关系组成的，而社交网络为人们提供了在线交流和传播信息的平台，人们在线的社会化生活、社会化媒体形成了新的媒介生态环境，社交媒体也为人们构建了一张巨大的社会网络且不断演化，关键是这些信息都被记录下来，网络科学和社会网络分析正成为大数据分析的重要技术和方法论，网络科学让人们能够更好地观察到人类社会的复杂行为模式。

大数据时代重在研究网络环境下社会人的态度、行为和社会影响，传统社会的“平均人”不是研究重点了，过去的数据分析更多地给出了群体行为模式，现在则可以基于大数据分析和挖掘个人的社会行为，如果能够从大数据中捕捉个体行为模式，并将分散在不同地方的“数字足迹”，全部集中在大数据中心进行处理，就能捕捉群体行为。在大数据时代，社会科学理论研究更需要思考系统科学的相关理论，如基于突变理论理解微小作用如何导致社会突然变化的机理；混沌理论提出的复杂而不断变化的系统，即使其初始状态可详尽了解，也会迅速进入无法精确预知的状态；复杂性理论表明在大量个体各自按照不多的几条简单规则相互作用时，如何从中产生出秩序与稳定。这些理论和网络科学为大数据时代背景下的社会治理、舆情研究、传染病传播、谣言传播和网络营销提供了理论基础。

计算科学及以大数据与人工智能等具有鲜明时代特征的新一轮科技革命的成果在人文社会科学研究中的引入和应用，将成为助推新时代中国特色哲学社会科学创新发展的重要动能。中国丰富曲折的社会发展经历和庞大的人口规模是孕育、创建交叉学科研究很好的平台。面对人文社会科学、自然科学和思维科学的大跨度、大纵深地融合创新，人工智能与人类智能通过计算思维、计算科学、数据科学、信息网络技术并行对接，我们不仅要知道数据和技术如何用，还要知晓数据如何来、如何反映研究对象，还要明辨技术方法的适应性，思考人类共同的文明成果如何与中国的国情特色相结合，研究结果如何转化并应用于社会发展实践。理论、实验与计算双向多通路、多方式的认知转换，尤其是基于真实生命体的感知和神经元工作原理的生物芯片的植入、侵入式脑机融合对接技术等具有人文特征的信息采集和实时处理方面的突破，将促使计算社会科学进入一个难以估量的全新发展阶段。可以预见的是，计算社会科学的应用会越来越广泛、影响越来越深远，将成为人文社会科学研究领域的一个重要发展趋势。

综合来看，计算社会科学是由计算科学、数据科学、数学、统计学与人文社会科学、思维科学等多学科进行大跨度、大纵深交叉而形成的新兴研究领域[14]。在经历了萌芽和形成初期以技术主导、数据驱动等为主要特点的应用阶段后，现在已逐步形成由问题导向、人文驱动、技术支撑和内在关联等相融合的新型学科群。

1.4　大数据人才与组织

我国大数据产业正处在高速发展阶段，大数据应用在各行业已卓有成效，大数据人才与组织作为驱动数据价值落地的关键因素越来越被广大企业及政府部门所重视。目前，社会急需大量既懂统计学与数学，又懂计算机科学，并与业界充分融合的大数据专业人才，这类岗位包括数据工程师、数据分析师和数据科学家。从商业上说，企业可以通过大数据部门对海量的用户数据分析来完善产品或服务，而政府层面对大数据分析应用也同样可以完善公共服务。

1.4.1　大数据人才

大数据所具有的体量大、类型多、速度快、价值密度低等特征，决定了大数据人才必须是复合型人才，需要具备宽广的视野、超强的综合能力和全面的综合素质。对大数据的处理和分析已超出了信息化与传统信息管理的范畴，传统的 IT 专业人才和管理人才已难以利用大数据做出高效决策。有专家指出，过去的人才多是“T”型人才，即一专多能；今后的大数据人才应为“π”型人才，即两专多能。所谓“两专”是指既要有某一行业领域的专业知识，更要有大数据思维与大数据分析挖掘技能。在推进大数据应用落地时，只有将大数据技术与行业知识和具体业务相结合，才能给用户创造真实的价值。大数据时代的数据分析与挖掘任务，多数需要与他人合作实现既定目标，因而大数据人才还应该具备良好的团队合作精神，具有好奇心、创造力、管理沟通、商业模式创新等软实力。

数据工程师和数据分析师需要具备两方面的素质：一是概念性的，主要是对模型与算法的理解和运用；二是实践性的，主要是处理实际数据的能力。大数据人才应系统掌握数据分析相关的技能，主要包括数据分析和建模、计算机编程、结果交流展示等。具体来说，应具备获取大数据的能力，例如能根据任务要求，综合利用各种计算机技术和知识，收集、整理海量数据并加以存储，为支撑相关决策和商务行动方案做好数据准备。具备借助统计学和机器学习技术分析大数据的能力，能根据具体需求，采用有效方法和模型分析数据并形成报告，为解决实际问题提供决策依据。

大数据时代，数据科学家是较热门的职业之一。数据科学家是指能采用科学方法、运用数据挖掘工具对复杂多量的数字、符号、文字、网址、音频或视频等信息进行数字化重现与认识，并能寻找新的数据洞察的工程师或专家。数据科学家应掌握的知识与技能主要包括计算机编程知识、数据分析建模知识、结果交流展示能力以及好奇心、创造力等软实力，如图 1.6 所示。

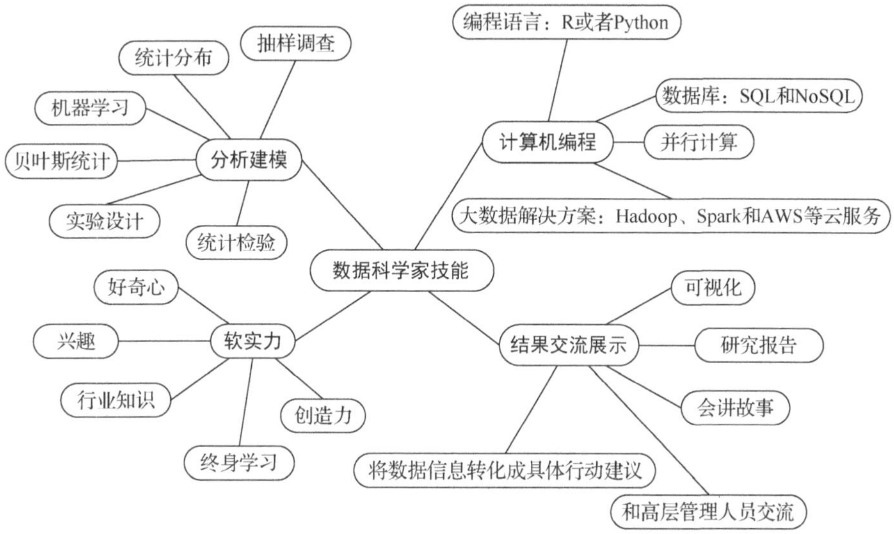

图 1.6　数据科学家应掌握的知识与技能

培养数据科学家，需要数学、统计学、计算机科学和管理科学等学科之间的密切合作，同时也需要与产业界或其他拥有数据的部门之间的合作。数据科学家要永远对新知识保持开放的心态，成为一个终生学习者。

1.4.2　大数据组织

不同企事业单位的大数据部门或团队的组织结构通常是不一样的，主要有独立式和嵌入式两种。

（1）独立式的企事业大数据部门或团队，通常在研究所或者公司的研发型部门，会有一个数据科学总监或者首席数据官（chief data officer，CDO）这样的领导角色进行领导。对于数据科学家而言，在独立式大数据部门工作的优点是能够和很多其他数据科学家有技术上的交流，也有明确的职业发展轨迹。缺点是如果自身能力不是特别突出则很难脱颖而出，需要和很多其他数据科学家竞争一些资源。

（2）嵌入式大数据团队是指数据科学家各自嵌入到不同的企事业职能部门中。常见的是市场部的数据科学家，领导者就是传统的市场总监。嵌入式大数据团队的数据科学家优势在于直接和公司业务接触，可以影响商业决策。缺点是没有清晰的职业轨迹，无法和其他数据科学家交流，很多东西需要自己决策，周围人只能给出业务上的需求和解释，但不能给出商务分析技术方面的帮助。

近年来，国内许多地方政府都成立了大数据管理局，致力于帮助政府拟订并组织实施大数据战略，共享政务大数据信息。各级地方政府的大数据管理部门，目前的主要工作是为当地政府下属部门建立数据共享的平台，试图实现各个部门之间的数据互联互通，主要职责包括：

（1）研究拟定并组织实施大数据战略、规划和政策措施，引导和推动应用工作；

（2）协调、组织实施国家和地方数据技术标准，研究拟定基础信息资源共享交换目录、技术规范和范围；

（3）组织制定大数据收集、管理、开放、应用等标准规范；

（4）制定智慧城市运行管理规范和部件标准并组织实施；

（5）推动形成全社会大数据形成机制的建立和开发应用；

（6）负责统筹规划建设工业大数据库，建立企业能耗、环保、安全生产监测指标等数据库，支撑两化融合公共信息平台的运行；

（7）负责统筹规划企事业单位数据信息采集、统计、分析、报告等综合工作；

（8）组织建设两化融合公共信息平台和工业大数据平台，统筹协调城市管理智能化大数据系统建设，推进大数据资源整合共享和综合应用。

1.5 大数据安全与隐私保护

目前大数据的发展仍然面临着许多问题，其中安全与隐私问题是人们公认的关键问题之一。大数据在存储、处理、传输等过程中面临诸多安全风险，具有数据安全与隐私保护需求。数据安全已成为事关国家安全与经济社会发展的重大问题。2021 年 6 月 10 日，在第十三届全国人民代表大会常务委员会第二十九次会议上，《数据安全法》获审议通过，于 2021 年 9 月 1 日起施行。作为我国首部以“数据”或“数据安全”命名的法律，《数据安全法》的出台，预示着我国数据开发与应用将全面进入法治化轨道。

1.5.1 大数据安全

大数据安全是涉及技术、法律、监管、社会治理等领域的综合性问题，其影响范围涵盖国家安全、产业安全和个人合法权益。同时，大数据在数量规模、处理方式、应用理念等方面的革新，不仅引起大数据平台自身安全需求发生变化，还带动数据安全防护理念随之改变，同时引发对高水平隐私保护技术的需求和期待。大数据安全技术体系分为平台运行安全、数据安全和隐私安全三个层次，自下而上为依次承载的关系[15]，如图 1.7 所示。

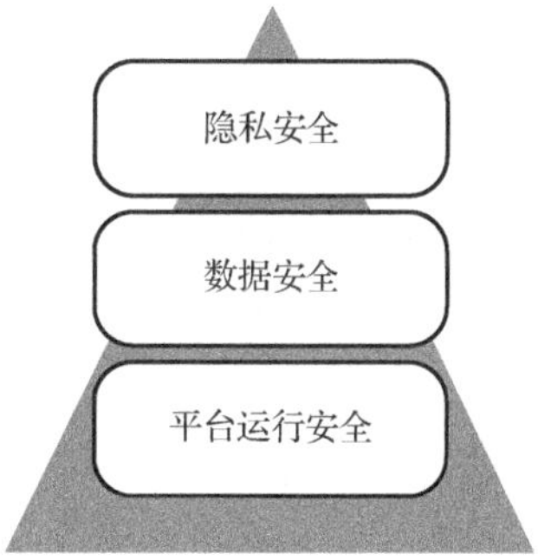

图 1.7　大数据安全技术体系

大数据平台不仅要保障自身基础组件安全，还要为运行在平台上的数据和应用提供安全机制保障；除平台安全保障外，数据安全防护技术为业务应用中的数据流动过程提供安全防护手段；隐私安全保护是在数据安全基础之上对个人敏感信息的安全防护。

（1）大数据平台运行安全是对大数据平台传输、存储、运算等资源和功能的安全保障，包括传输交换安全、存储安全、计算安全、平台管理安全以及基础设施安全。传输交换安全是指保障与外部系统交换数据过程的安全可控，需要采用接口鉴权等机制，对外部系统的合法性进行验证，采用通道加密等手段保障传输过程的机密性和完整性。存储安全是指对平台中的数据设置备份与恢复机制，并采用数据访问控制机制来防止数据的越权访问。计算安全应提供相应的身份认证和访问控制机制，确保只有合法的用户或应用程序才能发起数据处理请求。平台管理安全包括平台组件的安全配置、资源安全调度、补丁管理、安全审计等内容。此外，平台软硬件基础设施的物理安全、网络安全、虚拟化安全等是大数据平台安全运行的基础。

（2）数据安全是指平台为支撑数据流动安全所提供的安全功能，包括数据分类分级、元数据管理、数据质量管理、数据加密、数据隔离、防泄露、追踪溯源、数据销毁等内容。大数据促使数据生命周期由传统的单链条逐渐演变成为复杂多链条形态，增加了共享、交易等环节，并且数据应用场景和参与角色愈加多样化，在复杂的应用环境下，保证国家重要数据、企业机密数据以及用户个人隐私数据等敏感数据不发生外泄，是数据安全的首要需求。海量多源数据在大数据平台汇聚，一个数据资源池同时服务于多个数据提供者和数据使用者，强化数据隔离和访问控制，实现数据“可用不可见”，是大数据环境下数据安全的新需求。利用大数据技术对海量数据进行挖掘分析所得结果可能包含涉及国家安全、经济运行、社会治理等敏感信息，需要对分析结果的共享和披露加强安全管理。

（3）隐私安全是指利用去标识化、匿名化、密文计算等技术保障个人数据在平台上处理、流转过程中不泄露个人隐私或个人不愿被外界知道的信息。隐私安全是建立在数据安全防护基础之上的保障个人隐私权的更深层次安全要求。大数据时代的隐私保护不再是狭隘地保护个人隐私权，而是在个人信息收集、使用过程中保障数据主体的个人信息自决权利。实际上，个人信息保护已经成为一个涵盖产品设计、业务运营、安全防护等在内的体系化工程，不是一个单纯的技术问题。

1.5.2 隐私保护

随着“棱镜门”①事件的爆发，大数据时代的隐私保护问题越来越被关注。大数据背后隐藏着大量的经济与政治利益，尤其是通过数据整合、分析和挖掘，其所表现出的数据整合与控制力量已经远超以往，严重危及人们的个人隐私。在这样的大数据时代背景下如何保护自己的隐私，已经成为一个很值得探讨的话题。

大数据环境下，数据安全技术提供了机密性、完整性和可用性的防护基础，隐私保护是在此基础上，保证个人隐私信息不发生泄露或不被外界知悉。

基于技术形成的大数据体系，造成了隐私非隐，让人无法遗忘和舍弃信息，这也是对人类社会长期以来形成的记忆习惯、知识积累与传播方式的逆反。《删除：大数据取舍之道》[16]一书中指出了数字化记忆发展的四大驱动力：

（1）资源的数字化，使得数据收集、信息复制的成本趋近为零，可以极为便利地大规模生产；

（2）数字化资源存储便利、廉价、趋近于永久；

（3）数字化资源易于提取；

（4）数字化资源的全球性覆盖，可以瞬时实现全球共享。

大数据使隐私的边界与隐私保护的内涵变得更为复杂。对大数据体系、数字化记忆负面性的六种可能对策：数字化节制、保护信息隐私权、建设数字隐私权基础设施、打造良性的信息生态、调整人类的现有认知和完全语境化。

“数字化节制”指的是人作为信息社会的主体，要积极发挥能动性，在洞察到放弃“遗忘”的潜在影响后，审慎控制过多的个人信息对外发布。当然，这需要就此做出一种艰难的权衡抉择。积极分享个人信息毫无疑问可以为人们带来诸多便利，控制信息分享会减少部分便利。

“保护信息隐私权、建设数字隐私权基础设施、打造良性的信息生态”需要政府及互联网行业和法学界等方面加强协商。信息隐私权最基本的形式是给予个人选择是否共享信息的权利，严禁任何其他个人或组织在法律许可和信息所有者许可之外，滥用个人信息。尽管对“信息隐私权”这个概念的界定，可能会引起较大争议，但唯有通过广泛讨论，才有可能对“信息隐私权”的概念和内涵达成共识。在此基础上，政府应建设数字隐私权基础设施，并推动相关的立法进程。

“调整人类的现有认知”和“完全语境化”指的是数字化、互联网时代信息存储及形成记忆中容易被忽视的两大缺陷：无法被数字化存储的信息被忽视，可以被数字化的信息（数据）在被提取利用时会脱离原有语境，形成新的数字化偏见。

学术界提出了数据脱敏、匿名化算法、同态加密、安全多方计算等可用于隐私保护的多种技术，其中应用最广泛的是数据脱敏技术。数据脱敏是指对某些敏感信息通过脱敏规则进

---

① 2013 年 6 月，前美国中央情报局（Central Intelligence Agency，CIA）职员爱德华 • 斯诺登将两份绝密资料交给英国《卫报》和美国《华盛顿邮报》，曝光了美国国家安全局（National Security Agency，NSA）的一项绝密电子监听计划——棱镜计划。

行数据的变形，实现对个人数据的隐私保护。数据应用系统在选择脱敏算法时，可用性和隐私保护的平衡是关键，既要考虑系统开销，满足业务系统的需求，又要兼顾最小可用原则，最大限度地保护用户隐私。匿名化算法可以实现根据具体情况有条件地发布部分数据，或者数据的部分属性内容。匿名化算法由于能够在数据发布环境下防止用户敏感数据被泄露，同时又能保证发布数据的真实性，这一特性在大数据安全领域受到广泛关注。

大数据应用与个人信息保护之间的突出矛盾不单是技术问题，尤其是在缺乏技术保障的当下，更需要通过加快立法、加强执法规范大数据应用场景下的个人信息收集、使用行为，尽快构建政府管理、企业履责、社会监督、网民自律等多主体共同参与的个人信息保护制度体系。比如，规定只有用户需要个性化服务定制的时候提出需求，大数据公司才可以调用该用户的信息，其他情况下的信息调用都采取匿名的方式，否则就视作侵犯隐私。而实际上，现在很多公司在规避风险的时候也是这么做的。随着立法的完善，即便一些不法分子试图利用数据分析来牟取私利，也将面临严惩，大数据时代并非盗取他人隐私者的天堂。

参考文献

[1] 城田真琴. 大数据的冲击[M]. 周自恒, 译. 北京: 人民邮电出版社, 2013.

[2] 朝乐门. 数据科学理论与实践[M]. 2 版. 北京: 清华大学出版社, 2019.

[3] 杨善林, 周开乐. 大数据中的管理问题: 基于大数据的资源观[J]. 管理科学学报, 2015, 18(5): 25-29.

[4] 陈国青, 吴刚, 顾远东, 等. 管理决策情境下大数据驱动的研究和应用挑战——范式转变与研究方向[J]. 管理科学学报, 2018, 21(7): 1-10.

[5] 舍恩伯格, 库克耶. 大数据时代: 生活、工作与思维的大变革[M]. 盛杨燕, 周涛, 译. 杭州: 浙江人民出版社, 2012.

[6] The knowledge based economy[R]. OECD, 1996.

[7] 李纲. 实施国家大数据战略, 建设数字中国[N]. 光明日报, 2018-01-28(6).

[8] Wang F Y. The emergence of intelligent enterprises: From CPS to CPSS[J]. IEEE Intelligent Systems, 2010, 25(4): 85-88.

[9] 弗兰克斯. 驾驭大数据[M]. 黄海, 车皓阳, 王悦, 等, 译. 北京: 人民邮电出版社, 2013.

[10] 李国杰, 程学旗. 大数据研究: 科技及经济社会发展的重大战略领域[J]. 中国科学院院刊, 2012, 27(6): 647-657.

[11] 欧高炎, 朱占星, 董彬, 等. 数据科学导引[M]. 北京: 高等教育出版社, 2017.

[12] 程学旗, 梅宏, 赵伟, 等. 数据科学与计算智能: 内涵、范式与机遇[J]. 中国科学院院刊, 2020, 35(12): 1470-1480.

[13] 沈浩, 黄晓兰. 大数据助力社会科学研究: 挑战与创新[J]. 现代传播, 2013(8): 13-18.

[14] 王国成. 计算社会科学: 发展现状与前景展望[N]. 中国社会科学报, 2020-08-18(A04).

[15] 大数据安全白皮书(2018 年)[R]. 中国信息通信研究院, 2018.

[16] 舍恩伯格. 删除: 大数据取舍之道[M]. 袁杰, 译. 杭州: 浙江人民出版社, 2013.

第 2 章 商务分析基础

作为西方决策理论学派的创始人，赫伯特·西蒙（Herbert Simon）曾经预言：“在后工业时代，也就是信息时代，人类社会的中心问题将从如何提高生产率转变为如何更好地利用信息来辅助决策。”

当今以数据和信息为依据进行决策已是普遍现象，企业努力做到让正确的人在正确的时间掌握正确的数据和信息，借以优化内部流程，识别客户需求，这已成为企业赖以生存的核心竞争能力。通过分析数据，掌握正确的信息和知识，用以辅助决策来适应战略、运营和市场条件，这就是商务分析。

本章围绕商务分析的概念，对其含义进行解读，并介绍商务数据分析方法和分析流程等内容。

2.1 商务分析概述

2.1.1 什么是商务分析

商务分析（business analytics，BA），也称商业分析，是在正确的时间，为正确的人，提供正确的决策支持。之所以提及决策，是因为对于业务人员，商务分析可提供数据、信息和知识等，来帮助他们做出合理决策。如对便利店的交易数据进行分析，店长可以获知哪些商品被经常一起购买，进而做出货品陈列、货架摆放、捆绑销售等决策，以增加交叉销售的机会。

商务分析的目的是完善决策依据，其本质在于创造商业价值，驱动企业业务增长。当一个企业拥有相关数据和信息，并知道如何加以利用时，就能将其转变成运营能力和可持续的生存能力。在过去的十几年中，商务分析环境发生了很大改变，其中一个巨大的变化是商务分析被打上了大数据标签。在大数据环境下，用以分析的数据量越来越大，类型复杂多样，有时数字、文本、图像、视频、音频等类型数据会交织在一起，数据获取速度较之前更快，因此有必要重新审视商务分析的含义。

在大数据时代，商务分析可以理解为，在正确的时间为正确的人和数字化流程提供正确的决策支持。当今很多借助于互联网、云计算、人工智能等新兴技术发展起来的行业或企业，大量的流程已实现自动化和数字化，相应的手工流程已经消失。借助新的自动化、数字化、智能化的业务流程，经营者能及时捕捉市场信息、用户信息，乃至竞争对手信息，据此制定正确的决策以谋求更大、更长远的发展。基于大数据的商务分析以决策优化来创造价值，实现大数据的商业应用。

商务分析是什么？它是信息体系而非技术解决方案[1]，主要基于以下三点考虑。

（1）信息体系中包含了技术元素，基于 IT 技术，终结了“好头脑、好记性加上烂笔头”的传统模式。应用技术元素的最典型特征是高效收集、存储和分发信息。在企业运营中，经常用到电子化数据，即将各类数据和信息进行收集、归并和存储，数据分析结果通过前端系统将信息发布给终端用户。前端系统的作用是将数据和信息以可视化的方式呈现给用户。这些可视化的方式既可以是超文本标记语言（hypertext markup language，HTML）格式的销售业绩报告，也可以是电子表格和图表。前端展示系统是整个信息体系中的视觉展示和数据发布的应用界面。

（2）人员能力也是信息体系的重要组成部分，必须有人具有完成数据采集并将其转变成信息进行发布的能力。也就是说，在前端系统的背后，分析人员必须懂得如何针对具体的数据进行分析以提供决策支持。更重要的是，那些做决策的人，需要根据决策支持的结果，改变他们习以为常的行为模式，善于并正确使用交付给他们的决策支持信息。

（3）信息体系还必须包含具体的业务流程，这样才能确保信息和知识得以利用、发挥价值。业务流程既包括产品生产和服务供给方面，也包括企业运营支撑方面。认识到企业运营是由大量流程所构成是完全必要的。举例而言，制造型企业的主流程包括原材料与半成品的采购，成品的制造、存储和销售等；跟这些主流程相关的还有大量的二级流程，包括机器维修、保洁、招聘和培训雇员等。

因此，当商务分析体系开始运转时，必须能够确定需要通过信息系统来支撑哪些业务流程，并确定如何实现价值提升。这一过程需要有人能担当起技术解决方案提供商和业务部门之间的桥梁，从而让企业更专注业务流程。关于价值提升，有两种实现路径：一是优化现有流程的资源投入比例，提高运营效率；二是在给用户的服务过程中实现增值，也就是将那些能增加用户价值或提供客户满意度的流程凸显出来。

商务分析英文有两种说法，分别是 business analysis 和 business analytics，翻译成中文均为“商务分析”，但二者的含义不同。尽管二者的目标都在企业决策支持方面，但二者的分析视角、切入点和着重点等方面不一样。business analysis 是从技术层面切入，对企业数据进行整理、分析和展示，以帮助企业做出智能化决策；business analytics 则是从业务决策层面入手，对企业业务进行分析、建模、模拟计算和预测。business analysis 重在数据分析，business analytics 重在信息应用；business analysis 着重于从数据中发现已经发生了什么，从而提醒决策者采取行动，business analytics 着重于从信息中洞察为什么发生并预测将来的趋势，从而计划下一步的行动。可以把 business analysis 理解为将数据转化为知识的分析方法，把 business analytics 理解为基于知识的决策方法。本书中“商务分析”的概念可以理解为是 business analysis 和 business analytics 的组合，在实际应用中，二者存在交叠与关联。

2.1.2　从商务智能到商务分析

商务智能（business intelligence，BI）一词最早出现在 1865 年理查德·米勒·德文斯（Richard Millar Devens）撰写的《商业趣闻百科全书》一书中，作者用它来描述银行家亨利·弗兰西斯（Henry Furnese）通过收集信息并根据这些信息先于竞争对手采取行动，从而获利的事实。经过一个多世纪的发展，1989 年，加特纳集团的分析师 Howard Dresner 再次将“商务智能”带入大家的视野，他将商务智能作为涵盖数据存储和数据分析的统称。1996 年，加特纳集团正式将商务智能定义为：用数据仓库技术、联机分析处理、数据挖掘和数据展现技术进行数据分析以实现商业价值。也有人将商务智能定义为：使用基于事实的决策支持系统，来改善业务决策的一套理论与方法。可以看出，加特纳集团的定义侧重技术层面，而后者侧重价值层面。抛开这些定义，其实，商务智能是为提高企业运营效能而采用的一系列方法、技术和软件的总和；商务智能是帮助企业提高决策能力和运营能力的概念、方法、过程以及软件的集合。

从 20 世纪 90 年代中期开始，企业商务智能发展大致经历了两个阶段。

第一阶段（商务智能 1.0）：数据仓库技术的发展大大推动了商务智能的发展，传统的存储在不同地域的业务数据开始集中在一起，应运而生的技术还包括数据抽取、转换、加载（extract-transform-load，ETL）和联机分析处理（online analytical processing，OLAP）。这一阶段面临的主要问题是复杂性和时效性，大多数业务人员无法自助使用分析工具，导致过度依赖 IT 人员，制定和提交报告给决策者需要更多的时间。

第二阶段（商务智能 2.0）：进入 21 世纪，商务智能平台的端到端功能解决了复杂性问题。IT 人员回归技术本位，搭建数据架构、确保数据管控和安全；业务人员回归价值本位，无须了解后台技术的黑匣子，用简单易用的前端分析工具，就可轻松地连接各类数据开展自助式分析，探索数据价值，实现数据驱动的业务发展。实时处理技术允许企业依据最新的信息做出决策，解决了时效性问题。这一阶段商务智能最典型的特征是以业务人员为中心的自助式数据分析。所谓自助式数据分析是指业务人员能够自主、敏捷地通过一些数据分析工具满足各自分析工作的需求。

但是，商务智能更多侧重技术层面，更多关注报表、分析和仪表盘等，企业需要把数据处理成什么样的有用信息，还要依据决策与管理的业务需要。在这种背景下，商务分析便成了商务智能发展的必然选择。商务分析是从企业业务层面入手，融入企业管理思想与决策思维模式，通过技术手段对数据进行业务分析、模拟和预测，从而帮助企业洞察管理、辅助决策，应对经营环境的不确定性变化，提升企业顾客价值的创造力。

另外，从数据角度看，传统的商务智能已无法处理日益复杂的数据。而商务分析是针对数据准确的、一致的分析，包括六大环节，即商务智能、企业信息管理、数据仓库、企业治理、风险管理和合规、企业绩效管理和分析应用。对于商务分析的六大环节，商务智能事实上仅仅提供一个界面，人们能够看到仪表盘和报表，这只是数据的输入或者输出环节而已。在商务分析中，企业信息管理起到了非常重要的作用，比如社交媒体或传感器产生了大量的非结构化数据，企业信息管理技术可以对这类数据结构化并进行分析。通过企业信息管理，将非结构化的原始数据转化为有意义的数据。

在实际应用中，商务智能与商务分析的功能略有不同。商务智能的功能是描述，常被用于回顾，它描述的是过去或当前的状态，它不会告诉企业该做什么，它只会告诉企业过去是什么，现在是什么。商务分析则不同，它的功能是预测未来的需求和趋势，也被称为预测分析。若使数据分析项目能够取得成功，这两方面工作缺一不可。借助商务智能技术可以观察企业哪些方面做得好，哪些方面还需要改进。利用这些信息再结合商务分析，可以预测未来所做的改变会对企业造成哪些影响？对于商务分析得到的结果，还需商务智能进行验证。简言之，只有将二者有效结合，商务分析和商务智能才会帮助企业用最正确的方式，做最正确的改变。

2.1.3　大数据时代的商务分析

无论是商务智能还是商务分析，其源头都是数据。进入大数据时代，海量、异构、多变的数据对商务智能和商务分析都产生了很大影响。大数据的出现，加速了商务智能向商务分析迈进。

随着大数据技术与应用的发展，商务智能的能力得到了拓展和提升。传统的商务智能是由数据仓库、查询报表、数据分析等部分组成的技术和应用。由 IT 人员主导，根据业务需求建立数据报表，供业务人员或管理人员使用。大数据时代的到来，使商务智能的数据源得到了极大的补充，从原先主要来自业务系统的、以结构化为主的数据，拓展为来自企业内外部多个源头、包含结构化和非结构化的海量数据。大数据处理技术的发展使得商务分析的实时性、灵活性得到提升，数据洞察的深度和有效性进一步加强。经过数据预处理后，业务人员可以实现拖拽式自助分析，进行多种类型图表的展示，从中获得数据洞察，最终应用于商业决策。商务智能从传统的报表工具逐渐发展为基于商业需求的商务分析解决方案。

商务智能借助大数据、人工智能（artificial intelligence，AI）等技术，通过提供行业应用方案体现数据价值。随着企业对数据的认知和重视程度不断加深，以及数据量的急速增长，对数据的存储、处理、管理和价值挖掘成为企业关注的焦点。

商务分析将充分利用人工智能、物联网、云计算等新兴技术，为企业提供一站式数据解决方案。未来，在商务分析中利用 AI 技术，实现智能语音交互，自动获取数据分析结果；应用预测分析、机器学习、深度学习、迁移学习等算法进行更精准的业务预测、异常预警等，深度挖掘数据价值。随着更多的物联网设备数据接入网络，边缘计算也将逐渐引入到商务分析中。由于更多业务系统的云化，商务分析将逐渐向云端迁移。

大数据时代，企业对数据的整体需求提升。通过建设一站式大数据解决方案，优化企业数据处理的每个流程，可以更好地管理和应用海量数据，实现大数据的商业价值。在数据得到高效计算和综合治理的基础上，商务分析的价值更多地在于提供针对具体行业或场景的解决方案。

在应用体验方面，商务分析将变得更加便捷。在商务智能阶段，商务智能解决方案通常倚重 IT 部门，由 IT 部门通过集中管控来构建数据分析项目框架、设计模式并实施。这个相对集中而僵化的体系，导致业务部门在提出新的分析需求时，IT 部门很难给出及时的反馈，缺乏敏捷性和灵活性。如果将 IT 部门从数据分析的具体事务中分离出来，构建商务数据分析团队，将数据分析的权利交给一线的分析人员，整个流程就会变得更加敏捷，企业也更容易通过持续的反馈，来满足自身对商务智能项目的需求。敏捷商务分析优化了数据从采集到处理、分析、应用的全过程。通过实时数据计算、业务系统嵌入以及移动端交互体验优化，企业各级业务人员将能够随时、随地进行数据查看与分析，从而快速做出科学决策，指导业务运营。

未来，基于大数据技术的商务分析将会成为业界主流的分析范式，数据分析将逐步内化为企业的一种能力。作为一种新的数据管理思想和思维方式，商务分析从技术部署到业务流程规划，在大数据时代，必将迎来新的发展。

2.2　商务数据分析框架

商务数据分析的核心是洞察数据背后业务的规律，本质是数据赋能。加特纳集团在 2013 年总结提炼出了一套数据分析框架，将数据分析分成了四个层次，从低到高分别是描述性分析（descriptive analytics）、诊断性分析（diagnostic analytics）、预测性分析（predictive analytics）和规范性分析（prescriptive analytics）[2]。四个层次之间是不断递进的过程，随着分析方法的复杂化，分析带来的价值也就越大。

考虑到诊断出业务问题之后（为什么会这样？），还需结合实际情况，给出运营策略去改善它（我们该怎么做？）。为避免分析与运营脱节，可以将诊断性分析与规范性分析结合在一起进行。下面分别介绍描述性分析、预测性分析和规范性分析这三种类型。

2.2.1　描述性分析

描述性分析是大数据分析中最简单的一个类型，主要是对已经发生的事实用数据做出准确的描述，用来了解业务中发生了什么。比如，某企业本月订单签约额比上月增加了 100 万，增至 1100 万，但是订单履约率从上月的 98%下降到了 95%，库存周转率从上月的 0.8 下降到了 0.7。

描述性分析主要聚焦历史信息，通过描述过去，帮助用户了解以前的行为如何影响现在。它能用来解释企业如何运作，描述业务的不同方面。在最理想的情况下，描述性分析能讲述一件具有相关主题的事情，并提供有用的信息，它善于回答“企业发生了什么”这类问题。

描述性分析是大数据价值链的支柱，对于开发支持预测性分析和规范性分析的更高级算法至关重要。但描述性分析只能让我们知道发生了什么，不会告诉我们将来会怎么样，也不会告诉我们为什么会是这样。

2.2.2　预测性分析

预测性分析是利用各种统计、建模、数据挖掘工具对最近的数据和历史数据进行分析，从而对未来进行预测。预测的目标可以是某个想要避免的事件，比如哪些用户合约期满时会流失、哪些账户遭受了诈骗、哪些潜在用户会无法结清账户（即不良贷款或信用卡账户违约）或哪些网页的内容会令人不适等。预测的目标也可以是希望发生的事件，比如哪些用户最可能响应某个广告或优惠活动，以及哪些网页最符合某个搜索请求等。简言之，预测性分析会给企业提供关于未来变化的有用信息。此外，预测性分析结果可以帮助企业管控风险并确定需要采取的措施，借助预测性分析，企业可以检查一段时间内的趋势并量化以前可能尚未意识到的未知风险因素。预测性分析能够回答“企业将发生什么”这类问题。

2.2.3　规范性分析

prescriptive analytics 是一个比较难翻译的术语，常见的翻译有规范性分析、指导性分析、规定性分析、决策分析等。本书采用规范性分析这一译法。规范性分析的内在含义是它会告诉用户应该做什么以得到最优的结果。这类分析主要采用运筹学方法，即运用数学模型或智能优化算法，对企业应该采取的最优行动给出建议。比如，采用数学模型确定最优的商品定价以实现利润最大化。再比如，运用数学模型实现网页的最优广告位布局、实现生产企业最优的生产排程、最优的劳动力排班等。

在实际应用中，规范性分析可以通过一个或者多个动态指标显示每一个决策结果，分析的每个环节、每个步骤、每个流程、每个岗位都有一定的规矩和标准，信息更具准确性，业务决策者可以直接使用。

规范性分析是一个相对新的领域，应用难度比较大。它会“规范”不同的行为，引导人们找到解决方案。这类分析的核心在于提供决策。从本质上说，规范性分析是针对未来发生的各种状况，让企业根据自身行为，对可能出现的多种结果进行评估，并提供决策建议的过程。

三种类型的分析，从难度和价值两个维度来看，描述性分析方法和技术相对简单，应用价值较低，而规范性分析在价值和难度两方面都要超越描述性分析和预测性分析，如图 2.1 所示。

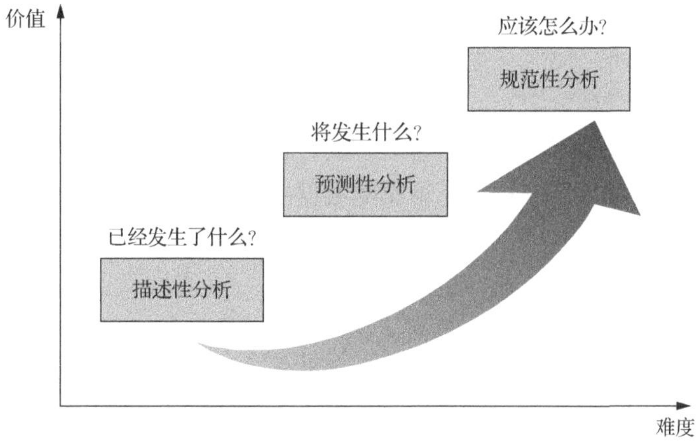

图 2.1　描述性分析、预测性分析和规范性分析对比

描述性分析让业务人员明确现状和问题，在此基础上进行预测性分析，了解未来会发生什么，到规范性分析阶段，更多的是关注为什么会这样，并且给出对策和建议。规范性分析是大数据分析方法的最高阶形态，也是在商业环境中对企业最有用、产生价值最大的分析方法。

2.3　常用的商务数据分析方法

尽管目标和应用领域不同，一些常用的方法几乎对所有的商务数据分析都有用，这些方法包括关联分析、聚类分析、分类分析与回归分析等。

2.3.1　关联分析

关联分析（association analysis）用以反映一个事物与其他事物之间的相互依存性和关联性，是数据分析的一个重要技术，可用于从大量数据中挖掘出有价值的数据项之间的关联关系。

关联分析的典型例子是购物篮分析。该过程通过发现顾客放入其购物篮中的不同商品之间的联系，分析顾客的购买习惯。通过了解哪些商品频繁地被顾客同时购买，这种关联关系的发现可以帮助零售商制定营销策略。其他的应用还包括价目表设计、商品促销、商品摆放以及基于购买模式的顾客划分等。

关联分析的主要方法包括：Apriori 算法、频繁模式增长（frequent pattern growth，FP-growth）算法等。

2.3.2　聚类分析

聚类是将物理或抽象对象的集合分组为由类似的对象组成的多个类。聚类分析（clustering analysis）是指根据“物以类聚”原理，将本身没有类别的样本聚集成不同的组，这样的一组数据对象的集合叫作簇，并且对每一个这样的簇进行描述的过程。聚类的目的是使得属于同一个簇的样本之间应该彼此相似，而不同簇的样本应该足够不相似。从机器学习视角来看，聚类分析与分类分析不同，聚类分析属于无监督学习（unsupervised learning）。

聚类分析方法主要应用于探索性的研究，其分析结果可以提供多个可能的解，选择最终结果需要进行主观判断和后续分析。无论实际数据中是否真正存在不同的类别，利用聚类分析都能得到分成若干类别的簇。聚类分析的结果完全依赖于所选择的聚类变量，增加或删除一些变量对最终的聚类结果都可能产生实质性的影响。

聚类技术源于很多领域，包括数学、计算机科学、统计学、生物学和经济学等。在不同的应用领域，很多聚类技术都得到了发展，这些技术方法被用作描述数据，衡量不同数据源间的相似性，以及将数据源分类到不同的簇中。

聚类分析的主要方法包括：划分聚类、层次聚类、基于密度的聚类等。

2.3.3　分类分析

分类是一种基本的数据分析方式，根据其特点，可将数据对象划分为不同的部分和类型，再进一步分析，能够挖掘出事物的本质。

分类分析（classification analysis）是指按照某种标准给对象贴标签（label），再根据标签来区分归类。分类的目的是学习一个分类函数或分类模型（也常常称作分类器，classifier），该分类模型能将数据项映射到给定类别中的某一个类中。要构造分类器，需要有一个训练样本数据集作为输入。训练集由一组数据记录或元组构成，每个元组是一个由有关字段（又称属性或特征）值组成的特征向量，此外，训练样本还有一个类别标签。分类分析属于有监督学习（supervised learning）。

分类器的主要构造方法包括：统计方法、机器学习方法、神经网络方法等。

2.3.4　回归分析

在统计学中，回归分析（regression analysis）是指确定两种或两种以上变量间相互依赖的定量关系的一种统计分析方法。回归分析按照涉及的变量的多少，分为一元回归和多元回归分析；按照因变量的多少，可分为简单回归分析和多重回归分析；按照自变量和因变量之间的关系类型，可分为线性回归分析和非线性回归分析。

在大数据分析中，回归是一种预测性的建模技术，它研究的是因变量（目标）和自变量（预测器）之间的关系。这种技术通常用于预测分析、时间序列模型以及发现变量之间的因果关系。

回归分析的主要方法包括：线性回归、逻辑回归、多项式回归、逐步回归等。

2.4　商务数据分析流程

数据分析是一个过程，它从大量的数据中发现有价值的信息或知识以供决策者参考。由于每一种数据分析方法都有其自身的任务特征和应用场景，且实现过程与具体的应用问题密切相关，为使分析过程规范化，确保分析结果的有效性和正确性，一些通用的数据分析方法论被提出来，它们为数据分析项目的开展指明了方向，降低了项目失败的风险。

2.4.1　数据分析过程模型

一般而言，数据分析项目要经历的过程包括问题理解、数据收集与处理、分析模型建立、模型与分析结果评价、模型应用等一系列任务。为完成上述任务，人们提出了一些数据分析的方法论，比较著名的有跨行业数据挖掘标准流程（cross-industry standard process for data mining，CRISP-DM）；SEMMA 分析范式，即采样（sample）、探索（explore）、修正（modify）、建模（model）和评估（assess）；5A 模型，即评估（assess）、访问（access）、分析（analyze）、行动（act）和自动化（automate）等。其中，CRISP-DM 方法论应用最广，其原因在于它被设计成独立于任何软件、供应商或数据分析技术，没有特定领域和行业的局限，是适用于所有行业的标准方法论。

CRISP-DM 方法论是一个过程模型，该模型定义了一个数据分析项目的生命周期，包括以下六个阶段。

（1）业务理解：从业务角度了解项目的需求和最终目标。

（2）数据理解：深入了解可用于分析的数据。

（3）数据准备：对待分析数据进行合并、汇总、排序、样本选取等操作。

（4）模型建立：根据前期准备的数据选取合适的模型。

（5）模型评估：使用在商业理解阶段设立的业务成功标准对模型进行评估。

（6）结果部署：使用分析后的结果提升业务的过程。

CRISP-DM 强调，数据分析不单是数据的组织和呈现，也不仅是数据分析和建模，而是一个从理解业务需求、寻求解决方案到接受实践检验的完整过程。

六阶段任务以及它们之间的依赖关系如图 2.2 所示。

在图 2.2 中，外圈象征数据分析自身的循环本质——在一个解决方案发布之后，一个数据分析的过程才可以继续。在这个过程中得到的知识可以触发新的、经常是更聚焦的业务问题。后续的过程可以从前一个过程中得到益处。

这里需要注意的是：虽然完整的生命周期包含六个阶段，每一个阶段都依赖于上一个阶段的产出物，但是这六个阶段的顺序却并不是固定的。尤其是业务理解和数据理解，数据准备和模型建立阶段可能经常出现反复循环的过程。换句话说，是否可以继续进行下一个阶段，取决于是否达到最初的业务目标，如果业务目标没有达到，那么就要考虑是否是数据不够充分或算法需要调整，一切都以业务目标为导向。

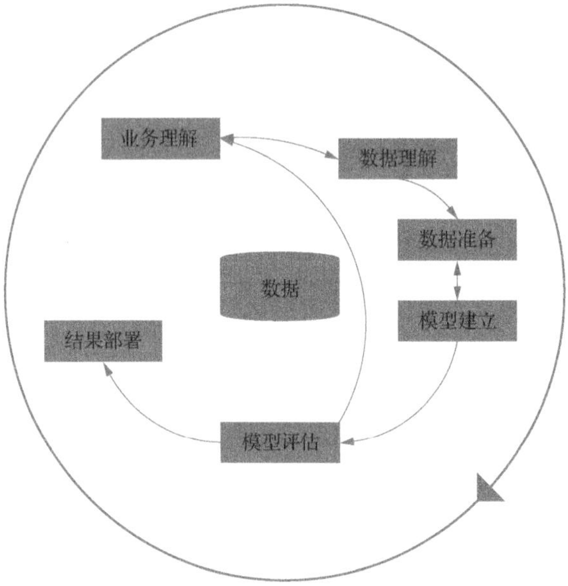

图 2.2　CRISP-DM 六阶段模型

2.4.2　六阶段任务

在 CRISP-DM 六阶段模型中，各个阶段的目标不同，任务也不相同[3]。

第一阶段：业务理解。

这一阶段的主要任务是从业务的角度了解项目的要求和最终目的是什么，并将这些目的与数据分析和分析结果结合起来。

理解业务问题很重要，因为它不像数据分析任务那样清晰，需要数据分析团队根据项目目标要求和实际场景，反复重塑问题并设计解决方案。这个过程不是简单的线性过程，需不断迭代，直到得到满意的解决方案。在业务理解环节，数据分析师需要发挥创造力，将业务问题转化为数据分析问题，这需要数据分析师既有领域知识，还要有数据分析能力。

具体工作包括：业务背景分析、项目成功标准的确定、形势评估、获得企业资源清单、获得企业的要求和设想、评估成本和收益、评估风险和意外、初步理解行业术语等。

第二阶段：数据理解。

数据理解阶段始于数据收集。首先，找出可能影响业务问题的因素，确定这些影响因素的数据载体、数据形式和数据存储位置。然后，收集原始数据，对数据进行装载，描绘数据，并且探索数据特征，进行简单的特征统计，检验数据的质量，包括数据的完整性和正确性，缺失值的填补等。接下来是熟悉数据，具体工作包括：检测数据的规模，对数据有初步的理解，探测数据中比较有趣的数据子集，进而形成对潜在信息的假设。

第三阶段：数据准备。

数据准备阶段涵盖了从原始粗糙数据中构建最终数据集（将作为建模工具的分析对象）的全部工作。数据准备是将已经收集的数据进行变换、组合，将数据转换成分析工具软件要求的格式。数据准备工作有可能被实施多次，而且其实施顺序并不是预先规定好的。

数据准备阶段的具体工作主要包括：选择数据、清洗数据、构造数据、整合数据、数据转换、数据格式化和数据清理等。

第四阶段：模型建立。

模型建立是指应用数学方法和软件技术工具选择合适模型的过程。在模型建立阶段，将选择和使用各种建模方法，并对模型参数进行优化。由于同样的业务问题和数据准备，可能有多种数据分析技术和方法可供选择，因此，可优选那些易于总结业务政策和建议的数据建模方法。在建模过程中，可能会发现一些潜在的数据问题，或者一些建模方法对数据形式有具体要求，这时得回到数据准备阶段。因此，在建模阶段，重新回到数据准备阶段执行某些任务有时是非常必要的。

模型建立阶段的具体工作包括：选择合适的建模算法和技术、进行检验设计、生成模型、优化模型参数等。

第五阶段：模型评估。

模型评估是指从业务角度和统计角度对模型运行结果的评价。要求检查建模的整个过程，以确保模型没有重大错误，并检查是否遗漏重要的业务问题。从数据分析角度看，这一阶段已经建立了一个或多个高质量的模型，但在进行最终的结果部署之前，需彻底评估模型，检查在构建模型过程中所执行的每一个步骤是非常重要的，这样可以确保这些模型是否达到了企业的目标。一个关键的评价指标是：是否仍然有一些重要的企业问题还没有被充分地加以注意和考虑。在这一阶段结束之时，有关数据分析结果的使用应达成一致的决定。

模型评估阶段的具体工作包括：依据业务成功标准评价模型结果、审核模型及模型建立过程、进行后续阶段检验等。

第六阶段：结果部署。

结果部署，又称模型发布。部署，即将模型发现的结果以及过程整理成文字材料。模型的建立并不是数据分析项目的最终目的，虽然模型使数据背后隐藏的信息和知识得以显现，但这些信息和知识仍然需要以一种客户能够容易理解、方便使用的方式被组织和呈现，用来改善运营状况和提高运营效率。根据不同的业务需求，结果部署的工作可能简单到提交数据分析报告，也可能复杂到将模型集成到企业的核心运营系统中去。在很多情况下，是客户而不是数据分析师来执行部署阶段，所以对于客户而言，预先了解需要执行的活动从而正确地使用已构建的模型是非常重要的。

结果部署阶段的具体工作包括：建立执行计划、建立调控/维持计划、撰写最终报告书、项目再检验等。

参 考 文 献

[1] Laursen G H N, Thorlund J. 商业分析方法与案例：超越报表的商业智能（第 2 版）[M]. 柯晓燕, 译. 北京：人民邮电出版社, 2017.

[2] 沙尔达, 德伦, 特班. 商务智能：数据分析的管理视角（第 4 版）[M]. 赵卫东, 译. 北京：机械工业出版社, 2018.

[3] 普罗沃斯特, 福西特. 商战数据挖掘：你需要了解的数据科学与分析思维[M]. 郭鹏程, 管晨, 译. 北京：人民邮电出版社, 2019.

第 3 章　大数据管理

云计算、物联网、社交网络等新兴服务促使人类社会的数据种类和规模正以前所未有的速度增长，大数据时代正式到来。数据从简单的处理对象开始转变为一种基础性资源，如何更好地管理和利用大数据已经成为普遍关注的话题。大数据的规模效应给数据存储、管理以及数据分析与挖掘带来了极大的挑战，数据管理方式上的变革正在酝酿和发生[1]。

3.1　结构化数据与非结构化数据

结构化数据和非结构化数据是大数据的两种类型。结构化数据是可以放入表格中的数据类型，是高度组织和整齐格式化的数据。保存和管理结构化数据一般为关系数据库，使用结构化查询语言（structured query language, SQL）进行查询。非结构化数据本质上是结构化数据之外的一切数据。它不符合任何预定义的模型，因此它存储在非关系数据库中，通常使用 NoSQL 进行查询。从数据生成和处理过程来看，结构化数据是先有结构再有数据，而非结构化数据是先有数据再有结构，不同类型的数据，需要采用不同的方式来处理。

根据国际数据公司（International Data Corporation，IDC）研究报告显示[2]，自 2010 年以来全球数据量正式进入 ZB 量级时代，2017 年全球数据量达到 23.8ZB，预计到 2025 年全球数据量将达到 175ZB。这意味着大数据存储行业即将迎来高速发展阶段，其中结构化数据仅占全部数据量的 20%，其余 80%的数据都会是处理难度较大的非结构化数据，包括各种办公文档、图片、视频、音频、设计文档、日志文件、机器数据等。结构化数据与非结构化数据的数据量占比示意图，如图 3.1 所示。

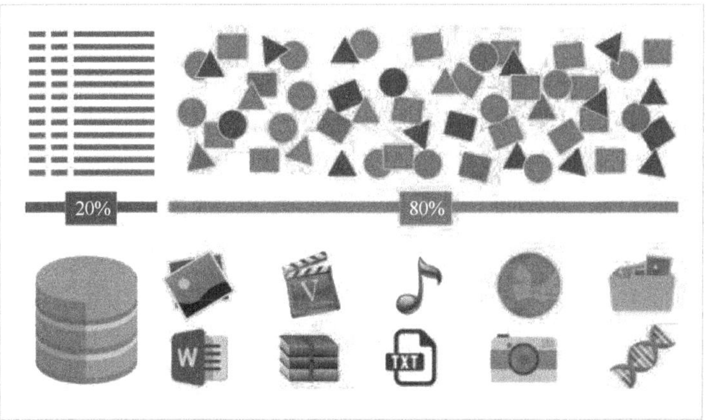

图 3.1　结构化数据与非结构化数据的数据量占比示意图

3.1.1 结构化数据

结构化数据也称作行数据，是由二维表结构来逻辑表达和实现的数据，严格地遵循数据格式与长度规范，主要通过关系型数据库进行存储和管理。结构化数据以行为单位，一行数据表示一个实体的信息，每一列的数据不可以再细分，并且每一列的数据都有相同的数据类型。例如，我们要记录一个班上学生的成绩，那么就要把这些成绩和学生信息放到一起形成一个二维表，如表 3.1 所示。

表 3.1 结构化数据示例

学号	姓名	数据库	数据结构	高等数学	线性代数
10001	张三	80	86	88	90
10002	李四	90	92	94	87
10003	王五	78	82	86	68
10004	赵六	88	83	79	85

数据表中的每一列称为一个字段，每一行称为一条记录。一个关系型数据库可以包含若干张表，一张表有若干个字段，每张表又有若干条记录，每条记录对应每个字段都有一个值。

3.1.2 非结构化数据

非结构化数据是数据结构不规则或不完整、没有预定义的数据模型，不方便用数据库二维逻辑表来表现的数据。由于语义的不确定性，文本是典型的非结构化数据。由于视觉感知的主观依赖性和歧义性，图像和视频等也是典型的非结构化数据。

网页、电子邮件是半结构化数据。半结构化数据也是一种非结构化数据，一般指界于严格结构化的数据（如关系数据库中的数据）和完全无结构的数据（如文本、图像和视频文件）之间的数据形式。半结构化数据具有一定的结构，但其结构与数据混在一起，没有明显的结构模式定义。例如，HTML 文件，它的标签使得文档具有一定的结构，但标签与数据混在一起，是一种隐性结构，即结构模式与数据间的界限混淆。

非结构化数据是远比结构化数据广泛存在的数据形式。随着传感技术、网络技术和计算机技术的迅速发展与普及，异构分布式传感网络与互联网已经被广泛应用，从外部世界获取非结构化数据已变得极为便利与快捷。无论从信息的获取手段，还是信息存储方式，都使得非结构化数据已无处不在。从可见光视频摄像机到多光谱成像设备，从脑电阵列设备到相控阵雷达，从单传感器到分布式传感网络，从个人计算机到互联网及万维网，人类所面对的已经是一个五彩绚丽、复杂纷呈的非结构化数据海洋。这些非结构化数据常表现出以下共有特征：形式上的高维、海量、异构和动态；内容上的不完整、不确定、无序和歧义；表达上难以用有限规则刻画；解译与应用上依赖信息利用主体的感知和理解等。非结构化数据占据的存储空间较大，经常需要不同于结构化数据的特殊存储手段。从非结构化数据中抽取有用的信息和知识，建立简洁有效的信息链，传统的信息处理和分析技术面临巨大挑战。

非结构化信息处理的核心问题包括非结构化数据的采集与表示、数学建模、知识挖掘、信息融合、知识推理与综合决策等[3]。机器学习是非结构化信息处理的一个最重要方面，其目的是从观测数据中发现规律和挖掘知识，为基于非结构化信息处理的综合决策提供基础。近年来，机器学习中的深度学习方法在各种各样的图像、文本和音频等非结构化数据处理中得到了广泛的应用。深度学习在许多方面都优于其他机器学习方法，图像识别、自然语言处理和音频分类只是众多应用中的一部分。深度学习已成为非结构化数据分析挖掘最常用的一类方法。

3.2 元数据管理

元数据是描述信息资源或数据等对象的数据，其使用目的在于识别信息资源，评价信息资源，追踪信息资源在使用过程中的变化，实现简单高效地管理大量网络化数据，实现信息资源的有效发现、查找、一体化组织和有效管理。

3.2.1 什么是元数据

英语中的元数据（metadata）一词最早出现于 1968 年，是指超脱于数据的事物，即有关数据的一条或多条陈述。尽管元数据一词只有几十年的历史，然而几千年来图书馆管理员一直在工作中使用着元数据，图书情报与档案管理领域中的“元数据”在历史上被称为“图书馆目录信息”。

元数据是定义和描述其他数据的数据（data about data），主要是描述数据属性的信息，用来支持如指示存储位置、历史数据、资源查找、文件记录等功能。元数据是关于数据的组织、数据域及其关系的信息。简言之，元数据是对某个潜在信息对象做出的陈述[4]。元数据是大数据处理和分析的基础。在大数据时代背景下，数据即资产，元数据实现了信息的描述和分类的格式化，从而为机器处理创造了可能，它能帮助组织更好地对数据资产进行管理，理清数据之间的关系。元数据管理是组织提升数据质量的基础，也是组织数据治理中的关键环节。

元数据是信息资源描述的重要工具，可以用于信息资源管理的各个方面，包括信息资源的建立、发布、转换、使用、共享等。元数据在信息资源组织方面的作用可以概括为五个方面：描述、定位、搜寻、评估和选择。

（1）描述作用：根据元数据的定义，它最基本的功能就在于对信息对象的内容和位置进行描述，从而为信息对象的存取与利用奠定必要的基础。

（2）定位作用：元数据包含有关信息资源位置方面的信息，因而由此便可确定资源的位置之所在，促进了大数据环境中信息对象的发现和检索。此外，在信息对象的元数据确定以后，信息对象在数据库或其他集合体中的位置也就确定了，这是定位的另一层含义。

（3）搜寻作用：元数据提供搜寻的基础，在著录的过程中，将信息对象中的重要信息抽出并加以组织，赋予语意，并建立关系，使检索结果更加准确，从而有利于用户识别资源的价值，发现其真正需要的资源。

（4）评估作用：元数据提供有关信息对象的名称、内容、年代、格式、制作者等基本属性，使用户在无须浏览信息对象本身的情况下，就能够对信息对象有一个基本的了解和认识，参照有关标准即可对其价值进行必要的评估，作为存取利用的参考。

（5）选择作用：根据元数据所提供的描述信息，参照相应的评估标准，结合使用环境，用户便能够做出对信息对象取舍的决定，选择适合用户使用的资源。

按照元数据的使用情况和面向对象的不同，元数据分为业务元数据、技术元数据和操作元数据，三者之间关系紧密。业务元数据指导技术元数据，技术元数据以业务元数据为参考进行设计，操作元数据为两者的管理提供支撑。

（1）业务元数据是定义和业务相关数据的信息，用于辅助定位、理解及访问业务信息。业务元数据的范围主要包括：业务指标、业务规则、数据质量规则、专业术语、数据标准、概念数据模型、实体/属性、逻辑数据模型等。业务元数据是数据仓库环境中的关键元数据，是用户访问系统时了解业务数据的主要途径，内容来源包括用例建模工具、控制数据库、数据库目录和数据抽取、转换和加载工具等多个地方。

（2）技术元数据可以分成结构性技术元数据和关联性技术元数据。结构性技术元数据提供了在信息技术的基础架构中对数据的说明，如数据的存放位置、数据的存储类型、数据世系（data lineage）关系等。关联性技术元数据描述了数据之间的关联和数据在信息技术环境之中的流转情况。技术元数据的范围主要包括：技术规则（计算/统计/转换/汇总）、数据质量规则技术描述、字段、衍生字段、事实/维度、统计指标、表/视图/文件/接口、报表/多维分析、数据库/视图组/文件组/接口组、源代码/程序、系统、软件、硬件等。技术元数据一般是以已有的业务元数据作为参考设计的。

（3）操作元数据主要指与元数据管理相关的组织、岗位、职责、流程以及系统日常运行产生的操作数据。在构建数据仓库过程中，操作元数据也叫过程处理元数据，记录的是 ETL 过程中数据迁移情况，如上次迁移日期、加载的记录数等信息。这部分元数据在 ETL 加载失败时会非常重要。一般来说，使用 ETL 工具的数据加载，对于迁移调度时间、迁移调度顺序、失败处理等内容都可以在迁移工具中定义生成。如果是手工编写 ETL 程序的话，操作型元数据的处理会麻烦一些，需要自己来获取和存储。获取的方式不同，编程的方式会不尽相同。

根据元数据的不同功能，还可以将元数据划分为描述性元数据、管理性元数据和使用性元数据[4]，简单介绍如下。

（1）描述性元数据用于描述或标识对象内容和外观特征的元数据。一条元数据记录了一个资源，描述性元数据记录可以用于多种目的，但是较重要的用途之一是“资源发掘”。资源发掘工具是一种帮助用户发现资源的技术，例如，网络搜索引擎、图书馆卡片式目录资源发掘可以实现的原因在于元数据记录中的元素-值配对，每个元素-值配对就是所谓的接入点，利用发掘工具从这个入口可以去发掘可用于记录描述的资源。

（2）管理性元数据是指提供关于某一资源全生命周期的信息，也就是在管理资源时需要用到的信息。由于资源多种多样，资源的生命周期与管理也同样丰富多彩。管理性元数据可以提供有关对象来源与维护的信息，包括技术性元数据、结构性元数据、溯源元数据与保存性元数据等。技术性元数据所记录的资源特点是不需要人为判断即可识别的数据。结构性元数据记录了关于某一资源如何组织的信息。溯源元数据用于描述涉及创建与交付或以其他方式影响某一资源的实体与流程的记录。保存性元数据是指存储库用于支持数据保存流程的信息。

（3）使用性元数据可以提供如何使用某一对象的信息。用户在使用在线网络资源时，都有可能在无意中产生数据，这种数据往往以网络服务器日志的形式存在，一般来说，用户永远都不会看到网络服务器上运行的软件，而这类软件会搜集关于服务器上所有活动的数据。这些使用性元数据，对于网络服务器来说，被称为日志，对于其他服务来说，则往往被称为“并行数据”。使用性元数据正在成为一个重要性越来越高、规模越来越大的主题。

3.2.2　元数据如何管理

初期的元数据管理通常是在事后由相应的元数据管理软件，从已开发完成的应用系统中抽取用户所关注的各类元数据，再由人工补录一些注释和管理用的属性，这种模式被称为基本元数据管理。由于存在元数据获取的不及时，为了减少工作量及有些属性空缺的风险，其实际应用并不普遍。

在新一代应用系统中，业务功能通常都是由相应的构件，以人机交互的形式，通过在人工业务语境的对话过程中组装实现的。这个过程中，不仅完成了业务应用所需要的应用软件元素，同时也完成了应用软件元素相对应的元数据的采集，这种模式被称为主动元数据管理。

元数据管理实现针对元数据的基本管理功能。如元数据的添加、删除、修改属性等维护功能；元数据之间关系的建立、删除和跟踪等关系维护功能；提供元数据发布流程管理，可以更好地管理和跟踪元数据的整个生命周期；元数据自身质量核查、元数据查询、元数据统计、元数据使用情况分析、元数据变更、元数据版本和生命周期管理等功能。

大数据扩大了数据存储的容量、速度和多样性，给元数据管理带来了新的挑战。在构建关系型数据仓库、动态数据仓库和关系型数据中心时进行元数据管理，有助于保证数据被正确地使用、重用并满足各种规定。同样，对大数据来说，元数据管理过程中出现的任何错误，都会导致数据重复、数据质量差和无法访问关键信息等问题。随着大数据技术在组织中的应用越来越广泛，组织需要在原有的元数据管理策略中增加大数据相关的内容。通常，大数据分析是受用例驱动的，组织可以通过梳理大数据用例的方式逐步完善大数据的元数据管理。组织可以尝试通过以下 5 个步骤进行大数据的元数据管理。

（1）考虑到大数据时代组织获取数据的容量和多样性，应该创建一个体现关键大数据业务术语的领域本体，该领域本体不仅仅包含结构化数据，还可以将半结构化和非结构化数据纳入其中。

（2）及时跟进和理解各种大数据技术中的元数据，提供对其连续、及时的支持，比如大规模并行处理数据库、流计算引擎、Apache Hadoop/企业级 Hadoop、NoSQL 数据库以及各种数据治理工具、信息生命周期管理工具等。

（3）对业务术语中的敏感大数据进行标记和分类，并执行相应的大数据安全与隐私保护政策。

（4）将业务元数据和技术元数据进行链接，可以通过操作元数据监测大数据的流动；可以通过数据世系分析在整个信息供应链中实现数据的正向追溯或逆向追溯，了解数据都经历了哪些变化，查看字段在信息供应链各组件间转换是否正确等；可以通过影响分析了解具体某个字段的变更会对信息供应链中其他组件中的字段造成哪些影响等。

（5）扩展企业现有的元数据管理角色，以适应大数据治理的需要，比如可以扩充数据治理管理者、元数据管理者、数据主管、数据架构师以及数据科学家的职责，加入大数据治理的相关内容。

3.3 大数据存储管理

为了有效应对现实世界中复杂多样的大数据处理需求，需要针对不同的大数据应用特征，从多个角度、多个层次对大数据进行存储和管理。在大数据存储方面，数据的爆炸式增长，数据来源的极其丰富和数据类型的多种多样，使数据存储量更庞大，对数据展现的要求更高。而目前传统的关系型数据库，还难以存储如此巨大的数据量。但是由于目前大多数软件系统都采用了传统关系型数据库来管理数据，因而还有相当一部分大数据分析处理的原始数据来自于关系型数据库，处理结果也存放在关系型数据库中。下面简要介绍一下传统关系型数据库，然后再介绍各种常用的大数据存储与处理技术。

3.3.1 传统关系型数据库

关系型数据库是指采用关系模型来组织数据的数据库，以行和列的形式存储结构化数据。关系型数据库中一系列的行和列被称为表，一组表组成了数据库。用户通过查询来检索数据库中的数据，而查询是一个用于限定数据库中某些区域的执行代码。关系模型可以简单理解为二维表格模型，而一个关系型数据库就是由二维表及其之间的关系组成的一个数据组织。

关系型数据库按照结构化的方法存储数据，每个数据表都必须对各个字段定义好，再根据表的结构存入数据，这样做的好处就是由于数据的形式和内容在存入数据之前就已经定义好了，所以整个数据表的可靠性和稳定性都比较高，但带来的问题就是一旦存入数据后，如果需要修改数据表的结构就会十分困难。

关系型数据库设计的过程可大体分为 4 个阶段：

（1）用户需求分析阶段，主要是了解和分析用户对数据的功能需求和应用需求，是整个设计过程的基础，事关整个数据库应用系统设计的成败。

（2）数据库设计阶段，主要是将用户需求进行综合、归纳与抽象，形成一个独立于具体数据库管理系统（database management system，DBMS）的数据模型，可用实体-关系模型来表示，然后将其转换为已选好的关系型数据库管理系统（relational database management system，RDBMS）所支持的一组关系模式并为其选取一个适合应用环境的物理结构，包括存储结构和存取方法。

（3）数据库实现阶段，包括数据库结构创建阶段和应用行为设计与实现阶段，是根据数据库的物理模型创建数据库、创建表、创建索引、创建聚簇等。

（4）数据库运行与维护阶阶段，最后一个阶段则是数据库应用系统经过试运行后即可投入正式运行。

关系型数据库采用结构化查询语言（SQL）来对数据库进行查询，SQL 早已获得了各个数据库厂商的支持，成为数据库行业的标准，它能够支持数据库的增加、查询、更新、删除等操作，具有非常强大的功能，SQL 可以采用类似索引的方法来加快查询操作。主流的关系型数据库有 Oracle、MySQL、Microsoft SQL Server、Microsoft Access、DB2 等多种，每种数据库的语法、功能和特性也各具特色。关系型数据库存储大数据的要点在于简单存储、分区分表、高效索引、批量写入。

3.3.2 数据仓库与数据集市

数据仓库（data warehouse，DW）是数据库的一种概念上的升级，是为了满足新需求设计的一种新的数据库，需容纳更多的数据和更加庞大的数据集。数据仓库是一个面向主题的、集成的、随时间变化的，但信息本身相对稳定的数据集合，用于对管理决策过程的支持[5]。

操作型数据库的数据组织面向事务处理任务，各个业务系统之间各自分离，而数据仓库中的数据是按照一定的主题域进行组织的。主题是与传统数据库的面向应用相对应的，是一个抽象概念，是在较高层次上将组织（企业）业务信息系统中的数据综合、归类并进行分析利用的抽象。每一个主题对应一个宏观的分析领域。数据仓库排除对于决策无用的数据，提供特定主题的简明视图。

数据库的操作一般称为联机事务处理，是针对具体的业务在数据库中的联机操作，具有数据量较少的特点，通常对少量的数据记录进行查询、修改。数据仓库的操作一般称为联机分析处理，是针对某些主题（综合数据）的历史数据进行分析，支持管理决策。联机事务处理与联机分析处理的主要区别如表 3.2 所示。

表 3.2　联机事务处理与联机分析处理的主要区别

比较项	联机事务处理	联机分析处理
数据来源	数据库	数据仓库、数据集市
数据特点	细节性数据	综合性和提炼性数据
数据范围	当前数据	历史数据
数据变化	可更新	不可更新，但周期性刷新
数据量	一次处理的数据量小	一次处理的数据量大
应用场景	面向业务流程，事务驱动	面向分析，分析驱动
服务对象	面向操作人员，支持日常操作	面向决策人员，支持管理需要

数据仓库的出现，并不是要取代数据库。大部分数据仓库还是用关系数据库管理系统来管理的。可以说，数据库、数据仓库相辅相成、各有千秋。二者的主要区别如下。

（1）出发点不同。数据库是面向事务的设计，数据仓库是面向主题设计的。

（2）存储的数据不同。数据库一般存储在线交易数据，数据仓库存储的一般是历史数据。

（3）设计规则不同。数据库设计是尽量避免冗余，一般采用符合范式的规则来设计；数据仓库在设计时有意引入冗余，采用反范式的方式来设计。

（4）提供的功能不同。数据库是为捕获数据而设计，数据仓库是为分析数据而设计。

（5）基本元素不同。数据库的基本元素是事实表，数据仓库的基本元素是维度表。

（6）容量不同。数据库在基本容量上要比数据仓库小得多。

（7）服务对象不同。数据库是为了高效的事务处理而设计的，服务对象为组织（企业）业务处理方面的工作人员；数据仓库是为了分析数据进行决策而设计的，服务对象为组织（企业）高层决策人员。

数据仓库技术是为了有效地把操作型数据集成到统一的环境中以提供决策型数据访问的各种技术和模块的总称。所做的一切都是为了让用户更快、更方便地查询所需要的信息，提供决策支持。从功能结构划分，数据仓库系统至少应该包含数据获取（data acquisition）、数据存储（data storage）、数据访问（data access）三个关键部分，数据仓库的体系结构如图 3.2 所示。

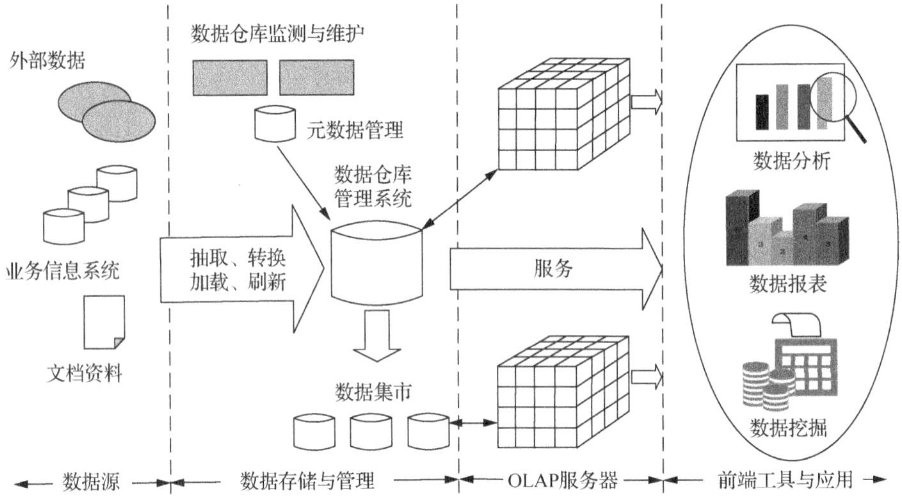

图 3.2 数据仓库的体系结构

组织（企业）数据仓库的建设，是以现有组织（企业）业务信息系统和大量业务数据的积累为基础。数据仓库不是静态的概念，只有把数据及时交给需要这些数据的使用者，供他们做出改善其业务经营的决策，数据才能发挥作用，数据才有意义。而把数据加以整理归纳和重组，并及时提供给相应的管理决策人员，是数据仓库的根本任务。

以数据仓库为基础的决策支持环境，要求数据仓库能够满足所有最终用户的需求。然而，最终用户的需求是不断变化的，而且各种类型的用户对信息的需求也不一样，这就要求数据仓库存储的数据具有充分的灵活性，能够适应各类用户的查询和分析。另外，最终用户对信息的需求必须易于访问，能够在较高的性能上获得结果。但是，充分的灵活性和较高的性能对数据仓库而言，是一对矛盾体。为了适应灵活性的要求，数据仓库需要以规范化的模式存储各种历史数据。于是，对于特定的用户所需要的信息就需要在多张大表上连接后得到结果，这样就无法满足用户对快速访问的性能需求。为了解决灵活性和性能之间的矛盾，数据仓库体系结构中增加了数据集市，数据集市存储为特定用户需求而预先计算好的数据，从而满足用户对性能的需求。

数据集市（data mart）也叫数据市场，就是满足特定的部门或者用户的需求，按照多维的方式进行存储，包括定义维度、需要计算的指标、维度的层次等，生成面向决策分析需求的数据立方体。数据集市主要是针对一组特定的主题域、部门或者特殊用户需求的数据集合。这些数据需要针对用户的快速访问和报表展示进行优化，优化的方式包括对数据进行轻量级汇总，在数据结构的基础上创建索引。数据集市的目标分析过程包括对数据集市的需求进行拆分，按照不同的业务规则进行组织，将与业务主题相关的实体组织成主题域，并且对各类指标进行维度分析，从而形成数据集市目标说明书。内容包括详细的业务主题、业务主题域和各项指标及其分析维度。

3.3.3 NoSQL 数据库

NoSQL 是 Not Only SQL 的缩写，意即“不仅仅是 SQL”，是对不同于传统的关系型数据库的数据库管理系统的统称[6]。NoSQL 与 SQL 两者之间存在许多显著的不同点，其中最重要的是 NoSQL 不使用 SQL 作为查询语言。其数据存储可以不需要固定的表格模式，也经常会避免使用 SQL 的 JOIN 操作，一般有水平可扩展性的特征。NoSQL 是一项全新的数据库技术，其拥护者提倡运用非关系型的数据存储，相对于铺天盖地的关系型数据库应用，这一概念体现了一种大数据时代的变革性思维。

关系型数据库主要用于执行规模小而读写频繁，或者大批量极少读 / 写访问的事务。当代典型的关系型数据库在一些数据敏感的应用中表现了糟糕的性能，如为海量文档建立索引、为高流量网站的网页服务以及发送流式媒体。与关系型数据库相比，NoSQL 数据库特别适合以社交网站为代表的 Web 2.0 应用，这些应用需要极高速地并发读 / 写操作，而对数值一致性要求却不高。

NoSQL 的主要优点是非常容易扩展，适用于大数据量，具有非常高的读写性能。NoSQL 的结构通常提供弱一致性的保证，如最终一致性，或交易仅限于单个的数据项。不过，有些系统提供完整的 ACID［即原子性（atomicity）、一致性（consistency）、隔离性（isolation）和持久性（durability）］保证，在某些情况下增加了补充中间件层（如 CloudTPS）。有两个成熟的系统提供快照隔离的列存储：一是谷歌公司基于过滤器系统的 BigTable，二是滑铁卢大学开发的 HBase。这两个系统都是自主研发，使用类似的概念来实现多行分散式 ACID 交易的快照隔离保证为基础的列储存，无须额外的数据管理开销和中间件系统部署或维护，减少了中间件层。少数 NoSQL 系统部署了分布式结构，通常使用分布式哈希表（distributed hash table，DHT）将数据以冗余方式保存在多台服务器上，以便扩充系统时添加服务器更容易，并且扩大了对服务器失效的承受程度。

NoSQL 数据库种类繁多，并且大部分都是开源的，依据结构化方法以及应用场合的不同，主要分为以下四类。

（1）面向高性能并发读 / 写的 Key-Value 数据库。Key-Value 数据库的主要特点就是具有极高的并发读 / 写性能，如 Redis、Tokyo Cabinet 和 Flare 就是这类的代表。

（2）面向海量数据访问的文档数据库。这类数据库的特点是可以在海量的数据中快速地查询数据，典型代表为 MongoDB 和 CouchDB。

（3）面向可扩展性的分布式数据库。这类数据库要解决的问题就是传统数据库在可扩展性上的缺陷，可以适应数据量的增加以及数据结构的变化，谷歌公司的 BigTable 就是这类数据库的典型代表，并且 BigTable 特别适用于 MapReduce 处理。

（4）图形（graph）数据库。图形结构的数据库同其他行列以及刚性结构的 SQL 数据库不同，它是使用灵活的图形模型，并且能够扩展到多个服务器上。NoSQL 数据库没有标准的查询语言 SQL，因此进行数据库查询需要制定数据模型。许多 NoSQL 数据库（例如 Neo4J、InfoGrid 和 Infinite Graph）都有表现层状态转移（representational state transfer，REST）的数据接口或者应用程序接口（application programming interface，API）。

3.3.4　Hadoop 与 MapReduce

大数据环境下的数据来源非常丰富且数据类型多样，存储和分析挖掘的数据量庞大。人们对数据展现的要求较高，并且很看重数据处理的高效性和可用性。大数据的基本处理流程与传统数据处理流程并无太大差异，主要区别在于：由于大数据要处理大量、非结构化的数据，所以在各处理环节中都可以采用 Hadoop 分布式处理框架进行并行处理。

Hadoop 是一个分布式系统基础架构，由 Apache 基金会开发。用户可以在不了解分布式系统底层细节的情况下，开发分布式程序。充分利用集群的威力进行高速运算和存储。简单来说，Hadoop 是一个可以更容易开发和运行处理大规模数据的软件平台，而且它还有许多其他的相关子项目，可以对它的功能进行极大扩充，包括 Zookeeper、Hive 和 Hbase 等。

Hadoop 起源于 Nutch 应用程序，Lucene 为 Nutch 提供了文本搜索和索引的 API。Lucene 提供了一个纯 Java 的高性能全文索引引擎工具包，可以方便地嵌入到各种实际应用中实现全文搜索和索引功能。Nutch 是一个以 Lucene 为基础实现的搜索引擎应用程序，它不仅有搜索功能，还有数据抓取功能。在 Nutch0.8.0 版本之前，Hadoop 还属于 Nutch 的一部分，而从 Nutch0.8.0 开始，其中实现的 Nutch 分布式文件系统（Nutch distributed file system，NDFS）和 MapReduce 被剥离出来成立一个新的开源项目，这就是 Hadoop。而 Nutch0.8.0 版本较之以前的 Nutch 在架构上有了根本性的变化，完全构建在 Hadoop 的基础之上。它在 Hadoop 中实现了谷歌公司的谷歌文件系统（Google file system，GFS）和 MapReduce 算法，使 Hadoop 成为一个分布式的计算平台。但 Hadoop 并不仅仅是一个用于存储的分布式文件系统，它还是用来在通用计算设备组成的大型集群上执行分布式应用的框架。

Hadoop 包括两个部分：一是 Hadoop 分布式文件系统（Hadoop distributed file system，HDFS），二是分布式计算框架，即 MapReduce，两者缺一不可，人们可以通过 MapReduce 很容易地在 Hadoop 平台上进行分布式的计算编程。

Hadoop 实现了一个 HDFS。HDFS 有着高容错性的特点，并且设计用来部署在低廉的硬件上。HDFS 可提供高传输率来访问应用程序的数据，极其适合有着超大数据集的应用程序。HDFS 是一个主从（master/slave）结构，通常，在主节点上只运行一个名字节点，而在每一个从节点上运行一个数据节点。

HDFS 支持传统的层次文件组织结构，它与现有的一些文件系统在操作上很类似，如可以创建和删除一个文件，把一个文件从一个目录移到另一个目录，进行重命名等操作。其名字节点管理着整个 HDFS，对文件系统的操作（如建立、删除文件和文件夹）都是通过名字节点来控制。HDFS 的结构如图 3.3 所示。

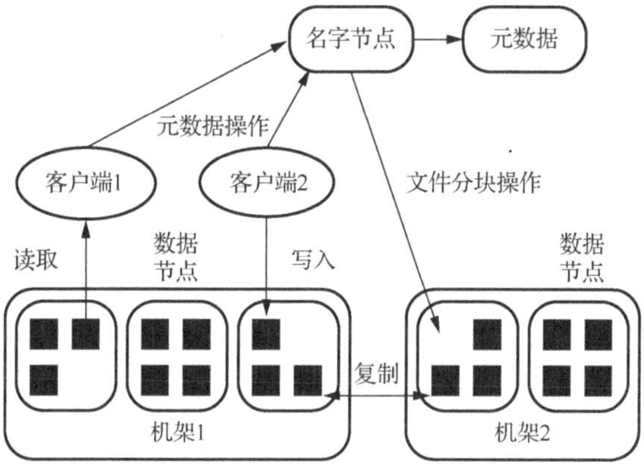

图 3.3　HDFS 的结构图

从图 3.3 中可以看出，名字节点、数据节点与客户端之间的通信都是建立在传输控制协议/互联网协议（transmission control protocol/internet protocol，TCP/IP）的基础之上的。当客户端要执行一个写入的操作时，命令不是马上就发送到名字节点，客户端首先在本机临时文件夹中缓存这些数据，当临时文件夹中的数据块达到了设定的块存储阈值（默认是 64MB）时，客户端便会通知名字节点，名字节点便响应客户端的远程过程调用请求，将文件名插入文件系统层次中，并且在名字节点中找到一块存放该数据的块，同时将该数据节点及对应的数据块信息告诉客户端，客户端便将这些本地临时文件夹中的数据块写入指定的数据节点。

HDFS 采取了副本放置策略，其目的是提高系统的可靠性和可用性。HDFS 的副本放置策略是三个副本，一个放在本节点上，一个放在同一机架中的另一个节点上，还有一个副本放在另一个不同的机架中的一个节点上。

MapReduce 是 Hadoop 的核心组件之一。MapReduce 是谷歌公司的一项重要技术，它是一种简化并行计算的编程模型，用以进行大数据量的计算。对于大数据量的计算，通常采用的处理手法就是并行计算。MapReduce 采用的就是一种并行编程模式，这种模式使得软件开发者可以轻松地编写出分布式并行程序。在 Hadoop 的体系结构中，MapReduce 是一个简单易用的软件框架，基于它可以将任务分发到由上千台商用机器组成的集群上，并以一种高容错的方式并行处理大量的数据集，实现 Hadoop 的并行任务处理功能。MapReduce 框架是由一个单独运行在主节点上的 JobTracker 和运行在每个集群从节点上的 TaskTracker 共同组成的。主节点负责调度构成一个作业的所有任务，这些任务分布在不同的从节点上。主节点监控它们的执行情况，并且重新执行之前失败的任务；从节点仅负责由主节点指派的任务。当一个作业被提交时，JobTracker 接收到提交作业和配置信息之后，就会将配置信息等分发给从节点，同时调度任务并监控 TaskTracker 的执行。

MapReduce 的名字源于这个模型中的两项核心操作：Map 和 Reduce。简言之，Map 是把一组数据一对一地映射为另外的一组数据，其映射的规则由一个函数来指定，比如对[1, 2, 3, 4]进行乘 2 的映射就变成了[2, 4, 6, 8]。Reduce 是对一组数据进行归约，这个归约的规则由一个函数指定，比如对[1, 2, 3, 4]进行求和的归约得到结果是 10，而对它进行求积的归约结果是 24。

从上面的介绍可以看出，HDFS 和 MapReduce 共同组成了 Hadoop 分布式系统体系结构的核心。HDFS 在集群上实现了分布式文件系统，MapReduce 在集群上实现了分布式计算和任务处理。HDFS 在 MapReduce 任务处理过程中提供了文件操作和存储等支持功能，MapReduce 在 HDFS 的基础上实现了任务的分发、跟踪和执行等功能，并收集结果，两者相互作用，完成了 Hadoop 分布式集群的主要任务。

3.3.5 云计算与云数据管理

现代化的数据管理平台需要更强大的工作负载能力，这意味着组织的 IT 系统要能够弹性伸缩，存储和计算要能够分离，云计算与云数据管理技术能够满足组织这一需求。云计算是在分布式系统、并行处理和网格计算等基础上发展起来的一项新技术，它面对的是超大规模的分布式环境，其核心是提供海量数据存储以及高效率的计算能力，由此衍生出一系列的应用。云计算能够改变普通用户使用计算机的模式，为用户提供按需分配的计算能力、存储能力及应用服务能力，目的是让用户使用计算资源就像使用水和电一样方便，大大降低用户的软硬件采购费用。

通过使计算分布在大量的分布式计算机上，而非本地计算机或服务器中，组织（企业）数据中心的运行将更与互联网相似，这就是云计算的基本原理。利用云计算技术，组织（企业）能够将资源切换到需要的应用上，根据需求访问计算机和存储系统。通常，云计算的服务类型分为三类：基础设施即服务（infrastructure as a service，IaaS）、平台即服务（platform as a service，PaaS）和软件即服务（software as a service，SaaS）。这三种云计算服务有时称为云计算堆栈，基础设施在底端，平台在中间，软件在顶端，以下是这三种服务的概述。

（1）基础设施即服务（IaaS）是主要的服务类别之一，它向云计算的个人用户或组织（企业）用户提供虚拟化计算资源，如虚拟机、存储、网络和操作系统。

（2）平台即服务（PaaS）为开发人员提供通过全球互联网构建应用程序和服务的平台。Paas 为开发、测试和管理软件应用程序提供按需开发环境。

（3）软件即服务（SaaS）通过互联网提供按需软件付费应用程序，云计算提供商为用户托管和管理软件应用程序，并允许用户连接到应用程序以及通过互联网访问应用程序。

在云服务环境下，组织（企业）的数据管道可以快速响应变化，实时地进行调整。以社交网站为例，一般流量会以波峰波谷状态呈现，所以弹性计算和存储能力是必不可少的环节。基于云服务环境，组织（企业）可以在出现高峰需求前，快速部署应用。当流量退去，组织

（企业）可以回退到原来的状态。无论这些峰值是按天、按周，还是按月出现，云服务提供的敏捷性都游刃有余。云服务的这种灵活性和弹性扩展能力，本地计算和存储环境根本无法匹敌。

云计算需要对分布的、海量的数据进行处理和分析，因此数据管理技术必须能够高效地管理大量的数据。云计算的数据具有海量、异构、非确定性的特点，需要采用有效的数据管理技术对海量数据和信息进行分析和处理，构建高度可用和可扩展的分布式数据存储系统。目前，云计算系统中的数据管理技术主要是谷歌公司的 GFS、BigTable、MapReduce 三大核心技术和 Amazon 的 Dynamo。

GFS 是一个可扩展的 HDFS，用于大型的、分布式的、对大量数据进行访问的应用。它运行于廉价的普通硬件上，提供容错功能。BigTable 是一种为了管理结构化数据而设计的分布式存储系统，这些数据可以扩展到非常大的规模。MapReduce 是一种简化并行计算的编程模型，用以进行大数据量的计算。Dynamo 是一个经典的分布式 Key-Value 存储系统，具备去中心化、高可用性和高扩展性的特点。Dynamo 在 Amazon 中得到了成功的应用，能够跨数据中心部署于上万个节点上提供服务，它的设计思想也被后续的许多分布式系统借鉴。

上述云数据管理技术针对云计算海量数据的问题和应用特点进行了很多创新，综合来看，未来云计算数据管理主要包括以下六个层次[7]，总体架构如图 3.4 所示。

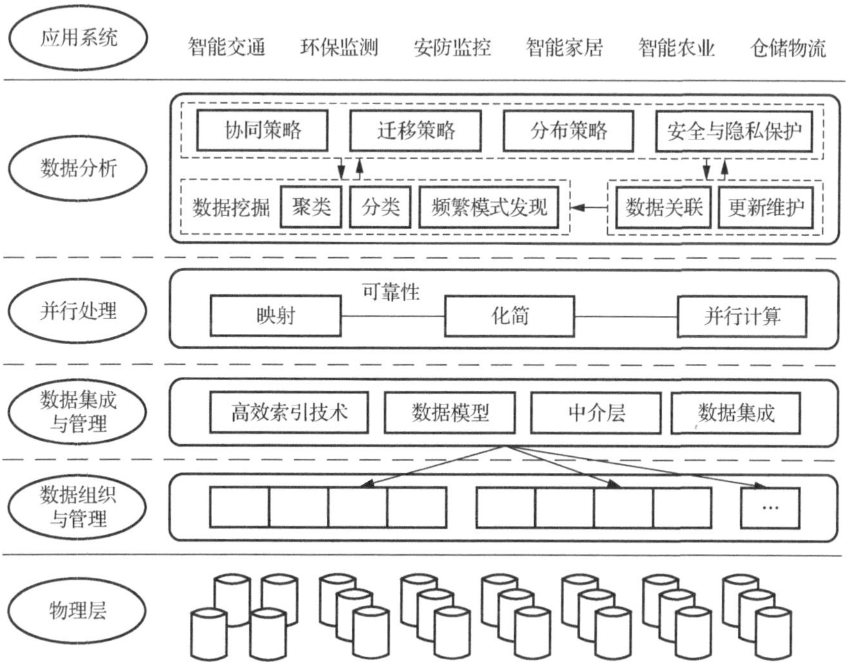

图 3.4　云计算数据管理的总体架构

除了底层的物理层和上层的应用系统以外，云计算数据管理的核心层分为四层，分别为数据组织与管理、数据集成与管理、分布式并行处理和数据分析。

（1）数据组织与管理：采用分布式的存储技术可用于大型的、分布式的、对大量数据进行访问的应用，类似于谷歌的 GFS。它运行于各种类似的普通硬件上，提供容错功能，为用户提供高可靠、高并发和高性能的数据并行存取访问。

（2）数据集成与管理：针对数据的非确定性、分布异构性、海量、动态变化等特点，采用分布式数据管理技术，通过采用 BigTable、Hbase 等分布式数据库技术对大数据集进行处理与分析，向用户提供高效的服务。

（3）分布式并行处理：为了高效地利用在分布式环境下的数据挖掘和处理，采用基于云计算的并行编程模式，如 MapReduce 将任务自动分成多个子任务，通过映射和化简两步实现任务在大规模计算节点中的调度与分配。后台复杂的并行执行和任务调度对用户和编程人员是透明的。

（4）数据分析：云计算的数据管理中最终需要对数据进行分析和挖掘以提供给各种应用使用，通过采用不同的数据挖掘引擎的布局及多引擎的调度策略，通过基于浅层语义分析和深层语义分析的技术对数据进行高效的分析与挖掘，从大量的数据中提取出潜在的、事先未知的、有用的、能被人理解的信息与知识。

3.4　数据质量管理

数据是组织（企业）较具价值的资产之一，而数据质量则直接影响数据的产出和数据价值的高低。因此，数据质量的管理对于组织决策、业务发展和业绩提升至关重要。

数据质量是指数据可作为规定应用的可信资料来源的程度，即在正确的时间、正确的地点，将正确信息的正确集合提供给正确的人员，用来支撑管理决策、执行业务，并实现组织目标。数据质量既指与数据有关的特征，也指用于衡量或改进数据质量的过程。数据质量管理是指对数据生命周期的每个阶段里可能引发的各类数据质量问题，进行识别、度量、监控、预警等一系列管理活动，并通过改善和提高组织的管理水平使得数据质量获得进一步提高。

3.4.1　数据质量维度

数据质量维度是指数据管理从业者基于已有的一些标准用来评估和衡量数据质量的特征，下面介绍六个常用的数据质量维度，如图 3.5 所示。

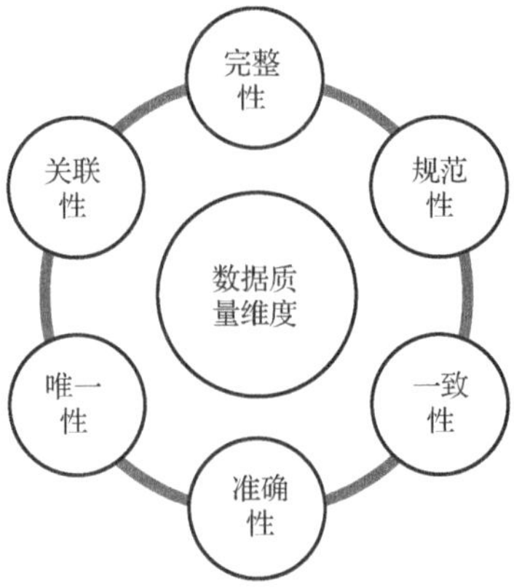

图 3.5　数据质量维度

（1）完整性。完整性是指数据是否存在缺失的情况，数据缺失可能是整个数据记录的缺失，也可能是数据中某个字段信息的缺失。数据完整性是数据质量最为基础的一项评估标准。数据质量的完整性比较容易评估，一般可以通过数据统计中的记录值和唯一值进行评估。例如，网站日志的日访问量就是一个记录值，平时的日访问量在 1000 左右，突然某一天降到 100 了，则需要检查一下数据是否存在缺失了。

（2）规范性。规范性用于度量数据是否遵循了统一的规范，数据集合是否保持了统一的格式。数据质量的规范性主要体现在数据记录的规范和数据是否符合逻辑。例如，国内三大运营商目前持有的手机号码号段都是 1 开头的 11 位数，IP 地址一定是由四个 0 到 255 之间的数字加上“.”组成的。多项关联数据间存在着固定的逻辑关系，例如网页浏览量一定是大于等于独立访客访问量，网站跳出率一定是在 0 到 1 之间的。

（3）一致性。一致性用于度量哪些数据的值在信息含义上是冲突的，是对各种不同的数据库、应用系统中所存储或使用的信息等价程度的测量。在数据有多份副本的情况下，如果网络、服务器或者软件出现故障，会导致部分副本写入成功，部分副本写入失败，这就造成各个副本之间的数据不一致，数据内容冲突。一般的数据都有着标准的编码规则，对于数据记录的一致性检验是较为简单的，只要符合标准编码规则即可，例如地区类的标准编码格式为“北京”而不是“北京市”，我们只需将相应的值映射到标准的值上就可以了。

（4）准确性。准确性用于度量哪些数据和信息是不正确的、异常的，是对数据内容正确性进行测量的标准。不可靠的数据可能会导致严重的问题，会造成有缺陷的方法和糟糕的决策。数据质量的准确性可能存在于个别记录，也可能存在于整个数据集，例如数值型数据的数量级记录错误，这类错误可以使用最大值和最小值的统计量去审核。对于符合正态分布规律的数值型数据，也可以利用“3σ”原则和箱线图的上下限进行异常点检测，进而找到潜在的异常点，并做出准确性评估。如果统计的数据异常并不显著，但依然存在着错误，这类值的检查是更为困难的，需要通过复杂的统计分析方法和一些数据分析工具对比找到数据异常的蛛丝马迹。

（5）唯一性。唯一性用于度量哪些数据是重复数据或者数据的哪些属性是重复的，对存在于信息系统内或系统间的特定字段、记录或数据集意外重复的测量标准。重复数据是导致业务无法协同、流程无法追溯的重要因素，也是数据治理需要解决的基本的数据质量问题之一。

（6）关联性。关联性用于度量哪些关联的数据缺失或者未建立索引。数据关联性问题是指存在数据关联的数据关系缺失或错误，例如，函数关系、相关系数、主外键关系、索引关系等。存在数据关联性问题，会直接影响数据分析的结果，进而影响管理决策。

数据质量维度是数据质量的特征，它们为度量和管理数据质量提供了一种途径，在一个具体的数据质量管理项目中，要选择最适于业务需求的数据质量维度进行测量。一旦清楚组织（企业）的业务问题和关联数据，可以首先评估数据完整性这一质量维度，所有其他质量维度都以数据完整性准则的内容为基础。

3.4.2 影响数据质量的因素

数据作为信息的载体，数据质量对于组织（企业）信息管理的重要性，正日益得到人们的重视。影响数据质量的因素主要来源于业务流程、技术和管理三个方面。

（1）业务流程因素是指由于业务流程和信息系统工作过程设置不当造成的数据质量问题。业务流程是为了达到特定的价值目标而由不同的人分别共同完成的一系列活动，活动之间不仅有严格的先后顺序限定，而且活动的内容、方式、责任等也都有明确的安排和界定。业务需求不明确，业务流程的业务描述、业务规则不清晰，导致技术无法构建出合理、正确的数据模型。业务需求的频繁变更，使得数据模型设计、数据录入、数据采集、数据传输、数据装载、数据存储等环节都会受到影响，稍有不慎就会导致数据质量问题的发生。例如，业务端数据输入不规范，导致产生数据录入质量问题。另外，各个业务信息系统各自为政，导致不同系统之间的数据不一致问题严重。

（2）技术因素是指具体数据处理的各技术环节的异常造成的数据质量问题。数据质量问题的产生环节主要包括数据创建、数据获取、数据传输、数据装载、数据使用、数据维护等方面的内容。数据模型设计的质量问题，例如数据库的表结构、数据库约束条件、数据校验规则的设计开发不合理，造成数据录入无法校验或校验不当，引起数据重复及不完整、不准确问题。数据源存在数据质量问题，例如有些数据是从生产系统采集过来的，在生产系统中这些数据就存在重复、不完整、不准确等问题，而采集过程又没有对这些数据做清洗处理。数据采集过程质量问题，例如采集点、采集频率、采集内容、映射关系等采集参数和流程设置不正确，数据采集接口效率低，导致数据采集失败、数据丢失、数据映射和转换失败。数据传输过程的问题，例如数据接口本身存在问题、数据接口参数配置错误、网络不可靠等都会造成数据传输过程中发生数据质量问题。数据装载过程的问题，例如数据清洗规则、数据转换规则、数据装载规则配置有问题。数据存储的质量问题，例如数据存储设计不合理，数据的存储能力有限，人为后台调整数据，从而引起数据丢失、数据无效、数据失真、记录重复等问题。

（3）管理因素是指人员素质及管理机制方面的原因造成的数据质量问题。例如，人员管理制度设计与实施措施不当导致的数据质量管理缺失或者管理缺陷，组织管理缺乏数据思维，没有认识到数据质量的重要性。没有明确数据归口管理部门或岗位，缺乏数据质量问题问责机制，出现数据质量问题找不到负责人。缺乏数据规划，没有明确的数据质量目标，没有制定数据质量相关的政策和制度。数据输入规范不统一，不同的业务部门、不同的时间，甚至在处理相同业务的时候，数据输入规范不同，造成数据冲突或矛盾。缺乏有效的数据质量问题处理机制，数据质量问题从发现、指派、处理、优化整个过程没有一个统一的流程和制度支撑，数据质量问题从发现到解决无法形成闭环控制。缺乏有效的数据管控机制，对历史数据质量检查、新增数据质量校验没有明确和有效的控制措施，出现数据质量问题无法考核。

3.4.3 数据生命周期

数据生命周期（data life cycle）指的是数据从创建到销毁的整个过程。从流程的角度，也即从数据生命周期角度来看，可以将数据生产过程粗略地分为数据收集、数据存储和数据使用三个阶段，三个阶段对保证大数据质量分别提出了不同的挑战[8]。

首先，在数据收集方面，大数据的多样性决定了数据来源的复杂性。大数据的数据来源众多，数据结构随着数据来源的不同而各异，组织（企业）要想保证从多个数据源获取的结构复杂的大数据质量并有效地对数据进行整合，是一项异常艰巨的任务。来自于大量不同数据源的数据之间存在着冲突、不一致或相互矛盾的现象，在数据量较小的情形下，通过编写简单的匹配程序，甚至是人工查找，即可实现多数据源中不一致数据的检测和定位，然而这种方法在大数据情形下却显得力不从心。在数据获取阶段，保证数据定义的一致性、元数据定义的统一性及数据质量是组织（企业）面临的一项新挑战。另外，由于大数据的变化速度较快，有些数据的“有效期”非常之短，如果组织（企业）没有实时地收集所需的数据，有可能收集到的就是“过期的”、无效的数据，在一定程度上会影响大数据的质量。数据收集阶段是整个数据生命周期的开始，这个阶段的数据质量对后续阶段的数据质量起着直接的决定性的影响。因此，组织（企业）应该重视源头上的大数据质量问题，为大数据的分析和应用提供高质量的数据基础。

其次，在数据存储阶段，由于大数据的多样性，单一的数据结构（如关系型数据库中的二维表结构）已经远远不能满足大数据存储的需要，组织应该使用专门的数据库技术和专用的数据存储设备进行大数据的存储，保证数据存储的有效性。据调查，目前国内大部分组织的业务运营数据仍以结构化数据为主，相应地主要采用传统的数据存储架构，如采用关系型数据库进行数据的存储。对于非结构化数据，则是先将其转化为结构化数据后再进行存储、处理及分析。这种数据存储处理方式不仅无法应对大数据数量庞大、数据结构复杂、变化速度快等特点，而且一旦转化方式不当，将会直接影响到数据的完整性、有效性与准确性等。数据存储是实现高水平数据质量的基本保障，如果数据不能被一致、完整、有效地存储，数据质量将无从谈起。因此，组织（企业）要想充分挖掘大数据的核心价值，首先必须完成传统的结构化数据存储处理方式向同时兼具结构化与非结构化数据存储处理方式的转变，不断完善大数据环境下组织数据库的建设，为保证大数据质量提供基础保障。

最后，在数据使用阶段，数据价值的发挥在于对数据的有效分析和应用。大数据涉及的使用人员众多，很多时候是同步地、不断地对数据进行提取、分析、更新和使用，任何一个环节出现问题，都将严重影响组织（企业）信息系统中的大数据质量，影响最终决策的准确性。举例来说，由于大数据规模庞大、变化速度快，对数据的处理速度要求较高，如果数据处理不及时，有些变化速度快的数据就失去了其最有价值的阶段，有些“过期”的数据甚至与实际数据不符，组织（企业）根据这些“过期”的无效数据所做出的决策必然也是无效的，甚至是错误的。从这个角度来讲，数据及时性也是大数据质量的一个重要方面，如果组织（企业）不能快速地进行数据分析，不能从数据中及时地提取出有用的信息，就将会丧失管理决策的先机。

3.4.4 数据质量管理方法

组织提升数据质量意识，不仅仅需要工作人员了解数据质量问题的重要性，还需要组织利益相关者和管理层的支持。并且数据质量不能仅依靠技术手段解决，需要采取系统化的数据质量管理方法对组织内数据质量的全面洞察。PDCA 循环是质量管理的基本方法，可以合理运用 PDCA 循环，使数据质量管理标准化、制度化，有助于数据质量的提升。

PDCA 最早由“现代质量控制之父”休哈特提出的计划—实施—检查（plan-do-see，PDS）演化而来，后来由美国质量管理专家戴明改进成为 PDCA 循环，所以又称为“戴明环”。它是全面质量管理所应遵循的科学程序。将“戴明环”应用于数据质量管理时，步骤如下。

第一阶段是计划（plan），制订数据质量现状评估计划和识别数据质量度量的关键指标。

第二阶段是实施（do），实施度量和提升数据质量的流程。

第三阶段是检查（check），检查和度量根据业务预期定义的数据质量水平。

第四阶段是行动（action），执行解决数据质量问题的行动方案，提升数据质量，更好地满足业务预期。

20 世纪 90 年代麻省理工学院开展了全面数据质量管理活动，借鉴物理产品质量管理体系的成功经验，提出了基于信息系统生产的数据产品的质量管理体系。全面数据质量管理从过去的就事论事、分散管理，转变为以系统观念为指导的全面的综合治理，它不仅仅强调各方面工作各自的重要性，而且更加强调各方面工作共同发挥作用时的协同作用[9]。关于全面数据质量管理可从以下三方面加以理解。

（1）全面数据质量管理的关键是提高人的素质，充分调动员工积极性。使参与信息系统建设、使用和管理的相关人员都有分工、有合作地介入到数据质量管理的实践中来。只有每个人认识到数据质量对组织管理工作和用户使用需求的重要意义，树立牢固的全面数据质量管理思想观念，将这一观念贯穿于数据生命周期的全过程，用这一观念指导参与数据质量管理的每一位专业与非专业人员，使他们认真落实各项质量管理规定，才能切实做好本职工作、保证工作质量，从而有效提升数据质量或数据服务质量。

（2）利用全面数据质量管理方法改进和提高数据质量的基本思想是将“事后检查和把关”为主转换为以“预防和改进”为主。强调在信息系统管理过程中将数据质量管理作为一项中心内容，通过多种管理手段，实施源头治理，对数据运行的全过程进行监控，密切关注数据质量的发展和变化，适时进行调整和校正，确保整个周期的高质量数据。与此同时，深入研究数据质量问题所遵循的客观规律，分析其产生的机理，探索科学有效的控制方法和改进措施。主要表现在将过去组织松散、管理不力而导致数据质量低下的情况运用系统学观点进行全面综合治理，深刻认识数据质量问题的普遍性和特殊性，分领域、分阶段、有计划、有步骤地深入研究提高数据质量的理论和方法。发动组织全体成员以各部门为单位学习、运用科学的管理理论与方法对整个数据流程进行有效控制，建立良好的数据质量管理体系，从源头上控制数据质量问题的产生和蔓延，增强各个环节的纠错能力，坚决预防劣质数据进入数据生命周期下一阶段，以确保数据的准确性、完整性、一致性和时效性。

（3）全面数据质量管理要坚持服务用户的思想。由数据质量的发展过程可以看出，用户对数据的使用满意程度越来越成为评价数据质量高低的标准，因此在数据的生成、加工、完善过程中要始终贯穿用户的具体需求，并将用户需求分解到数据流程的各个阶段加以落实，制定具体制度标准，使人员、部门都能按要求各司其职，提高服务客户的工作意识，确保数据质量能切实满足用户需求。

全面数据质量管理过程中，不但要求有控制过程，而且还要有改善过程。在 PDCA 循环基础上，信息和数据质量提高周期通过评估、认知和行动三个步骤，为提高数据质量提供了一种简单的方法。评估是认知的关键，认知将引起行动，行动又由定期评估来核实，从而使得信息和数据质量提高周期得以继续循环进行。DMAIC 是六西格玛管理中流程改善的重要工具，也可以用于数据质量改善过程。DMAIC 是指定义（define）、测量（measure）、分析（analyze）、改进（improve）、控制（control）五个阶段构成的过程改进方法，具体步骤如下。

（1）定义阶段。描述和分析信息环境，明确数据质量管理存在的问题。

（2）测量阶段。评估数据质量和数据质量对组织业务的影响。

（3）分析阶段。分析影响数据质量的因素和数据质量问题产生的原因。

（4）改进阶段。纠正当前错误，制订改善方案、管理流程和实施保障措施。

（5）控制阶段。通过有效的监测手段，确保流程改进的成果。

在信息和数据质量提高周期、六西格玛管理 DMAIC 基础上，国际数据质量与治理领域专家 Danette McGilvray 提出了获取高质量数据和可信信息的十大步骤（简称十步流程）[10]。

（1）定义业务需求和方法。定义和明确问题、时机和目标，以指导整个数据质量管理的工作。

（2）分析信息环境。收集、汇总、分析有关当前形势和信息环境的信息，归档和核实数据生命周期，设计数据捕获和评估的方案。

（3）评估数据质量。针对适用于当前数据质量问题的数据质量维度，对数据质量进行评估，评估结果为后面的步骤提供基础。

（4）评估业务影响。使用各种技术评估劣质数据对业务产生的影响，为建立改进业务案例、获取数据质量管理支持、确定适当的投资资源提供依据。

（5）确定根本原因。确定影响数据质量的真实原因，并区分这些原因的优先顺序，以及为解决这些问题形成具体的建议。

（6）制订提高方案。最终确定关于行动的建议，基于这些建议制订并执行改进方案。

（7）预防未来数据错误。建立未来数据错误预防方案，并改正当前数据问题。

（8）纠正当前数据错误。通过改进组织管理流程，最大限度控制由管理上的缺陷造成的数据质量问题。

（9）实施控制。检测和核实所进行的改进，通过标准化、归档和对成功改进进行持续监测，维护已改善的效果。

（10）沟通行动和结果。沟通贯穿管理始终，循环评估组织管理流程和质量改进结果，以确保数据质量改善的成果得到有效保持。

信息和数据质量提高周期、六西格玛管理 DMAIC 和十步流程之间的关系如图 3.6 所示。

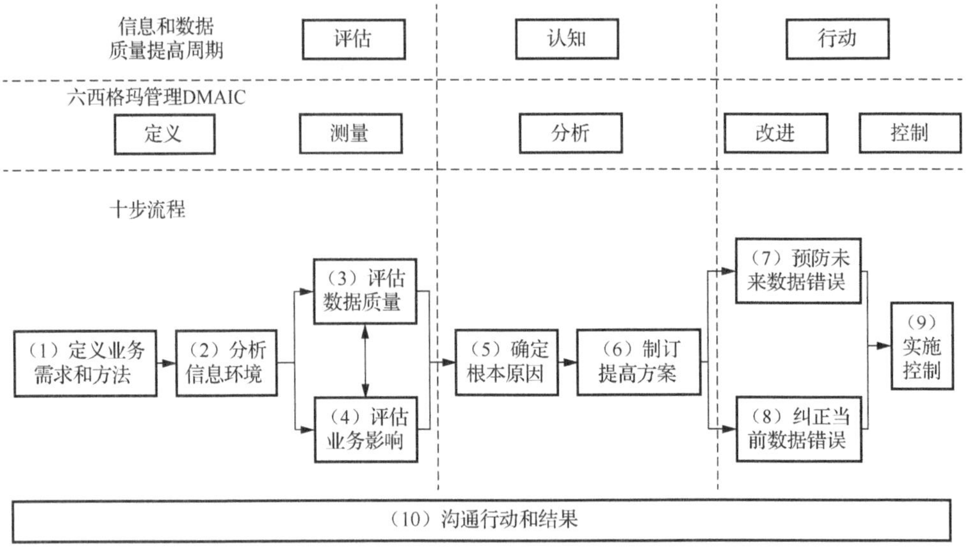

图 3.6　信息和数据质量提高周期、六西格玛管理 DMAIC 和十步流程之间的关系

任何持续的数据质量管理工作都需要得到管理层的支持，需要坚持、投入、持续地努力和关注，数据质量管理不仅仅是一次性项目。若缺少高层管理者的支持，组织对大数据管理、分析和应用的重视程度就会有所降低，大数据的质量就无法得到全面、有效的保证，从而将会大大弱化大数据价值的发挥，不利于组织竞争能力的提升。因此，组织应该在高层管理的领导和带领下，加强数据质量意识，建立完善的数据质量保证制度。

参考文献

[1] 孟小峰, 慈祥. 大数据管理: 概念、技术与挑战[J]. 计算机研究与发展, 2013, 50 (1): 146-169.

[2] 数据时代 2025[R]. 国际数据公司（IDC）, 2018.

[3] 徐宗本, 张讲社. 基于认知的非结构化信息处理：现状与趋势[J]. 中国基础科学, 2007, 6: 4-8.

[4] 波梅兰茨. 元数据:用数据的数据管理你的世界[M]. 李梁, 译. 北京: 中信出版集团, 2020.

[5] Inmon W H. 数据仓库（第 4 版）[M]. 王志海, 等, 译, 北京: 机械工业出版社, 2006.

[6] 申德荣, 于戈, 王习特, 等. 支持大数据管理的 NoSQL 系统研究综述[J]. 软件学报, 2013, 24(8): 1786-1803.

[7] 刘正伟, 文中领, 张海涛. 云计算和云数据管理技术[J]. 计算机研究与发展, 2013, 49(S): 26-31.

[8] 宗威, 吴锋. 大数据时代下数据质量的挑战[J]. 西安交通大学学报（社会科学版）, 2013, 33(5): 38-43.

[9] 梁凯, 方超, 刘怀兴. 信息系统全面数据质量管理研究[J]. 信息系统工程, 2016 (1): 55-57.

[10] McGilvray D. 数据质量工程实践——获取高质量数据和可信信息的十大步骤[M]. 刁兴春, 曹建军, 张健美, 等, 译. 北京: 电子工业出版社, 2010.

第 4 章　数据预处理

在数据分析行业，有一句话叫作“垃圾进，垃圾出”（garbage in, garbage out，GIGO），意思是说用不好（或不对）的数据去做分析，会产生糟糕或无用的结论。为避免产出“垃圾”，在开展数据分析工作之前，需要对质量不高的数据进行预处理。

现实世界中收集的原始数据大都是不完整的、不一致的脏数据，无法直接用于分析。面对可能出现的各种数据质量问题，一般是先清洗，然后再集成和转换，最后对数据进行消减，主要是进行降维处理。下面分别介绍这几项数据预处理工作[1-4]。

4.1　数据清洗

现实世界的数据常常是不完全的、有噪声的、不一致的。数据清洗的主要工作过程包括缺失数据处理和噪声数据处理。

4.1.1　缺失数据处理

采集的数据为何会出现缺失值？产生的原因可能是：有些属性的内容有时没有，例如，顾客信息不完整；有些数据产生交易的时候被认为不必要因而没有被记录下来；检测设备失灵导致相关数据没有被记录下来；与其他记录内容不一致而被删除；历史记录或对数据的修改被忽略了；遗失数据，尤其是一些关键属性的数据遗失了。

对于缺失数据的处理，常用的方法有以下 6 种。

（1）忽略该条记录。若一条记录中有属性值被遗漏了，则将此条记录删除，尤其是没有类别属性值而又要进行分类数据分析时。当然，这种方法并不很有效，尤其是在某个属性的遗漏值的记录比例相差较大时。

（2）手工填补缺失值。这种方法费时费力，对于存在许多缺失值的大规模数据集而言，显然可行性较差。

（3）利用默认值填补缺失值。对一个属性的所有缺失的值均用一个事先确定好的值来填补，如都用“1”或“0”来填补。但当一个属性的缺失值较多时，若采用这种方法，就可能误导分析进程。因此这种方法虽然简单，但并不推荐使用，或使用时需要仔细分析填补后的情况，以尽量避免对最终挖掘结果产生较大误差。

（4）利用均值填补缺失值。计算一个属性值的平均值，并用此值填补该属性所有缺失的值。例如，若顾客的平均月收入为 3000 元，则用此值填补“顾客收入”属性中所有被遗漏的值。

（5）利用同类别均值填补缺失值。这种方法尤其适合在进行分类分析时使用。例如，若要对顾客按其信用风险进行分类时，就可以用在同一信用风险类别（如良好）下的“顾客收入”属性的平均值，来填补所有在同一信用风险类别下“顾客收入”属性的缺失值。

（6）利用最可能的值填补缺失值。可以利用回归分析、贝叶斯公式或决策树推断出该条记录特定属性的最大可能的取值。例如，利用数据集中其他顾客的属性值，可以构造一个决策树来预测“顾客收入”属性的缺失值。这种方法与其他几种方法相比，其优势是最大限度利用了当前数据所包含的信息来帮助预测所遗漏的数据。

4.1.2　噪声数据处理

噪声是指被测变量的一个随机错误和变化。产生噪声数据的原因可能有：数据采集设备有问题、在数据录入过程发生了人为或计算机错误、数据传输过程中发生错误等。

处理噪声数据有三种方法，分别是分箱法、聚类法和回归法。这三种方法各有各的优势，都能够对数据噪声全方位地清理。

1. 分箱法

所谓分箱法是通过利用应被平滑数据点的周围点（近邻），对一组排序数据进行平滑。用“箱的深度”表示不同的箱里有相同个数的数据，用“箱的宽度”表示每个箱值的取值区间。

由于分箱方法考虑相邻的值，因此是一种局部平滑方法。按照取值的不同可划分为按箱平均值平滑、按箱中值平滑以及按箱边界值平滑。举个例子，假设有 8、24、15、41、6、10、18、67、25 共 9 个数，先对这组数据从小到大排序 6、8、10、15、18、24、25、41、67，然后分为 3 个箱，分别是箱 1（6、8、10）；箱 2（15、18、24）和箱 3（25、41、67）。分别用三种不同的分箱法求出平滑数据的值。

（1）按箱平均值求得平滑数据值：箱 1（8、8、8），平均值为 8，这样该箱中的每一个值被替换为 8。

（2）按箱中值求得平滑数据值：箱 2（18、18、18），可以使用按箱中值平滑，此时，箱中的每一个值被箱中的中值替换。

（3）按箱边界值求得平滑数据值：箱 3（25、25、67），箱中的最大值和最小值被视为箱边界。箱中的每一个值都被最近的边界值替换。分好箱后，可以使用最大、最小边界值来绘制折线图，一般来说，折线图的宽度越大，光滑程度也就越明显。

2. 聚类法

所谓聚类法就是将数据对象根据相似程度进行聚合分组，生成不同的簇，找到在簇外的孤立点，这些孤立点就是噪声，直接清除即可。

3. 回归法

回归法是利用拟合函数对数据进行平滑。例如，借助线性回归方法，包括多变量回归方法，就可以获得多个变量之间的拟合关系，从而达到利用一个（或一组）变量值来预测另一个变量取值的目的。利用回归法所获得的拟合函数，能够帮助平滑数据以及去除其中的噪声。

4.2 数据集成

数据集成是将来自多个数据源的数据，如数据库、普通文件、网页信息等结合在一起并形成一个统一数据集合，以便为数据处理工作的顺利完成提供完整的数据基础。数据集成的本质是整合数据源，因此多个数据源中实体不匹配、属性语义和结构不一致、属性不独立，以及数据的冗余、重复、冲突等，都是数据集成阶段需要解决的问题。

4.2.1 模式集成问题

模式集成问题是使来自多个数据源的实体能够相互匹配。比如，确定一个数据库中的“custom_id”与另一个数据库中的“custome_number”是否表示同一实体，就是模式集成中的实体识别问题。

实体识别可通过数据库或数据仓库中的元数据进行，这些元数据可以帮助避免在模式集成时发生错误。

4.2.2 属性语义差异和结构差异问题

1. 属性语义差异

在整合数据源的过程中，很可能会出现以下情形。

（1）两个数据源中都有一个属性命名为“Payment”，但其实一个数据源中记录的是税前收入，而另一个数据源中是税后收入。

（2）两个数据源都有属性记录税前收入，但一个数据源中属性命名为“Payment”，而另一个数据源中属性命名为“Salary”。

以上两种情况是在数据集成中经常发生的，造成这个问题的原因在于现实生活中语义的多样性以及企业信息部门数据命名的不规范。为了更好地解决这种问题，首先，需要在数据集成前进行业务调研，确认每个属性的实际意义，不要被不规范的命名误导。其次，可以整理一张专门用来记录属性命名规则的表格，使字段、表名、数据库名均能自动生成，并统一命名。一旦发生新的规则，还能对规则表实时更新。

2. 属性结构差异

属性结构差异问题是数据集成时几乎必然产生的。在整合多个数据源时，通常会遇到以下问题。

（1）属性数据类型不同。比如，同样是存储员工工资的 Payment 字段，一个数据源中存为整数型（integer），另一个数据源中存为字符型（char）。

（2）属性数据格式不同。比如，员工工资 Payment 数值型字段，一个数据源中使用逗号分隔，另一个数据源中用科学记数法。

（3）属性单位不同。比如，员工工资 Payment 数值型字段，一个数据源中单位是一万元人民币，另一个数据源中是美元。

（4）属性取值范围不同。比如，员工工资 Payment 数值型字段，一个数据源中允许空值（NULL），另一个数据源中不允许。

上面这些问题都会对数据集成的效率造成影响。解决办法是从业务角度确定字段的基本属性，进行数据集成时，利用明确定义的字段结构对数据格式进行约束，从而避免因格式不同对集成带来的困扰。

4.2.3　冗余问题

属性冗余多源自属性之间存在较强的关联性，或者一个属性可由另一个属性派生出来等情形。例如，银行记录中，顾客数据表中的平均月收入属性就是冗余属性，因为它可以根据月收入属性计算出来。之前提到的属性命名不一致也会导致集成后的数据集出现数据冗余问题。

通过检测属性的相关性，可以发现冗余数据。检测方法如下。

（1）卡方检验。

卡方检验是假设检验中的一种，检验标准如下。

H0：属性 A 与属性 B 之间相互独立。

H1：属性 A 与属性 B 之间存在相关性。

检验指标为χ^2。

在给定的置信水平下，若有充分证据能拒绝原假设，则属性 A 与属性 B 之间存在相关性；若不能拒绝原假设，则属性 A 与属性 B 之间相互独立。

（2）相关系数。

相关系数是衡量属性之间相关性的指标。如果用皮尔逊（Pearson）相关系数检验数据相关性，则 Pearson 相关系数越靠近+1 或−1，表明相关性越强，+1 为完全正相关，−1 为完全负相关。若 Pearson 相关系数为 0，则表示两个属性之间不相关。

（3）协方差。

如果用协方差衡量属性相关性，两个属性协方差绝对值越大，表示相关性越强。协方差是正数时为正相关，协方差是负数时为完全负相关。若协方差为 0，则表示两个属性之间不相关。

4.2.4　数据重复问题

重复数据入库，不仅会给日后表关联造成极大的影响，也会影响数据分析与挖掘的效果，应尽量避免。

检查数据记录的重复一般需要通过表的主键确定。因为主键能够确定唯一记录，其有可能是一个字段，也有可能是几个字段的组合。表设计时，一般会设定主键。但也有实际情况中表是没有设计的。这种情况下，最好能够对表进行优化，过滤重复数据。

4.2.5 数据冲突问题

数据冲突就是两个或多个数据源，同样的数据对象，但是取值不一样。比如，员工工资收入记录中发生的冲突，除了有人工误入的原因，还有可能是货币计量的方法不同、汇率不同、税收水平不同、评分体系不同等原因。

对待这类问题，需要对实际的业务知识有一定的理解。同时，对数据进行调研，尽量明确造成冲突的原因。如果数据的冲突实在无法避免，就要考虑冲突数据是否都要保留、是否要进行取舍、如何取舍等问题了。

4.3 数据转换

数据转换就是将数据进行转换或归并，从而构成一个适合数据处理的描述形式。数据转换包括以下处理内容。

（1）平滑：去掉数据中的噪声。这类技术包括分箱、回归和聚类。

（2）属性构造（或特征构造）：可以由给定的属性构造新的属性并添加到属性集中，以帮助数据分析过程。

（3）汇总：对数据进行汇总或聚集。例如，可以汇总日销售数据，计算月和年销售量。通常，这一步用来为多个抽象层的数据分析构造数据立方体。

（4）规范化：将属性数据按比例缩放，使之落入一个特定的小区间，如-1.0～1.0或0.0～1.0。规范化方法包括最大最小规范化、零均值规范化、十基数变换规范化等。

（5）离散化：数值属性（例如，年龄）的原始值用区间标签（例如，0～17、18～65等）或概念标签（例如，未成年人、成年人等）替换。这些标签可以递归地组织成更高层概念，导致数值属性的概念分层。对于同一个属性可以定义多个概念分层，以适合不同用户的需要。

（6）由标称型数据（norminal data）产生概念分层：属性，如“街道”，可以泛化到较高的概念层，如“区”“城市”。许多标称属性的概念分层都蕴含在数据库的模式中，可以在模式定义级自动定义。

4.4 数据降维

现实世界中的数据通常是很高维的，属性的个数成百上千，甚至上万，人们很难对高维数据具有直观的认识。有时高维数据的某些特征是与直觉相反的，例如，在高维情况下，空间的中心几乎没有数据点，绝大部分的点都散落在空间的表面或角落中。高维数据或称维数泛滥给数据分析带来了极大的麻烦。数据维数过大会增加模型的复杂度，同时模型训练时间长，当样本数据不足时，还会出现模型泛化性差的问题。如果能够将高维降低到二维或者三维，在低维空间中保留原始数据集的主要信息，并且使数据点之间的关系保持与原高维空间中的关系不变或者近似，就可实现高维数据的可视化，便于直观观察高维数据的特征。

数据降维的核心价值体现在：克服维数灾难，获取本质特征，节省存储空间，去除无用噪声，实现数据可视化。

4.4.1　维数灾难

维数灾难（curse of dimensionality）是指在涉及向量的计算问题中，随着维数的增加，计算量呈指数倍增长的一种现象。维数灾难最早是由理查德 • 贝尔曼（Richard E. Bellman）在考虑动态优化问题时首次提出来的，用来描述当（数学）空间维度增加，分析和组织高维空间（通常有成百上千维）时，因体积指数增加而遇到的各种问题场景。类似的难题在低维空间中不会遇到，如物理空间通常只用三维数据建模。

数据维数过高，会引发灾难，首先是计算量巨大。其次是对于已知样本，存在一个特征数的最大值，当实际使用的特征数超过这个最大值时，算法的性能不是得到改善，而是退化。因为在高维空间中，所有的数据都很稀疏，于是导致在相似度度量上、距离计算上都会出现很大的偏差，导致常用的算法变得很低效。Bellman 曾举例说，100 个平均分布的点能将一个单位区间以每个点距离不超过 0.01 来进行采样；而当维度增加到 10 以后，如果以相邻点距离不超过 0.01 小方格来采样一个单位超正方体，则需要 1020 个采样点。

在很多领域中，如采样、组合数学、机器学习和数据挖掘都有提及这个术语。这些领域遇到的问题特征是当维数增加时，空间的体积增长过快，使得可用数据变得异常稀疏。稀疏性对于任何要求有统计学意义的方法而言都是一个问题，为了获得在统计学上正确并且又可靠的结果，用来支撑这一结果所需要的数据量通常随着维数的增加而呈指数级增长。而且，在组织和搜索数据时也有赖于检测对象区域，这些区域中的对象通过相似属性而形成分组。然而在高维空间中，所有的数据都很稀疏，从很多角度看都不相似，因而平常采用的数据组织策略变得极其低效。

下面通过一个例子来直观感受维数灾难的现象。人们早已习惯于在三维空间中看世界，以至于尝试在高维空间中处理事务时，常常变得一筹莫展。即使是一个基本的 4 维超正方体人们也很难想象出来（图 4.1），更不用说一个 200 维的椭球弯曲在一个 1000 维的空间里了。

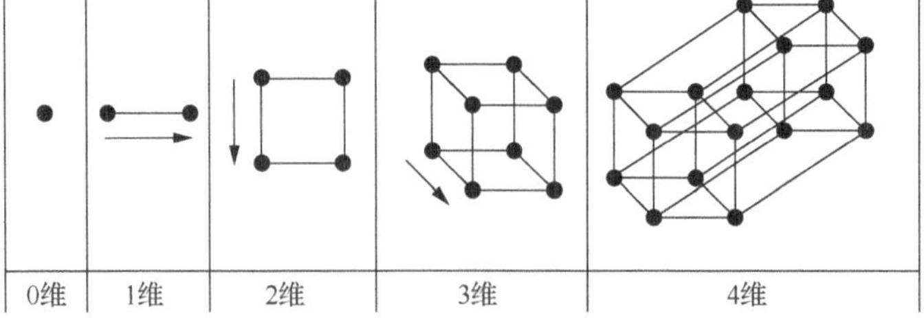

图 4.1　点、线、正方形、立方体和超正方体（从 0 维到 4 维）

图 4.1 表明很多物体在高维空间中的表现与低维空间十分不同。比如，如果在一个 1×1

的正方形单元中随机取一个点，那么随机选择的点距离所有边界都大于 0.001（靠近中间位置）的概率为 0.4%（$1-0.998^2$），换句话说，一个随机产生的点不大可能严格落在某一个维度上。但是在一个 10000 维的单位超正方体，这种可能性超过了 99.999999%。在高维超正方体中，大多数的点都分布在边界处。

还有一个更麻烦的区别，如果在一个平方单位中随机选取两个点，那么这两个点之间的距离平均约为 0.52。如果在单位 3 维立方体中选取两个随机点，平均距离将大致为 0.66。如果在一个 1000000 维的超立方体中随机抽取两点，那么平均距离大概为 408.25！这非常违反直觉：当它们都位于同一单位超立方体内时，两点距离怎么这么远！这一事实意味着高维数据集的分布非常稀疏，导致在低维空间中有效的算法失去性能，在高维空间中变得不可靠。

解决维数灾难的一个重要途径是降维，即通过一些技术手段将原始高维空间数据转变为一个低维子空间，在低维子空间中数据密度大大提高，减少了稀疏性，距离计算也更容易。降维除了可以加快训练速度外，在数据可视化方面也十分有用。将特征维度降低到二维或三维时，便可以用图的方式展示高维训练集，这有助于人们通过视觉直观地发现数据集中的重要信息。

4.4.2　降维方法

数据降维的基本原理是将高维数据从输入空间通过线性或非线性变换映射到一个低维空间，从而获得一个关于原数据集紧致的低维表示。

根据如何从原始高维数据集的特征中得到新的特征，降维可分为特征选择和特征提取两种。前者寻找原始特征的一个子集来表达数据，后者则是寻找原始数据的新的低维特征，而这些新的特征不仅仅局限于原始特征的子集。

1. 特征选择

特征选择与特征提取都是从原始特征中找出最有效的特征。所谓的最有效是指同类样本数据的不变性、不同样本数据的鉴别性、对噪声的稳健性等。但特征选择与特征提取是有差别的，二者不仅在字面上有差别，在做法上也有差别，特征选择是从特征集合中挑选一组最具统计意义的特征，达到降维的目的；而特征提取是将原始特征转换为一组具有明显物理意义的特征，如 Gabor 特征（用来描述图像纹理信息的特征）、几何特征、纹理特征或者核特征等。

常用的特征选择方法有嵌入（embed）、封装（wrapper）和过滤（filter）三种。

（1）嵌入：算法中本来就包含有特征选择的过程，例如决策树一类的分类器，它们在决定分支点时就会选择最有效的特征来对数据进行划分。但这种方法是在局部空间中进行优选，效果相对有限。

（2）封装：特征选择过程与训练过程整合在一起，以模型的预测能力作为衡量特征子集的选择标准，例如分类精度，有时也可加入复杂度惩罚因子。不同的学习算法要搭配不同的封装方法，如果是线性分类器，可以采用最小绝对收缩选择算子（least absolute shrinkage and selection operator，LASSO）方法。如果是非线性分类器，如树模型则可以采用随机森林算法进行封装。封装法可以选择出高质量的子集，但速度会比较慢。

（3）过滤：特征选择过程独立于训练过程，以分析特征子集内部特点来预先筛选，与算法的选择无关。过滤器的评价函数通常包括相关性、距离、信息增益等。在数据预处理过程中删除那些取值为常数的特征就是过滤方法的一种。过滤法速度快但有可能删除有用的特征。

2. 特征提取

通过特征提取进行数据降维的方法有三种类型：线性/非线性、监督/非监督和全局/局部。

（1）线性/非线性。线性降维是指通过降维所得到的低维数据能保持高维数据点之间的线性关系。线性降维方法主要包括：主成分分析（principal component analysis，PCA）、独立成分分析（independent component analysis，ICA）、线性判别分析（linear discriminant analysis）、局部保留投影（locality preserving projection，LPP）等。非线性降维又分为基于核函数和基于特征值的方法。基于核函数的非线性降维方法包括：核主成分分析（kernel PCA，KPCA）、核独立成分分析（kernel ICA，KICA）等；基于特征值的非线性降维方法（又称流形学习），主要包括：等距特征映射（isometric feature mapping，Isomap）、拉普拉斯特征映射（Laplacian eigenmaps，LE）、局部线性嵌入（locally linear embedding，LLE）等。所谓流形学习是从高维数据中恢复出低维流形结构，即找到高维空间中的低维流形，并求出相应的嵌入映射。整体而言，线性方法计算速度快，复杂度低，但对复杂的数据降维效果差。

（2）监督/非监督。监督式和非监督式学习的主要区别在于数据样本是否存在类别信息。非监督降维方法的目标是在降维时使得信息的损失最小，如 PCA、LPP、Isomap、LLE、LE 等；监督式降维方法的目标是最大化类别间的辨别信息，如线性判别分析。

（3）全局/局部。局部方法仅考虑数据集合的局部信息，即数据点与邻近点之间的关系。局部方法以 LLE 为代表，还包括 LE、LPP 等。全局方法不仅考虑数据集合的局部信息，还考虑全局信息，以及数据点和非邻近点之间的关系。全局算法有 PCA、线性判别分析、Isomap 等。由于局部方法并不考虑数据流形上相距较远的数据点之间的关系，因此，局部方法无法达到“使在数据流形上相距较远的数据的特征也相距较远”的目的。

下面主要介绍主成分分析降维技术。

PCA 方法是一种广泛使用的数据降维算法。PCA 的基本原理是利用对原来的变量进行线性组合而得到新的变量（主成分），这些变量之间的方差最大。PCA 的工作就是从原始的 n 维空间中顺序地找出 k 组相互正交的坐标轴，新的坐标轴的选择与数据本身是密切相关的。其中，第 1 个新坐标轴选择是原始数据中方差最大的方向，第 2 个新坐标轴选取是与第 1 个坐标轴正交的平面中使得方差最大的，第 3 个轴是与第 1 和第 2 个轴正交的平面中方差最大的。依次类推，可以得到 n 个这样的坐标轴。可以发现，通过这种方式获得的新的坐标轴，大部分方差都包含在前面 k 个坐标轴中，后面的坐标轴所含的方差几乎为 0。于是，可以忽略余下的坐标轴，只保留前面 k 个含有绝大部分方差的坐标轴。事实上，这相当于只保留包含绝大部分方差的维度特征，而忽略包含方差几乎为 0 的特征维度，从而实现对数据特征的降维。

PCA 方法步骤：假设有 m 条 n 维数据。

（1）将原始数据按列组成 n 行 m 列矩阵 X。

（2）计算矩阵 X 中每个特征属性（n 维）的平均向量 M（平均值）。

（3）将 X 的每一行（代表一个属性字段）进行零均值化，即减去 M。

（4）按照公式求出协方差矩阵。

（5）求出协方差矩阵的特征值及对应的特征向量。

（6）将特征向量按对应特征值从大到小按行排列成矩阵，取前 $k(k<n)$行组成基向量 P。

（7）通过 $Y=PX$ 计算降维到 k 维后的样本特征。

PCA 方法的优点在于它是无监督学习，完全无参数限制。在 PCA 的计算过程中完全不需要人为地设定参数或是根据任何经验模型对计算进行干预，最后的结果只与数据相关，与用户是独立的。用 PCA 技术可以对数据进行降维，同时对新求出的主成分的重要性进行排序，根据需要取前面最重要的部分，将后面的维数省去，可以达到降维从而简化模型或是对数据进行压缩的效果。同时最大限度地保持了原有数据的信息。各主成分之间正交，可消除原始数据成分间的相互影响。PCA 方法简单，易于在计算机上实现。

PCA 方法的主要缺点在于如果用户对观测对象有一定的先验知识，掌握了数据的一些特征，却无法通过参数化等方法对处理过程进行干预，可能会得不到预期的效果，效率也不高。贡献率小的主成分往往可能含有对样本差异的重要信息。特征值矩阵的正交向量空间是否唯一有待讨论。在非高斯分布的情况下，PCA 方法得出的主成分可能并不是最优的，此时在寻找主成分时不能将方差作为衡量重要性的标准。

参考文献

[1] 武志学. 大数据导论[M]. 北京：人民邮电出版社, 2019.

[2] 赵卫东, 董亮. 数据挖掘实用案例分析[M]. 北京：清华大学出版社, 2018.

[3] 梁栋, 张兆静, 彭木根. 大数据、数据挖掘与智慧运营[M]. 北京：清华大学出版社, 2017.

[4] 徐雪琪. 数据挖掘方法与应用[M]. 北京：清华大学出版社, 2020.

第 5 章　数据探索分析

数据探索分析是对已有的数据在尽量少的先验假定下进行探索，通过作图、制表、方程拟合、计算特征量等手段探索数据的结构和规律的一种数据分析方法。数据探索分析强调直观及数据可视化，使分析者能一目了然地看出数据中隐含的有价值的信息。在数据准备阶段数据探索分析尤为重要，其主要工作是对数据进行描述、查看数据的分布、比较数据之间的关系、培养对数据的直觉和对数据进行总结等。

5.1　数据描述统计分析

描述统计分析是借用统计学中的各种指标，对原始数据进行初步的分析，以了解数据的分布特征、位置特征、变异特征和相关特征等[1]。

5.1.1　分散趋势分析

用于分析数据分散趋势，也就是进行数据分布度量的统计指标有百分位数、四分位数、Z 值、经验法则、异常值识别、箱线图等。

（1）百分位数（percentile），如果将一组数据从小到大排序，并计算相应的累计百分位，则某一百分位所对应数据的值就称为这一百分位的百分位数。

（2）四分位数（quartile），也称四分位点，是指在统计学中把所有数值由小到大排列并分成四等份，处于三个分割点位置的数值。

（3）Z 值（Z-score），用来度量某个观察值在一组观察值中的相对位置。或者说某个观察值偏离平均值几个标准差，即

$$Z=(X-\mu)/\sigma$$

式中，Z 是标准化后的随机变量；X 是原始的随机变量；μ 是样本均值；σ 是样本标准差。

（4）经验法则（empirical rule），又称 3σ 法则或者 68-95-99.7 法则，用于对已知平均数和标准差的正态分布数据进行快速推算。之所以称为经验法则，因为这个结论是统计规律。经验法则指的是当数据呈正态分布时，几乎所有数据都将落在均值的三倍标准差内。换句话说，68%的数据将分布在第一个标准差之内，95%的数据将落在第二个标准差之内，99.7%的数据将落在均值的第三个标准差之内。

（5）异常值（outlier），是指在一组数据中，有一个或多个特别大或特别小的观察值。异常值识别有空间识别、计量识别等方法。

（6）箱线图（box-plot），又称盒须图、盒式图或箱形图，是用于显示一组数据分散情况的统计图。主要反映原始数据分布的特征，还可以进行多组数据分布特征的比较。

5.1.2　集中趋势分析

对数据集中趋势的分析，是通过其位置测度来实现的。主要的统计指标有：均值（算数平均）、中位数、众数和几何平均。

（1）均值表示一组数据集中趋势的量数，是指在一组数据中所有数据之和再除以这组数据的个数。它是反映数据集中趋势的一项指标。

（2）中位数又称中值，代表一个样本、种群或概率分布中的一个数值，其可将数据集合划分为相等的两个部分。

（3）众数是在统计分布上具有明显集中趋势点的数值，代表数据的一般水平（众数可以不存在或多于一个）。

（4）几何平均是 n 个观察值连乘积的开 n 次方。几何平均这个指标比较特别，它要求各观察值之间存在连乘积关系，主要用于对比率、指数等进行平均。比如计算平均发展速度、复利下的平均年利率、连续作业的车间求产品的平均合格率等情形，可选择几何平均。

5.1.3　变异分析

关于度量数据变异程度的指标，常见的有极差、方差、标准差、变异系数等。

（1）极差又称范围误差或全距，是将一组观察值中的最大值与最小值相减得到的数据。

（2）方差是衡量一组数据离散程度的度量，是通过将每个观察值与均值的离差进行平均得到的。

（3）标准差又称均方差，是方差的算术平方根。方差或标准差可用来描述一组数据的波动性。比如股票价格的波动，波动性代表未来股价的不确定性，这种不确定性即可用方差或者标准差来刻画。

（4）变异系数是标准差与平均值的比。当需要比较两组数据离散程度大小的时候，如果两组数据的测量尺度相差太大，或者数据量纲不同，直接使用标准差来进行比较不合适，为消除测量尺度和量纲的影响，可以采用变异系数进行度量。

5.1.4　相关分析

前文是针对一个变量的观察数据的数值度量方法。在很多情况下，分析人员希望度量两个变量之间的关系，散点图可实现该目标，此外，协方差和相关系数也可度量两个变量的相关关系。

（1）散点图是指在回归分析中，数据点在直角坐标系平面上的分布图，散点图表示因变量随自变量而变化的大致趋势，据此可以选择合适的函数对数据点进行拟合。

（2）协方差用来反映两个变量之间的线性相关关系。协方差为 0 的两个随机变量是不相关的。

（3）相关系数是研究变量之间线性相关程度的量。由于研究对象不同，相关系数有多种定义方式，较常用的是 Pearson 相关系数，这里用 $r(X, Y)$表示，计算公式为

$$r(X,Y)=\frac{\mathrm{Cov}(X,Y)}{\sqrt{\mathrm{Var}[X]\mathrm{Var}[Y]}} \tag{5.1}$$

式中，X 和 Y 为变量；Cov 表示协方差；Var 表示方差。

5.2　数据可视化

人类大脑中的视觉系统可以迅速识别、储存、回忆图形信息，本能地将图形信息中的理念转化为长期记忆，这是人类的一个天性。因此，视觉图形是最有利的信息传达工具。数据可视化通过将复杂的数据用图形化的方式展示，以此可满足人们追求信息的效率性、愉悦性以及通俗易懂的需求。正所谓“一幅图胜过千言万语”。

5.2.1　数据可视化的价值

数据可视化不仅可以直观地展示数据背后的信息，有时还能揭露“数字假象”。有一个著名的实验，名为“安斯库姆四重奏”。一组人造数据，每组数据有 11 个点，统计指标完全一样，参见表 5.1。

表 5.1　四组数据的主要统计指标

属性	取值
数据点数	11
x 的均值	9
y 的均值	7.50
y 的方差	4.122　或者　4.127
x 与 y 的相关系数	0.816
线性回归方程	y=3.00+0.500x

观察表 5.1 中统计指标的取值，会认为四组数据分布一致，但经作图后可以发现四组数据的分布完全不同，如图 5.1 所示，也就是说 11 个点的位置在各组数据中全都不一样。仅以此例来说明作图的重要性！

在数据领域，可视化数据信息图将一些复杂的数据以图形化的形式展示出来，视觉呈现要求很高，如果图表设计得不好，那么还不如直接看数据表格。所以设计可视化信息图非常考验数据可视化工程师的功力。那么，如何设计可视化图形呢？有研究表明，人类的视觉注意力一般维持在 8s 左右，所以数据可视化工程师需要在 8s 的时间里尽快传达给用户自己想要表达的数据背后的含义。数据可视化的核心价值主要集中在三个方面：视觉吸引力强、易于理解和容易记住。界面图形美观，颜色对比鲜明，可以吸引用户的视觉；图表设计遵循常识，逻辑性好，可以方便用户理解，也容易让用户记住。

数据可视化既可以是表的形式，也可以是图的形式，其目的都是协助人们解释和分析数据，并获得对数据的认知。本节主要介绍图形可视化这一数据展现形式。

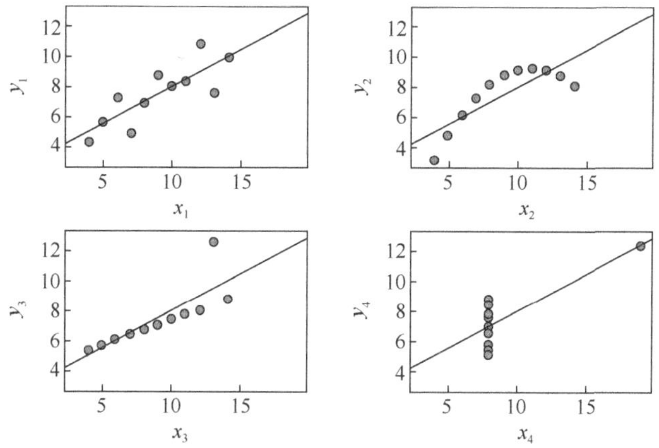

图 5.1　安斯库姆四重奏：四组各种统计指标均相同的数据分布

根据数据展现目的的不同，需要采用不同的数据展现形式。比如，用一组数据来表现近些年某些指标值的一个趋势是上升了，还是下降了，或是一直在一个数值附近波动。这个时候就需要展现数据的趋势性，表现数据的趋势性最好采用点线图、拟合曲线图、柱状图等；如果想要了解数据总体和个体之间的关系，也就是比例情况，则最好采用圆饼图、环形图、堆砌柱状图等；如果想要描述数据的分布情况，则最好采用直方图、茎叶图、箱线图等[2]。

5.2.2　趋势型数据可视化

趋势型数据的数值变化主要取决某个因素，比如房价随着时间变化、人的身高随着年龄变化、人口出生率随着国家富裕程度变化、收入水平随着 GDP 变化等。如果想了解某个变量随着另外一个变量的变化趋势，就要采用适合表现趋势型数据的图形，最常用的有点线图、拟合曲线图、柱状图和阶梯图。

1. 点线图

点线图有三种基本类型，即点线图、散点图和折线图，分别如图 5.2（a）、图 5.2（b）和图 5.2（c）所示。点线图是最常见的一种数据描述图形，它的衍生图形有散点图、折线图。散点图就是只用数据点来表现数据。而折线图则是只用线段连接各个点，但不显示出点，点的位置是两个线段的连接处。折线图可以显示随时间而变化的连续数据，因此非常适合显示在相等时间间隔下数据的变化趋势。

折线图可以标识事物发展变化的趋势和规律，图 5.3 为我国 1980～2018 年 GDP 增长率的变化，折线呈现出三个倒“V”特征，代表中国经济发展的三个重要历史时期。

如果是多维数据，即有多个属性类别时，首选使用点线图或折线图，不适宜采用散点图，因为散点图无法直观地看出单个类别的趋势。如果有很多类别或者数值是近似的，则应该使用不带数据标记的点线图或折线图。

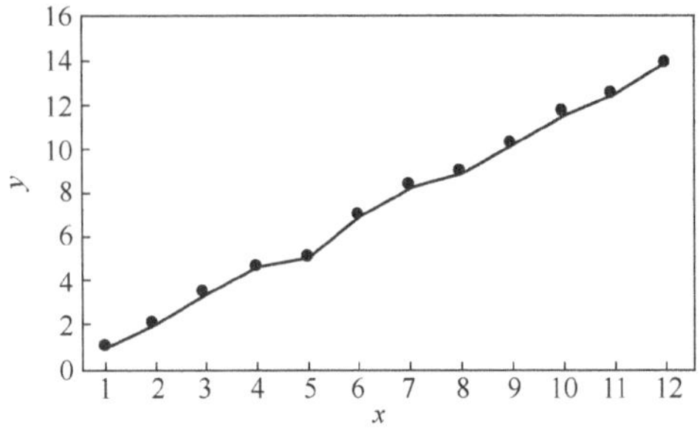

（a）点线图

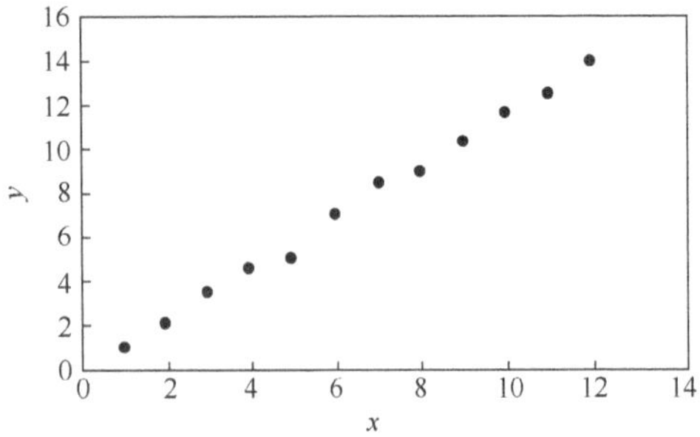

（b）散点图

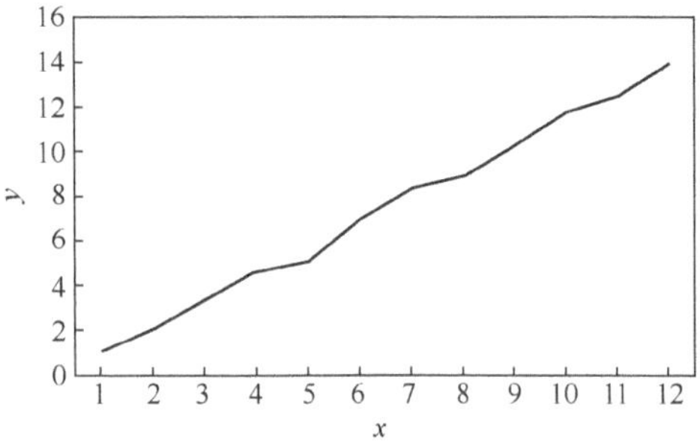

（c）折线图

图 5.2　单个因素的点线图、散点图和折线图

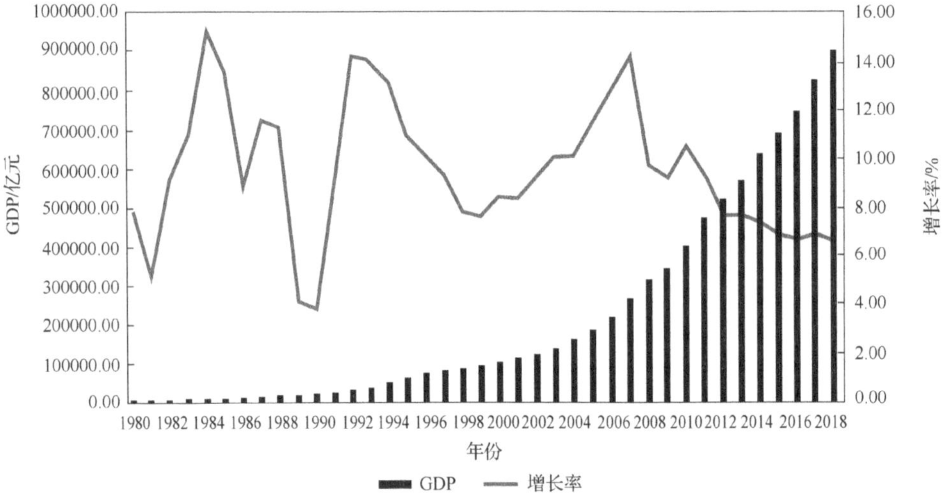

图 5.3　1980～2018 年国内生产总值增长率变化曲线（数据来源：国家统计局）

2. 拟合曲线图

拟合曲线图是用连续曲线近似地刻画或比拟平面上离散点所表示的坐标之间的函数关系，它是用解析表达式逼近离散数据的一种方法。如果两个变量之间的关系是一次函数关系，那么它的函数曲线就是一条直线，这两个变量之间的关系也被称为线性关系，如图 5.4（a）所示。在实际中，有很多变量之间未必都是线性关系，如服药后血药浓度与时间的关系，疾病治疗疗效与疗程长短的关系，毒物剂量与致死率的关系等常呈非线性关系。如果变量之间不是一次函数关系，即函数曲线不是一条直线，就是非线性关系，如图 5.4（b）和图 5.4（c）所示。曲线拟合是指选择适当的曲线类型来拟合观测数据，并用拟合的曲线方程分析两变量之间的关系。

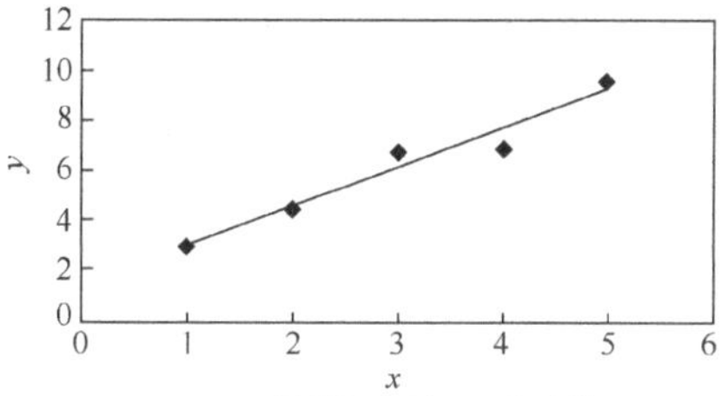

（a）线性拟合图：一次函数

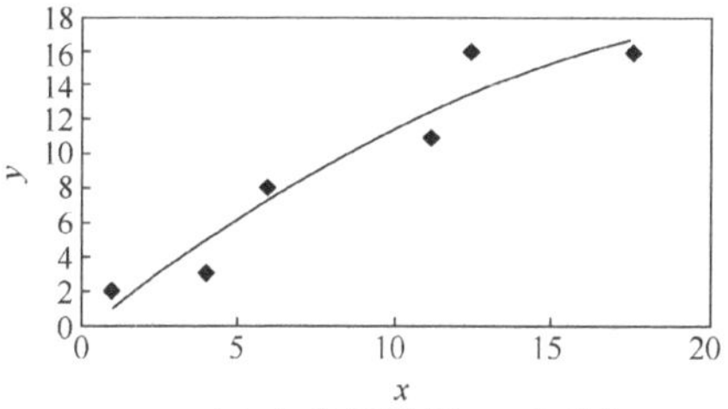

（b）多项式拟合图：二次函数

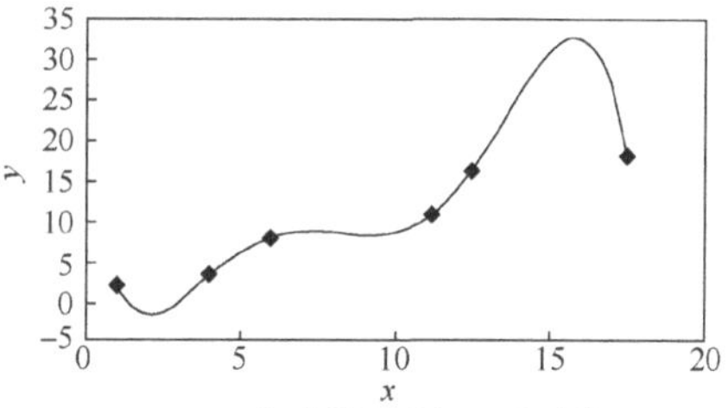

（c）多项式拟合图：五次函数

图 5.4　单条拟合曲线

此外，还有用对数函数、指数函数、幂函数、三角函数等不同的函数来进行曲线拟合。拟合曲线中的一次线性函数是最适合观察长期性趋势的。其他拟合函数则适合观察季节性、周期性趋势。

3. 柱状图

柱状图又被称作条形图，是一种以矩形的长度为变量表示数据分布情况的统计图形，其用来比较两个或两个以上的值（不同时间或者不同条件）。垂直轴的柱状图是最常见的，如图 5.5（a）所示；还有水平轴的柱状图，如图 5.5（b）所示。柱状图之所以可被用于展现趋势型数据，主要是因为如果将柱状图中的矩形最上方的数据点连接起来，如图 5.5（a）和图 5.5（b）所示，就可以看到一张点线图，这与通过点线图观察数据趋势同理。

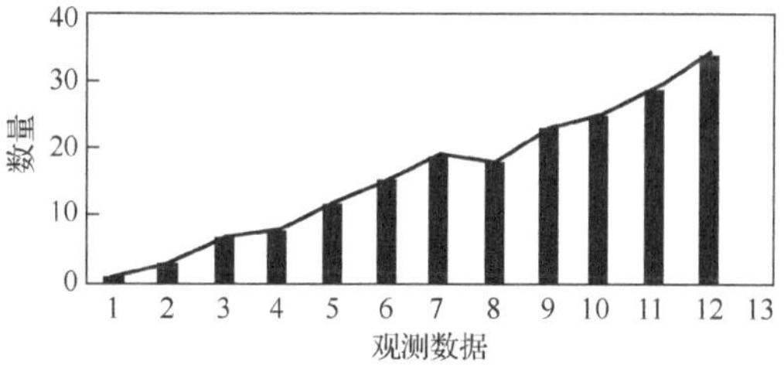

（a）垂直轴的柱状图

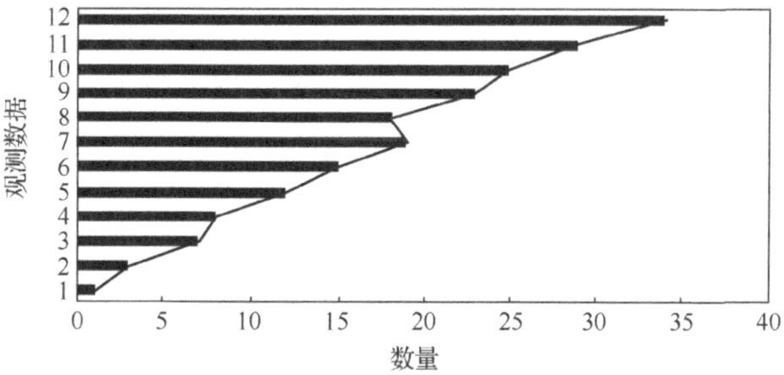

（b）水平轴的柱状图

图 5.5　柱状图示例

当数据描述的事物有时间先后关系时，可以用柱状图来表示，在横坐标上从左到右标识时间的先后顺序。当数据之间没有明显的先后逻辑关系时，这种并列关系可以用柱状图表示也可以用条形图表示；当数据之间有明显的上下关系时，则要尽可能用条形图来表示。

4. 阶梯图

阶梯图是一种查看连续时间段内数据不变化的图形。在阶梯图中，每一个矩形左上角的直角都是一个数据点，该数据点在横轴的位置代表时间段的起点，如图 5.6 为某物流公司在不同日期的出货金额，其中实心圆点代表数据点。点线图中两个点之间的连线和阶梯图中两点之间的两条直线，刚好组成了一个直角三角形。点线图常用于在每个阶段都会有变化的数据，然而有些数据在一定时间范围内几乎是不变的，比如银行利率、电价、水价等，这些数据往往是几年调整一次，或者一年调整一次，如果观察它们的趋势，可以采用点线图；如果采用阶梯图，既可以观察到数据变化的趋势，也可以直观地了解数据的类型，因此阶梯图对于某些数据类型而言是一种很好的查看趋势的图形。

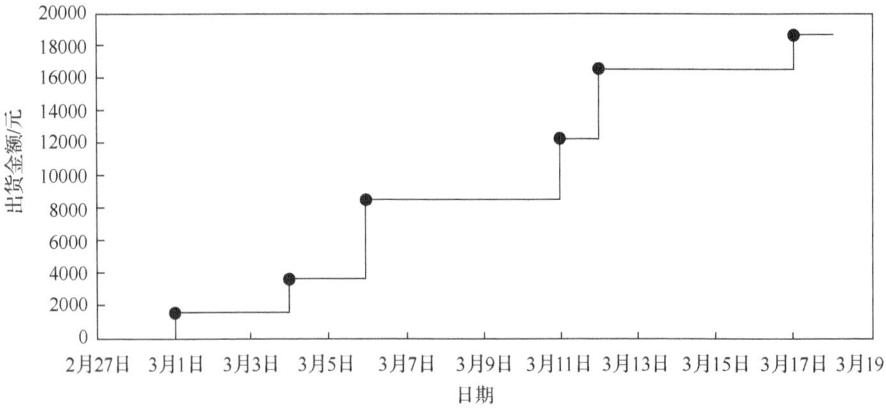

图 5.6　阶梯图示例

对于趋势型数据，当数据量比较少的时候，采用以上任意一种图形均可以描述数据的趋势性，当数据量比较大的时候，则要尽量采用拟合曲线图；当具有多类别数据时，则首选点线图或拟合曲线图。

5.2.3　对比型数据可视化

如果需要对比两组或两组以上数据的差异，通过图形能够感受到的差异有面积差异、形状差异和颜色差异等。对比高度常用的图形是柱状图；对比面积大小常用的图形是面积图、气泡图、词云图；对比形状差异常用的图形是星状图；对比颜色差异常用的图形是热力图。如果要展现多个维度的数据差异，可使用平行坐标图。

1. 柱状图

单个类别的柱状图适合用于观察趋势，而多个类别的柱状图可用来进行数据对比。常见的形式有并列对比型柱状图和重叠对比型柱状图，如图 5.7 和图 5.8 所示。

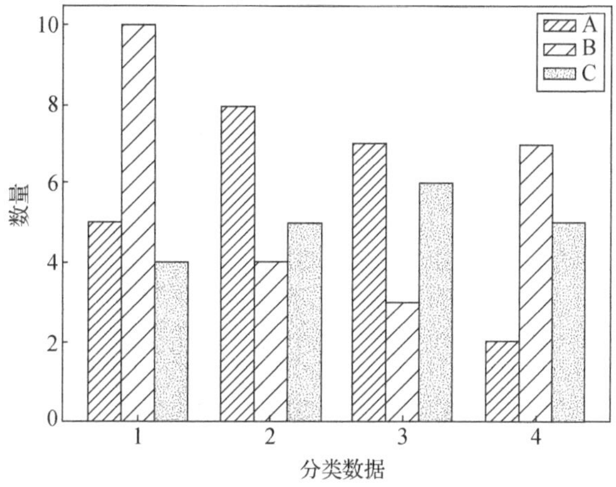

图 5.7　并列对比型柱状图

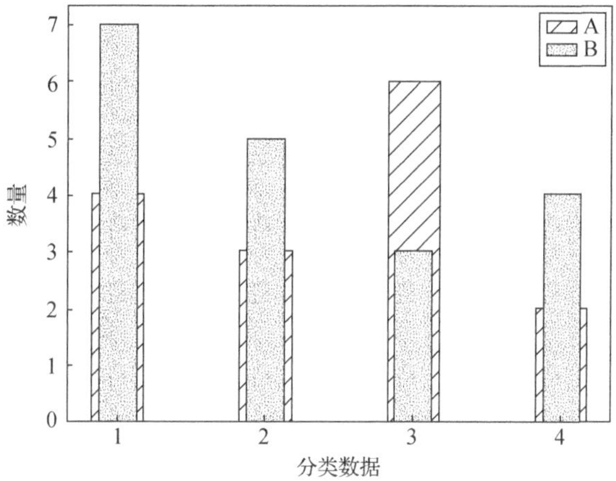

图 5.8　重叠对比型柱状图

在重叠对比型柱状图中，两种数据类别的柱状体的宽度是不同的，一般其中一个数据类别的柱状体颜色会采用半透明的底色，以方便用户进行观察对比。如果是两个类别的数据进行对比，采用并列对比型柱状图和重叠对比型柱状图都可以让用户很直观地看到对比的数据结果。而如果要对比三个或三个以上的数据类别，则首选并列对比型柱状图，如果采用重叠对比型柱状图，则会导致多个类别显示不清晰。

堆砌型柱状图虽然可以显示多个类别的数据，但是由于同一个数据类别柱状体的起点不同，用户比较难观察同一类别各个矩形的高度，因此其不适宜用于比较多个类别的数据。但是如果在柱状图上加上标签，就可以进行数据对比了。但事实上，根据数字标签来对比数据不是一种好的数据对比可视化方案，一般不建议采用。

2. 面积图

面积图又被称为区域图，是点线图加上点线图投影到水平轴的线段所围成的面积。面积图能够显示一组数据的范围，是一个二维图形，主要用于观察多组数据的对比情况。

常用的面积图有两种：第一种是重叠对比型面积图，第二种是堆砌对比型面积图。图 5.9

是两组数据的面积图的重叠，它们的面积基线都是 x 轴，其中一个面积图是透明的，从中可以明显地看到两个面积是重叠关系。

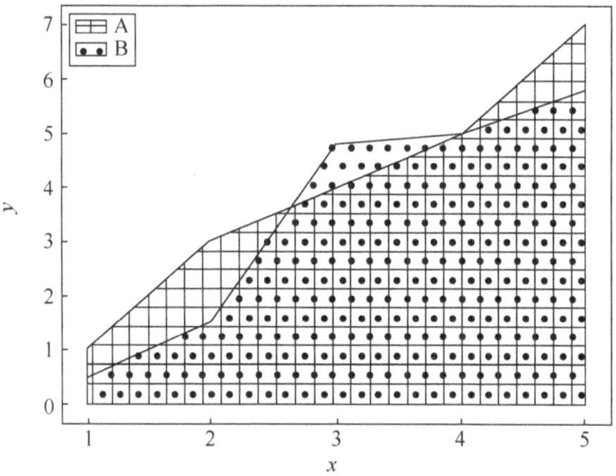

图 5.9　重叠对比型面积图

图 5.10 是三组数据的堆砌面积图，只有最下面一组数据的面积基线与 x 轴重合，其他两组数据堆砌在它们下面那组数据的面积之上，堆砌面积图是层层堆砌而成的。堆砌对比型面积图和重叠对比型柱状图一样，都不太适合直接进行多种数据类型的观察和比较，除非有数字标签辅助进行对比观察，否则一般不建议采用。

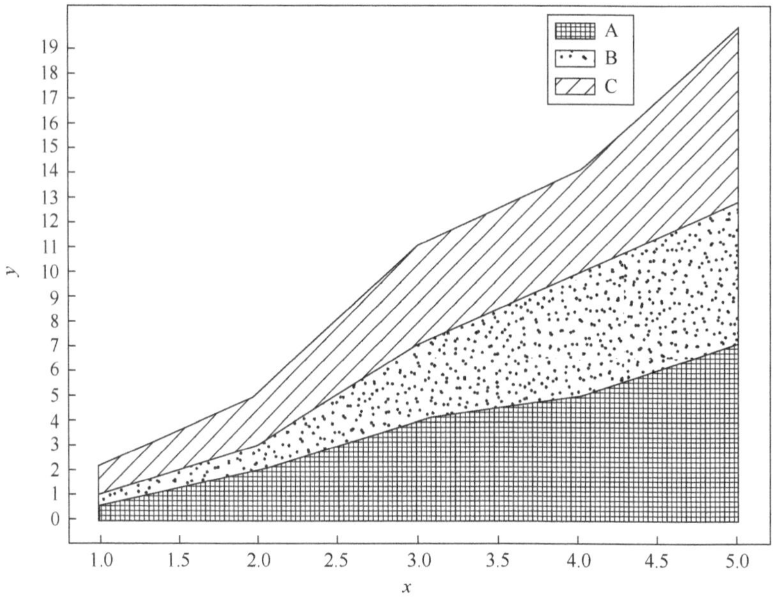

图 5.10　堆砌对比型面积图

3. 气泡图

气泡图与散点图不同，散点图中圆点的面积是相同的，而气泡图主要是依赖圆点面积的大小来对比数据。气泡图虽然叫气泡，也就是圆形，但是非圆形的对称图形也可以作为气泡图的元素，比如图 5.11（b）采用的是正六边形作为气泡。单类别气泡图［图 5.11（a）和图 5.11（b）］是一种典型的通过面积来对比数据大小的图形。气泡图适用于对比一组数据类别中不同数据的大小，它除了可以反映 y 轴的因变量与 x 轴的自变量有关外，还与另外一个面积因素有关，此时在二维图形中就传达了三维的信息效果。但是气泡图不适合对比多个类别的数据。

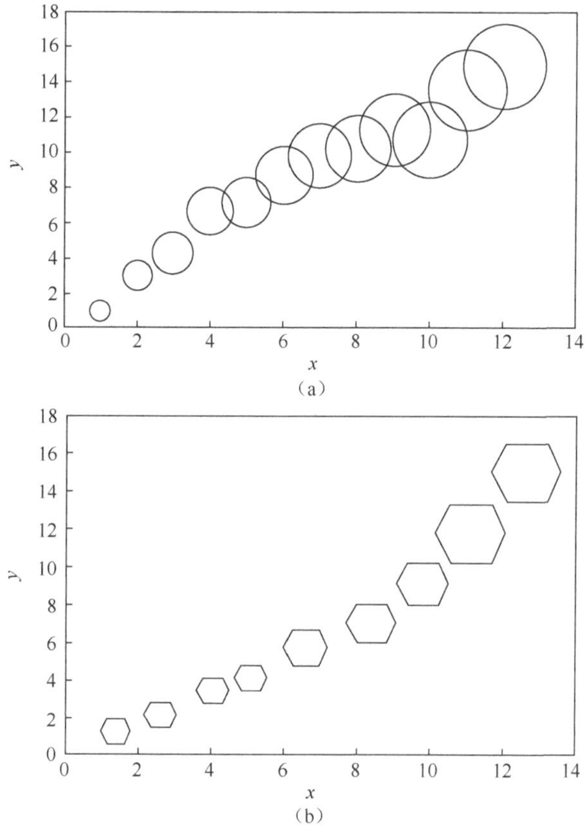

图 5.11　单类型气泡图

当有多个数据类别时，不同类别的数据可以用不同的气泡颜色来区分，同时显示在一幅图上。但是用户较难用肉眼判别不同类别之间的差异，因此气泡图一般不用于对比多组数据。

4. 词云图

词云图最早是针对网络文本中出现频率较高的关键词，给予其以视觉上的突出，从而过滤掉大量的文本信息，形成对关键词的渲染，访问者只要一眼扫过词云图就可以领略文本的主旨，如图 5.12 所示。

图 5.12　词云图示例

词云图通过单词的字号大小反映词频高低，某个词的字号越大，说明出现次数越多，通过词的字号大小可以判断词频这个影响因素。词云图和气泡图一样，一般只用于比较一组数据的差异，不适合比较多组数据。

5. 星状图

在介绍星状图之前，先了解一下雷达图，因为星状图与它们在本质上属于同一类。制作雷达图或蛛网型雷达图的数据来源于星状图数据表中的一条记录，所以很多个雷达图或蛛网型雷达图就组成了星状图，它们都是多元数据的可视化方法。

雷达图中的每一条半径线就是一个指标维度，各类指标维度分布组合在一起非常像雷达的形状，因此而得名。一般雷达图的外边框是圆形，蛛网型雷达图的外边框是多边形，在其他方面没有太大的差别，如图 5.13 和图 5.14 所示。

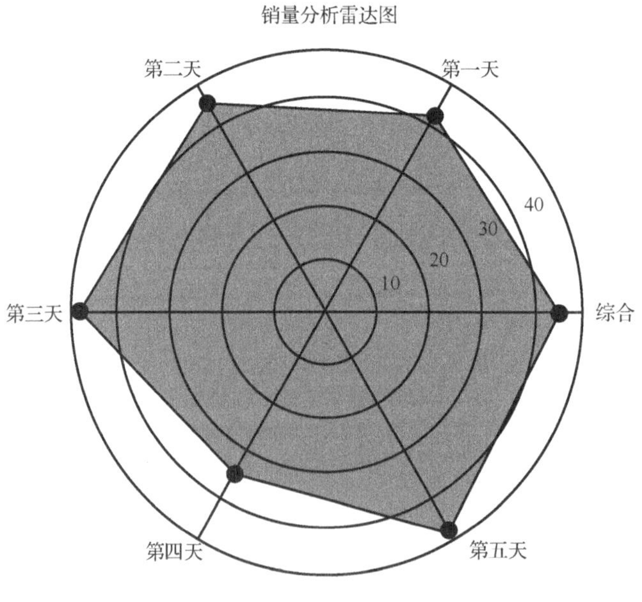

图 5.13　雷达图示例

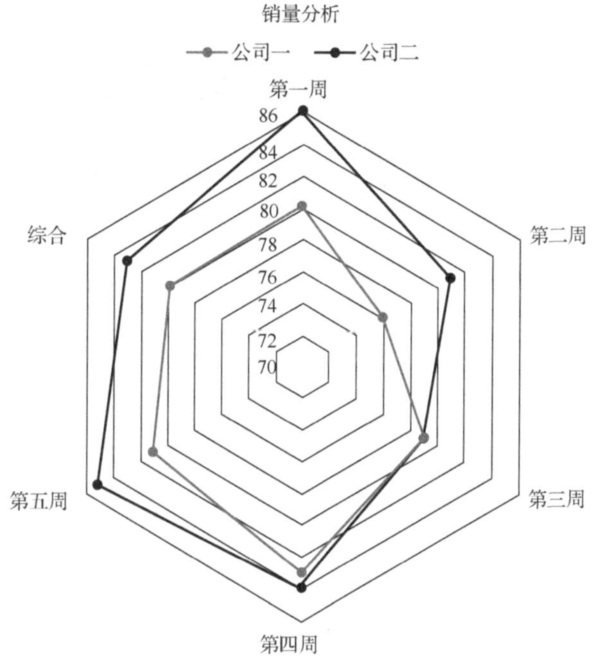

图 5.14　蛛网型雷达图示例

星状图是将高维数据映射到二维空间内，尽量使信息损失降到最小，同时又能利于肉眼辨识。每个观测单位的各个维度的数值表示为一个图形，图中每个从中心画出去的线段表示一个变量，用线段距离中心的长度表示变量值的大小，如图 5.15（a）和图 5.15（b）所示。另外，星状图也可以用扇形的面积表示变量数值的大小，表示不同变量的扇形的圆周角相同，所有变量的扇形圆周角的和可以是整圆（360°）或半圆（180°），如图 5.15（c）和图 5.15（d）所示；整个星状图中每一个单独的图分属不同的数据类别，数据类别一般用字符串来标识分类变量，并且会标注在每个单独的图的下方，如图 5.15（a）中所标识的 a～i。

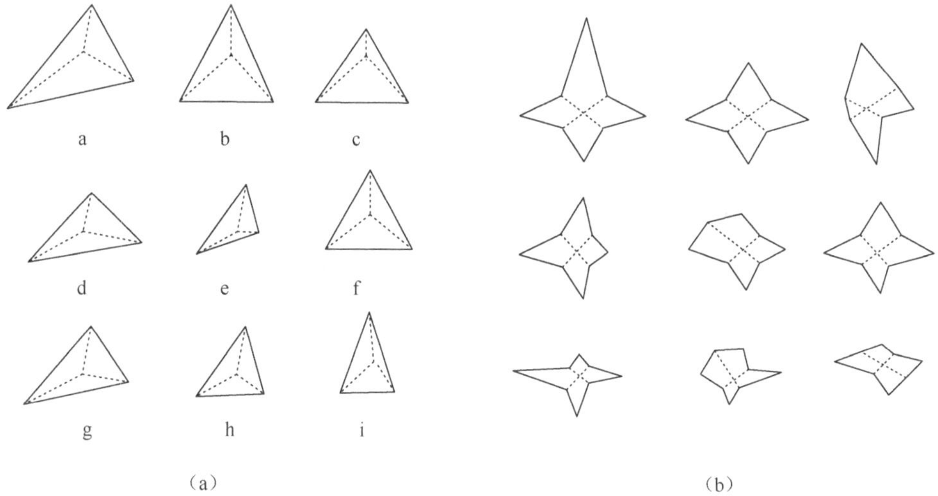

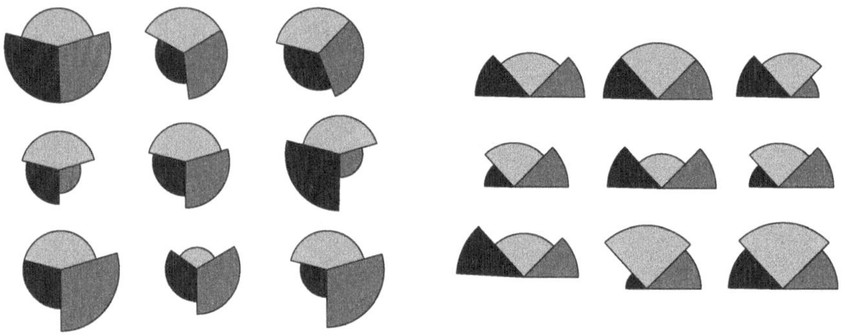

（c）　　（d）

图 5.15　星状图

星状图除了可以对比每条数据，记录不同变量之间的关系外，还可以对比不同数据记录之间的差异，因此星状图是一种常用的对比数据的图形。但星状图比较适合样本记录较少的情况，用肉眼可以直接观察比较，如果有成百上千条数据记录，每条数据记录生成一个单独的星状图，并且星状图中的差异又很大，那么将所有的星状图放在一起比较，通过肉眼是无法获取数据背后的价值的。

6. 热力图

热力图是一种在表示不同的数值区块内填充不同的颜色，用颜色来区分数值大小的图形。有些热力图着色块面积相等，还有一些热力图着色面积不确定，虽然着色块面积不等，但面积不代表其他含义，如图 5.16 所示的网站点击热力图。简言之，热力图就是用颜色对比不同区域内数据的一种典型图形。

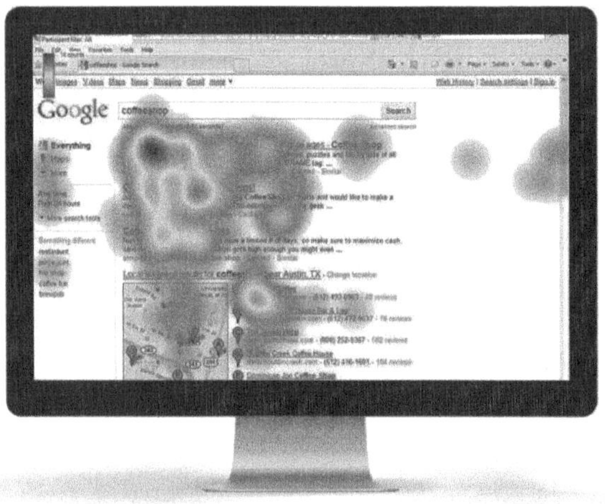

图 5.16　网站点击热力图示例

7. 平行坐标图

平行坐标图是对具有多个属性数据集的一种可视化方法。为了克服传统的笛卡儿直角坐标系容易耗尽空间、难以表达三维以上数据的问题，平行坐标图将高维数据的各个变量用一系列相互平行的坐标轴表示，变量值对应轴上位置。为了反映变化趋势和各个变量间的对比关系，往往将描述不同变量的各点连接成折线。所以平行坐标图的实质是将 m 维欧氏空间的一个点映射到二维平面上的一条曲线。

平行坐标图主要用于比较属性，观察哪些属性与目标相关，尤其适用在属性三个以上的问题中。平行坐标图中每一个维度（每一列）对应一个坐标轴，每一个数据项是一条线，贯穿多个坐标轴。在坐标轴上，可以进行数据选取等操作。在图 5.17 的例子中，每一列的含义分别是日期、空气质量指数（air quality index，AQI）、PM2.5、PM10、CO、NO_2 和 CO_2。

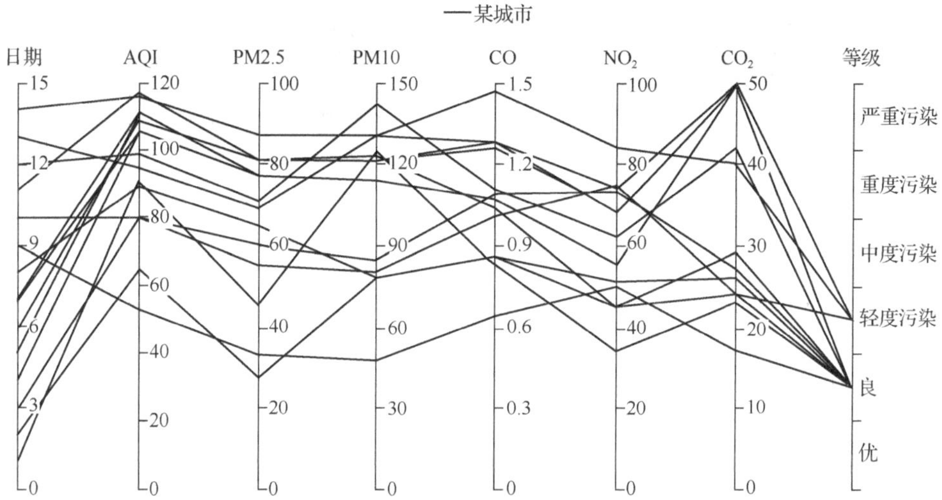

图 5.17 平行坐标图示例

5.2.4 比例型数据可视化

在生活中，遇到需要计算数据总体和各个部分构成比例的情况时，一般是用各个部分与数据总体相除来计算。这种比例表示方法很抽象，不易于直观理解总体和个体之间的关系。因此人们发明了一类图形工具，如饼图、环形图等，它们能够使用户直观地从图形中辨认出各个组成部分所占的比例。比例型数据被认为是对比型数据的进一步延伸，使用它也可以对比一组数据中不同值的大小，并且使用比例型数据还可以进一步了解这组数据中不同类别个体和总体之间的比例关系，图形中各个类别一般采用百分比进行标识，而不直接标识原始数值。

1. 饼图

饼图也被称作圆饼图，是以二维或三维格式显示每一类数值相对于总数值的大小，各类数值分别代表整个饼图的一部分，各类数值需要标注所占的百分比，饼图中的数值没有负值，也几乎没有零值，类别个数也无限制，可以将饼图的某一个扇面拖出来以强调某个类别的数值。饼图最常用于显示比例型数据。

2. 环形图

环形图又被称为面包圈图，其实它就是中心被挖空了的圆饼图，每个类别的数值与弧长成正比，所有类别之和等于 100%。饼图、环形图还有很多衍生图形，例如图 5.18 所示的图形，虽然它们的样式各有不同，但是它们所表达的含义都是相同的，主要反映了个体和整体之间的比例关系。

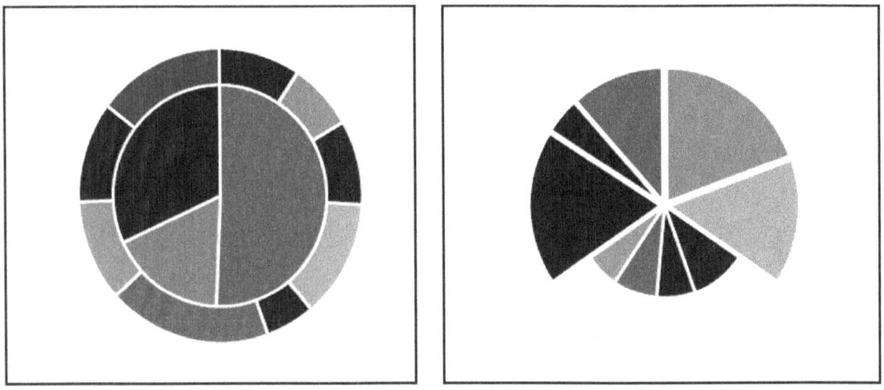

图 5.18　饼图/环形图的衍生图形

3. 百分比堆砌柱状图

使用柱状图对比多组数据有三种类型：并列对比、重叠对比以及堆砌对比。在这三种图形中，只有百分比堆砌柱状图能更好地显示比例关系。百分比堆砌柱状图是在做堆砌柱状图之前，将各组数据进行标准化处理，计算出每组数据的比例关系，比如图 5.19（a）中有三种不同填充的数据组别，总共对比了五个类别，在同一个类别下的不同三个组别数据的占比之和等于 100%，如图 5.19（b）所示。堆砌型柱状图不适合直观地对比数据，如果在图上标识数字标签，则效果会好一些，如果是百分比堆砌柱状图，则不需要数字标签，直接观察每个数据组别的柱状高度就可以对比各个数值的大小，如果有百分比数字标签，就如同饼图一样，可以观察单个组别与总体之间的比例关系。

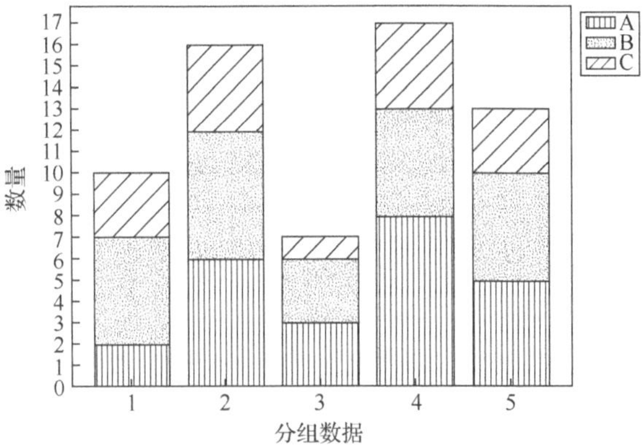

（a）

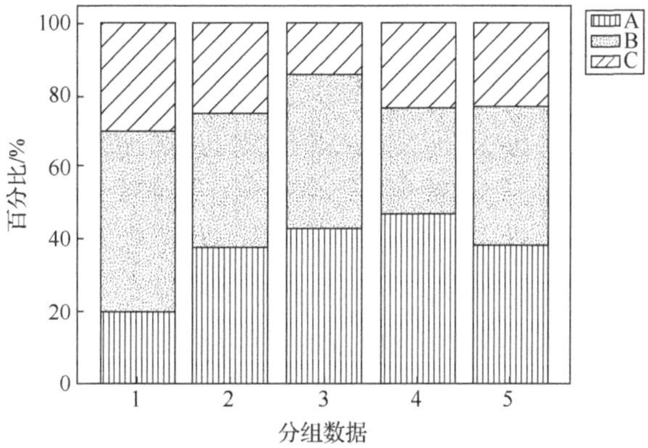

（b）

图 5.19　百分比堆砌柱状图

4. 百分比堆砌面积图

百分比堆砌面积图和百分比堆砌柱状图很相似，也需要对数据进行标准化处理，使得不同组别的数值占比之和等于 100%，如图 5.20（a）和图 5.20（b）所示。

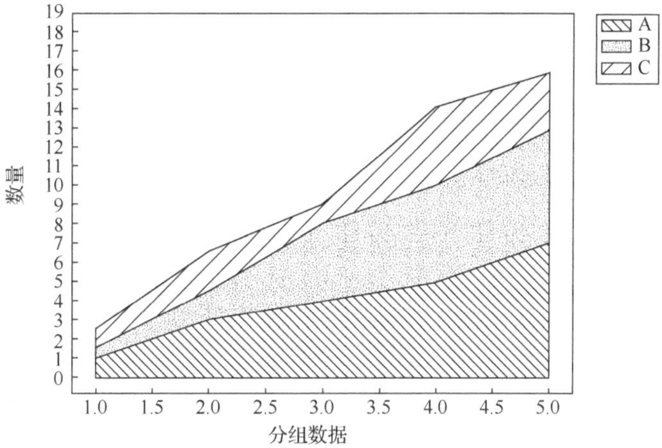

（a）

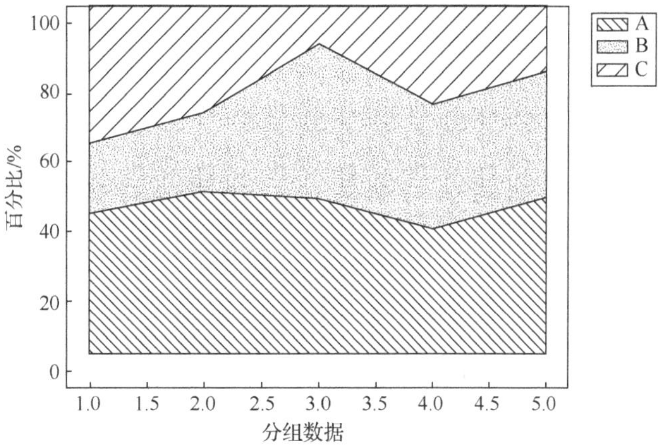

（b）

图 5.20　百分比堆砌面积图

5.2.5 分布型数据可视化

一组数据的分布情况有集中趋势程度、离散程度、偏态和峰态三种类型。直方图、茎叶图、箱线图和概率密度图是用于描述数据分布的可视化图形方案。

1. 直方图

直方图是由横轴、纵轴和矩形三部分组成的，如图 5.21 所示，其中横轴表示分组情况，并被划分为若干条相互衔接的线段，每条线段对应着分组中的一组，线段的左右两端分别为这组数据的下限和上限，线段的长度代表这组数据的组距，组距可以是相等的，也可以是不等的。直方图的纵轴表示频数或者频率，横轴和纵轴的单位长度并不要求相同，可以按照实际数据进行调整。

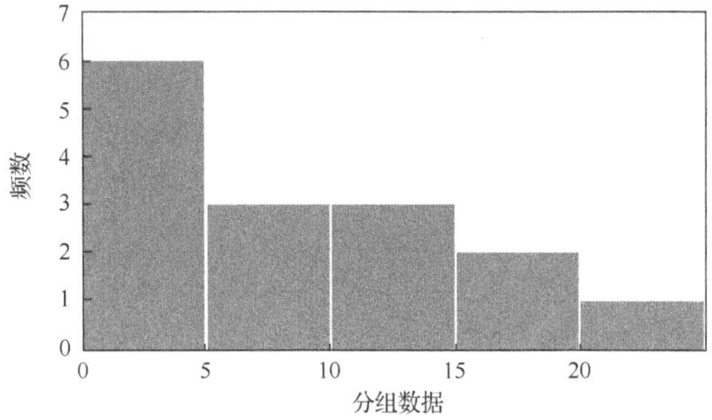

图 5.21　频数直方图

在频数直方图中，如果将每组数据的频数除以数据总个数，就得到了每组数据的频率，并且如果横轴不变，纵轴变成频率，就得到了这组数据的频率直方图，如图 5.22 所示。

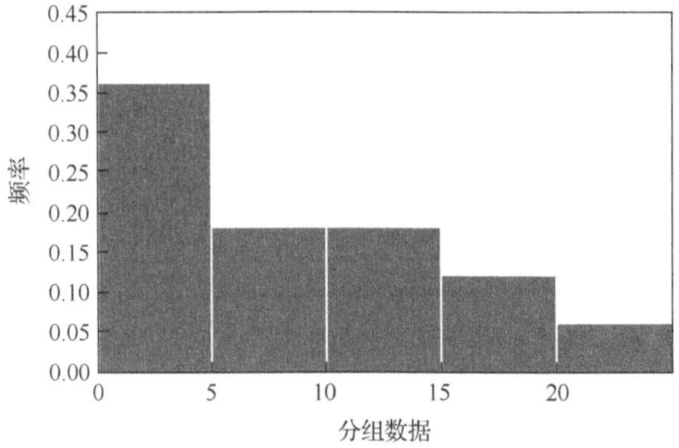

图 5.22　频率直方图

2. 茎叶图

茎叶图又被称为枝叶图，是英国统计学家阿瑟·鲍利（Arthur Bowley）设计的。茎叶图由“茎”和“叶”两部分构成，其图形是由数字组成的。茎叶图的原理是将一组数据中的数值按位数进行比较，将一个数据的高位数值作为树茎，低位数值作为树叶，列在主干的后面，树叶上只保留一位数字（个位数）。这样就可以清楚地看到每个主干后面的几个数值，每个数值具体是多少。

茎叶图可用于显示未分组的原始数据的分布。给定一组数据：1、3、2、4、18、4、5、8、11、12、9、25、6、17、30、27、15 和 29。图 5.23 所示的茎叶图是用这组数据制成的，如果将它划分为 4 组数据，即每组为 10 个数的组距，则只有个位数的数值（即 0～9）的茎记作 0，将它的值写在树叶上，按从小到大依次罗列，十位数上数值为 1（即 10～19）的茎记作 1，将它的个位数的数值写在树叶上，然后以此类推。当然也可以将组距划分得更细一些，5 个数为一个组距，结果如图 5.24 所示。从划分组的上下限可以看出，茎叶图一般从 0 开始，而直方图可以从最小值开始。

1	2	3	4	4	5	6	8	9	11	12	15	17	18	25	27	29	30

树茎	树叶
0	123445689
1	12578
2	579
3	0

范围	频数
0～9	9
10～19	5
20～29	3
30～39	1

树茎	树叶
0	12344
0	5689
1	12
1	578
2	579
3	0

范围	频数
0～4	5
5～9	4
10～14	2
15～19	3
20～24	0
25～29	3
30～34	1

图 5.23　一组整数数据的茎叶图

茎叶图类似于横置的直方图，但与直方图又有区别。通过直方图可以观察一组数据的分布状况，但没有给出具体的数值。茎叶图既能展示出数据的分布状况，又能展示出每一个原始数据，保留了原始数据的信息。用茎叶图表示数据有两个优点：一是原始数据信息没有损失，所有数据信息都可以从茎叶图中得到；二是茎叶图中的数据可以随时记录，随时添加，方便记录与表示。

茎叶图只便于表示个位之前相差不大的数据，而且茎叶图只方便记录两组数据，如图 5.24 所示，两组以上的数据虽然能够记录，但是没有表示两组数据的记录那么直观、清晰。

1	2	3	4	4	5	6	8	9	11	12	15	17	18	25	27	29	30
1	2	4	6	7	9	11	12	12	14	15	22	23	25	26	32	38	39

范围	频数
0～9	6
10～19	5
20～29	4
30～39	3

树叶B	树茎	树叶A
124679	0	123445689
12245	1	12578
2356	2	579
289	3	0

范围	频数
0～9	9
10～19	5
20～29	3
30～39	1

图 5.24　两组整数数据的茎叶图

3. 箱线图

箱线图又被称为盒图，用于现实未分组的原始数据的分布。箱线图由一组数据的 5 个特征值绘制而成，即最大值、最小值、中位数和两个四分位数。

箱线图除了可以描述一组数据的分布情况外，还可以描述并对比多组数据的分布情况，相比直方图和茎叶图，箱线图是一种比较好的对比多组数据分布情况的图形，如图 5.25 所示。

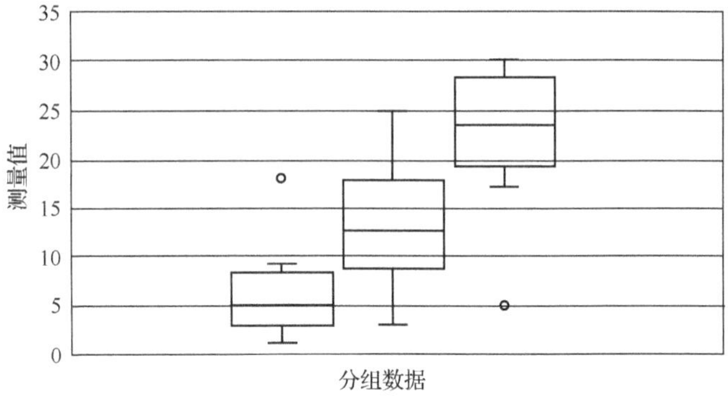

图 5.25　箱线图

4. 概率密度图

之前介绍的直方图、茎叶图和箱线图都是离散型数据的分布图，而概率密度图则是连续型变量的数据分布图。连续概率分布是一个随机变量在其区间内当能够取任何数值时所具有的分布。概率密度图是用概率密度函数刻画的，横轴为连续变量 x，纵轴是概率密度函数 $f(x)$。常见的概率密度图有均匀分布、正态分布、指数分布，如图 5.26 所示。

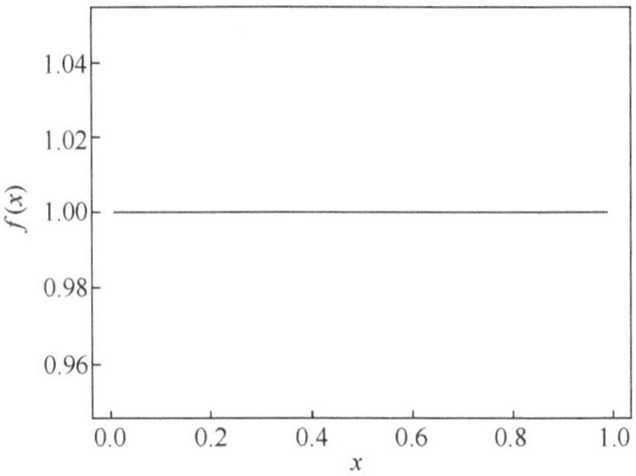

（a）均匀分布

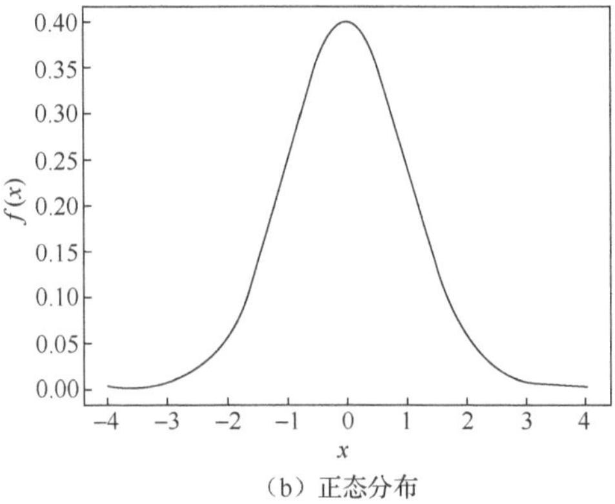

（b）正态分布

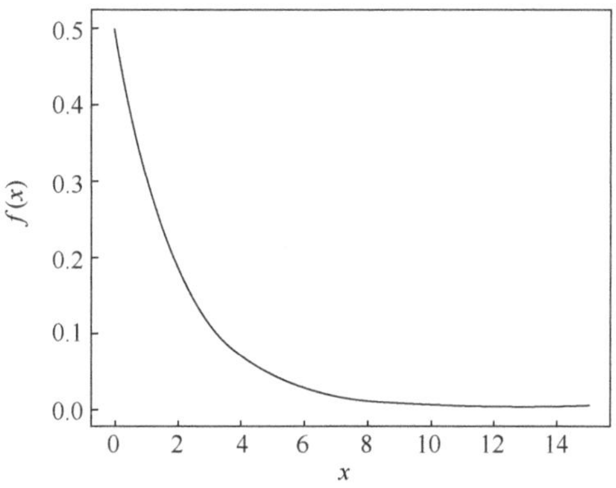

（c）指数分布

图 5.26 常见的概率密度分布图

5.2.6 关系型数据可视化

关系型数据图形用于直观地展示不同数据之间的关系，这些关系有包含关系、层级关系、分流关系和联结关系。常用的关系型数据可视化图形有：表示包含关系的维恩图，表示层级关系的矩形树图和漏斗图，表示分流关系的桑基图，表示联结关系的节点关系图。

1. 维恩图

维恩图，也译作韦恩图/文氏图。1880 年，英国哲学家和数学家约翰·维恩（John Venn）在其《论命题和推理的图表化和机械化表现》一文中首次采用固定位置的交叉环形式加上阴影表示集合及其逻辑关系。例如，图 5.27（a）表示交叉重叠的关系，其中 C 区域即为 A 区域和 B 区域的重叠区域；图 5.27（b）和图 5.27（c）表示包含关系，可以用圆形表示，也可以用椭圆形或者其他形状表示；图 5.27（d）表示重叠次数不同的面积可以被划分为不同的区域，图中有 4 个不同的椭圆形，根据重叠次数一共被划分出了 15 个区域，代表不同的重叠区域。维恩图是最常用的表示关系的图形，而且制图过程简单，不需要坐标系，主要用面积来表示数值的大小，用重叠次数代表不同区域的关系。

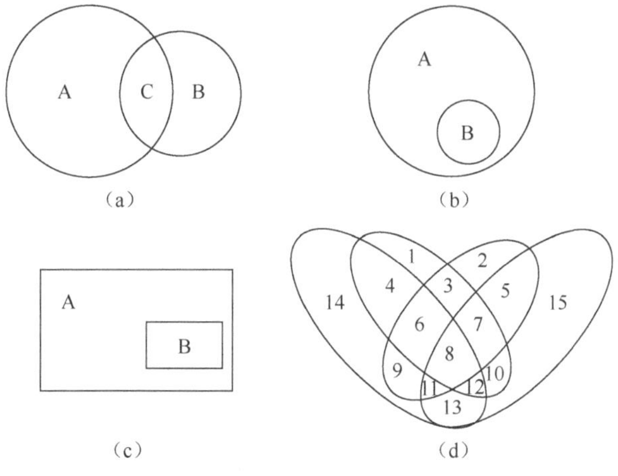

图 5.27 维恩图

2. 矩形树图

矩形树图又被称为层级板块图，它是由马里兰大学教授本·施奈德曼（Ben Shneiderman）于 1991 年提出的。起初施奈德曼是为了找到一种有效了解磁盘空间使用情况的方法，他首先想到的是用树形图来表示，但是这种图形太占空间。为了在有限的空间内展示树状结构，于是他利用面积来表示文件的大小，利用矩形来展示每个部分的面积。树形图使用颜色区分类别，用嵌套的矩形表示层次关系的布局，如图 5.28 所示。

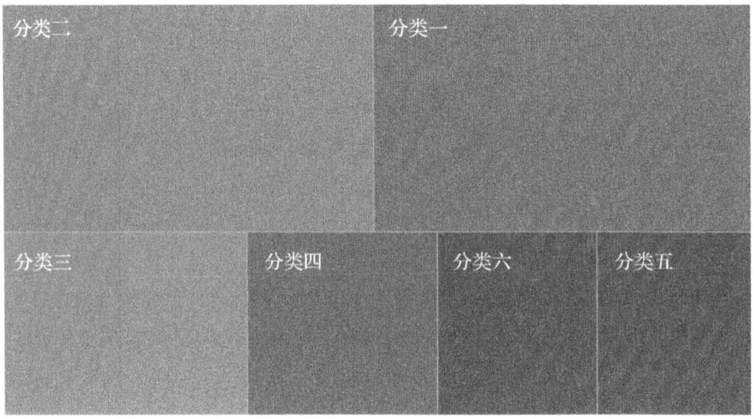

图 5.28　矩形树图

3. 漏斗图

漏斗图一般用于描述数据的层级关系。漏斗图是由莱特（Light）等在 1984 年提出的[3]，一般用于描述单个变量的变化情况，其在平面坐标系中类似一个倒置的漏斗，因此得名，如图 5.29（a）和图 5.29（b）所示。漏斗图的形状可以不同，而且还可以横置［图 5.29（c）］。金字塔图［图 5.29（d）］也属于漏斗图的一种。

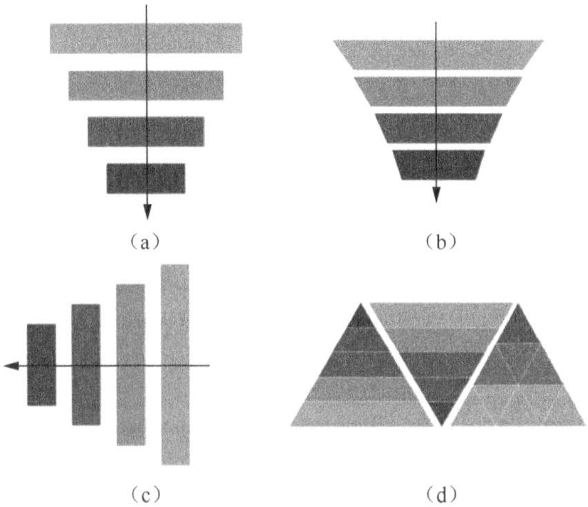

（a）　（b）

（c）　（d）

图 5.29　漏斗图

漏斗图适用于业务流程比较规范、周期长、环节多的流程分析，通过对各环节业务数据的比较，能够直观地发现问题所在。漏斗图是一种描述层级之间关系的关系型可视化图形方案。

4. 桑基图

桑基图，即桑基能量分流图，也叫桑基能量平衡图。它是一种描述分流关系的可视化图形方案。它因 1898 年桑基（Sankey）绘制的“蒸汽机的能源效率图”而闻名，此后便被命名为“桑基图”。桑基图最明显的特征是所有主支的宽度总和与所有分出去的分支的宽度总和相等，保持能量的平衡，并且图中延伸出去的分支的宽度对应数据流量的大小。桑基图主要用来表示原材料、能量等，如何从初始形式经过中间过程的加工、转化到达最终形式，通常被应用于能源、材料成分、金融等数据的可视化分析，如图 5.30（a）所示。

和弦图与桑基图类似，和弦图用来展现数据在维度内部的流动，如果在一个维度下的数据类别较多，图就会变得很复杂，不利于观察，和弦图如图 5.30（b）所示。使用桑基图可以展现跨维度的数据流动，其线条的粗细代表了数据流量的大小。桑基图可以表现两个维度之间数据的流动，结合联动筛选可以对选中的分支进一步剖析。图 5.30（a）所示的桑基图有三个层级，如果将一个多层级的桑基图的任意两个层级之间的类别围绕起来变成一个圆形，就形成一个和弦图，这就是桑基图与和弦图之间的关系。

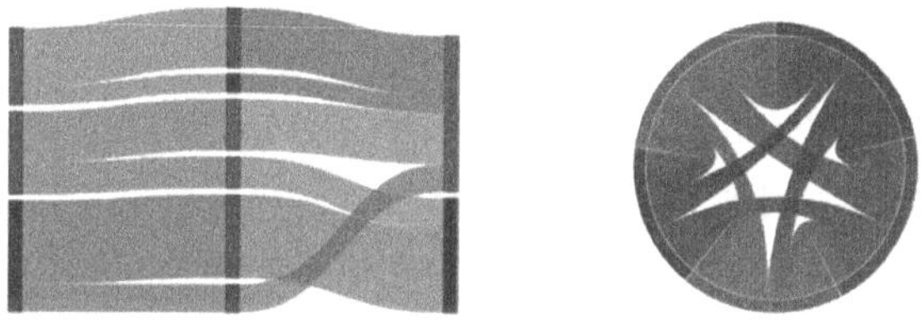

（a）桑基图　（b）和弦图

图 5.30　桑基图与和弦图

5. 节点关系图

节点关系图又被称为关系图，常用于表示两个事物对象之间的关系。图 5.31 就是最简单的节点关系图。在节点关系图中，对象用节点表示，节点的形状常使用圆形，也可以使用其他形状；对象之间如果有联系，则用线段连接起来，线段上可以有文字标识，如图 5.31（a）所示。如果节点之间有方向性，则可以在线段的末端加上箭头表示方向，其中包括单向关联和双向关联两种类型，如图 5.31（b）所示。

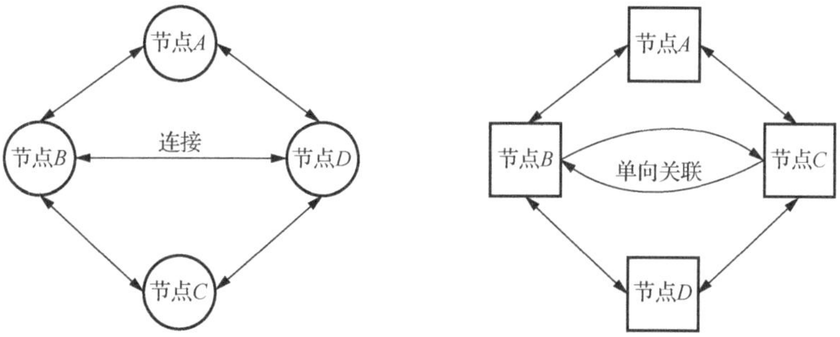

（a）　（b）

图 5.31　节点关系图

节点的位置是不固定的，可以根据实际的节点关系合理安排节点布局。节点之间的连接线尽量不要交叉，否则会导致关系混乱，不利于用户观察。

5.2.7　地理型数据可视化

对于地理型数据的可视化，首先能想到的就是地图。地图是依据一定的数学法则，使用制图语言，通过综合制图，在一定的载体上，表达地球上各种事物在空间中的分布、联系及在时间中的发展变化状态的图形。地图的三要素是比例尺、方向和图例。可以按比例尺的大小将地图划分成不同的类型，在较大比例尺的地图上（如世界地图或某个国家的地图），可以观察到地图上人为划界的区域；在中等比例尺的地图上（如某个省市的地图），可以观察到线条状的街道；在较小比例尺的地图上（如建筑区域的室内地图），可以观察到建筑区域的内部结构图。

地图通常可分为二维平面地图、三维立体地图和综合其他图元素的地图。

参 考 文 献

[1] 毕然. 大数据分析的道与术[M]. 北京：电子工业出版社，2016.

[2] 艾达. 数据产品设计[M]. 北京：电子工业出版社, 2017.

[3] Light R J, Pillemer D B. Summing Up: The Science of Reviewing Research[M]. Cambridge: Harvard University Press, 1984.

第 6 章　描述性数据分析

描述性数据分析是对大数据进行深度分析的初级阶段，在这一阶段中，主要关注数据中的关联关系、顺序关系、相似关系、异常关系等。

本章详细介绍关联分析方法、序列模式分析方法、聚类分析方法、离群点检测方法。

6.1　关联分析

关联分析通过对数据集中某些属性同时出现的规律和模式来发现其中的属性之间的关联、相关、因果等关系，其典型的应用是购物篮分析，通过分析购物篮中不同商品之间的关联，分析消费者的购买行为习惯，从而制定相应的营销策略，为商品促销、产品定价、货架摆放等提供支持，并且可用于不同消费者群体的划分。

关联分析常用的方法包括 Apriori 算法和 FP-growth 算法等。

6.1.1　频繁项集

关联分析中重要的概念之一是频繁项集（frequent itemset）。

在事务型数据库中（transactional database），每一个事务（transaction）都是项（item）的集合，且具有一个唯一标识符记为 TID。事务的宽度是指事务中出现的项的个数。

下面给出一些基本概念的相关定义。

项集：包含 0 个或多个项的集合被称为项集；如果一个项集包含 k 个项，则称它为 k-项集。空集是指不包含任何项的项集。例如，{啤酒, 尿布, 牛奶}是一个 3-项集。

频繁项集：项集的支持度满足预先定义的最小支持度阈值。一般地，k-项集可能产生 2^k-1 个频繁项集，不包括空集在内。

支持度（support）：表示同时包含项 A 和项 B 的事务占所有事务的比例。最小支持度一般由用户给定，记为 min_sup。在实际应用中，常用支持度计数（support count）作为度量。所谓支持度计数是指包含给定项集的事务个数。

6.1.2　关联规则

频繁项之间的关联关系，可以用关联规则表示。

所谓关联规则是形如 $A \rightarrow B$ 的蕴涵表达式，其中 A 和 B 是不相交的子集，即 $A \cap B$=空集。关联规则的强度可以用它的支持度和置信度度量。需要注意的是：符号“→”不必然蕴涵因果关系，它只表示规则前件和后件中的项明显地同时出现。

关联规则的置信度（confidence）表示包含 A 的事务中同时包含 B 的事务的比例，即同时包含 A 和 B 的事务占包含 A 的事务的比例。最小置信度一般由用户给定，记为 min_conf。

强关联规则是指同时满足最小支持度阈值（min_sup）和最小置信度阈值（min_conf）的规则。

之所以使用支持度和置信度对关联规则进行度量，是因为从商务角度来看，低支持度的关联规则多半是无意义的；而低置信度的关联规则通常是不可信赖的。

关联规则有很多类型，如离散型和连续型关联规则，单层和多层关联规则，单维和多维关联规则等。

（1）离散型和连续型关联规则，是基于规则中处理的数据类型来划分的，也可称布尔型和数值型。布尔型关联规则处理的属性值是离散的、种类化的，而数值型关联规则处理的属性值是连续的，当然可以将数值型属性做离散化处理，如将“收入”属性离散化为“高”“中”“低”等。

（2）单层和多层关联规则，是基于规则中数据的抽象层次来划分的。在单层关联规则中，所有的变量都不涉及不同概念层次的项或属性。而多层关联规则中的变量涉及不同抽象层次的项或属性。属性的概念层次定义了由低层概念集到高层、更一般的概念集的映射序列。可以通过把属性的低层概念用概念层次中对应的高层概念替换，对数据进行泛化。在支持度-置信度框架下，使用概念分层可以有效地挖掘多层关联规则。

（3）单维和多维关联规则，是基于规则中数据的维度来划分的。在单维关联规则中，只涉及数据的一个维度，如“购买”商品；而在多维关联规则中，处理的数据涉及多个维度，如“年龄”“职业”和“购买”。

6.1.3　关联规则发现流程

根据支持度和置信度的定义，可知为了生成频繁且高置信度的关联规则，首先要枚举所有的频繁项集及其支持度。给定一个数据库 D 和用户定义的最小支持度阈值 min_sup，频繁项集挖掘的任务是枚举所有的频繁项集（支持度大于等于 min_sup）；其次，给定频繁项集的集合 F，产生置信度大于等于用户定义的最小置信度阈值 min_conf 的关联规则。因此，关联规则发现方法包含两个步骤。

第一步：找出事务数据库中所有大于等于用户指定的最小支持度的频繁项集。

第二步：基于频繁项集生成关联规则，然后根据用户给定的最小置信度进行取舍，最后得到强关联规则。

发现所有频繁项集是关联规则发现方法的核心，关联规则发现流程如图 6.1 所示。

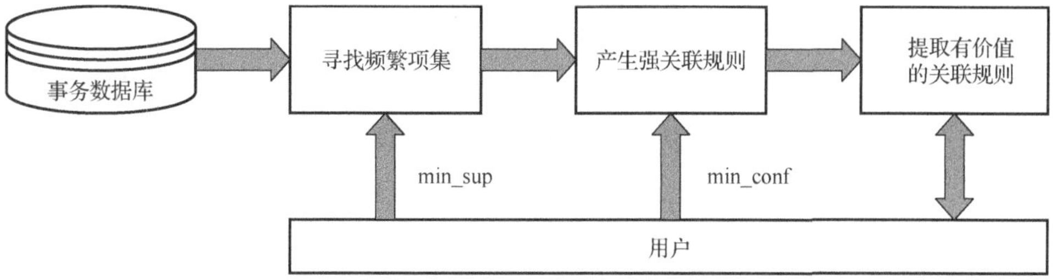

图 6.1　关联规则发现流程

6.1.4　Apriori 算法

频繁项集挖掘最著名的方法是由 Agrawal 等于 1994 年提出的 Apriori 算法[1]，可用于挖掘布尔型关联规则。

Apriori 算法使用一种称作逐层迭代的候选产生测试方法，来发现事务数据库中项集的关系，以形成关联规则。在每一次迭代后，新的候选项集都由前一次迭代发现的频繁项集产生，即 k-项集用于探索(k+1)-项集，然后对每个候选项集的支持度进行计数，并与最小支持度阈值进行比较，进而产生频繁项集。

英文 Apriori 的原意是先验的，算法之所以用它来命名是因为在发现频繁项集时会依赖一个先验性质，即：如果一个项集是频繁的，则它的所有非空子集也一定是频繁的；或者说如果项集是不频繁的，则它的所有超集也一定是不频繁的。

在生成候选项集时，可利用先验性质对不频繁项进行删除，以减小搜索空间。如图 6.2 所示，其中项集{ab}不频繁（即它的支持度小于给定的最小支持度阈值），利用 Apriori 算法的先验性质可知，它的所有超集也一定是不频繁的（如 abc、abcd、abcde 等），因此可对其进行修剪处理，即删除所有不频繁项集。

Apriori 算法步骤如下。

输入：事务型数据库；最小支持度（计数）和最小置信度。

输出：关联规则集。

（1）通过扫描数据库，产生一个大的候选项集，并计算每个候选项发生的次数，然后基于预先给定的最小支持度生成频繁 1-项集的集合，该集合记作 L_1。

（2）基于 L_1 和数据库中的数据，产生频繁 2-项集 L_2。

（3）用同样的方法，直到生成频繁 k-项集，其中已不再可能生成满足最小支持度的(k+1)-项集。

（4）从最大频繁项集中导出关联规则。

（5）产生强关联规则。计算所有候选关联规则的置信度，其值大于或等于最小置信度阈值的规则最终被保留下来。

在算法执行过程中，有两个基本操作，即连接与修剪。

（1）连接：为找出 L_k，通过将 L_{k-1} 连接产生候选 k-项集的集合，记为 C_k。设 l_1 和 l_2 是 L_{k-1} 中的项集，$l_i[j]$表示 l_i 的第 j 项。Apriori 算法假设项集中的项按字典序排列，对于(k−1)-项

集 l_i，排序后为 $l_i[1], l_i[2], \cdots, l_i[k-1]$。将 L_{k-1} 连接时，要求其前 $k-2$ 个项相同，即当 $l_1[1]=l_2[1] \wedge l_1[2]=l_2[2] \wedge \cdots \wedge l_1[k-2]=l_2[k-2]$时，且 $l_1[k-1] < l_2[k-1]$，l_1 和 l_2 是可连接的。条件 $l_1[k-1] < l_2[k-1]$ 是确保不产生重复，连接后的项是$\{l_1[1], l_1[2], \cdots, l_1[k-1], l_2[k-1]\}$。

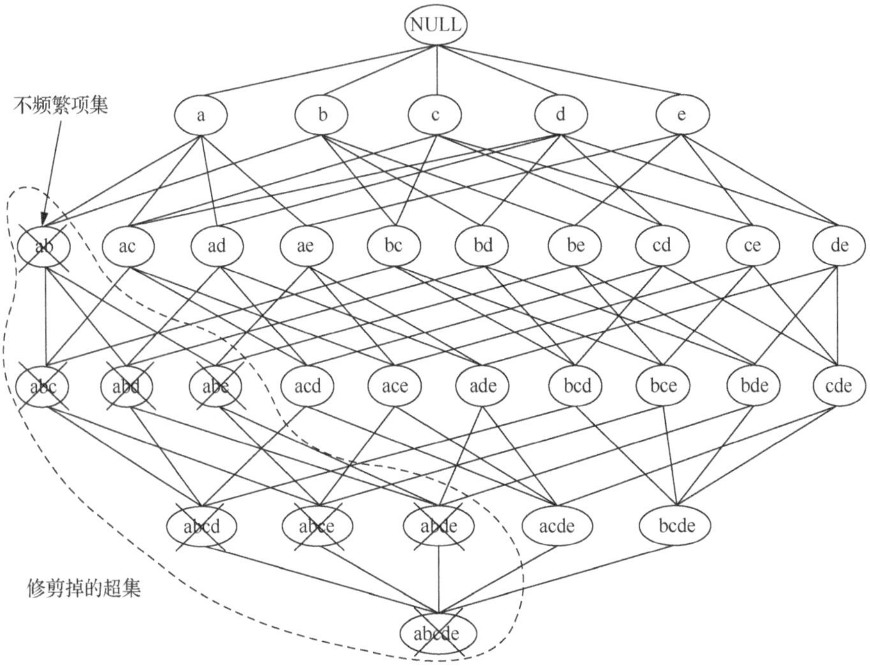

图 6.2　利用先验性质删除不频繁项集

（2）修剪：利用 Apriori 算法先验性质的反单调性，对于 C_k 中的某个 k-项集，如果它的任何$(k-1)$-项子集是非频繁的，那么该 k-项集也必然是非频繁的，可以从 C_k 中删除。而判断一个$(k-1)$-项子集是非频繁的条件就是它不在 L_{k-1} 中，这一过程被称为修剪。修剪的目的是压缩 C_k，减少候选集支持度（计数）的计算量。

举例：给定事务数据库 D，如表 6.1 所示，假设只进行了 9 次交易，共涉及 5 种商品，标记为 I1、I2、I3、I4 和 I5。利用 Apriori 算法找出所有频繁项集，并生成关联规则，假设最小支持度为 22%（或支持度计数为 2），最小置信度为 70%。

表 6.1　事务数据库

事务	商品 ID 列表
T100	I1, I2, I5
T200	I2, I4
T300	I2, I3
T400	I1, I2, I4
T500	I1, I3

续表

事务	商品 ID 列表
T600	I2, I3
T700	I1, I3
T800	I1, I2, I3, I5
T900	I1, I2, I3

第一次扫描：扫描数据库 D 获得每个候选项的计数。由于最小支持度计数为 2，所以没有删除任何项。此时，可以确定频繁 1-项集的集合，记为 L_1，如图 6.3 所示。

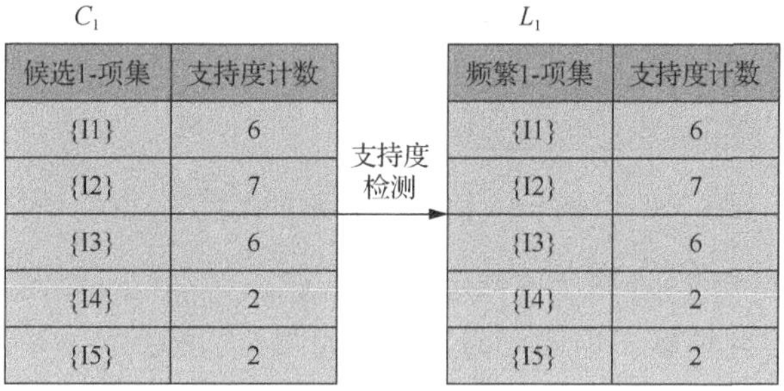

图 6.3　得到 L_1 的过程

第二次扫描：为发现频繁 2-项集 L_2，将 L_1 与 L_1 连接（join）产生候选 2-项集 C_2，详细过程如图 6.4 所示。然后，根据支持度计数筛选得到频繁 2-项集，记为 L_2，如图 6.5 所示。

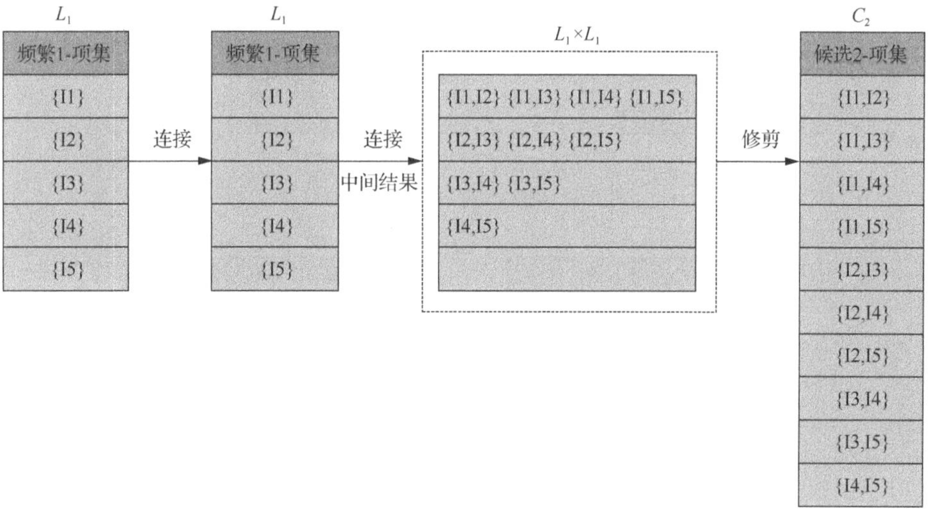

图 6.4　由 L_1 连接得到 C_2 的过程

C_2

候选2-项集	支持度计数
{I1,I2}	4
{I1,I3}	4
{I1,I4}	1
{I1,I5}	2
{I2,I3}	4
{I2,I4}	2
{I2,I5}	2
{I3,I4}	0
{I3,I5}	1
{I4,I5}	0

支持度检测 →

L_2

频繁2-项集	支持度计数
{I1,I2}	4
{I1,I3}	4
{I1,I5}	2
{I2,I3}	4
{I2,I4}	2
{I2,I5}	2

图 6.5　由 C_2 得到 L_2 的过程

第三次扫描：将 L_2 与 L_2 连接产生候选 3-项集 C_3，详细过程如图 6.6 所示。然后，根据支持度计数进行筛选得到频繁 3-项集，记为 L_3，如图 6.7 所示。

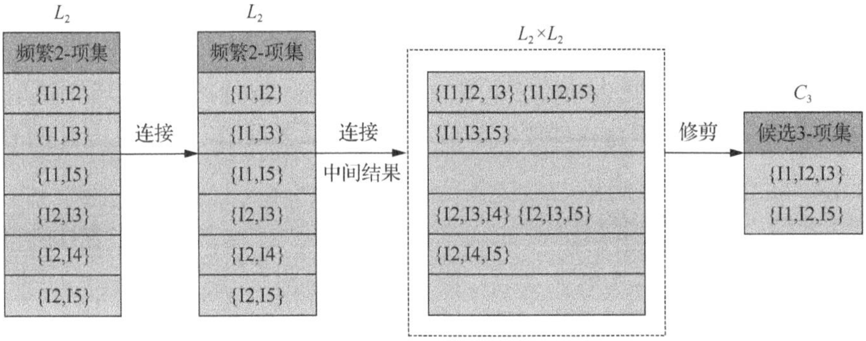

图 6.6　由 L_2 连接得到 C_3 的过程

C_3

候选3-项集	支持度计数
{I1,I2,I3}	2
{I1,I2,I5}	2

支持度检测 →

L_3

频繁3-项集	支持度计数
{I1,I2,I3}	2
{I1,I2,I5}	2

图 6.7　由 C_3 得到 L_3 的过程

第四次扫描：将 L_3 与 L_3 连接产生候选 4-项集 C_4。$L_3 \times L_3$={I1, I2, I3, I5}，根据 Apriori 算法的性质，由于它的子集{I2, I3, I5}是不频繁的，所以这个 4-项集被删除。于是，4-项候选集为空集，即 $C_4=\varnothing$，算法终止。

至此，所有频繁项集全部被找到，共计 13 个，记为 L={{I1}, {I2}, {I3}, {I4}, {I5}, {I1, I2}, {I1, I3}, {I1, I5}, {I2, I3}, {I2, I4}, {I2, I5}, {I1, I2, I3}, {I1, I2, I5}}。

接下来，利用所有频繁项集生成关联规则，即满足给定最小置信度的规则。

以项集{I1, I2, I5}为例，其所有的非空子集包括{I1}，{I2}，{I5}，{I1, I2}，{I1, I5}和{I2, I5}。

候选关联规则 R1：{I1, I2}→{I5}

$$conf(R1)=sup(\{I1, I2, I5\})/sup(\{I1, I2\})=2/4=50\%<70\%$$

故 R1 不满足条件。

候选关联规则 R2：{I1, I5}→{I2}

$$conf(R2)=sup(\{I1, I2, I5\})/sup(\{I1, I5\})=2/2=100\%>70\%$$

故 R2 满足条件。

候选关联规则 R3：{I2, I5}→{I1}

$$conf(R3)=sup(\{I1, I2, I5\})/sup(\{I2, I5\})=2/2=100\%>70\%$$

故 R3 满足条件。

候选关联规则 R4：{I1}→{I2, I5}

$$conf(R4)=sup(\{I1, I2, I5\})/sup(\{I1\})=2/6=33\%<70\%$$

故 R4 不满足条件。

候选关联规则 R5：{I2}→{I1, I5}

$$conf(R5)=sup(\{I1, I2, I5\})/sup(\{I2\})=2/7=29\%<70\%$$

故 R5 不满足条件。

候选关联规则 R6：{I5}→{I1, I2}

$$conf(R6)=sup(\{I1, I2, I5\})/sup(\{I5\})=2/2=100\%>70\%$$

故 R6 满足条件。

利用频繁项集{I1, I2, I5}可以生成 6 个候选关联规则，其中满足最小置信度的强关联规则有 3 个，分别是 R2、R3 和 R6。

关联规则挖掘一个显而易见的缺点就是要预先设定最小支持度阈值和最小置信度阈值。最小支持度阈值设置过低时，会出现大量可能只是“偶然”条件下发生的现象；最小支持度阈值设置过高时，很多有趣但不常见的关联规则可能被遗漏。除了很难找到最合适的参数集，两个阈值如果设置不合理，还会找到大量不合理的规则。例如，当两种商品 *A* 和 *B* 都比较流行时，有很大机会 *A*→*B* 和 *B*→*A* 都是有趣的规则，即满足最小支持度阈值和最小置信度阈值，但实际上很有可能购买了商品 *A* 的人群中购买商品 *B* 的比例比所有人群中购买商品 *B* 的比例还低，这意味着购买商品 *A* 对于购买商品 *B* 起到了负面的作用。

Apriori 算法的优点包括：采用逐层搜索的迭代方法，算法简单明了，没有复杂的理论推导，易于实现；利用先验原理减小频繁项集规模，大幅度缩小了搜索空间；适用于事务数据库的关联规则挖掘以及稀疏数据集。Apriori 算法的主要缺点包括：算法执行过程中会产生巨大量的候选项集（尤其是长模式），如找出频繁项集{I1, I2, ⋯, I100}，将产生 $C_{100}^{1}+C_{100}^{2}+\cdots+C_{100}^{100}=2^{100}-1=1.27\times10^{30}$ 个候选项集；当判断候选项集是否为频繁项集时非常耗时；算法需要多次扫描数据库，在处理大数据量数据时效率较低；算法只能处理分类变量，无法处理数值型变量；算法采用唯一支持度，没有考虑各个属性重要程度的不同。

6.1.5 FP-growth 算法

由于 Apriori 算法的时间和空间复杂度较高，一般无法处理真实场景中的大数据集。为了改进 Apriori 算法，韩家炜等于 2000 年提出了基于频繁模式（frequent pattern，FP）树生成频繁项集的频繁模式增长（FP-growth）算法[2]，该算法通过两次扫描数据库，根据支持度构造出一个 FP 树，然后采用分治策略，在每一个树枝上递归地生成频繁项集。

FP-growth 算法通过将事务型数据库存储为 FP 树的结构，来发现频繁项集，并根据置信度产生关联规则。FP-growth 算法只需对数据库进行两次扫描，第一次扫描用来统计数据项的支持度计数，第二次扫描用来构建 FP 树。这种做法使得 FP-growth 算法比 Apriori 算法速度快。FP 树是一种前缀树，由频繁项的前缀构成。挖掘出频繁项集后，可以从频繁项集中进一步挖掘关联规则。

FP-growth 算法执行过程包括两个阶段。

（1）第一阶段：构建 FP 树。

将事务数据库中各个事务对应的数据项按照支持度排序后，将每个事务中的数据项按降序依次插入到一棵以 NULL 为根节点的树中，同时在每个节点处记录该节点出现的支持度。当树建成时，数据库中每一个事务都被映射到 FP 树中的一条路径。

（2）第二阶段：从 FP 树中挖掘频繁项集。

得到 FP 树后，对每一个频繁项逐个挖掘频繁项集。具体过程为：首先获得频繁项的前缀路径，然后将前缀路径作为新的数据集，以此构建前缀路径的条件 FP 树。然后对条件 FP 树中的每个频繁项，获得前缀路径并以此构建新的条件 FP 树。不断迭代，直到条件 FP 树中只包含一个频繁项为止。

FP-growth 算法步骤如下。

输入：事务数据库 D；最小支持度阈值 min_sup。

输出：所有的频繁项集。

（1）第一次扫描数据库，得到频繁项为 1 的项集，定义最小支持度，删除那些小于最小支持度的项，然后将原始数据库中每个事务包含的项按支持度进行降序排列，记为 L。

（2）第二次扫描数据库，创建所有频繁项的头表（header table）以及 FP 树的根节点，用“NULL”标记。在调整后的数据库中，逐一为每个事务创建一个分支，分支中的节点为该事务中的所有项，在树中还需记录项的支持度计数。生成新的分支时，沿共同前缀上的每个节点的计数增加 1，并为跟随在前缀之后的项创建节点并链接。FP 树建成后，每个项通过头表中的节点链，可以快速地找到它在树中出现的位置。

（3）对树中的每个频繁项，构造它的条件模式库和条件 FP 树。对每个新构建的 FP 树重复这个过程，直到构造的新 FP 树为空，或者只包含一条路径。当构造的 FP 树为空时，其前缀即为频繁模式；当只包含一条路径时，通过枚举所有可能组合并与此树的前缀连接即可得到频繁模式。

举例，给定事务数据库 *D*，如表 6.1 所示，利用 FP-growth 算法挖掘所有频繁项集，假设最小支持度为 22%（或支持度计数为 2）。

第一步：构造 FP 树。

（1）扫描数据库 *D*，得到频繁 1-项集，如表 6.2 所示。

表 6.2　频繁 1-项集

商品 ID	支持度计数
I1	6
I2	7
I3	6
I4	2
I5	2

（2）按支持度计数降序重新排列，得到 *L*，如表 6.3 所示。

表 6.3　频繁项集 *L*

商品 ID	支持度计数
I2	7
I1	6
I3	6
I4	2
I5	2

（3）重新调整事务数据库，将每一个事务中的项按支持度进行降序排列，如表 6.4 所示。

表 6.4　调整后的事务数据库

事务	商品 ID 列表
T100	I2, I1, I5
T200	I2, I4
T300	I2, I3
T400	I2, I1, I4
T500	I1, I3
T600	I2, I3
T700	I1, I3
T800	I2, I1, I3, I5
T900	I2, I1, I3

（4）创建头表和根节点，如表 6.5 所示。

表 6.5　头表和根节点

项 ID	支持度计数	节点链
I2		
I1		
I3		
I4		
I5		

（5）为第一个事务创建分支，如图 6.8 所示。

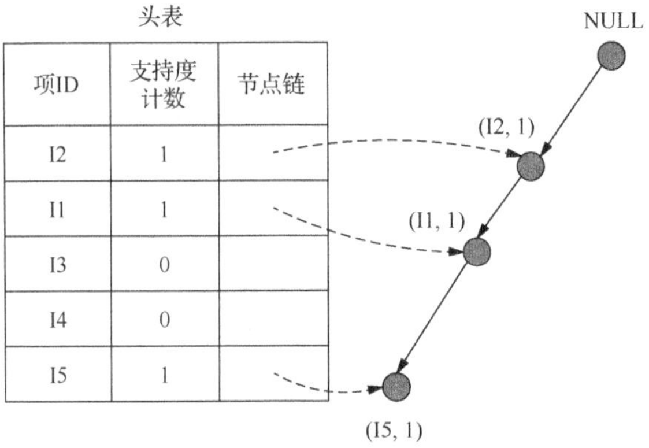

图 6.8　第一个事务的分支

（6）为第二个事务创建分支，如图 6.9 所示。

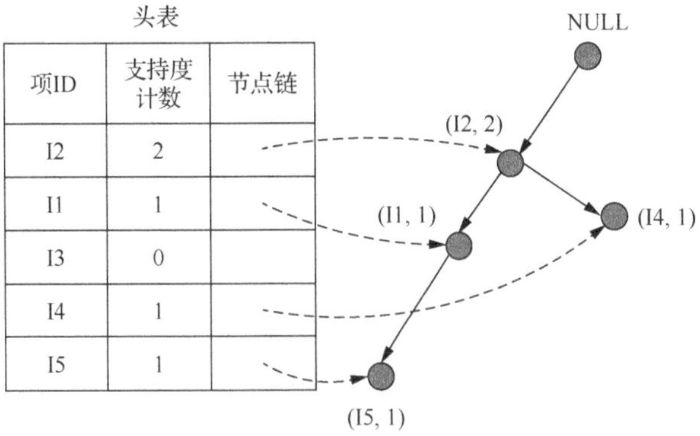

图 6.9　第二个事务的分支

（7）依次加入其他事务，可得到一棵完整的 FP 树，如图 6.10 所示。

第二步：挖掘频繁项集。

（1）以 I5 为条件构造条件模式库和条件 FP 树，如图 6.11 所示。

（2）I5 的情况比较简单，因为 I5 对应的条件 FP 树是单一路径。下面考虑 I3，I3 的条件模式库是{(I2　I1, 2)　(I2, 2)　(I1, 2)}，生成的条件 FP 树如图 6.12（a）所示，然后递归调用

FP-growth，模式前缀为 I3。I3 的条件 FP 树是一个多路径树，首先将模式后缀 I3 和条件 FP 树中的项头表中的每一项取并集，得到一组模式{(I2 I3, 4) (I1 I3, 4)}，但是这一组模式不是后缀为 I3 的所有模式。还需要递归调用 FP-growth，模式后缀为{I1 I3}，{I1 I3}的条件模式库为{I2, 2}，生成的条件 FP 树如图 6.12（b）所示，这是一个单路径的条件 FP 树，在 FP-growth 中将 I2 和模式后缀{I1 I3}取并得到模式{I1 I2 I3, 2}。理论上还应该计算模式后缀为{I2 I3}的模式集，但是{I2 I3}的条件模式库为空，递归调用结束。最终模式后缀 I3 的支持度大于 2 的所有模式为{(I2 I3, 4) (I1 I3, 4) (I1 I2 I3, 2)}。

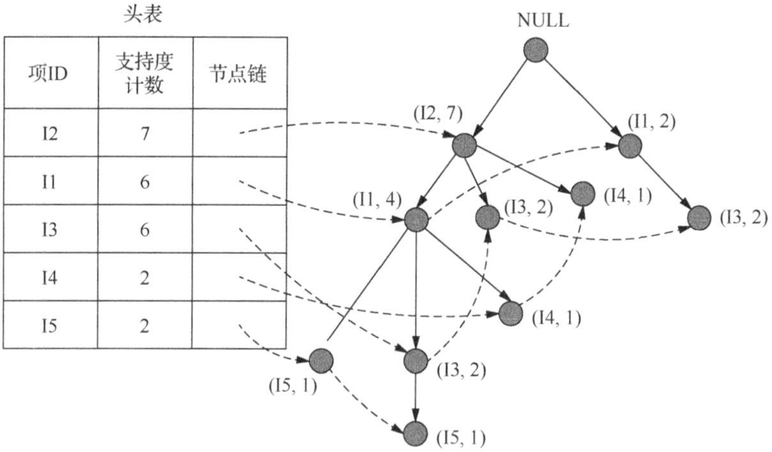

项ID	支持度计数	节点链
I2	7	
I1	6	
I3	6	
I4	2	
I5	2	

图 6.10　完整的 FP 树

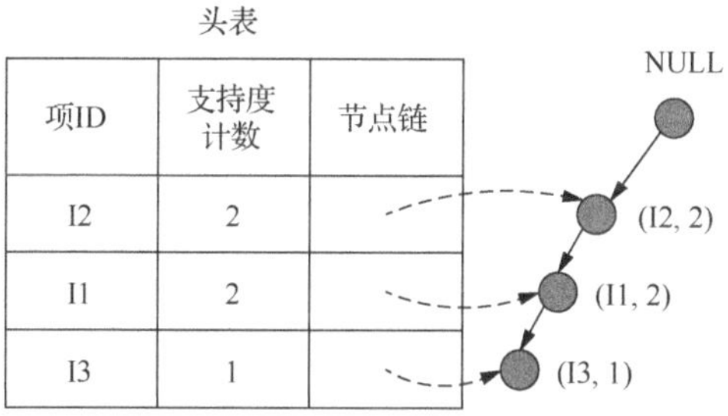

项ID	支持度计数	节点链
I2	2	
I1	2	
I3	1	

图 6.11　以 I5 为条件的 FP 树

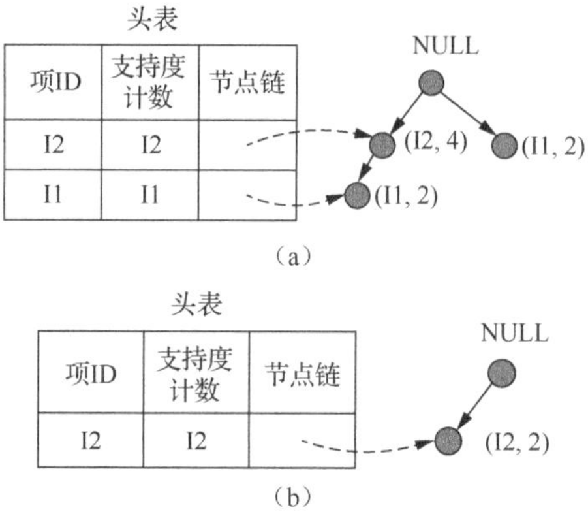

（a）

项ID	支持度计数	节点链
I2	I2	
I1	I1	

（b）

项ID	支持度计数	节点链
I2	I2	

图 6.12　以 I3 为条件的 FP 树

（3）根据 FP-growth 算法，最终得到的支持度计数大于 2 的频繁模式如表 6.6 所示。

表 6.6　所有频繁模式

项 ID	条件模式库	条件 FP 树	频繁模式
I5	{(I2 I1, 1) (I2 I1 I3, 1)}	(I2, 2, I1, 2)	{(I2 I5, 2) (I1 I5, 2) (I2 I1 I5, 2)}
I4	{(I2 I1, 1) (I2, 1)}	(I2, 2)	{(I2 I4, 2)}
I3	{(I2 I1, 2) (I2, 2) (I1, 2)}	(I2, 4, I1, 2) (I1, 2)	{(I2 I3, 4) (I1 I3, 4) (I2 I1 I3, 2)}
I1	{(I2, 4)}	(I2, 4)	{I2 I1, 4}
I2	空集	空集	

FP 树是一种输入数据的压缩表示，它通过逐个读入事务，并将事务映射到 FP 树中的一条路径来构造。由于不同的事务可能会有若干个相同的项，因此它们的路径可能部分重叠。路径相互重叠越多，使用 FP 树结构获得的压缩效果越好，如果 FP 树足够小，能够存放在内存中，就可以直接从内存中提取频繁项集，而不必重复扫描存放在硬盘中的数据。

FP-growth 是一个有趣的算法，它展示了如何使用事务数据集的压缩表示来有效地生成频繁项集。对于某些事务数据集，FP-growth 算法比标准的 Apriori 算法要快几个数量级，FP-growth 算法的运行性能取决于数据集的“压缩因子”。如果生成的 FP 树非常茂盛（在最坏的情况下，是一棵完全二叉树），则算法的性能显著下降。

FP-growth 算法的优点包括：将原始数据库压缩成高密度结构，避免了重复扫描数据库的开销；该算法基于 FP 树的挖掘采取模式增长的递归策略，不用产生候选项集，在进行长频繁项集挖掘时效率较高；挖掘过程中采取了分治策略，将压缩后的数据库分成一组条件数据库，条件数据库的规模远远小于原始数据库。该算法的主要缺点有：尽管无须产生大量的候选项集，但如果大项集较多时，由原始数据库得到的 FP 树的分支也会很多，也就是说该算法需要构造大量的条件模式库，这不仅费时还要占用大量的空间，使得算法挖掘效率降低；经典的 FP-growth 算法只能用于挖掘单维的、布尔型的关联规则。

6.1.6　关联规则评价

大部分关联分析方法都采用支持度和置信度指标对关联规则进行评价。

支持度（support）表示项集$\{A, B\}$在总项集中出现的概率，公式为

$$\text{Support}(A\to B)=P(A, B)/P(I)=\text{num}(A, B)/\text{num}(I) \tag{6.1}$$

式中，I 表示总事务集；num( )表示事务集里特定项集出现的次数。

置信度（confidence）表示在先决条件 A 发生的情况下，由关联规则“$A\to B$”推出 B 的概率。表示在发生 A 的项集中，同时会发生 B 的可能性，即 A 和 B 同时发生的个数占仅仅 A 发生个数的比例，公式为

$$\text{Confidence}(A\to B)=P(B|A)=P(A, B)/P(A) \tag{6.2}$$

我们知道，满足最小支持度和最小置信度阈值的关联规则是强关联规则。但并不是所有的强关联规则都是有效的。例如，一个谷类早餐的零售商对 5000 名学生的调查案例。数据表明：60%的学生打篮球，75%的学生吃谷类早餐，40%的学生既打篮球也吃谷类早餐。假设支持度阈值 s=40%，置信度阈值 c=60%。基于上面的数据和假设可以挖掘出强关联规则，即“打篮球→吃早餐”，因为（打篮球）和（吃早餐）的支持度都大于支持度阈值，因此都是频繁项，而规则的置信度 c=40%/60%=66.6%也大于置信度阈值，所以这条规则是强关联规则。然而，它却容易让人产生误解，因为吃早餐的学生比例为 75%，大于 66.6%。也就是说，打篮球与吃早餐实际上是负关联的。

这个例子表明规则 $A \to B$ 的置信度有一定的欺骗性，它并不度量 A 和 B 之间的相关性和蕴涵的实际强度。为了弥补置信度的缺陷，在关联规则评价中引入了相关程度度量指标，主要用于分析项与项之间的关联强度，值越高说明关联程度越强。这个指标被称为提升度（lift）。

提升度表示 A 出现的情况下 B 也同时出现的概率，与仅有 B 出现的概率之比，如式（6.3）所示：

$$\text{Lift}(A \to B)=P(B|A)/P(B) \tag{6.3}$$

提升度反映了关联规则中项 A 与项 B 的相关性，提升度>1 且越高表明正相关性越高，提升度<1 且越低表明负相关性越高，提升度=1 表明没有相关性，即相互独立。

例如，已知有 1000 名顾客分为甲、乙两组，每组各 500 人，其中甲组有 500 人买了茶叶，同时又有 450 人买了咖啡；乙组无人购买茶叶，有 450 人买了咖啡，如表 6.7 所示。

表 6.7　消费记录

	买茶叶的人数	买咖啡的人数
甲组 500 人	500	450
乙组 500 人	0	450

容易得到规则“茶叶→咖啡”的支持度为：既买茶叶又买咖啡的人/购物总人数=450/1000=0.45。

规则“茶叶→咖啡”的置信度为：既买茶叶又买咖啡的人/购买茶叶人数=450/500=0.9。

根据提升度的计算公式，可得规则“茶叶→咖啡”的提升度为：在购买茶叶的同时又购买咖啡的概率（其实就是上面的置信度）/购买咖啡的概率=90% / ((450+450) / 1000) = 90% / 90% = 1.0。

由于提升度 $\text{Lift}(A \to B)$=1，表示 A 与 B 相互独立，即是否出现 A，对 B 的出现无影响。在这个例子中，是否购买咖啡，与有没有购买茶叶无关联。即规则“茶叶→咖啡”不成立，或者说关联性很小，几乎没有。尽管它的支持度和置信度都高达 90%，但它却不是一条有效的关联规则。

因此，在判断强关联规则是否有效时，可以通过提升度来度量。如果提升度 Lift>1，则该规则是有效的强关联规则。而如果提升度 Lift≤1，则该规则是无效的强关联规则。

关联规则是否有趣既可以客观地用量化指标进行评估，也可以主观地进行评估。最终，只有用户能够评判一个给定的规则是否是有趣的。由于这种判断是主观的，所以结果会因用户而异。

6.2　序列模式分析

序列模式（sequence pattern）是基于时间或者其他序列的经常发生的模式。与时间序列（time series）分析不同，序列模式分析是指相对时间或者其他顺序出现的序列的高频率子序列的发现过程，也被称为离散序列模式分析。

序列模式分析由商业领域的决策问题推动，现已广泛应用于其他领域，如脱氧核糖核酸（deoxyribonucleic acid, DNA）序列分析、用户访问页面顺序分析、疾病诊断分析、天气变化模式分析等。

6.2.1　基本概念

首先，给出序列模式分析中常用的基本概念，它们是讨论相关算法的基础。

序列（sequence）：是项集的有序排列。序列 s 记为$<s_1, s_2,\cdots, s_n>$，其中，s_i代表一个项集（itemset），表示多次交易的组合$<\text{itemset}(T_1), \text{itemset}(T_2),\cdots, \text{itemset}(T_n)>$。

项集：是项的集合，也称为序列 s 的元素（element），记为$<i_1, i_2,\cdots, i_m>$，其中，i_j代表一个项，表示一次交易 itemset(T_i)。

序列大小（size）：是指序列中元素或项集的个数。

序列长度（length）：是指序列中项的数目。如果序列 s 的长度为 k，则记为$|s|=k$。一条长度为 k 的序列称为 k-序列。

子序列（subsequence）：给定两个序列 s: $<s_1, s_2,\cdots, s_n>$和 r: $<r_1, r_2,\cdots, r_k>$，如果存在一一映射ϕ: $[1, m]\rightarrow[1, n]$，使得 $r[i]=s[\phi(i)]$，且对于 r 中的任意两个位置 i 和 j，有 $i<j \Rightarrow \phi(i)< \phi(i)$，则称 r 是 s 的一个子序列，记为 $r\subseteq s$。换句话说，r 中的每个位置都被映射到 s 中的一个不用的位置，且符号的顺序得以保留，但映射之后 r 中元素之间可能会存在空隙。若 $r\subseteq s$，则称 s 包含 r。

连续子序列（consecutive subsequence）：如果$<r_1, r_2,\cdots, r_m>=<s_j, s_{j+1},\cdots, s_{j+m-1}>$，即 $r[1:m]=s[j:j+m-1]$ $(1\leqslant j\leqslant n-m+1)$，则序列 r 称为 s 的连续子序列。子序列 r 中的元素在映射中不允许有空隙。

序列 r 的支持度（support）：给定一个包含 N 条序列的数据库 $D=\{s_1, s_2,\cdots, s_N\}$及某个序列 r，r 在数据库 D 中的支持度定义为 D 中包含 r 的序列的总数，即

$$\sup(r)=|\{s_i\in D|r\subseteq s_i\}|$$

频繁序列：给定一个用户预先指定的阈值 minsup，若 $\sup(r)\geqslant \text{minsup}$，则称序列 r 在数据库 D 中是频繁的。

满足最小支持度 minsup 的序列也称为大序列（large sequence）。

最长序列：如果一个频繁序列不是任意其他频繁序列的子序列，则它是最长的。若它不是任意其他有着相同支持度的序列的子序列，则它是封闭的。

大项集（large itemset）：满足最小支持度的项集称为大项集，记为 litemset。需指出的是，大序列中的所有项集必须是大项集。所以，大序列就是 litemset 的列表。大序列中所有最长序列称为序列模式。

6.2.2　序列模式挖掘

给定一个由不同序列组成的集合，其中，每个序列由不同的元素按顺序有序排列，每个元素（交易）由不同项组成，同时给定一个用户指定的最小支持度阈值，序列模式挖掘就是找出所有的频繁子序列，即该子序列在序列集中的出现频率不低于用户指定的最小支持度阈值。序列模式挖掘最早由 Agrawal 等于 1995 年提出[3]，它最初的动机是发现某一时间段内客户的购买行为规律，用来解决顾客交易数据库中的模式发现问题。

序列模式挖掘与关联规则挖掘不同。序列模式是找出序列数据库中数据之间的先后顺序，比如，用户访问某个网站中不同网页的顺序。关联规则是找出事务数据库中数据之间的并发关系，比如，啤酒和尿布。关联规则挖掘不关注事务之间的先后顺序，序列模式挖掘需要考虑事务间的时间先后顺序。

一般地，对于给定序列，序列模式挖掘大致包括 5 个阶段：排序阶段、大项集阶段、转换阶段、序列阶段、最大序列阶段[4]。

（1）排序阶段。这个阶段以用户号为主键，交易时间为次键进行排序，排序结果是将原始的事务数据库转换为用户序列的数据库。

（2）大项集阶段。找出所有频繁的项集（即大项集）组成的集合。同时得到所有频繁 1-序列组成的集合。实际操作中，经常将大项集映射成连续的整数，目的是处理方便，使算法高效。

（3）转换阶段。在已转换的用户序列中，每一个事务被其所包含的所有大项集来替换。如果一个事务不包含任何大项集，则从已转换的数据库中去掉该序列，但对总的用户计数时该用户仍被计入。至此，一个用户序列可由一个大项集的队列来表示。

（4）序列阶段。利用大项集寻找频繁序列，即大序列。序列阶段算法的通用结构是多次遍历转换后的数据库，每次以一个大序列的种子集合作为开始，利用种子来产生新的潜在大序列，称为候选序列。在遍历过程中，需要计算候选序列的支持度，遍历结束时，要确定哪些候选序列确实是“大”的，这些大的候选序列作为下一次遍历的种子。

（5）最大序列阶段。在大序列中发现最长的序列。这个阶段的算法一般与序列阶段的算法混合在一起，以减少在对非最大序列计数过程中的时间开销。

下面基于上述挖掘过程，分别介绍序列模式挖掘的典型算法。

6.2.3 AprioriAll 算法

一般而言，寻找序列的算法都需要多次扫描数据库。每次扫描时，使用种子集来生产候选序列，同时计算每个序列的支持度，以此判断哪些候选序列是大序列，这些大序列将作为下次扫描的种子集。

有两类相似算法支持上述行为：AprioriAll 算法和 AprioriSome 算法。

AprioriAll 算法遍历所有的大序列，包括非最大序列（non-maximal sequences）。第一次扫描数据库时，由在大项集阶段得到的大 1-序列作为种子集，产生新的潜在的大序列。其后，在每一次扫描数据库时，都是利用前一次的大序列来产生候选序列，在完成对整个数据库的遍历后，测试当前候选序列的支持度。从算法的执行过程中可以看到，AprioriAll 算法是基于 Apriori 算法来查找大项集的，它将 Apriori 算法的基本思想扩展到了序列挖掘。

AprioriAll 算法步骤如下。

输入：序列数据库。

输出：最长序列。

（1）产生大项集，即生成由频繁 1 项序列组成的集合 L_1。

（2）从 L_1 中产生候选序列集合 C_2，计算集合 C_2 中每个序列的支持度，筛选出支持度大于等于最小支持度阈值的大序列，并将其作为下一次扫描数据库的种子。

（3）不断重复这个过程，直到发现所有的大序列。

（4）从发现的大序列集合中，找出长度最长的序列模式。

其中，候选序列的产生由两步操作完成。

（1）连接操作：由大项集 L_{k-1} 与大项集 L_{k-1} 的连接运算，可得到候选序列集合 C_k。

生成候选序列时需区分最后两个元素的次序，也就是序列<*p*.item1, *p*.item2,…, *p*., *q*.>和<*p*.item1, *p*.item2,…, *q*., *p*.>中 *p* 和 *q* 两个元素的次序，其中，*p* 和 *q* 是 L_{k-1} 中不同的序列串。

（2）修剪操作：在集合 C_k 中，删除那些（k−1）序列不在 L_{k-1} 中的候选序列。

举例：给定序列数据库如图 6.13（a）所示，假设最小支持度计数为 2，图 6.13 展示了用 AprioriAll 算法产生大序列集的整个过程。

此例中，最长序列模式分别为<1, 2, 3, 4>、<1, 3, 5>和<4, 5>，三个序列模式的支持度计数均为 2。

AprioriAll 算法是对 Apriori 算法的进一步改进，主要区别是在产生候选项集和频繁序列模式方面需要考虑项的次序。

AprioriAll 算法存在的问题主要有：容易生成大量的候选序列；需要对数据库进行多次扫描；很难找到长序列模式；在转换阶段会产生额外的开销。

AprioriSome 算法是对 AprioriAll 算法的改进。算法的出发点是：考虑到我们只对最长的序列感兴趣，如果先遍历较长的序列，则可以避免产生长序列中所包含的短序列。注意，这里所说的长序列（longer sequences）是没有经过支持度检测的候选序列。AprioriSome 算法具体分为如下两个阶段。

（1）前推阶段（forward phase）：找出指定长度的所有大序列。

（2）回溯阶段（backward phase）：查找其他长度的所有大序列。

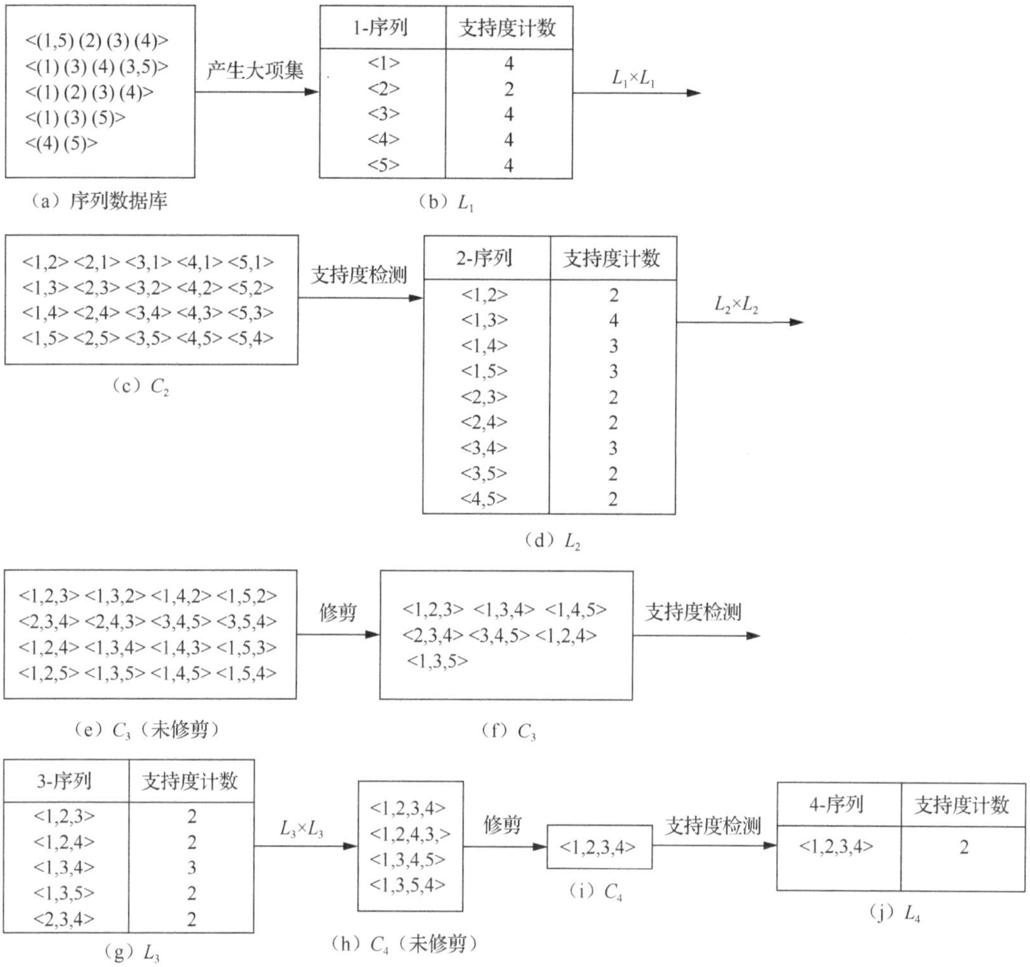

图 6.13　AprioriAll 算法示例

AprioriAll 算法和 AprioriSome 算法的比较如下。

（1）AprioriAll 算法用 L_{k-1} 产生所有的候选 C_k，而 AprioriSome 算法用 C_{k-1} 产生候选 C_k，因为 C_{k-1} 包含 L_{k-1}，所以 AprioriSome 算法会产生比较多的候选序列。

（2）虽然 AprioriSome 算法跳跃式计算候选，但因为它所产生的候选序列比较多，可能在回溯阶段前就占满内存。如果内存占满了，AprioriSome 算法就会被迫去计算最后一组候选序列（即使原本要跳过此项）。这样，会影响并减少已算好的两个候选间的跳跃距离，而使得 AprioriSome 算法变得与 AprioriAll 算法一样。

（3）对于较低的支持度，有较长的大序列，AprioriSome 算法要好些。

6.2.4 GSP 算法

广义序列模式（generalized sequential patterns，GSP）算法类似于 Apriori 算法，大体包括候选集产生、候选集计数以及扩展分类等任务。但与 AprioriAll 算法相比，GSP 算法统计较少的候选序列，并且在数据转换过程中不需要事先计算频繁序列。

GSP 算法的基本思想：首先产生较短的候选项集，然后将短候选项集进行修剪，接着通过连接生成长候选序列模式，最后计算其支持度。

GSP 算法的计算步骤与 Apriori 算法类似，不同之处在于 GSP 算法产生的是候选序列模式，产生过程包括两个步骤。

（1）连接阶段：如果去掉序列模式 S_1 的第一个项目与去掉序列模式 S_2 的最后一个项目所得到的序列相同，则可以将 S_1 和 S_2 进行连接，即将 S_2 的最后一个项目添加到 S_1 中。

（2）修剪阶段：若某候选序列模式的某个子集不是序列模式，则此候选序列模式不可能是序列模式，将它从候选序列模式中删除。

GSP 算法步骤：初次扫描序列数据库，得到所有长度为 1 的序列记为 F_1，作为种子集，对长度为 i 的种子集 F_i 进行连接和修剪，生成长度为 i+1 的候选序列 C_{i+1}；再次扫描序列数据库，统计每个候选序列的支持度，然后产生长度为 i+1 的序列 F_{i+1}，并将其作为新的种子集，重复上述过程直到找到所有的序列模式为止，即 $F_1 \Rightarrow C_2 \Rightarrow F_2 \Rightarrow C_3 \Rightarrow F_3 \Rightarrow C_4 \Rightarrow F_4 \Rightarrow \cdots$。

当序列数据库比较大时，GSP 算法容易生成庞大的候选序列；需要对序列数据库进行多次扫描；对长序列模式的处理效率比较低。

6.2.5 FreeSpan 算法

FreeSpan 算法基于分而治之的思想，将原始数据集进行划分，同时在划分的过程中动态地进行序列模式挖掘，并将产生的序列模式作为新的划分集。

具体做法是：扫描序列数据库 S，找到 S 中所有长度为 1 的频繁项集，并且按照字典序生成 f_list 列表，按照 f_list 列表将序列数据库划分成若干个子集。

FreeSpan 算法步骤：首次扫描序列数据库 S，找到所有的频繁项，然后与前一项连接组成候选序列，计算该候选序列在序列数据库中的支持度，对于支持度小于 min_sup 的项进行删除。递归地挖掘长度更长的序列，直到找出所有长度的频繁序列。

从性能上分析，FreeSpan 算法优于 Apriori 类算法，它不仅能够高效地挖掘到所有长度的频繁序列，而且能够大大减少候选项集的数量。但这类算法在挖掘过程中会产生大量的投影数据库，而且投影数据库一般不会缩减。此外，产生的候选序列较多，同时还要考虑每一个候选序列的组合情况。

6.2.6 PrefixSpan 算法

PrefixSpan 算法的全称是 prefix-projected pattern growth，即基于前缀投影的模式增长算

法。其中前缀 prefix 是指序列数据前面部分的子序列。

假设所有的项在一个元素中按照字典序排列。给定一个序列 $\alpha=<e_1e_2\cdots e_n>$（这里每一个 e 都与在 S 中给定的连续的元素一致）和另一个序列 $\beta=<e_1'e_2'\cdots e_m'>$ $(m\leqslant n)$。如果①$e_i'=e_i(i\leqslant m-1)$，②$e'_m\in e_m$，③所有在（e_m~e'_m）的连续项在e'_m中都是按照字典序排列的，那么就说 β 是 α 的一个前缀。例如，对于序列 B=<a(abc)(ac)d(cf)>和序列 A=<a(abc)a>，可以说序列 A 是序列 B 的前缀。当然 B 的前缀不止一个，比如<a>、<aa>、<a(ab)>也都是 B 的前缀。

前缀投影指的是后缀，前缀加上后缀可以构成一个序列。对于某一个前缀，序列中前缀后面剩下的子序列即为后缀。如果前缀最后的项是项集的一部分，则用符号“_”来占位表示。

PrefixSpan 算法同样采用分而治之的策略，首先扫描序列数据库，找到所有长度为 1 的序列模式，把这些序列模式作为前缀，将序列数据库划分为多个小投影数据库，然后在各个投影数据库上进行递归的序列模式挖掘，效果如图 6.14 所示，首先有一个序列数据库 S，根据前缀划分，产生多个投影数据库 $S_1, S_2,\cdots, S_n$，然后分别在 n 个投影数据库中进行递归的挖掘，直到找到所有的频繁序列模式为止。

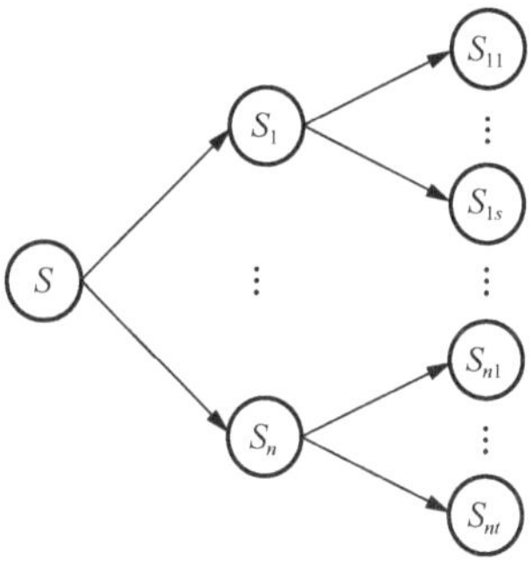

图 6.14　PrefixSpan 算法

PrefixSpan 算法步骤如下。

输入：序列数据集 S 和支持度阈值。

输出：所有满足支持度要求的频繁序列集。

（1）找出所有长度为 1 的前缀和对应的投影数据库。

（2）对长度为 1 的前缀进行计数，将支持度低于阈值的前缀对应的项从数据集 S 中删除，同时得到所有的频繁 1-序列，i=1。

（3）对于每个长度为 i 满足支持度要求的前缀进行递归挖掘：

① 找出前缀所对应的投影数据库。如果投影数据库为空，则递归返回。

② 统计对应投影数据库中各项的支持度计数。如果所有项的支持度计数都低于阈值，则递归返回。

③ 将满足支持度计数的各个单项和当前的前缀进行合并，得到若干新的前缀。

④ 令 $i=i+1$，前缀为合并单项后的各个前缀，分别递归执行第（3）步。

尽管 PrefixSpan 算法能够提升挖掘的效率，但该算法仍存在一些不足，如该算法需要构造大量的投影数据库，并且构造投影数据库的开销较大；该算法需要递归地扫描投影数据库，耗费大量的时空代价，同时也大大降低了算法的挖掘效率；该算法挖掘出的频繁序列模式，都是按照字典序进行排列，不能满足实际的需求。

6.2.7　算法比较

AprioriAll 算法属于 Apriori 类算法，其基本思想为首先遍历序列数据库生成候选序列并利用 Apriori 性质进行修剪得到频繁序列。每次遍历都是通过连接上次得到的频繁序列生成新的长度加 1 的候选序列，然后扫描每个候选序列验证其是否为频繁序列。GSP 算法是 AprioriAll 算法的扩展算法，其算法的执行过程和 AprioriAll 类似，最大的不同在于 GSP 算法引入了时间约束、滑动时间窗和分类层次技术，增加了扫描的约束条件，有效地减少了需要扫描的候选序列的数量。此外，GSP 算法利用哈希树来存储候选序列，减少了需要扫描的序列数量。FreeSpan 算法是基于模式投影的序列挖掘算法，其基本思想是利用当前挖掘的频繁序列集将序列数据库递归地投影到一组更小的投影数据库上，分别在每个投影数据库上增长子序列。这一过程对数据和待检验的频繁模式集都进行了分割，并且每一次检验限制在与其相符合的更小投影数据库中。PrefixSpan 是 FreeSpan 的改进算法，即通过前缀投影挖掘序列模式。其基本思想是投影时不考虑所有可能出现的频繁子序列，只检查前缀序列，然后把相应的后缀投影成投影数据库。每个投影数据库中，只检查局部频繁模式，在整个过程中不需要生成候选序列。

表 6.8 列出了 AprioriAll、GSP、FreeSpan 和 PrefixSpan 四种算法在候选序列、存储结构、数据库缩减、数据库扫描次数、算法执行方面的对比。

表 6.8　四种算法对比

算法	候选序列	存储结构	数据库缩减	数据库扫描次数	算法执行
AprioriAll	产生	哈希树	否	最长模式长度	循环
GSP	产生	哈希树	否	最长模式长度	循环
FreeSpan	不产生	前缀树	是	两次	递归
PrefixSpan	不产生	前缀树	是	两次	递归

算法适用范围分析。通常数据集可分为稠密数据集和稀疏数据集。稠密数据集有大量的长尺度和高支持度的频繁模式，在这样的数据集中，许多事件是相似的，例如 DNA 分析或者股票序列分析。稀疏数据集主要由短模式组成，长模式也存在，但相应的支持度很小，例如超级市场的交易数据集，用户在网站中的浏览页面序列等。Apriori 类算法在稀疏数据集的应用中比较合适，不适合稠密数据集的应用。对于有约束条件（例如相邻事务的时间间隔约束）序列模式挖掘，GSP 更适用。FreeSpan 和 PrefixSpan 在两种数据集中都适用，而且在稠密数据集中它们的优势更加明显。两者相比，PrefixSpan 的性能更好一些。实际应用中，在挖掘过程的不同阶段，数据集的特点、数据规模等因素可能不同，如果根据各阶段的特点，选择与之相应的算法，则序列模式挖掘能达到更好的效果。此外，由于 Apriori 类算法使用较简单，FreeSpan 算法和 PrefixSpan 算法虽然效率高，但实现起来难度大。所以，现在大多数应用都是采用 Apriori 类算法的改进算法，以克服 Apriori 类算法执行效率不高的缺点。

算法执行效率比较。AprioriAll 算法会产生大量的候选项集，尤其是当频繁序列长度增加时，产生的候选项集数量呈指数增长，因此需要消耗大量的存储空间。此外还需要扫描投影数据库，会耗费大量的扫描时间。尽管 GSP 算法和 AprioriAll 算法同属于 Apriori 类，但是 GSP 算法能够在一定程度上减少候选序列的数量，因此总体效率比 AprioriAll 算法高很多。FreeSpan 算法是基于模式增长的算法，不会产生大量的候选项集，并且每次仅扫描投影数据库，而不是扫描原数据库的候选序列，比 Apriori 类的序列模式挖掘算法效率要高得多，尤其在支持度较低时更为明显。但 FreeSpan 算法有两个缺点，一是在挖掘过程中会产生大量的投影数据库；二是产生较多的候选序列，且需要考虑每一个候选序列的组合情况，因此造成了很大的开销。Prefixspan 算法是对 FreeSpan 算法的改进，不会产生候选序列模式。PrefixSpan 算法也需要构造大量的投影数据库，造成较大的开销，但 PrefixSpan 算法比 FreeSpan 算法的收缩速度快，它能够大大缩减搜索空间，缩小投影数据库的规模。

6.3　聚类分析

聚类分析是根据数据对象的相似性对数据进行分簇的过程，使得同一个簇中数据对象有很大的相似性，而不同簇间数据对象有很大的相异性。簇内的相似性越大，簇间的差别越大，聚类就越好。聚类分析是无监督学习，在分簇的过程中，不必事先给出分类标准。

聚类分析应用领域广泛，可用于互联网和电商领域的客户分析、行为特征分类、市场细分、交易数据分析等方面，也可用于生物学领域的动植物种群分类、医疗领域的疾病诊断、环境领域的质量检测等。聚类分析还可以作为其他分析方法的一个预处理步骤。

6.3.1　聚类分析方法分类

聚类分析作为一类无监督学习方法，已经有大量的、经典的、流行的算法涌现出来。下面从不同角度对聚类分析方法进行分类，并简述各种聚类方法的主要特点[4]。

1. 按聚类的标准划分

（1）统计聚类方法。基于对象之间的几何距离对数据进行分组，包括系统聚类法、分解法、加入法、动态聚类法、有序样本聚类、有重叠聚类和模糊聚类等。统计聚类方法是一种基于全局比较的聚类，需要考察所有的个体才能决定类的划分。因此，这种聚类方法要求所有的数据必须预先给定，而不能动态地增加新的数据对象。

（2）概念聚类方法。基于对象具有的概念进行聚类。度量相似度的指标不再是传统的几何距离，而是根据概念的描述来确定相似程度。典型的概念聚类或形成方法有增量的概念聚类方法和基于列联表的聚类方法等。

2. 按聚类算法所处理的数据类型划分

（1）数值型数据聚类方法。这类方法所分析数据的属性是数值数据，因此可以对所处理的数据直接比较大小。有很多聚类算法都是基于数值型数据的，如 *K*-均值聚类算法。

（2）离散型数据聚类方法。数据分析的内容常常含有非数值的离散数据，针对这种类型数据的聚类算法包括 *K*-模算法、基于链接的鲁棒聚类（robust clustering using links，ROCK）算法、概括的分类数据聚类（categorical clustering using summaries，CACTUS）算法、通过迭代关系强化筛选（sieving through iterated relational reinforcement，STIRR）的聚类算法等。

（3）混合型数据聚类方法。这类聚类方法能够同时处理数值数据和离散数据，通常功能强大，但性能往往不尽人意。典型的混合型数据聚类方法包括 *K*-原型（*K*-prototypes）聚类算法等。

3. 按聚类的尺度划分

（1）基于距离的聚类方法。距离是聚类分析常用的分类指标，主要有欧氏距离和马氏距离。许多聚类方法都是用各种各样的距离来衡量数据对象之间的相似度，如 *K*-均值、*K*-中心点、平衡迭代规约层次聚类（balanced iterative reducing and clustering using hierarchies，BIRCH）算法、基于代表点的聚类（clustering using representative，CURE）算法等。这类算法通常需要给定聚类数据 *K*，或区分两个类的最小距离。基于距离的算法聚类标准易于确定、容易理解，对数据维度具有伸缩性，但只适用于欧氏空间和曼哈顿空间，对孤立点敏感，只能发现圆形的聚类。为克服这些缺点，提高算法性能，*K*-中心点、BIRCH、CURE 等算法采取了一些特殊的措施。如 CURE 算法使用固定数目的多个数据点作为类代表，这样可提高算法处理不规则聚类的能力，降低对孤立点的敏感度。

（2）基于密度的聚类方法。广义而言，基于密度和基于网格的算法都可算作基于密度的算法。此类算法通常需要规定最小密度阈值。算法同样适用于欧氏空间和曼哈顿空间，对噪声数据不敏感，可以发现不规则的聚类形状，但当聚类或簇的粒度小于密度计算单位时，会被遗漏。

（3）基于互连性的聚类方法。所谓互连性（linkege-based）聚类算法通常基于图或超图模型。算法将数据集映射为图或超图，满足连接条件的数据对象之间连边，高度连通的数据聚为一类。属于此类的算法有 ROCK、变色龙（CHAMELEON）、关联规则超图划分（association rule hypergraph partitioning，ARHP）、CACTUS 等。此类算法适用于任意形状的度量空间，聚类的质量取决于边的定义，但这类算法不适合处理大数据集。当数据量较大时，通常忽略权重较小的边，使得图变稀疏，以提高算法效率，但这会影响聚类质量。

4. 按聚类算法的思路划分

（1）划分方法。对于给定的数据集，划分方法构建数据的 *K* 个划分，每个划分代表一个簇。属于该类的聚类算法有 *K*-均值、*K*-中心点、*K*-模、*K*-原型、基于中心点的划分（partitioning around medoid，PAM）、大型应用中的聚类（clustering large applications，CLARA）、基于随机搜索的聚类算法（a clustering algorithm based on randomized search，CLARANS）等。

（2）层次方法。对给定数据集进行层次分解。根据分解的形成过程，可分为凝聚方法和分裂方法。凝聚方法一开始将每个数据对象作为单独的一个簇，然后相继合并相近的对象或簇，直到所有的簇合并为一个，或者达到一个终止条件，如凝聚的层次聚类（agglomerative nesting，AGNES）算法就属于此类方法。分裂方法一开始将所有的对象置于一个簇中，在迭代的每一步中，一个簇被分裂成更小的簇，直到每个对象在一个单独的簇中，或者达到一个终止条件，如分裂的层次聚类（divisive analysis，DIANA）算法就属于此类方法。

（3）基于密度的方法。它与其他方法的一个根本区别是：不是用各种各样的距离作为分类统计量，而是观察数据对象是否属于相连的密度域。属于相连密度域的数据对象归为一类。如具有噪声的基于密度的空间聚类（density-based spatial clustering of applications with noise，DBSCAN）算法就属于密度聚类方法。

（4）基于网格的方法。这种方法首先将数据空间划分为有限个单元（cell）的网格结构，所有的处理都是以单个单元为对象的。这样处理的好处是处理速度快，通常与目标数据集的规模无关，只与划分的单元数有关。尽管速度快，但处理方式较粗放，往往影响聚类质量。代表算法有基于网格统计信息的方法（statistical information grid-based method，STING）、子空间聚类（clustering in quest，CLIQUE）、小波变换聚类（clustering with wavelets）、大型空间数据库基于距离分布的聚类（distribution based clustering of large spatial databases，DBCLASD）、OptiGrid 等。

（5）基于模型的方法。给每一个簇假定一个模型，然后寻找能够很好地满足这个模型的数据集。这个模型可能是数据点在空间中的密度分布函数或者其他函数。它的一个潜在假定是：目标数据集是由一系列的概率分布决定的。通常有两种尝试的方案：统计的方案和神经网络的方案。基于统计学模型的聚类算法包括增量的概念聚类方法、Autoclass 等；基于神经网络模型的算法是自组织映射（self-organizing map，SOM）神经网络。

本章基于这种划分，将详细介绍划分聚类、层次聚类和密度聚类三种聚类方法。

6.3.2 划分聚类方法

聚类分析中最简单、最基本的方法是划分方法。划分方法将给定的数据集划分成不重叠的子集（簇），使得在同一个簇中数据对象是“相似的”，在不同的簇中数据对象是“相异的”。划分方法满足两个条件：①每个簇内至少包含一个数据对象；②每个数据对象必需属于且仅属于某一个簇。

划分方法的基本思想是：对于给定的含有 n 个数据点的数据集，构建数据集的 K 个分组，其中每个分组表示一个簇，并且 $K \leqslant n$。也就是说，划分方法将数据集划分为 K 个子集（簇），使得每个簇内至少包含一个数据点。划分的具体过程是：事先给定要构建的分组数目 K，划分方法首先创建一个初始划分。然后采用一种迭代的重定位技术，通过把数据点从一个分组移动到另一个分组来改进划分。一般来说，一个好的划分准则是：同一个簇内的数据点尽可能相互“接近”或相关，而不同簇之间的数据点尽可能“远离”或不同。

基于划分的聚类方法有很多，其中最著名的是 K-均值（K-means）聚类算法和 K-中心点（K-medoids）聚类算法。K-均值聚类算法用平均值来表示划分的每个簇；而 K-中心点聚类算法则是用最靠近中心点的一个真实数据对象来代表簇。下面详细介绍 K-均值聚类算法。

K-均值聚类算法是最为经典的也是使用最为广泛的一种基于划分的聚类算法。

K-均值聚类算法的工作原理：首先，指定需要划分的簇的个数 *K* 值；其次，随机选择 *K* 个初始数据对象点作为初始的聚类中心；再次，计算其余的各个数据对象到这 *K* 个初始聚类中心的距离，把数据对象划归到距离它最近的那个中心所处的簇中；最后，调整新簇并且重新计算出新簇的中心，如果两次计算出来的聚类中心未曾发生任何变化，说明数据对象的调整已经结束，聚类形成的簇已经收敛。

K-均值聚类算法属于一种动态聚类算法，也称为逐步聚类法，该算法一个比较显著的特点是迭代过程。在每次迭代中需考察每个对象的分类是否正确。若不正确，则进行调整，在全部数据对象调整完成后，再修改聚类中心，进入下一次迭代。这个过程不断重复直到满足某个终止条件。终止条件可以是以下任意一个：

（1）没有对象被重新分配给不同的簇；

（2）聚类中心不再发生变化；

（3）误差平方和（sum of squared error, SSE）局部最小。

给定一个聚类 $C=\{C_1, C_2,\cdots, C_k\}$，SSE 的计算公式如下：

$$\mathrm{SSE}(C)=\sum_{i=1}^{k}\sum_{x_j\in C_i}\left\|x_j-\mu_i\right\|^2 \tag{6.4}$$

式中，μ_i 为簇 C_i 内所有数据点的均值，即 $\mu_i=\frac{1}{n_i}\sum_{x_j\in c_i}x_j$，$n_i=|C_i|$是簇 C_i 内数据点的个数。*K*-均值聚类算法的目标是找到使得 SSE 最小的聚类，即 $C^*=\underset{C}{\operatorname{argmin}}\{\mathrm{SSE}(C)\}$。

K-均值聚类算法采用距离作为相似性的度量，衡量两个对象之间的距离的方式有多种，对于数值型数据，常用的距离函数有欧氏距离、曼哈顿距离、切比雪夫距离、闵可夫斯基距离等。

给定 d 维空间中一个包含 n 个点的数据集 $D=\{x_i\}_{i=1}^{n}$，其中任意两点 x_i 和 x_j 之间的闵可夫斯基距离的计算公式为

$$d_{ij}(q)=\left(\sum_{k=1}^{d}\left|x_{ik}-x_{jk}\right|^q\right)^{1/q},\quad i=1, 2,\cdots, n; j=1, 2,\cdots, n \tag{6.5}$$

式中，q 为正整数。

当 $q=1$ 时，$d_{ij}(1)=\sum_{k=1}^{d}\left|x_{ik}-x_{jk}\right|$ 称为曼哈顿距离。

当 $q=2$ 时，$d_{ij}(2)=\left[\sum_{k=1}^{d}(x_{ik}-x_{jk})^2\right]^{1/2}$ 称为欧氏距离。

当 $q\to\infty$时，$d_{ij}(\infty)=\max_{1\leqslant k\leqslant d}\left|x_{ik}-x_{jk}\right|$ 称为切比雪夫距离。

K-均值聚类算法的执行步骤如下。

输入：期望得到的簇的数目 *K*，*n* 个数据点的数据集 *D*。

输出：满足某个终止条件的 *K* 个簇。

（1）随机选择 *K* 个数据点作为初始中心点。

（2）计算所有数据点到这 *K* 个初始中心点的距离，将距离 *K* 中某个初始点距离最近的点归为该类。

（3）对已归类的 *K* 个簇，计算均值找出新的簇中心点，并再次计算所有数据点到新中心点的距离。

（4）重复第（2）步和第（3）步，直到满足某个终止条件（如中心点不再变化、达到规定的迭代次数、误差平方和最小等），算法结束。

K-均值聚类算法的时间复杂度是 $O(nKt)$，n 是所有数据对象的数目，K 是簇的数目，t 是迭代次数，这个算法是局部收敛的。

举例：已知数据点①(1,1)、②(2,1)、③(1,2)、④(2,2)、⑤(4,3)、⑥(5,3)、⑦(4,4)和⑧(5,4)，采用 *K*-均值聚类算法对给定的 8 个数据点进行聚类。假设聚类个数 K=2。

聚类过程如下。

（1）第一次迭代。随机选择的两个点作为初始聚类中心，这里选择点①和点③，分别找到距离这两点最近的数据点，并生成两个簇{①,②}和{③, ④, ⑤, ⑥, ⑦, ⑧}。对于产生的两个簇分别计算平均值，得到簇均值点：对于簇{①,②}其均值点为(1.5, 1)（这里，平均值的计算是简单的相加除以 2）；对于簇{③, ④, ⑤, ⑥, ⑦, ⑧}其均值点为(3.5, 3)。

（2）第二次迭代。通过平均值调整数据点所在的簇，重新聚类，也就是将所有的点按距离均值点(1.5, 1)和(3.5, 3)最近的原则重新分配，于是可得两个新的簇，即{①,②, ③, ④}和{⑤, ⑥, ⑦, ⑧}。重新计算簇的均值点，得到新的均值点分别为(1.5, 1.5)和(4.5, 3.5)。

（3）第三次迭代。将所有数据点按距离均值点(1.5, 1.5)和(4.5, 3.5)最近的原则重新分配，调整数据点，得到的簇仍然为{①,②, ③, ④}和{⑤, ⑥, ⑦, ⑧}，发现没有出现重新分配，而且准则函数收敛，算法结束。

K-均值聚类算法的优点比较明显，可以简单快速处理大数据集，并且是可伸缩的；时间复杂度低，对于大数据集，该算法效率较高；算法常以局部最优结束；算法尝试找出使平方误差函数值最小的 *K* 个划分，当簇是密集的、球形或圆形的，而簇与簇之间的区别较明显时，它的聚类效果较好。*K*-均值聚类算法的主要缺点包括：算法只有在簇的平均值被定义的情况下才能使用，不适用于某些应用，如涉及有分类属性的数据不适用；必须事先给出要生成的簇的数目 *K*，给分析人员造成负担；算法对 *K* 值较敏感，如果 *K* 值选取不合理，可能会导致聚类结果局部最优，而不能保证全局最优；对初值敏感，不同的初始值，可能会导致不同的聚类结果；不适合于发现非凸面形状的簇，或者大小差别很大的簇；对于噪声和孤立点数据敏感，少量的该类数据能够对平均值产生极大的影响。

6.3.3 层次聚类方法

层次聚类，又称分层聚类、系统聚类，是将数据集分为不同的层次，并将其按照凝聚的或分裂的操作方式进行聚类。

凝聚的层次聚类使用的是自底向上的策略。一般地，将单个数据对象作为原始簇，然后迭代地将簇凝聚成越来越大的簇，直到所有的对象都在一个簇内，或者满足某个终止条件，单个簇是层次结构的根。在凝聚过程中，基本操作是找出两个最接近的簇（根据某种相似性度量），并且将它们合并，形成一个新簇。由于每次迭代合并两个簇，其中每个簇至少包含一个对象，所以凝聚的层次聚类最多需要 n（数据对象的个数）次迭代。

分裂的层次聚类使用自顶向下的策略。首先，将所有对象置于一个簇中，该簇为层次结构的根。然后，将根上的簇划分为多个较小的子簇，并且递归地将这些簇划分成更小的簇，直到底层的簇仅包含一个对象，或者簇内的对象极度相似。在凝聚或分裂聚类中，用户都可以指定期望的簇个数作为终止条件。

AGNES 算法是凝聚的层次聚类方法。AGNES 算法最初将每个对象作为一个簇，然后这些簇根据某些准则被一步步地合并。

DIANA 算法属于分裂的层次聚类。与凝聚的层次聚类相反，它首先将所有对象归为一类，然后逐渐细分为越来越小的簇，直到每个对象自成一簇，或者达到了某个终止条件。

层次聚类常使用树形结构来表示层次聚类的过程，如图 6.15 所示，它可展示数据对象是如何一步一步被分组（在凝聚方法中）或划分（在分裂方法中）的。其中，L=0 显示在第 0 层 5 个对象自成一簇；在 L=1 层，对象 a 和 b 被聚在一起形成第一个簇，并且它们在后续各层一直在一起；图中还可以用一个垂直的数轴来显示簇间距离（相似度）。

层次聚类的优点是它一次性地得到了整个聚类的过程，只要得到了整棵聚类树，可以直接根据树结构来得到期望的聚类结果，改变聚类数目不需要再次计算数据对象的归属。层次聚类的缺点是计算量比较大，因为每次要计算多个簇内所有数据对象间的两两距离。另外，由于层次聚类使用的是贪心算法，得到的显然是局域最优，而不是全局最优。

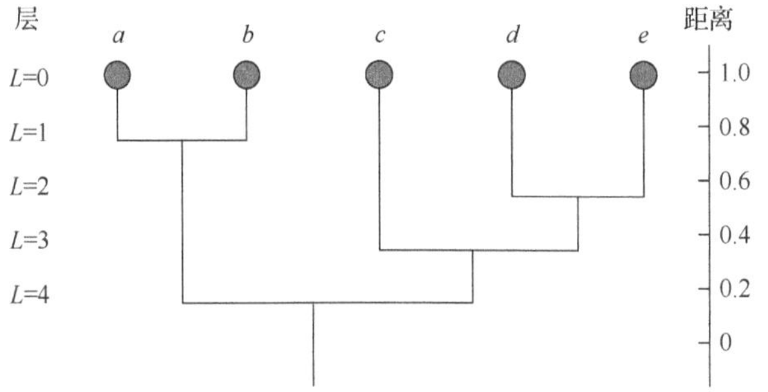

图 6.15　层次聚类的树状图示例

AGNES 算法步骤如下。

输入：数据集 D；聚类数目或者某个条件。

输出：聚类结果。

（1）将 D 中每个对象当成一个初始簇。

（2）找到分属两个不同的簇，且距离最近的数据点对。

（3）将两个簇合并，生成新的簇的集合。

（4）重复第（2）和第（3）步，直到达到定义的簇的数目，或者满足某个终止条件。

DIANA 算法步骤如下。

输入：数据集 D；聚类数目或者某个条件。

输出：聚类结果。

（1）初始时，将 D 中所有对象归并成一个簇。

（2）在同簇中找到距离最远的数据点对。

（3）以该数据点对为代表，将原簇中的数据对象重新划分到新的簇中。

（4）重复第（2）和第（3）步，直到达到定义的簇的数目，或者满足某个终止条件。

无论是使用凝聚方法还是分裂方法，层次聚类中的一个核心问题是度量两个簇之间的距离。广泛采用的簇间距离的度量方法包括最短距离、最长距离等，它们又被称为连接度量（linkage measure）。

（1）最短距离。

给定两个簇 C_i 和 C_j，它们之间的距离 $\delta(C_i, C_j)$ 定义为 C_i 中的点与 C_j 中的点之间的最短距离：

$$\delta(C_i, C_j)=\min\{\delta(x, y)|x\in C_i, y\in C_j\} \tag{6.6}$$

最短距离也称为单连接（single link），是指当两个簇中最近的点相连时，通常只会存在一个连接，因为其他点对的距离都更大。这种方法容易受到极端值的影响。

（2）最长距离。

将两个簇之间的距离定义为 C_i 中的点与 C_j 中的点之间的最长距离：

$$\delta(C_i, C_j)=\max\{\delta(x, y)|x\in C_i, y\in C_j\} \tag{6.7}$$

最长距离也称为全连接（complete link），是因为如果将两个簇中的距离小于等于 $\delta(C_i, C_j)$ 的点都连起来，那么所有的点对都会被连接。

（3）簇平均距离。

两个簇之间的簇平均距离定义为 C_i 中的点与 C_j 中的点的平均距离：

$$\delta\left(C_i, C_j\right)=\frac{\sum_{x\in C_i}\sum_{y\in C_j}\delta\left(x, y\right)}{n_i\cdot n_j} \tag{6.8}$$

式中，$n_i=|C_i|$表示簇 C_i 中点的数目；$n_j=|C_j|$表示簇 C_j 中点的数目。

这种方法的计算量较大，但结果比前两种方法更合理。

（4）均值距离。

均值距离定义为两个簇 C_i 和 C_j 的中心点之间的距离：

$$\delta(C_i, C_j)=\delta(\mu_i, \mu_j) \tag{6.9}$$

式中，$\mu_i=\frac{1}{n_i}\sum_{x\in C_i}x$；$\mu_j=\frac{1}{n_j}\sum_{y\in C_j}y$。

（5）沃德方法（Ward's method）。

沃德方法将两个簇的距离定义为当簇合并时平方误差和（SSE）的增量。

一个给定的簇 C_i 的 SSE 可以定义为

$$\mathrm{SSE}_i=\sum_{x\in C_i}\|x-\mu_i\|^2 \tag{6.10}$$

沃德方法定义两个簇 C_i 和 C_j 之间的距离为将它们合并为 C_{ij} 时 SSE 值的净变化，即

$$\delta(C_i, C_j)=\Delta\mathrm{SSE}_{ij}=\mathrm{SSE}_{ij}-\mathrm{SSE}_i-\mathrm{SSE}_j \tag{6.11}$$

（6）兰氏距离。

每当两个簇 C_i 和 C_j 合并为 C_{ij} 时，都需要更新距离矩阵，即重新计算新簇 C_{ij} 到其他所有簇 $C_r\,(r\neq i, r\neq j)$的距离。兰氏距离公式（6.12）给出了簇间距离计算的通用表达：

$$\delta(C_{ij},C_r)=\alpha_i\cdot\delta(C_i,C_r)+\alpha_j\cdot\delta(C_j,C_r)+\beta\cdot\delta(C_i,C_j)+\gamma\,|\delta(C_i,C_r)-\delta(C_j,C_r)| \tag{6.12}$$

式中，α_i、α_j、β 和 γ 依据度量方式不同而不同。令 $n_i=|C_i|$ 表示簇 C_i 的基数，对应于不同距离度量的系数如表 6.9 所示。

表 6.9　兰氏距离公式中的系数

度量方式	α_i	α_j	β	γ
最短距离	1/2	1/2	0	−1/2
最长距离	1/2	1/2	0	1/2
簇平均距离	$\frac{n_i}{n_i+n_j}$	$\frac{n_j}{n_i+n_j}$	0	0
均值距离	$\frac{n_i}{n_i+n_j}$	$\frac{n_j}{n_i+n_j}$	$\frac{-n_i\cdot n_j}{(n_i+n_j)^2}$	0
沃德方法	$\frac{n_i+n_r}{n_i+n_j+n_r}$	$\frac{n_j+n_r}{n_i+n_j+n_r}$	$\frac{-n_r}{n_i+n_j+n_r}$	0

举例：平面上分布 6 个点，如图 6.16 所示。

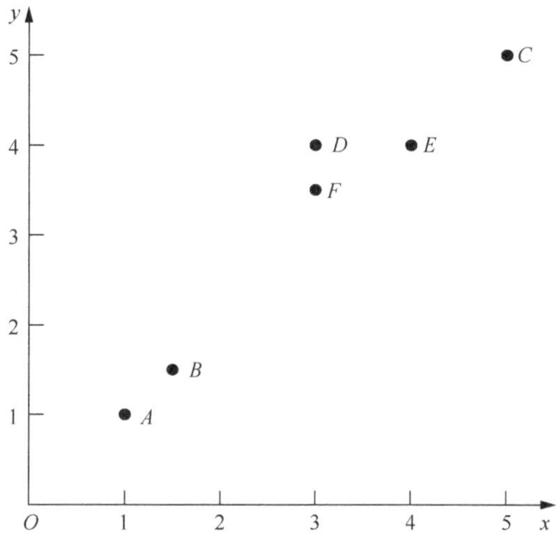

图 6.16　层次聚类方法举例

其数据矩阵为

$$\begin{matrix} A \\ B \\ C \\ D \\ E \\ F \end{matrix}\begin{bmatrix} 1 & 1 \\ 1.5 & 1.5 \\ 5 & 5 \\ 3 & 4 \\ 4 & 4 \\ 3 & 3.5 \end{bmatrix}$$

下面采用凝聚的层次聚类方法展示完整的聚类过程。

第一次合并：计算两两数据点之间的距离（这里采用欧氏距离），结果如表 6.10 所示。

表 6.10　原始距离值

	A	*B*	*C*	*D*	*E*	*F*
A	0.00					
B	0.71	0.00				
C	5.66	4.95	0.00			
D	3.61	2.92	2.24	0.00		
E	4.24	3.54	1.41	1.00	0.00	
F	3.20	2.50	2.50	**0.50**	1.12	0.00

表 6.10 中可知，*D*、*F* 两点之间距离最短，距离值为 0.50，因此率先合并，合并后的结果如图 6.17 所示。

现在需要计算簇$\{D, F\}$与点 *A*、*B*、*C* 和 *E* 之间的距离，这里采用最短距离作为簇间距离的度量，于是可以得到

$d_{(D,F)\to A}=\min(d_{DA},d_{FA})=\min(3.61, 3.20)=3.20$

$d_{(D,F)\to B}=\min(d_{DB},d_{FB})=\min(2.92, 2.50)=2.50$

$d_{(D,F)\to C}=\min(d_{DC},d_{FC})=\min(2.24, 2.50)=2.24$

$d_{E\to(D,F)}=\min(d_{ED},d_{EF})=\min(1.00, 1.12)=1.00$

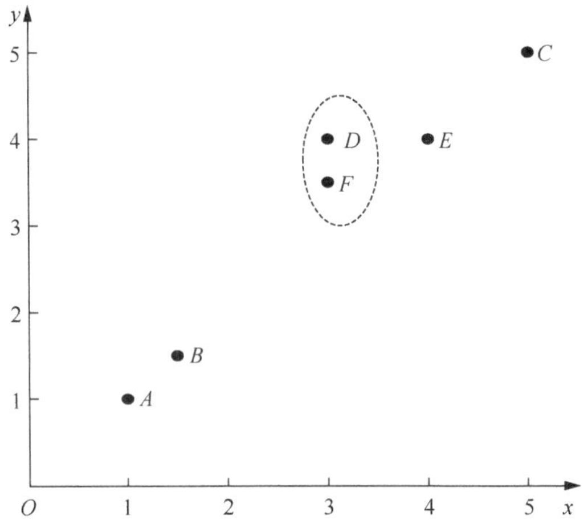

图 6.17　第一次合并结果

更新后的距离值如表 6.11 所示。

表 6.11　第一次合并后的距离值

	A	B	C	D,F	E
A	0.00				
B	**0.71**	0.00			
C	5.66	4.95	0.00		
D,F	3.2	2.5	2.24	0.00	
E	4.24	3.54	1.41	1.00	0.00

从表 6.11 中可以发现，点 A、B 之间的距离最短，距离值为 0.71。

第二次合并：点 A 和点 B 合并后，结果如图 6.18 所示。

现在需要计算簇$\{A, B\}$与点 C 和点 E 之间的距离，以及簇$\{A, B\}$与簇$\{D, F\}$之间的距离，具体计算公式如下：

$d_{(A,B)\to C}=\min(d_{AC},d_{BC})=\min(5.66, 4.95)=4.95$

$d_{(A,B)\to E}=\min(d_{AE},d_{BE})=\min(4.24, 3.54)=3.54$

$d_{(A,B)\to(D,F)}=\min(d_{AD},d_{BD},d_{AF},d_{BF})=\min(3.61, 2.92, 3.20, 2.50)=2.50$

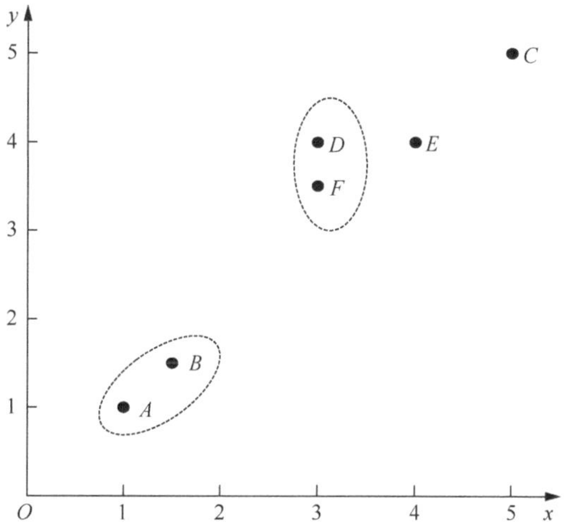

图 6.18　第二次合并结果

更新后的距离值如表 6.12 所示。

表 6.12　第二次合并后的距离值

	A,B	*C*	*D,F*	*E*
A,B	0.00			
C	4.95	0.00		
D,F	2.50	2.24	0.00	
E	3.54	1.41	**1.00**	0.00

从表 6.12 中可以发现，簇{*D*, *F*}与点 *E* 之间的距离最短，距离值为 1.00。
第三次合并：簇{*D*, *F*}与点 *E* 合并后，结果如图 6.19 所示。

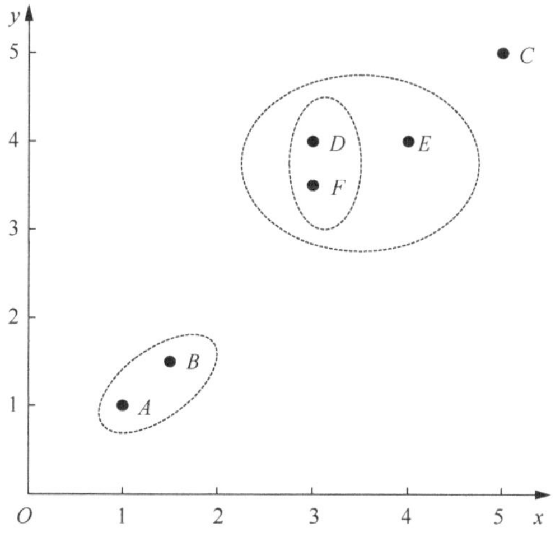

图 6.19　第三次合并结果

更新后的距离值如表 6.13 所示。

表 6.13　第三次合并后的距离值

	A,B	C	$(D,F), E$
A,B	0.00		
C	4.95	0.00	
$(D,F), E$	2.50	**1.41**	0.00

此时，簇$\{(D, F), E\}$与点 C 之间的距离最短，距离值为 1.41，继续合并。

第四次合并：簇$\{(D, F), E\}$与点 C 合并后的结果如图 6.20 所示。

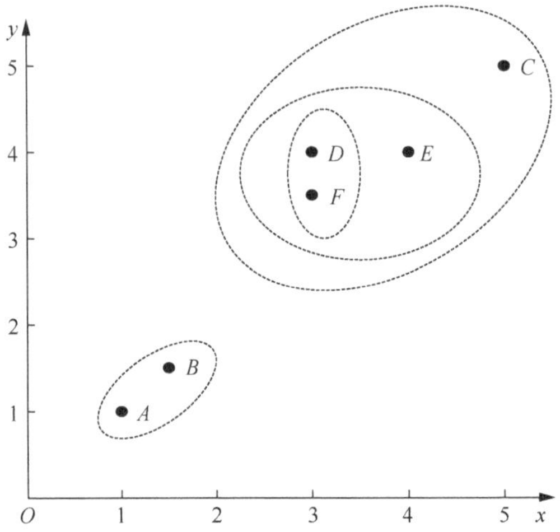

图 6.20　第四次合并结果

更新后的距离值如表 6.14 所示。

表 6.14　第四次合并后的距离值

	(A,B)	$((D,F), E), C$
(A,B)	0.00	
$((D,F), E), C$	2.50	0.00

第五次合并：将当前仅有的两个簇合并，结果如图 6.21 所示。

此时，所有的数据点均已归类，算法结束。

将聚类过程中每一步的合并结果以树状图的形式呈现，就可形成层次聚类树，如图 6.22 所示。其中，底层是原始的 6 个数据点 A、B、C、D、E 和 F，根据 6 个数据点的相似度（距离）合并为聚类树的第二层$\{D, F\}$，接着产生第三层$\{A, B\}$、第四层$\{(D, F), E\}$……以此类推，可生成一棵完整的层次聚类树。

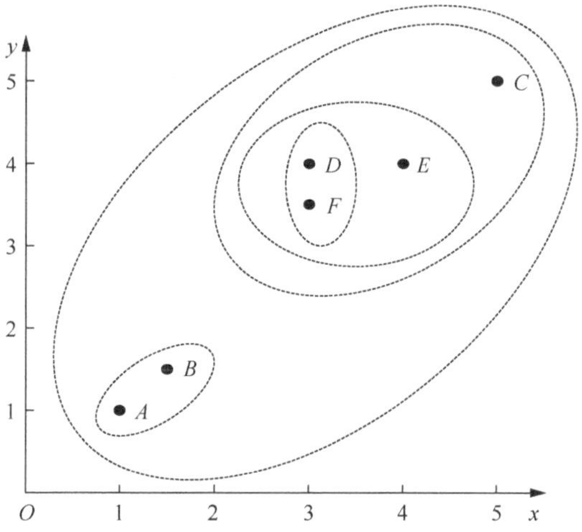

图 6.21　最终合并结果

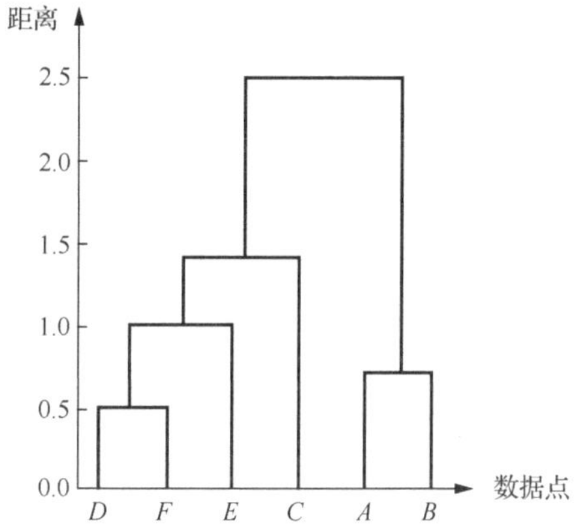

图 6.22　层次聚类树

在凝聚的层次聚类中，需要计算每个簇到其他簇的距离，每一步中簇的数目减 1。起初需要 $O(n^2)$的时间来创建成对距离矩阵。在每一个合并步骤中，要计算合并得到的簇到其他簇的距离，而其他簇之间的距离保持不变，意味着在步骤 t 一共计算 $O(n-t)$个距离。另外一个操作是从距离矩阵中找出最近的簇对，将 n^2 个距离的信息保存在一个堆数据结构中，这样就可在 $O(1)$的时间内找出最短距离；创建堆需要 $O(n^2)$的时间。每次删除/更新堆中的距离需要 $O(\log n)$的时间，所有合并步骤共需要 $O(n^2\log n)$的时间。因此，凝聚的层次聚类的计算复杂度为 $O(n^2\log n)$。

层次聚类算法的优点是：距离定义简单；不需要事先设定聚类数目；可以发现类别间的层次关系；可以生成非球形簇。其缺点包括：合并点/分裂点的选择不太容易，且合并/分裂的操作不能撤销；计算复杂度高；对异常值敏感；不适合大数据集。

6.3.4　密度聚类方法

基于密度的聚类，简称密度聚类。此类方法假设聚类结构能够通过数据对象分布的紧密程度确定。通常情况下，密度聚类方法从数据对象密度的角度来考察数据对象之间的可连接性，并给予可连接对象不断扩展聚类簇以获得最终的聚类结果。

密度聚类可以过滤噪声数据，聚类结果可以是任何形状，而不必为球形。基于密度的聚类方法主要包括 DBSCAN 算法、通过对象排序识别聚类结构（ordering points to identify the clustering structure，OPTICS）算法等。

在介绍具体的基于密度的聚类算法之前，先给出相关定义。

ε-邻域：给定对象半径为 ε 内的区域称为该对象的 ε-邻域。

核心对象：如果给定对象 ε-邻域内的数据点数大于等于预先设定的最小数目 MinPts，则称该对象为核心对象。

直接密度可达：对于一个数据集 D，如果数据点 q 在 p 的 ε-邻域内，并且 p 为核心对象，则称对象 q 是从对象 p 出发直接密度可达的。也就是说，若 q 包含在核心对象 p 的聚类簇内，称 q 从 p 出发是直接密度可达的。例如，在图 6.23 中，m 从核心对象 q 和 p 出发是直接密度可达的。

密度可达：如果存在一个对象链 $p_1, p_2,\cdots, p_n$, $p_1=q$, $p_n=p$，对于 $p_i\in D$，$1\leqslant i\leqslant n$，p_i+1 是从 p_i 关于 ε 和 MinPts 直接密度可达的，则对象 p 是从对象 q 关于 ε 和 MinPts 密度可达的。简单来说，在一串聚类簇内，一个对象到远处的核心对象是密度可达的。

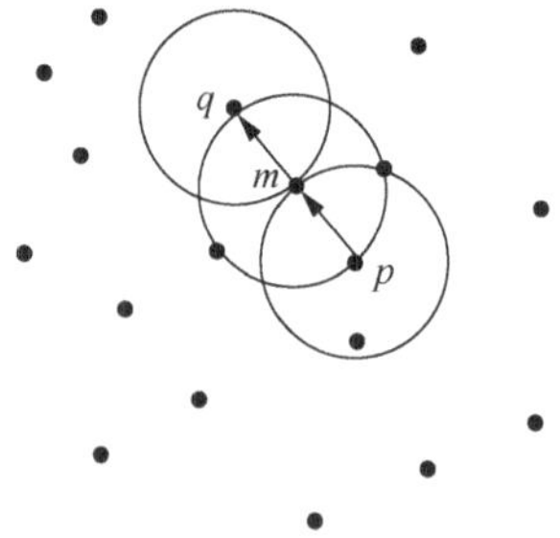

图 6.23　直接密度可达

密度相连：在数据集合 D 中，如果存在一个对象 o，使得对象 s 和 r 都是从 o 关于 ε 和 MinPts 密度可达的，那么对象 s 到 r 是关于 ε 和 MinPts 密度相连的。例如，在图 6.24 中，s 和 r 同时从 o 出发是密度可达的，即 o 将 s 和 r 连接起来，则称对象 s 到 r 是关于 ε 和 MinPts 密度相连的。

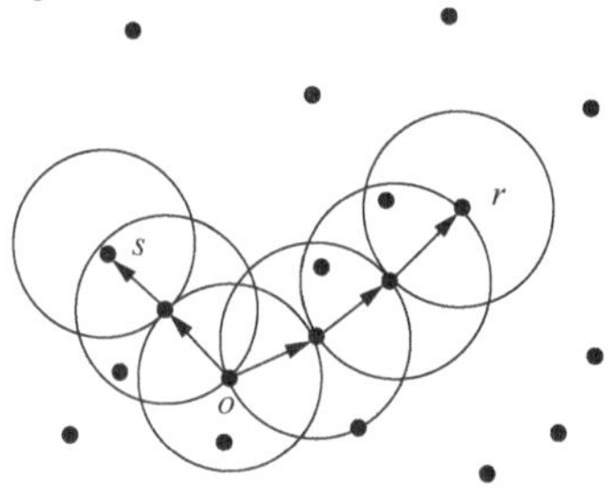

图 6.24　密度相连

噪声：一个基于密度的簇是基于密度可达性的最大的密度相连对象的集合。不包含在任何簇中的对象被认为是“噪声”，即不属于任何一个集合的特殊点。

DBSCAN 是一个著名的基于密度的聚类算法，该算法根据数据点的密度不断增长聚类，最终形成一组“密度连接”的点集，其核心思想是：只要聚类簇之间的密度低于阈值，就将其合并成一个簇。在聚类过程中，过滤掉低密度区域，发现稠密度数据点。与传统的划分聚类和层次聚类的凸形聚类簇不同，DBSCAN 算法输出的聚类结果可以是任意形状的聚类。

DBSCAN 算法聚类的过程大致如下：首先，扫描整个数据集合，找到一个 ε-邻域内包含大于 MinPts 的核心对象，标记并创建一个以该点作为核心对象的簇。然后，对该核心对象进行扩充，扩充的方法是寻找从该核心对象出发的所有密度相连的数据点（注意是密度相连）。遍历该核心对象的邻域内的所有核心点（因为边界点是无法扩充的），寻找与这些数据点密度相连的点，直到没有可以扩充的数据点为止。最后，聚类成的簇的边界点都是非核心数据点。至此，一个大的簇聚类完成，该簇可以是任意形状的。重复上述步骤，寻找没有被聚类的核心点，重复聚类，得到不同的簇。聚类结束后，没有包含在任何簇中的点是异常点，称为噪声。

DBSCAN 算法聚类步骤如下。

输入：一个包含 n 个数据点的数据集 D；半径参数 ε；邻域密度阈值 MinPts（即包含的最小数据点的数目）。

输出：基于密度的簇的集合。

（1）标记所有对象为 Unvisited。

（2）随机选择一个 Unvisited 对象 p，标记 p 为 Visited。

（3）如果 p 的 ε-邻域至少包含有 MinPts 个数据点，创建一个新簇 C，并将 p 添加到 C。

（4）令 N 为 p 的 ε-邻域内的数据点集合，考察其中的每个点 q，如果 q 是 Unvisited，标记 q 为 Visited。

（5）如果 q 的 ε-邻域内至少有 MinPts 个数据点，则将这些对象添加到 N。

（6）如果 q 不是任何簇的成员，则将 q 添加到 C。

（7）重复以上过程，直到所有的点都标记为 Visited，输出 C，算法结束。

DBSCAN 算法需要对数据集中的每个数据点进行考察，通过检查每个数据点的 ε-邻域来寻找聚类，如果某个数据点 p 是核心对象，则创建一个以 p 为核心对象的新簇，然后寻找从核心对象直接密度可达的对象。如果采用空间索引，DBSCAN 算法的计算复杂度是 $O(n\log n)$，这里 n 是数据集中数据对象的数目。否则，计算复杂度是 $O(n^2)$。

DBSCAN 算法的优点主要有：与 K-均值聚类算法相比较，不需要事先确定和输入聚类簇的数目，避免部分因操作带来的误差；聚类簇的形状没有特殊的要求，可以形成任意形状的聚类簇，更为直观准确；可以在需要时输入过滤噪声的参数，从而达到过滤噪声的效果。其缺点包括：需要用户输入参数，算法对参数非常敏感；当数据量增大时，会产生较大的空间复杂度；不能很好反映高维数据；当空间聚类的密度不均匀、聚类间距差很大时，聚类质量较差。

6.3.5 聚类性能评估

聚类性能评估也称聚类有效性分析。聚类性能评估包括三个方面的任务：聚类评价（cluster evaluation）评估聚类的质量和优度；聚类稳定性（cluster stability）评估聚类结果是否对算法参数敏感（比如聚类个数）；聚类的趋向性（clustering tendency）评估对于给定数据，所应用的聚类策略是否合适，也就是说判断数据本身是否具有内在的分组结构，如果不存在，则不能进行聚类。

有三类指标可用于对聚类结果的评估。一类是外部指标：通过测量聚类结果与参考标准的一致性来评估聚类结果的优劣。另一类是内部指标：仅从聚类本身的分布和形态来评估聚类结果的优劣。还有一类指标是相对指标：用来对不同的聚类结果进行比较，尤其是从同一个算法、不同参数得到的聚类，可以用相对指标进行评估[5]。

1. 外部指标

用外部指标进行评估时，一般而言，事先是知道答案的，即已知准确的或真实的聚类结果，聚类中数据点的类别标签就是外部信息，有了这个信息，便可以测试或者评估不同的聚类算法了。比如，聚类前将每个数据点都打上类别标签，然后对不同的聚类算法或者同一算法的不同参数进行测试，直接可得到聚类结果的正确率或错误率。

令 $D=\{x_i\}_{i=1}^{n}$ 为一个包含 d 维空间中 n 个点的数据集，并划分为 k 个子簇。令 $y_i\in\{1, 2,\cdots, k\}$ 表示子簇中点的真实值或每个点的标签信息。已知真实值聚类为 $T=\{T_1, T_2,\cdots, T_k\}$，其中子簇 T_j 由所有标签为 j 的点构成，即 $T_j=\{x_i\in D|y_i=j\}$。同时，令 $C=\{C_1, C_2,\cdots, C_r\}$ 表示将相同的数据集划分为 r 个子簇的一个聚类，该聚类是通过某个聚类算法得到的，令 $\hat{y}_i\in\{1,2,\cdots,r\}$ 代表 x_i 的分簇标签。为明确起见，称 T 为真实值划分（ground-truth partitioning），T_j 为其中的一个划分；称 C 为一个聚类，其中每个 C_i 对应一个子簇。因为真实值已知，通常聚类算法会以准确的聚类数目运行，即 $r=k$。为使讨论更一般化，下面允许 r 与 k 不同。

外部指标度量的是同一类别标签的数据点是否被聚到同一个簇，或者不同类别标签的数据点是否都分开了。通常，这两个目标之间有一个权衡，可以显式地表示在度量中，也可以隐式地包含在计算中。所有外部度量都需要一个 $r\times k$ 的列联表（contingency table）N，该表是根据某个聚类 C 和真实值划分 T 生成的，定义如式（6.13）所示：

$$N(i, j)=n_{ij}=|C_i\cap T_j| \tag{6.13}$$

式中，计数值 n_{ij} 表示子簇 C_i 与真实值划分 T_j 所拥有的共同数据点的个数。为了更清晰地表达，下面用 $n_i=|C_i|$ 表示子簇 C_i 中数据点的个数，$m_j=|T_j|$ 表示划分 T_j 中数据点的个数。

（1）纯度指标。

纯度（purity）从字面上理解度量的是每个子簇有多“纯净”。对于某一个子簇 C_i，它的纯度是指真正的数据点与这个簇中总的数据点之比，计算公式如式（6.14）所示：

$$\text{purity}_i = \frac{1}{n_i} \max_{j=1,2,\cdots,k} \{n_{ij}\} \tag{6.14}$$

如果聚成 r 个子簇，则聚类 C 的纯度定义为所有子簇纯度的加权和，计算公式如式(6.15)所示：

$$\text{purity} = \sum_{i=1}^{r} \frac{n_i}{n} \text{purity}_i = \frac{1}{n} \sum_{i=1}^{r} \max_{j=1,2,\cdots,k} \{n_{ij}\} \tag{6.15}$$

式中，n 表示聚类 C 中总的数据点的数目；$\frac{n_i}{n}$ 表示子簇 C_i 中的数据点所占的比例。聚类 C 的纯度值越大，说明它与真实值划分的吻合度越高。纯度的最大值为 1，这时每个子簇都仅由一个真实值划分中的点构成。若 $r=k$，当纯度值为 1 时，表示聚类算法得到的子簇与原始数据集的真实值划分是一一对应的，表明这是一个完美的聚类。当 $r>k$ 时，亦即聚出的子簇个数多于真实类的个数，纯度也可能为 1，因为可能有的大类被聚成小类了；但当 $r<k$ 时，即算法聚出的子簇个数小于真实类的个数，则结果肯定不纯，这是因为某些子簇中包含了两个或以上不同的真实类。

（2）最大匹配。

最大匹配指标选择子簇和真实值划分之间的某个映射，使得公共点 n_{ij} 的数目之和最大化（假设给定一个划分，只有一个子簇可以与之匹配）。这与纯度不同，使用纯度指标时，两个不同的子簇可以对应同一个划分。

这里，我们将列联表转化为一个完整的加权二部图 $G=(V, E)$，其中 V 是顶点集合，E 是边的集合。子簇和划分对应二部图中的顶点，即 $V=C\cup T$，顶点之间存在边$(C_i, T_j)\in E$，边的权值为 $w(C_i, T_j)=n_{ij}$。图中的一个匹配（matching）M 是 E 的一个子集，使得 M 中的边两两不相邻（即没有共同的顶点）。最大匹配度量定义为 G 中的最大权匹配：

$$\text{match} = \underset{M}{\text{argmax}} \left\{ \frac{w(M)}{n} \right\} \tag{6.16}$$

式中，一个匹配 M 的权值为 M 中所有边的权值之和，即 $w(M) = \sum_{e\in M} w(e)$。最大匹配可以在 $O(|V|^2\cdot|E|)=O((r+k)^2 rk)$的时间内计算出来，若 $r=O(k)$，则等价于 $O(k^4)$。

（3）F 指标。

给定子簇 C_i，令 j_i 代表包含 C_i 中最多点的划分，即 $j_i = \max_{j=1}^{k}\{n_{ij}\}$。一个子簇 C_i 的精确率（precision）与它的纯度相同：

$$\text{prec}_i = \frac{1}{n_i} \max_{j=1,2,\cdots,k} \{n_{ij}\} = \frac{n_{ij_i}}{n_i} \tag{6.17}$$

式（6.17）度量了子簇 C_i 中来自主划分 T_{j_i} 的点的比例。

子簇的召回率（recall）定义为

$$\text{recall}_i = \frac{n_{ij_i}}{\left|T_{j_i}\right|} = \frac{n_{ij_i}}{m_{j_i}} \tag{6.18}$$

式中，$m_{j_i} = \left|T_{j_i}\right|$。式（6.18）衡量了划分 T_{j_i} 与子簇 C_i 共同拥有的点的比例。

F 指标是每一个子簇的准确率和召回率的调和平均，目的是在这两个指标之间找一个平衡。子簇 C_i 的 F 值为

$$F_i = \frac{2}{\dfrac{1}{\text{prec}_i} + \dfrac{1}{\text{recall}_i}} = \frac{2 \cdot \text{prec}_i \cdot \text{recall}_i}{\text{prec}_i + \text{recall}_i} = \frac{2n_{ij_i}}{n_i + m_{j_i}} \tag{6.19}$$

聚类 C 的 F 值是所有子簇 F 值的平均，计算公式为

$$F = \frac{1}{r}\sum_{i=1}^{r} F_i \tag{6.20}$$

F 指标尽量在所有子簇的准确率和召回率之间取得平衡。对于一个完美的聚类（r=k），即聚类结果与真实划分完全一致，这时 F 值最大，等于 1。

2. 内部指标

内部指标不依赖于真实划分，这种情况常见于对于给定数据集进行聚类的时候。因为没有外部知识可用，或者说不知道正确答案，所以只能通过聚类的原始定义，类内要相似，类间不相似，来评估聚类算法的性能。内部指标基于一个距离矩阵或者是相似度矩阵，来对算法进行验证。

（1）BetaCV 指标。

BetaCV 指标是簇内距离均值与簇间距离均值之比。BetaCV 值越小，聚类的效果越好，因为簇内距离平均起来要小于簇间距离。

（2）邓恩（Dunn）指数。

邓恩指数是最小簇间距离与最大簇内距离之比。邓恩指数越高，聚类效果越好，这是因为最小的簇间距离都远远大于簇内的最大距离，说明两个簇分得很开。

3. 相对指标

相对指标用于比较由同一算法的不同参数得到的聚类结果，比如不同的聚类个数 K。常用的相对指标是轮廓系数（silhouette coefficient, SC）。轮廓系数是关于簇的结合度和分离度的一个指标。

轮廓系数定义为簇间平均距离与簇内平均距离之差。对于任意数据点 x_i，它的轮廓系数 s_i 的计算公式为

$$s_i = \frac{\min\mu_{\text{out}}(x_i) - \mu_{\text{in}}(x_i)}{\max\left\{\min\mu_{\text{out}}(x_i), \mu_{\text{in}}(x_i)\right\}} \tag{6.21}$$

式中，$\min\mu_{\text{out}}(x_i)$ 表示点 x_i 到邻近的簇中的点的平均距离，也就是簇间平均距离；$\mu_{\text{in}}(x_i)$ 表示 x_i 点到与它同簇（簇标号为 $\hat{y}_i$）的点的平均距离，也就是簇内平均距离。

式（6.22）和式（6.23）是两个距离的具体计算公式。簇内平均距离 μ_{in} 度量的是簇的结合度，簇间平均距离 μ_{out} 度量的是分离度。

$$\mu_{\text{in}}(x_i)=\frac{\sum\limits_{x_{j\in C_{\hat{y}_i}},j\neq i}\delta(x_i,x_j)}{n_{\hat{y}_i}-1} \tag{6.22}$$

$$\min\mu_{\text{out}}(x_i)=\min_{j\neq\hat{y}_i}\frac{\sum\limits_{y\in C_j}\delta(x_i,y)}{n_j} \tag{6.23}$$

轮廓系数在[−1, +1]间取值。一个数据点 x_i 的轮廓系数值接近+1，说明该点接近同簇的点而远离其他簇的点；轮廓系数值接近 0 时，表示该点位于两个相邻簇的边界；轮廓系数值接近−1 时，表示该点更靠近另外一个簇，而不是当前点 x_i 所在的簇 cluster(*i*)，即这个点被分错了。

一个簇的轮廓系数值 SC 为簇内所有点的轮廓系数值 s_i 的均值，计算公式为

$$\text{SC}=\frac{1}{n}\sum_{i=1}^{n}s_i \tag{6.24}$$

SC 值越大，接近+1 时表示聚类效果越好，质量越高。

6.4 离群点检测

亚里士多德说过“离群而居者不为野兽即是神明”，离群反映了自然界中事物分布的一种状态。随着数据分析技术的快速发展，人们在关注数据整体趋势的同时，也越来越关注那些明显偏离数据整体趋势的离群数据点，因为这些数据点往往蕴含着更加重要的信息。离群点分析的目的是有效识别出数据集中的异常数据，并且挖掘出数据集中有意义的潜在信息。

6.4.1 离群点及检测方法概述

离群点（outlier），亦称孤立点、异常点等，是在数据集中偏离大部分数据的数据，这类数据与其他数据相比具有显著的差异性。离群点与数据集中的其余部分不服从相同的统计模型。

噪声数据也具有离群的特征，但离群点不同于噪声数据，噪声数据是在数据收集过程中由于采样误差、记录误差、计算错误等原因造成的。一般而言，噪声数据在数据分析时起干扰作用，它们会影响模型的拟合精度，甚至使模型结果包含一些虚假信息，因此，要对其进行替换或删除等操作，从而保证得到一个无噪声的数据集。离群点则不同，这类数据的产生

与其他数据相比，在机制上存在差异，探究离群点的产生机制，将有助于发现这些罕见数据中可能蕴含的价值。

离群点按属性个数、数据类型和数据范围可以分为三大类。

（1）按属性个数可分为一维离群点和多维离群点。即一个对象可能有一个或多个属性。

（2）按数据类型可分为数值型离群点和分类型离群点。

（3）按数据范围可分为全局离群点和局部离群点。从整体看，某些对象没有离群特征，但从局部来看，却显示了一定的离群性。全局离群点是最简单的一类离群点，大部分的离群点检测方法都旨在找出全局离群点。局部离群点可以理解为数据对象的一个子集形成集体离群点。如一家供应链公司，每天处理数以千计的订单和出货。如果一个订单出货延误，则可能不是离群点，因为统计表明延误时常发生。然而，如果某一天有 100 个订单延误，则必须注意。这 100 个订单整体来看，形成一个离群点，如果单个考虑，它们每个或许都不是离群点。这时需要整体考察这 100 个订单，搞清出货问题。与全局离群点检测不同，在局部离群点检测中，不仅需要考虑单个数据对象，而且还要考虑对象组群。

当离群点真实存在的时候，离群点检测可以应用于很多场景，例如：

（1）欺诈检测。通过离群点检测识别违法违约行为，如信用卡欺诈、社保欺诈、电话欺诈、违约用电、偷窃电识别等。

（2）工业检测。如工业生产过程中的不良品检测，计算机网络的非法访问等。

（3）活动监控。通过实时检测手机活跃度或者是股权市场的可疑交易，从而实现检测移动手机诈骗行为等。

（4）网络性能。计算机网络性能检测（稳健性分析）、检测网络堵塞情况等。

（5）自然生态应用领域。生态系统失调、异常自然气候的发现等。

（6）公共服务领域。公共卫生中异常疾病的爆发、公共安全中突发事件的发生等。

离群点检测时需要考虑的几个问题。

（1）全局观点和局部观点。离群点与众不同，但具有相对性。一个数据对象相对于所有对象看上去是离群的，但它相对于其局部近邻却不是离群的。

（2）点的离群程度。可以通过定义数据对象的偏离程度来给对象打分——离群因子或离群值得分，即都为离群点的情况下，也有得分高低的区别。

（3）离群点的数量。正常点的数量远远超过离群点的数量，离群点的数量在大规模数据集中占的比例较低，一般小于 5%甚至 1%。

常用的离群点检测方法包括：基于统计的方法、基于距离的方法、基于密度的方法和基于聚类的方法等[6]。

（1）基于统计的方法：构建一个概率分布模型，并计算数据对象符合该模型的概率，将具有低概率的数据对象视为离群点。

（2）基于距离的方法：在数据对象之间定义邻近性度量，将远离大部分数据点的对象视为离群点。

（3）基于密度的方法：如果数据对象周围的密度显著不同于其邻域周围的密度，则视为离群点。

（4）基于聚类的方法：将远离其他簇的小簇视为离群点。

6.4.2　基于统计的离群点检测

在统计学中，离群点被定义为是不属于特定族群的数据对象，是与其他值相距甚远的异常观测。离群点检测的统计学方法是对数据的正常性做假定，假定数据集中的正常对象是由一个随机过程（生成模型）产生的，因此，正常对象会出现在该随机模型的高概率区域中，而低概率区域中的对象则是离群点。

离群点检测统计学方法的过程是：学习一个拟合给定数据集的生成模型，然后识别该模型低概率区域中的对象，将它们作为离群点。生成模型有两种学习方法：参数方法和非参数方法。参数方法假定正常的数据对象是由一个带参数的分布产生的，如正态分布、高斯分布等，该参数分布的概率密度函数给出观测对象被该分布产生的概率，概率值越小，越可能是离群点。非参数方法不假定先验统计模型，而是根据输入数据确定模型，如直方图、核密度估计等。

1. 参数方法

假定数据集由一个正态分布产生，然后，可以由输入数据学习正态分布的参数，并将低概率的点识别为离群点。

在正态分布假定下，对象（值）出现在分布尾部的机会很小。正态分布的原理如下：假设有 n 个点（$X_1, X_2, \cdots, X_n$），那么可以计算出这 n 个点的均值μ和方差σ，在数据正态分布的假设下，区域$\mu \pm 3\sigma$包含了 99.7%的数据，如图 6.25 所示，超出该范围的值则可被视为离群点。

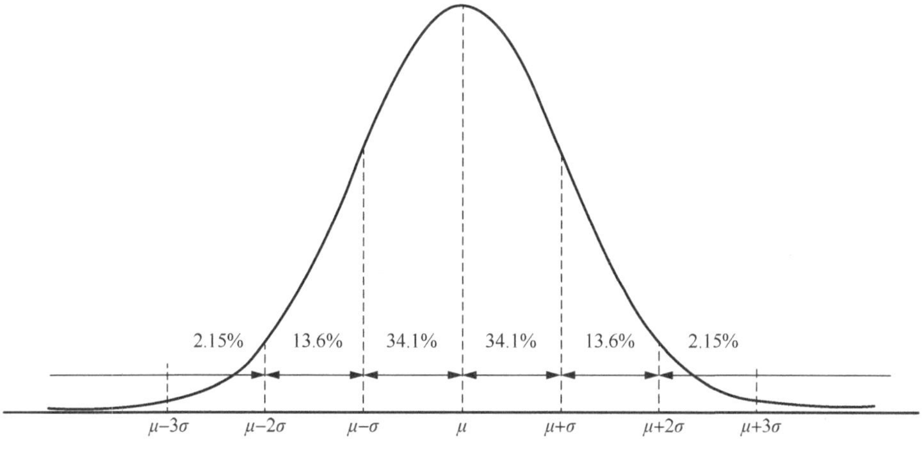

图 6.25　正态分布的 3σ原则

参数方法的缺陷是对于高维数据的检验效果不佳。

2. 非参数方法

在离群点检测的非参数方法中，“正常数据”的模型从输入数据学习，而不是假定一个先验。通常，非参数方法对数据做较少的假定，因而可在更多情形下使用。

直方图是一种常用的非参数离群点检测方法，包括如下两步。

（1）构造直方图。尽管非参数方法并不假定任何先验统计模型，但是通常要求用户提供参数，以便由数据学习。如指定直方图的类型（等宽或等深）和其他参数（如直方图中的箱数或每个箱的大小）。与参数方法不同，这些参数并不指定数据分布的类型（如高斯分布）。

（2）检测离群点。为了确定一个对象是否是离群点，可以对照直方图进行检验。最简单的方法是，如果某对象落入直方图的一个箱中，则该对象被看作是正常的，否则被认为是离群点。

对于更复杂的方法，可以使用直方图赋予每个对象一个离群点得分。一般可以令对象的离群点得分为该对象落入的箱的容积的倒数。得分越高，表明是离群点的概率越大。

使用直方图作为离群点检测的非参数模型的缺陷是，很难选择一个合适的箱尺寸。一方面，如果箱尺寸太小，则有很多正常对象会落入空的或稀疏箱，因而被误识别为离群点。这将导致很高的假正例率或低精度。另一方面，如果箱尺寸太大，则离群点对象可能渗入某些频繁的箱中，这将导致很高的假负例率或召回率。

基于统计的离群点检测算法的优势在于有坚实的统计学理论基础，当存在充分的数据和所用的检验类型的知识时，检测非常有效。这类算法易于理解，实现较容易。但这类算法对于高维数据，检测结果较差。

6.4.3 基于距离的离群点检测

基于距离的离群点检测方法认为，如果某个数据对象远离大部分其他的数据对象，那么该数据对象是离群的。这种方法比统计学方法更一般、更容易使用，因为确定数据集的有意义的邻近性度量比确定它的统计分布相对而言更容易。

基于距离的离群点检测方法根据某个距离函数计算数据对象之间的距离，如欧氏距离、汉明距离、马氏距离等。

在检测时可采取如下两种策略。

（1）第一种策略是采用给定邻域半径，依据点的邻域中包含的对象多少来判定离群点。如果一个点的邻域内包含的对象少于整个数据集的一定比例则标识它为离群点，即将没有足够“邻居”的对象视为离群点。

（2）第二种策略是利用 k-最近邻距离的大小来检测离群点，也就是说一个对象的离群程度是由它的 k-最近邻的距离给定的。这种方法对 k 的取值较敏感。k 值太小比如 1，则少量的邻近离群点可能导致较低的离群程度。k 值过大，则点数少于 k 的簇中所有的对象可能都成了离群点。

点 x 的离群因子（outlier factor，OF）定义为

$$\mathrm{OF1}(x,k)=\frac{\sum\limits_{y\in N(x,k)}\mathrm{density}(x,y)}{\mathrm{density}(x,k)} \tag{6.25}$$

式中，$N(x, k)$是不包含 x 的 k-最近邻的集合，其数学表达为 $N(x, k)=\{y|\mathrm{distance}(x, y)\leqslant k\text{–}\mathrm{distance}(x), y\neq x\}$，$|N(x, k)|$是该集合的大小。

对于给定数据集 D，以及最近邻个数 k，基于距离的离群点检测步骤如下。

（1）对于每一数据点 x，确定 x 的 k-最近邻集合 $N(x, k)$。

（2）计算数据点 x 的离群因子 $\mathrm{OF1}(x, k)$的值。

（3）对 $\mathrm{OF1}(x, k)$按降序排列，将 OF1 值大的若干对象视为离群点。

基于距离的离群点检测算法的优点是不必对数据集的相关信息（如数据服从哪种统计分布模型）足够了解，只要给出距离的度量并对数据进行预处理后，就可以找出数据集中的离群点。在理论上，可以处理任意维度、任意类型的数据，克服了基于统计的方法只能较好地处理某种概率分布的数值型单变量数据集的缺陷。但这类算法对参数选择较敏感，基于距离的方法需要 $O(m^2)$时间，因此大数据集不适用。此外，这类算法不能处理具有不同密度区域的数据集，因为它使用全局阈值，不能考虑密度的变化。

6.4.4　基于密度的离群点检测

现实世界的许多数据集具有复杂的结构，那里对象可能是关于其局部邻域，而不是关于整个数据分布而被视为离群点。因此，当数据集含有多种分布或数据集由不同密度子集混合而成时，数据对象是否离群不仅仅取决于它与周围数据对象的距离大小，而且与邻域内的密度状况有关。这时可以考虑用基于密度的离群点检测方法。

基于密度的离群点检测方法的基本假设是：非离群点对象周围的密度与其邻域周围的密度类似，而离群点对象周围的密度显著不同于其邻域周围的密度。根据这一假定，基于密度的离群点检测方法使用对象和其近邻的相对密度来度量对象是离群点的程度。

如何定义密度呢？一种方法是定义密度为到 k 个最近邻的平均距离的倒数。如果该距离小，则密度高，反之亦然。另外可以采取 DBSCAN 算法对密度的定义，即一个对象周围的密度等于该对象指定距离 r 内对象的个数。如果 r 太小，则许多正常点可能具有低密度，从而具有高离群点得分；如果 r 太大，则许多离群点可能具有与正常点类似的密度。无论使用哪种密度定义检测离群点，都具有与基于距离的离群点检测方法类似的特点和局限性。特别地，当数据集中存在不同密度的区域时，这类方法不能正确地识别离群点。

为了正确地识别数据集中的离群点，这里给出相对密度（relative density）的定义：将点 x 的密度与它 k 个最近邻的平均密度之比定义为相对密度。计算公式为

$$\text{relative density}(x,k)=\frac{\sum\limits_{y\in N(x,k)}\mathrm{density}(y,k)/|N(x,k)|}{\mathrm{density}(x,k)} \tag{6.26}$$

式中，$N(x, k)$是不包含 x 的 k-最近邻的集合；$|N(x, k)|$是该集合的大小；y 是一个最近邻。

基于相对密度的离群点检测方法通过比较数据点的密度与它邻域中数据点的平均密度来检测离群点。定义相对密度为局部离群因子（local outlier factor，LOF）：

$$\mathrm{LOF}(x, k)=\text{relative density}(x, k) \tag{6.27}$$

因为 LOF 是通过数据点的 k 个邻居来计算密度的，而不是全部数据点，因此得名“局部”离群因子。LOF 对局部离群点有极高的灵敏性，若检测数据集中不存在离群点，各数据点的 LOF 近似等于 1，若存在离群点，则离群点的 LOF 随离群程度的增大而增大。

LOF 检测方法的步骤如下。

（1）给定数据点 x 及其最近邻个数 k，计算密度 density(x, k)。

（2）计算数据点 x 的相对密度 relative density(x, k)，并赋值给 LOF(x, k)。

（3）对 LOF(x, k)降序排列，将得分高的数据点视为离群点。

基于密度的离群点检测算法给出了对象是离群点的定量度量，并且即使数据具有不同的区域（密度分布极不均匀）也能够很好地处理。虽然 LOF 算法通过观察不同的 k 值取得最大离群点得分来处理该问题，但是，仍然需要选择这些值的上下界。

6.4.5　基于聚类的离群点检测

聚类分析用于发现局部强相关的对象组，而离群点检测用来发现不与其他对象强相关的对象，所以二者是相对立的过程。如果在聚类结果中，某个簇的点比较少，且簇中心距离其他簇又比较远，则该簇中的点是离群点的可能性就比较大。因此，将聚类分析用于离群点检测是可行的。

直观地，离群点是一个对象，它属于小的偏远簇，或不属于任何簇。考虑一个对象：

（1）该对象属于某个簇吗？如果不属于，则它被视为离群点。

（2）该对象与最近的簇之间的距离很远吗？如果是，则它是离群点。

（3）该对象是小簇或稀疏簇的一部分吗？如果是，则该簇中的所有对象都是离群点。

这三个问题引出了基于聚类的离群点检测的三种策略。

第一种策略：丢弃远离其他簇的小簇。通常，该过程可以简化为丢弃小于某个最小阈值的所有簇。这个方法可以与其他任何聚类技术一起使用，但是需要确定最小簇的大小，以及小簇与其他簇之间距离的阈值。这种策略对簇个数的选择高度敏感，使用这种策略很难将离群点得分附加到单个对象上。

第二种策略：基于原型的聚类，它是一种更系统的方法。所谓基于原型的聚类是指：对于聚类结果的每一个簇，都可以找到一个典型的数据来代表这个簇。换句话说，该数据的特征是这个簇中数据特征最标准的体现，那么这个标准数据就叫作这个簇的原型。以普通数据与原型数据之间的距离为标准，可以将所有数据聚合到不同的簇中。在基于原型的聚类中，首先聚类所有对象，然后评估对象属于簇的程度（离群点得分）。主要有两种方法评估对象属于簇的程度：一是度量对象到原型数据的距离，并用它作为该对象的离群点得分；二是考虑到簇具有不同的密度，可以度量簇到原型数据的相对距离，相对距离是点到质心的距离与簇中所有点到质心的距离的中位数之比。

更一般地，对于基于目标函数的聚类，可以使用目标函数来度量对象属于任意簇的程度。如果删除一个对象可使目标显著改进，则可将该对象视为离群点。例如，在 K-均值算法中，删除远离簇中心的对象能够显著降低该簇的误差平方和。

假设数据集 D 被聚类算法划分成 k 个簇 $C=\{C_1, C_2,\cdots, C_k\}$，对象 p 的离群因子 OF2(p) 定义为 p 与所有簇间距离的加权平均，计算公式如下：

$$\mathrm{OF2}(p)=\sum_{j=1}^{k}\frac{|c_j|}{|D|}\cdot d(p,C_j) \tag{6.28}$$

OF2 为对象 p 的离群点得分。如果一个对象不强属于任何簇（离群点得分较高），则称该对象为离群点。

之前的两种策略都只是检测单个离群点，因为它们是一次将一个对象与数据集中的簇进行比较。然而，在某些情况，一些离群点可能是类似的，并且形成一个小簇。例如，在入侵检测中，使用相同手段攻击系统的黑客可能形成一个簇。如果用前两种策略较难检测这种情形。

第三种策略：识别小簇或稀疏簇。这种策略的一个典型方法是寻找基于簇的局部离群点因子算法，具体描述如下。

（1）找出数据集中的簇，并把它们按大小降序排列。该算法假定大部分数据点都不是离群点，它使用一个参数来区别大簇和小簇，如包含数据集中至少 90%的数据点的簇被视为大簇，其余的簇被看成是小簇。

（2）对于每个数据点赋予基于簇的局部离群点因子（cluster-based local outlier factor, CBLOF），对于属于大簇的点，它的 CBLOF 是簇的大小和该点与簇的相似性的乘积。对于属于小簇的点，它的 CBLOF 等于小簇的大小和该点与最近的大簇的相似性的乘积。

CBLOF 可以检测远离任何簇的离群点。

基于聚类的离群点检测方法步骤如下。

（1）利用某种聚类技术对给定数据集 D 进行聚类，得到聚类结果 $C=\{C_1, C_2, \cdots, C_k\}$。

（2）计算数据集 D 中所有对象 p 的离群因子 OF2(p)及其平均值 Ave_OF2 和标准差 Dev_OF2，满足 OF2(p)$\geqslant$Ave_OF2+β Dev_OF2 ($1\leqslant\beta\leqslant2$)的对象判定为离群点，这里$\beta$为设定的值。

有些聚类技术如 K-均值聚类的时间和空间复杂度都是线性或接近线性的，因此，基于聚类的离群点检测算法比较高效。这类算法对很多类型的数据都有效。簇的定义通常是离群点的补，因此可能同时发现簇和离群点。基于聚类的离群点检测算法的缺点包括：产生的离群点集和它们的得分可能非常依赖所用的簇的个数；聚类算法产生的簇的质量对该算法产生的离群点的质量影响非常大；对于大型数据集而言，聚类算法通常开销很大，这可能成为离群点检测的瓶颈。

参 考 文 献

[1] Agrawal R, Srikant R. Fast algorithms for mining association rules in large databases[C]. Proceedings of the 20th International Conference on Very Large Data Bases, 1994: 487-499.

[2] Han J W, Kamber M, Pei J. 数据挖掘：概念与技术（第 3 版）[M]. 范明, 孟小峰, 译. 北京：机械工业出版社, 2012.

[3] Agrawal R, Srikant R. Mining sequential patterns[C]. Proceedings of the Eleventh International Conference on Data Engineering, 1995: 3-14.

[4] 毛国君, 段丽娟. 数据挖掘原理与算法[M]. 3 版. 北京：清华大学出版社, 2016.

[5] Zaki M J, Meira Jr W. 数据挖掘与分析：概念与算法[M]. 吴诚堃, 译. 北京：人民邮电出版社, 2017.

[6] 周英, 卓金武, 卞月青. 大数据挖掘：系统方法与实例分析[M]. 北京：机械工业出版社, 2016.

第 7 章　预测性数据分析

预测性分析（predictive analytics）是指通过统计学、数据挖掘、机器学习等技术来分析当前及历史数据，从而对未来或其他不确定的事件进行预测，获得具有价值和意义的结论的过程。预测性分析方法主要包括两大类，一是统计学中的回归分析、时间序列分析与判别分析等统计分析方法，二是数据挖掘与机器学习中的分类算法与推荐算法等人工智能方法。

预测性分析方法被广泛应用于商业、电信、工程、医疗等领域。在商业领域，利用预测模型可以从历史和交易数据中探索规律，捕捉各个因素之间的联系，以识别和评估可能的风险，从而指导商业决策。例如在金融服务领域，利用信用评分模型处理一个客户的信用记录、贷款申请和客户数据，从而分析客户在未来还贷的可能性，并依照分析结果将客户依次排序。

7.1　线性回归分析

回归分析是根据一个或一组自变量（解释变量）的变动情况预测与其具有相关关系的某个随机变量（被解释变量）的未来值的一种统计分析方法。回归分析需要建立描述变量间相关关系的回归方程。在回归分析中，使用线性函数对数据进行建模，并且通过数据来估计未知的模型参数，这类模型被称为线性回归模型。线性回归模型是回归分析中经过严格研究并在实际应用中被广泛使用的统计模型。

回归分析中，若只包括一个自变量和一个因变量，且二者的关系可用一条直线近似表示，这种回归分析称为一元线性回归分析。如果回归分析中包括两个或两个以上的自变量，且因变量和自变量之间是线性关系，则称为多元线性回归分析[1]，回归模型的分类如图 7.1 所示。

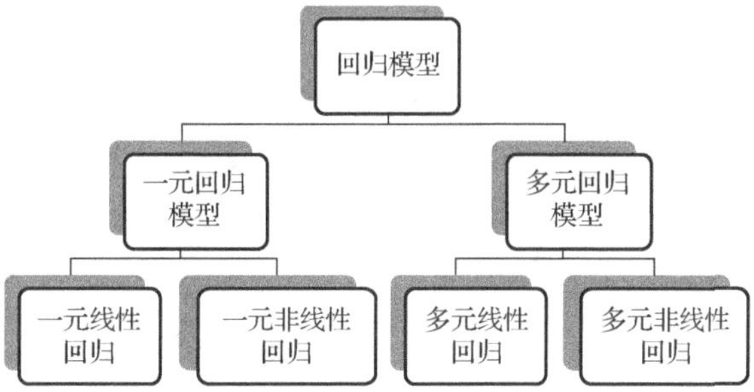

图 7.1　回归模型的分类

7.1.1　一元线性回归分析

一元线性回归分析包括两个变量，一个是自变量 x，另一个是因变量 y。通过样本数据 $(x_1,y_1),(x_2,y_2),\cdots,(x_n,y_n)$ 的散点图或者计算相关系数，如果发现自变量 x 和因变量 y 之间存在较强的线性相关关系，因变量 y 随自变量 x 有规律地变化，则利用线性函数可以描述这一变化的趋势。数据样本点散布在直线的周围，此种情况说明 y 的变化除了受自变量 x 影响以外，还受其他因素的影响。

一元线性回归是描述两个变量之间相关关系的最简单的回归模型，自变量 x 与因变量 y 之间的线性相关关系用数学模型描述为

$$y = \beta_0 + \beta_1 x + \varepsilon \tag{7.1}$$

其中两个变量 y 与 x 之间的关系由两部分描述，一部分是由于 x 的变化引起 y 线性变化的部分，即 $\beta_0 + \beta_1 x$，另一部分是由其他随机因素引起的，记为 ε。式（7.1）称为变量 y 对 x 的一元线性回归模型，β_0 和 β_1 是未知参数，称 β_0 为回归常数，β_1 为回归系数。ε 表示其他随机因素的影响，一般假定 ε 是不可观测的随机误差，它是一个随机变量，通常假定 ε 满足：

$$E(\varepsilon) = 0,\ \mathrm{Var}(\varepsilon) = \sigma^2 \tag{7.2}$$

$E(\varepsilon) = 0$ 表示 ε 对 y 的总体影响期望为 0。因为所有的样本点并不是完全在回归直线上，即 x 与 y 的关系不是确定的函数关系，所以 ε 的方差一定不为 0，$\mathrm{Var}(\varepsilon) = \sigma^2$ 的意义为在不同 x 下，ε 对 y 产生同样的波动。

由于 $E(\varepsilon) = 0$，对式（7.1）两边求期望，得

$$E(y) = \beta_0 + \beta_1 x \tag{7.3}$$

称式（7.3）为一元线性回归方程。由于 β_0 和 β_1 是未知参数，线性回归分析的任务之一就是用恰当的方法，在样本数据基础上对回归方程中的未知参数进行估计。为了得到回归方程中未知参数的理想估计值，通常使用最小二乘法进行参数估计，最小二乘法的示意图如图 7.2 所示。

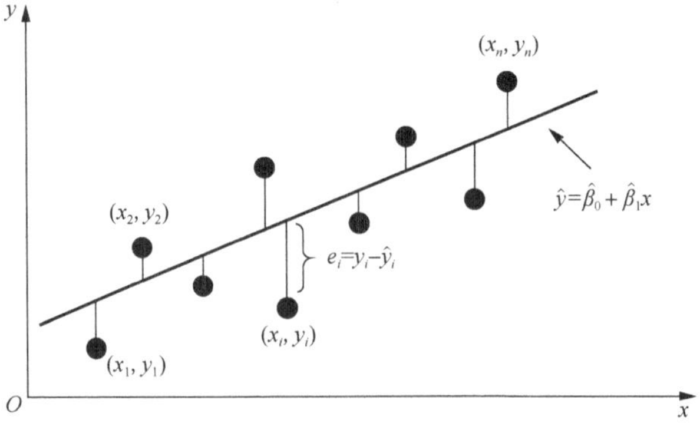

图 7.2　最小二乘法示意图

对于一元线性回归，估计的回归方程形式为

$$\hat{y} = \hat{\beta}_0 + \hat{\beta}_1 x \tag{7.4}$$

式中，$\hat{\beta}_0$ 和 $\hat{\beta}_1$ 是未知参数 β_0 和 β_1 的估计值；$\hat{y}$ 是因变量 y 的估计值。

对于数据样本点 $(x_1,y_1),(x_2,y_2),\cdots,(x_n,y_n)$，分别代入一元线性回归模型（7.1）和估计的回归方程（7.4），则有

$$y_i = \beta_0 + \beta_1 x_i + \varepsilon_i,\ i=1,2,\cdots,n \tag{7.5}$$

$$\hat{y}_i = \hat{\beta}_0 + \hat{\beta}_1 x_i,\ i=1,2,\cdots,n \tag{7.6}$$

对样本观测值 (x_i, y_i)，最小二乘法考虑因变量的观测值 y_i 与其估计值的离差越小越好，综合地考虑 n 个离差值，定义离差平方和为

$$Q(\hat{\beta}_0,\hat{\beta}_1) = \sum_{i=1}^{n}(y_i - \hat{y}_i)^2 = \sum_{i=1}^{n}(y_i - \hat{\beta}_0 - \hat{\beta}_1 x_i)^2 \tag{7.7}$$

由于 Q 是关于 $\hat{\beta}_0$ 和 $\hat{\beta}_1$ 的非负二次函数，因而它的最小值总是存在的，利用微积分中的极值定理，$\hat{\beta}_0$ 和 $\hat{\beta}_1$ 应满足线性方程组：

$$\begin{cases} \left.\dfrac{\partial Q}{\partial \beta_0}\right|_{\beta_0=\hat{\beta}_0} = -2\sum\limits_{i=1}^{n}(y_i - \hat{\beta}_0 - \hat{\beta}_1 x_i) = 0 \\ \left.\dfrac{\partial Q}{\partial \beta_1}\right|_{\beta_1=\hat{\beta}_1} = -2\sum\limits_{i=1}^{n}x_i(y_i - \hat{\beta}_0 - \hat{\beta}_1 x_i) = 0 \end{cases} \tag{7.8}$$

求解线性方程组（7.8），得到

$$\hat{\beta}_1 = \frac{n\sum\limits_{i=1}^{n}x_i y_i - \left(\sum\limits_{i=1}^{n}x_i\right)\left(\sum\limits_{i=1}^{n}y_i\right)}{n\sum\limits_{i=1}^{n}x_i^2 - \left(\sum\limits_{i=1}^{n}x_i\right)^2},\quad \hat{\beta}_0 = \overline{y} - \hat{\beta}_1\overline{x} \tag{7.9}$$

式中，$\overline{x}$ 和 $\overline{y}$ 分别是自变量 x 和因变量 y 在样本数据上的平均值。

估计的一元线性回归方程（7.4）在一定程度上描述了自变量 x 和因变量 y 之间的数量关系，根据这一方程，可依据自变量 x 的取值来估计或者预测因变量 y 的取值。

7.1.2　多元线性回归分析

在许多实际问题中，影响因变量的因素往往有多个，这种多个自变量影响一个因变量的问题可以通过多元回归分析来解决。例如，商品需求量除了与商品价格有关以外，还受到替代品的价格、互补品的价格和消费者收入等因素的影响。和一元回归分析相比，多元回归分析应用的范围更加广泛。

设因变量为 y，影响因变量的 k 个自变量分别为 $x_1,x_2,\cdots,x_k$，假设每一个自变量对因变量 y 的影响都是线性的，则多元线性回归模型的一般形式可表示为

$$y = \beta_0 + \beta_1 x_1 + \beta_2 x_2 + \cdots + \beta_k x_k + \varepsilon \tag{7.10}$$

式中，$\beta_0, \beta_1, \beta_2, \cdots, \beta_k$ 为回归参数；ε 为随机误差项。

多元线性回归分析的基本任务是：①利用样本数据对模型参数做出估计；②对模型参数进行假设检验；③应用回归模型，依据自变量 x 的取值来估计或者预测因变量 y 的取值。

为了保证多元线性回归分析的参数估计、统计检验以及置信区间估计的有效性，与一元线性回归分析类似，需要对多元线性回归模型及数据做一些基本假定。

假定 7.1：随机误差项 ε 的概率分布具有零均值，即 $E(\varepsilon) = 0$。

假定 7.2：自变量分别为 $x_1, x_2, \cdots, x_k$ 的所有值，随机误差项 ε 具有相同的方差。

假定 7.3：随机误差项 ε 是一个服从正态分布的随机变量，且相互独立。

假定 7.4：自变量 $x_1, x_2, \cdots, x_k$ 之间不存在多重共线性。

前三项假定与一元线性回归分析的假定是相同的，假定 7.4 是多元线性回归分析需要特别关注的一个假定。多重共线性是指多元线性回归模型中的自变量之间由于存在高度相关关系而使模型估计失真或难以估计准确。

严重的多重共线性可能会产生一些问题，因为它可以增大回归系数的方差，使它们变得不稳定。以下是多重共线性导致的一些问题：①可能会使回归的结果造成混乱，甚至会把分析引入歧途；②可能对参数估计值的正负号产生影响，特别是各回归系数的正负号有可能同预期的正负号相反。

检测多重共线性的最简单的一种办法是计算模型中各对自变量之间的相关系数，并对各相关系数进行显著性检验。严重多重共线性的可能解决办法包括：①考虑使用逐步回归、最佳子集回归方法将一个或多个相关的自变量从模型中剔除，使保留的自变量尽可能不相关；②使用主成分分析将自变量的数量减少为更小的不相关分量集。

根据多元线性回归模型的假定，有

$$E(y) = \beta_0 + \beta_1 x_1 + \beta_2 x_2 + \cdots + \beta_k x_k \tag{7.11}$$

称式（7.11）为多元线性回归方程。与一元回归方程估计类似，也需要用最小二乘法对多元回归方程中的未知参数进行估计。

已知样本数据为 $\left\{(x_{i1}, x_{i2}, \cdots, x_{ik}, y_i) \middle| i = 1, 2, \cdots, n\right\}$，通过使得估计值和观测值之间的离差平方和最小，即

$$\min Q = \sum_{i=1}^{n}\left(y_i - \hat{\beta}_0 - \hat{\beta}_1 x_{i1} - \hat{\beta}_2 x_{i2} - \cdots - \beta_k x_{ik}\right)^2 \tag{7.12}$$

利用微积分中的极值定理，$\hat{\beta}_0, \hat{\beta}_1, \hat{\beta}_2, \cdots, \hat{\beta}_k$ 应满足线性方程组：

$$
\begin{cases}
\left.\dfrac{\partial Q}{\partial \beta_0}\right|_{\beta_0=\hat{\beta}_0} = -2\sum_{i=1}^{n}(y_i - \hat{\beta}_0 - \hat{\beta}_1 x_{i1} - \hat{\beta}_2 x_{i2} - \cdots - \hat{\beta}_k x_k) = 0 \\
\left.\dfrac{\partial Q}{\partial \beta_j}\right|_{\beta_j=\hat{\beta}_j} = -2\sum_{i=1}^{n}x_{ij}(y_i - \hat{\beta}_0 - \hat{\beta}_1 x_{i1} - \hat{\beta}_2 x_{i2} - \cdots - \hat{\beta}_k x_k) = 0, j = 1,2,\cdots,k
\end{cases} \tag{7.13}
$$

求解线性方程组（7.13），得到参数的估计值 $\hat{\beta}_0,\hat{\beta}_1,\hat{\beta}_2,\cdots,\hat{\beta}_k$。手工计算比较烦琐，现在的统计软件都提供了回归分析工具，例如可直接由 Excel 给出回归分析的计算结果。

利用估计出来的多元线性回归方程，可依据自变量 $x_1,x_2,\cdots,x_k$ 的取值来估计或者预测因变量 y 的取值。多元线性回归模型中随机误差项的正态分布假设可用于导出预测的置信区间。有一个重要而有趣的事实是即使放弃随机误差项的正态性假设，允许随机误差项服从任意的分布，这些估计依然具有很好的性质。

在数据挖掘应用中，通常有两个不同的数据集：训练数据集和验证数据集。这两个数据集都蕴含了自变量和因变量之间的典型关系。训练数据集被用来估计回归系数 $\hat{\beta}_0,\hat{\beta}_1,\hat{\beta}_2,\cdots,\hat{\beta}_k$，验证数据集用来组成验证样本，不用来计算回归系数的估计值。在没有假设随机误差项服从正态分布的情况下，通常也能估计出预测模型的误差。

7.2 时间序列分析

所谓时间序列，是指观察或记录到的一组按时间顺序排列的数据。不论是经济领域中某一产品的年产量、月销售量、工厂的月库存量、某一商品在某一市场上的价格变动等，或是社会领域中某一地区的人口数、某医院每日就诊的患者人数、铁路客流量等，还是自然领域中某一地区的温度、月降雨量等，都形成了时间序列。这些序列包含了相应系统的历史行为信息，时间序列分析就是研究如何根据这些时间序列数据，比较精确地找出相应系统的内在统计特性和发展规律，尽可能多地从中提取人们所需要的准确信息。

时间序列分析是一种根据动态数据揭示系统动态结构和规律的统计方法，是统计学的一个分支，其基本思想是根据系统有限长度的运行记录数据，建立能够比较精确地反映时间序列中所包含的动态依存关系的数学模型，并借以对系统的未来行为进行预测[1]。

时间序列分析具有以下特点。

第一，时间序列分析是根据预测目标过去至现在的变化趋势预测未来的发展，它的前提是假设预测目标的发展过程规律性会继续延续到未来，即以惯性原理为依据。时间序列分析正是根据客观事物发展的这种连续性，利用历史数据推测预测对象未来的发展趋势。需要指出的是，由于事物的发展不仅有连续性的特点，而且又是复杂多样的。因此，在应用时间序列分析法进行预测时应注意客观事物未来发展变化规律和发展水平，不一定与其历史和现在的发展变化规律完全一致。随着客观事物的发展，它还会出现一些新的特点。因此，在时间序列分析预测中，决不能机械地按客观事物过去和现在的规律向外延伸，必须要研究分析客观事物变化的新特点和新表现，并且充分考虑这些新特点和新表现。这样才能对客观事物给出既延续其历史变化规律，又符合其现实表现的可靠的预测结果。一般情况下，时间序列预测用于短期预测精度较高，中期预测次之，长期预测精度最低。

第二，时间序列预测方法不考虑事物发展之间的因果关系，假设预测对象的变化仅仅与时间有关。事实上，预测对象与外部因素有着密切而复杂的联系。时间序列中的每一个数据都是许多外部因素综合作用的结果，整个时间序列则反映了外部因素综合作用下，预测对象的变化过程。因此，预测对象仅与时间有关的假设，是对外部因素复杂作用的简化，这种简化使预测更为直接和简便，但也会降低预测精度。当遇到外界环境发生较大变化时，往往会有较大偏差。时间序列预测方法对于中短期预测的效果要比长期预测的效果好。因为客观事物，尤其是经济现象，在一个较长时间内发生外界因素变化的可能性加大，它们对市场经济现象必定要产生重大影响。如果出现这种情况，进行预测时，只考虑时间因素不考虑外界因素对预测对象的影响，其预测结果就会与实际状况严重不符。

第三，时间序列数据的变化存在着规律性与不规律性，通常假设时间序列含有不同的成分，如趋势、季节性、周期性和随机性。实际数据的时间序列能够展示研究对象在一定时期内的发展变化趋势与规律，因而可以从时间序列中找出变量变化的特征、趋势以及发展规律，从而对变量的未来变化进行有效的预测。时间序列中每一时期的数据，都是由许多不同的成分同时发生作用的综合结果。各类组成成分的共同作用，使时间序列数据发生变化，有的具有规律性，如长期趋势变动和季节性变动；有些就不具有规律性，如不规则变动。时间序列分析就是要运用统计方法和数学方法，把时间序列数据分解为多种成分并建立模型，据此预测时间序列的变化规律。

7.2.1　时间序列的组成成分

为了便于对时间序列的分析与预测，通常根据各种成分的特点或影响效果把时间序列分解为四种成分：趋势（secular trend，T）成分、循环（cyclical variation，C）成分、季节（seasonal variation，S）成分与不规则（irregular variation，I）成分。其中趋势成分又可以分为线性趋势成分和非线性趋势成分两种情况。时间序列的组成成分如图 7.3 所示。

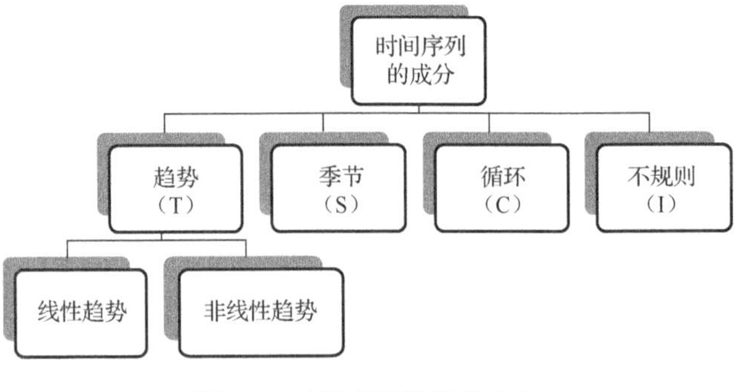

图 7.3　时间序列的组成成分

（1）长期趋势（T）是指由于某种关键因素的影响，时间序列在较长时间内连续不断地向一定的方向持续发展（上升或下降），或相对停留在某一水平上的倾向，反映了事物的主要变化趋势，是事物本质在数量上的体现，它是分析预测时间序列的重点。这种趋势既可以是线性的，也可以是非线性的。趋势成分是改变时间序列均值的力量。

（2）季节变动（S）是指由于自然条件和社会条件的影响，时间序列在一个年度内的跌宕起伏、循环性波动。例如工农业生产、交通运输、建筑业、旅游业、商业都存在着明显的季节性变动。当然，这里的“季节”一词是广义的，它不仅仅指的是一年当中的四季，也可指任何一种年度内的周期性变化。季节波动的持续期间可跨季度，但通常都不跨年度。且从各年度间的横向对比来看，季节波动的起始时间点基本上都相同。

（3）循环变动（C）是指变动以数年为周期，而变动规律是波动式的变动。它与长期趋势不同，不是朝单一方向持续发展，而是涨落相间的波浪式起伏变动。与季节变动也不同，它的波动时间较长，变动周期长短不一。经济周期就是一种典型的循环变动。市场经济条件下由于竞争，出现一个经济扩张时期紧接着是一个收缩时期，再接下来又是一个扩张时期等变化，通常在同一时间内影响到大多数经济部门，如对农产品的需求量、住宅建筑、汽车工业的发展、资本主义国家经济危机的变化周期等。这种循环往往是由高值到低值，再回到高值的波浪型模式。

（4）不规则变动（I）是指各种偶然性因素引起的变动，也称为随机变动。随机波动的性态一般不会重复出现，更不会呈现出周期性发生的特点。不过，不规则成分也并非毫无规律可循。例如，尽管在整个时间序列的采样期间内，不规则成分表现出向零收敛的趋势，但在相邻的几个时间点上，不规则性波动通常都会呈现出不同程度的正相关特点。亦即一次较大的随机波动之后，总会紧接着发生几次较大的随机波动，反之亦然。不规则波动的这种正相关性正是随机变量短期预测的依据之一。

7.2.2　平稳序列的预测

时间序列可以分为平稳序列和非平稳序列两大类。平稳序列是基本不存在趋势的序列。这类序列中的各观察值基本上在某个固定的水平上波动，虽然在不同时间段波动的程度不同，但并不存在某种规律，其波动可以看成是随机的。非平稳序列是包含趋势、季节性或周期性的序列，它可能只含有其中的一种成分，也可能是几种成分的组合。因此，非平稳序列又可以分为有趋势的序列、有趋势和季节性的序列以及几种成分混合而成的复合型序列。

当时间序列的每期数据都具有相同的概率分布时，称这个时间序列是平稳的。如果时间序列的概率分布是随着时间变化而变化的，那么这个时间序列就是不平稳的。如果时间序列具有相同的概率分布，那么序列的期望和方差将相同，不会随着时间变化而变化。在统计分析时，一个时间序列是否平稳可以通过观察它的自相关系数进行判断。如果它的自相关系数随着滞后期的增加迅速收敛于 0 附近，这个时间序列就很可能是平稳的。通过对自相关系数的观察可以得到一个大概的估计，但严谨的统计学结论还需要通过平稳性的统计检验。

平稳时间序列的预测方法主要有简单平均法、移动平均法和指数平滑法等平滑法，基本思想是通过对时间序列进行平滑以消除随机波动。

（1）简单平均法假设事物在历史上各个时期的状况对未来的影响程度是相同的，因此在预测时，将反映事物在历史上各个时期状况的数据看得同等重要，用它们的简单算术平均值作为下一时期的预测值。这种方法比较简单，但准确程度较低，一般只能用于短期预测。

（2）移动平均法是用一组最近的时间序列实际数据值来预测下一期数值的一种常用方法。移动平均法根据预测时使用的各元素的权重不同，可以分为简单移动平均和加权移动平均。

设时间序列最近的 k 期观察值为 $y_t, y_{t-1}, \cdots, y_{t-k+1}$，第 $t+1$ 期的预测值为 f_{t+1}，利用简单移动平均的计算公式如下：

$$f_{t+1} = \frac{y_t + y_{t-1} + \cdots + y_{t-k+1}}{k} \tag{7.14}$$

简单移动平均的特点包括：

① 将每个观察值都给予相同的权重；

② 主要适合对较为平稳的序列进行预测；

③ 只使用最近期的数据，在每次计算移动平均值时，移动的间隔都为 k；

④ 对于同一个时间序列，采用不同的移动间隔，预测的准确性是不同的。选择移动间隔时，可通过试验的办法，选择一个使均方误差达到最小的移动间隔。

加权移动平均对近期的观察值和远期的观察值赋予不同的权重后再进行预测。加权移动平均法的计算公式如下：

$$f_{t+1} = w_t y_t + w_{t-1} y_{t-1} + \cdots + w_{t-k+1} y_{t-k+1} \tag{7.15}$$

式中，$w_t, w_{t-1}, \cdots, w_{t-k+1}$ 分别为最近 k 期观察值 $y_t, y_{t-1}, \cdots, y_{t-k+1}$ 的权重。

当时间序列的波动较大时，最近期的观察值应赋予最大的权重，较远时期的观察值赋予的权重依次递减。当时间序列的波动不是很大时，对各期的观察值应赋予近似相等的权重。所选择的各期的权重之和必须等于 1。对移动间隔和权重的选择，也应以预测精度来评定，即用均方误差来度量预测精度，选择一个均方误差最小的移动间隔和权重的组合。

（3）指数平滑法是加权移动平均的一种特殊形式，对过去的观察值加权平均进行预测的一种方法，基本思想是距离当前时间越远的观察值，其权重随之呈现指数级的下降，因而称为指数平滑，有一次指数平滑、二次指数平滑、三次指数平滑等。一次指数平滑法也可用于对时间序列进行修匀，以消除随机波动，找出序列的变化趋势。

一次指数平滑法以一段时期的预测值与观察值的线性组合作为第 $t+1$ 期的预测值，其预测模型为

$$f_{t+1} = \alpha y_t + (1-\alpha) f_t \tag{7.16}$$

式中，y_t 为第 t 期的实际观察值；f_t 为第 t 期的预测值；$\alpha \in [0,1]$ 为平滑系数。

在开始计算时，没有第 1 期的预测值 f_1，通常可以设 f_1 等于第 1 期的实际观察值 y_1，即 $f_1 = y_1$。因此，由式（7.16）可得第 2 期的预测值为

$$f_2 = \alpha y_1 + (1-\alpha) f_1 = \alpha y_1 + (1-\alpha) y_1 = y_1 \tag{7.17}$$

以此类推，第 3 期的预测值为

$$f_3 = \alpha y_2 + (1-\alpha) f_2 = \alpha y_2 + (1-\alpha) y_1 \tag{7.18}$$

第 4 期的预测值为

$$f_4 = \alpha y_3 + (1-\alpha) f_3 = \alpha y_3 + \alpha(1-\alpha) y_2 + (1-\alpha)^2 y_1 \tag{7.19}$$

利用 Excel 软件可以简便易行地进行指数平滑预测，节约预测时间并提高预测的准确率，预测者可根据时间序列散点图的历史趋势等选择平滑系数 α。平滑系数 α 越大，最近时间点的观测值对预测值的影响越大。当时间序列有较大的随机波动时，适宜选择较大的 α，以便能快速反映近期的变化。当时间序列比较平稳时，适宜选择较小的 α。

7.2.3　趋势型序列的预测

时间序列的趋势是指时间序列中蕴含着持续向上或持续下降的状态或规律。时间序列的趋势可以分为线性趋势和非线性趋势，预测方法也分为线性趋势预测方法和非线性趋势预测方法。

（1）线性趋势是指时间序列随着时间的推移而呈现出稳定增长或下降的线性变化规律。预测方法可采用线性模型法，即构建如下的一元线性回归模型：

$$y_t = \beta_0 + \beta_1 t + \varepsilon \tag{7.20}$$

式中，y_t 为 t 时刻的时间序列观测值；β_0 和 β_1 是未知参数；ε 为随机误差项。

对于时间序列的一元线性回归模型，可以利用最小二乘法估计出回归方程：

$$\hat{y}_t = \hat{\beta}_0 + \hat{\beta}_1 t \tag{7.21}$$

式中，$\hat{\beta}_0$ 和 $\hat{\beta}_1$ 是未知参数 β_0 和 β_1 的估计值；$\hat{y}_t$ 是 y_t 的预测值。

（2）非线性趋势是指时间序列随着时间的推移而呈现出非线性变化规律。预测方法可采用非线性模型法，例如指数曲线预测法和多项式函数拟合法。

指数曲线预测法是用指数函数曲线拟合预测对象的历史统计数据，从而建立能描述其发展过程的预测模型，然后以模型外推进行预测的方法。指数曲线预测法是增长曲线预测法的一种形式。其适用条件是，预测对象的增长趋势近似于指数函数曲线，而且判断它在预测期限内不会出现突然的变化。指数曲线的非线性趋势方程为

$$\hat{y}_t = ab^t \tag{7.22}$$

式中，$\hat{y}_t$ 是时间序列 y_t 的预测值；a 和 b 是需要估计的未知参数。若 $b>1$，增长率随着时间 t 的增加而增加；若 $b<1$，增长率随着时间 t 的增加而降低；若 $a>0$，$b<1$，趋势值逐渐降低到以 0 为极限。

为了估计式（7.22）中的未知参数 a 和 b，采取“线性化”手段将其变换为对数直线形

式，即两端取对数，得到

$$\ln \hat{y}_t = \ln a + (\ln b)t \tag{7.23}$$

式（7.23）本质上还是一个一元线性回归方程，根据最小二乘原理，可以估计出 $\ln a$ 和 $\ln b$ 的参数值，再取其反对数，即得到 a 和 b 的参数值。

有些时间序列的变化形态比较复杂，序列形态有升有降，在变化过程中可能有几个拐点，这时就需要用多项式函数来拟合。当有 k-1 个拐点时，需要用 k 阶函数曲线，即

$$y_t = \beta_0 + \beta_1 t + \beta_2 t^2 + \cdots + \beta_k t^k + \varepsilon \tag{7.24}$$

式中，$\beta_0, \beta_1, \beta_2, \cdots, \beta_k$ 为未知参数；ε 为随机误差项。令 $x_1 = t, x_2 = t^2, \cdots, x_k = t^k$，则式（7.24）变换为多元线性回归模型，根据最小二乘原理，可以估计出未知参数 $\beta_0, \beta_1, \beta_2, \cdots, \beta_k$ 的参数值。

7.2.4　季节型序列的预测

季节性变动是指时间序列在一年内重复出现的周期波动。例如，旅游市场在旺季的时候客流量大，淡季的时候客流量就少。某些商品（如空调、冷饮、啤酒、服装）在一年内会有销售旺季和销售淡季，商品销售量因季节不同而发生明显变化。这里的“季节”不仅指一年中的四季或者 12 个月份，其实是指任何一种周期性的变化。例如，城市的交通流量，每天都会显示出一个“季节性”变化，早晚高峰时刻交通压力达到最大，午夜到凌晨这段时间，交通流量就比较小。含有季节成分的序列可能含有趋势，也可能不含有趋势。

可以利用季节指数预测法对季节型序列进行简单建模。季节指数预测法根据时间序列数据所呈现的季节性变动规律，计算描述该变动的季节变动指数，进而对预测目标未来状况做出预测的方法。

季节指数法的一般步骤如下。

（1）收集历年各月或各季的时间序列数据。

（2）求出各年同月或同季观察值的平均数（用 A 表示）。

（3）求历年间所有月份或季度的平均值（用 B 表示）。

（4）计算各月或各季度的季节指数（用 C 表示），即 $C=A/B$。

（5）根据未来年度的全年趋势预测值，求出各月或各季度的平均趋势预测值，然后乘以相应季节指数，就得到未来年度内各月和各季度包括季节变动的预测值。

季节指数反映了该季度与总平均值之间的一种比较稳定的关系。如果比值大于 1，说明该季度的值常会高于总平均值；如果比值小于 1，说明该季度的值常低于总平均值；如果序列的季节指数都近似为 1，就说明该序列没有明显的季节性。季节指数是一种以相对数表示的季节变动衡量指标。季节指数刻画了时间序列在一个年度内各月或各季度的典型季节特征。

除了季节指数预测法，还可以利用季节性多元回归预测法对含有季节成分的时间序列进

行预测建模。季节性多元回归预测法是用虚拟变量来表示季节的多元回归预测方法。如果时间序列是按照季度来记录的，则需要引入 3 个虚拟变量；如果时间序列是按照月份来记录的，则需要引入 11 个虚拟变量。对于季度时间序列数据，以第 4 季度为参照季度，引入的 3 个虚拟变量分别为

$$Q_i = \begin{cases} 1, & t\text{属于第}i\text{季度} \\ 0, & t\text{不属于第}i\text{季度} \end{cases}, \quad i = 1,2,3 \tag{7.25}$$

则季节性多元线性回归方程可表示为

$$\hat{y}_t = \beta_0 + \beta_1 t + \beta_2 Q_1 + \beta_3 Q_2 + \beta_4 Q_3 \tag{7.26}$$

式中，β_0、β_1、β_2、β_3、β_4为未知参数，根据最小二乘原理，可以估计出未知参数β_0、β_1、β_2、β_3、β_4的参数值。β_0表示时间序列的平均值，β_1表示时间序列线性趋势成分的系数，β_2、β_3、β_4分别表示每个季度与参照的第 4 季度的平均差值。

7.2.5　时间序列预测方法的选择

对于现实世界中的时间序列预测问题，首先需要确定时间序列的成分，然后再根据不同的时间序列成分，选择不同的时间序列预测方法。一般来说，任何时间序列中都会有不规则成分，而商务与管理数据中通常不考虑周期性，所以只剩下趋势成分和季节成分。图 7.4 给出了时间序列的类型和可供选择的方法。

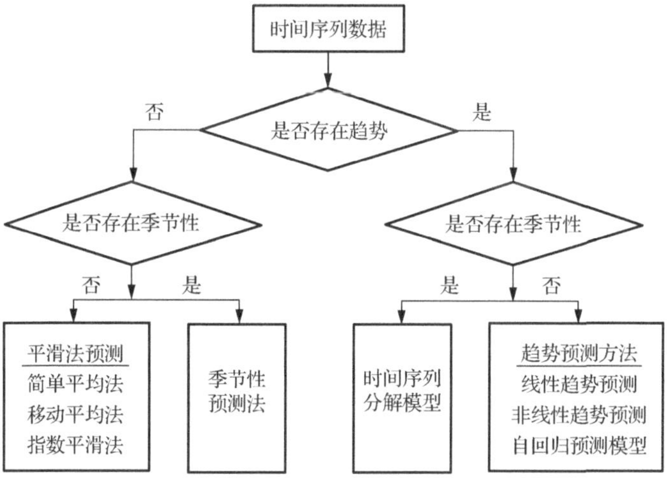

图 7.4　时间序列的类型与预测方法的选择

不含趋势成分和季节成分的时间序列，即平稳时间序列，由于这类时间序列只含随机成分，只要通过简单平均法、移动平均法或者指数平滑法等预测方法就可以消除随机波动。对于只含有趋势成分的时间序列，可以采用线性趋势预测、非线性趋势预测、自回归预测模型等趋势预测方法进行预测。对于只含有季节成分而不含有趋势成分的时间序列，可以采用季节指数预测法或者季节性多元回归等季节性预测法。对于既含有季节成分又含有趋势成分的

时间序列，则需要采用时间序列分解模型进行综合分析预测。

7.2.6　复合型序列的分解预测

复合型序列是指含有趋势、季节、循环和不规则成分的序列。对这类序列的预测方法是将时间序列的各个成分依次分解出来，分别进行预测建模，然后再利用时间序列分解模型进行综合分析预测。

时间序列$\{y_t\}$可以表示为趋势（T）、季节（S）、循环（C）和不规则（I）四种成分的函数，时间序列分解模型的一般表达式为

$$y_t = f(T_t, S_t, C_t, I_t) \tag{7.27}$$

时间序列分解模型有很多种，常用的时间序列分解模型包括加法模型、乘法模型和混合模型。

时间序列分解模型的加法模型表达式为

$$y_t = T_t + S_t + C_t + I_t \tag{7.28}$$

当时间序列散点图显示的时间序列的季节变动大致相等时，可以考虑采用加法模型。

时间序列分解模型的乘法模型表达式为

$$y_t = T_t \times S_t \times C_t \times I_t \tag{7.29}$$

当时间序列散点图显示的时间序列的季节变动与时间序列的长期趋势大致成正比时，可以考虑采用乘法模型。

一般而言，时间序列分解模型常常简化为仅包括趋势、季节和不规则，重点对趋势和季节成分进行建模。考虑趋势、季节和不规则三种成分时，时间序列分解模型的混合模型表达式为

$$y_t = S_t \times T_t + I_t,\ y_t = S_t \times (T_t + I_t) \tag{7.30}$$

时间序列分解模型能帮助解释历史数据为什么变化，能使管理人员分别预计各局部模式的变化。这些局部模式不仅能用以预测，而且也可用于管理之中，再加上它容易被管理人员所理解，因此分解法在直观上吸引了许多管理人员的注意，从而被大量地用于实际问题的预测。值得一提的是，分解法仅适用于那些季节性较强的中短期预测，当预测目标受外界干扰较大时，其预测能力会明显减弱。

7.3　判别分析

回归分析是用解释变量去解释（或预测）被解释变量，其中被解释变量为连续数值型变量。但是对于被解释变量为离散类别型变量，一般的回归分析模型不适合解决此类问题，而判别分析则是一种合适的多元统计分析方法。

判别分析（discriminate analysis）用代数方法或几何方法描述来自若干个已知集合（总体）的对象（或观测值）的差异性，以便强调不同组间的显著区别。试图找到一些判别规则（或分类规则），根据这些规则尽可能地将若干个已知集合（总体）对象所构成的大集合分开[2]。

判别分析和机器学习与数据挖掘中的分类（classification）目标经常重叠，特别是判别分析的最终目的通常是分类。判别分析在寻找一种判别规则，利用判别函数来描述或者解释两组或多组群体之间的区别。分类则更偏向于给出分类结果，即预测一个新观测对象的类别，或者说是将其分配到一个类别中，利用一些规则（分类器）评估新观测对象的测量值向量，找到该对象最有可能属于的类别。由于在应用判别分析和分类器设计时，所有观测对象的被解释变量都有既定的类别取值（类别标签），即有“标准答案”可供监督学习，故判别分析和分类都属于机器学习中的有监督学习（supervised learning）方法。

判别分析与聚类分析的区别主要包括：

（1）聚类分析可以对样本进行分组，也可以对指标进行分组，而判别分析只能对样本进行分组。

（2）聚类分析事先不知道事物的类别，也不知道分几组，而判别分析必须事先知道事物的类别和类别数。

（3）聚类分析根据样本之间的相似性直接对样本进行分组，而判别分析需要根据样本数据去建立判别函数，然后才能对样本进行分类。

判别分析有着广泛的应用，例如在经济管理领域，识别银行贷款、信用卡、保险等风险等级，判别一个应聘者是否被招聘的公司录取，预测一个公司未来几年内是否会破产倒闭等；在学术研究领域还包括生物种群分类、良性肿瘤和恶性肿瘤的医学判别研究，以及考古学中的头骨化石分类以及人的指纹识别等模式识别研究。

7.3.1　判别分析的基本思想

判别分析的基本思想是按照一定的判别准则，建立一个或多个判别函数，用研究对象的观测数据来确定判别函数中的待定系数，并计算判别指标，据此确定某一样本属于何类。

根据判别中的组数，可以分为两个总体的判别分析和多个总体的判别分析；根据判别函数的形式，可以分为线性判别和非线性判别；根据判别标准不同，可以分为距离判别、Fisher 判别、贝叶斯判别等；根据判别式处理变量的方法不同，可以分为逐步判别、序贯判别等。

距离判别是一种简单、直观的判别方法，适合于对自变量均为连续变量的情况下进行分类，且它对变量的概率分布类型无严格要求，特别是并不严格要求总体协方差阵相等。距离判别的基本思想是由训练样本得出每个分类的重心坐标，然后对新样本求出它们离各个类别重心的距离远近，从而归入离得最近的类，也就是根据样本点距离总体的远近进行判别。最常用的距离是马氏距离，偶尔也采用欧氏距离。

判别分析的假设条件主要包括：

（1）分组类型在两种以上，并且组间样本在判别值上差别明显，解释变量是可测量的连续数值型变量。

（2）组内样本数不得少于两个，样本数量要多于解释变量数，以得到理想的判别效果。

（3）所确定的判别变量不能是其他判别变量的线性组合，以避免发生多重共线性问题。

（4）各组样本的协方差矩阵相等，此时得到的判别函数为线性判别函数。

（5）各判别变量之间具有多元正态分布，以便精确计算显著性检验值和分组归属的概率。

7.3.2　两个总体的判别分析

设有两个总体 G_1 和 G_2，$x \in R^p$ 是一个 p 维样本点，若能定义样本点到总体 G_1 和 G_2 的距离 $d(x,G_1)$ 和 $d(x,G_2)$，则可用如下的规则进行判别。

（1）若样本点 x 到总体 G_1 的距离小于到总体 G_2 的距离，则认为样本点 x 属于总体 G_1。

（2）若样本点 x 到总体 G_2 的距离小于到总体 G_1 的距离，则认为样本点 x 属于总体 G_2。

（3）若样本点 x 到总体 G_1 和 G_2 的距离相等，则让它待判。

上述判别规则的数学描述为

$$\begin{cases} x \in G_1, & \text{若} d(x,G_1) < d(x,G_2) \\ x \in G_2, & \text{若} d(x,G_1) > d(x,G_2) \\ \text{待判}, & \text{若} d(x,G_1) = d(x,G_2) \end{cases} \tag{7.31}$$

当总体 G_1 和 G_2 为正态总体，距离选用马氏距离，即

$$d(x,G_1) = \sqrt{(x-\mu_1)'\Sigma_1^{-1}(x-\mu_1)},\ d(x,G_2) = \sqrt{(x-\mu_1)'\Sigma_2^{-1}(x-\mu_1)} \tag{7.32}$$

式中，μ_1、μ_2、Σ_1、Σ_2 分别为总体 G_1 和 G_2 的均值和协方差阵，当总体不是正态分布时，有时也可以用马氏距离来描述样本点 x 到总体的远近。如果协方差相等，即 $\Sigma_1 = \Sigma_2 = \Sigma$，则有

$$d^2(x,G_2) - d^2(x,G_1) = 2\left(x - \frac{\mu_1+\mu_2}{2}\right)^{\mathrm{T}} \Sigma^{-1}(\mu_1 - \mu_2) \tag{7.33}$$

令

$$f(x) = (\mu_1 - \mu_2)^{\mathrm{T}} \Sigma^{-1} x - \frac{1}{2}(\mu_1 - \mu_2)^{\mathrm{T}} \Sigma^{-1}(\mu_1 + \mu_2) \tag{7.34}$$

于是，判别规则(7.31)可表示为

$$\begin{cases} x \in G_1, & \text{若} f(x) > 0 \\ x \in G_2, & \text{若} f(x) < 0 \\ \text{待判}, & \text{若} f(x) = 0 \end{cases} \tag{7.35}$$

判别规则(7.35)取决于(7.34)中的 $f(x)$ 取值，通常称 $f(x)$ 为判别函数。由于它是关于样本点 x 的线性函数，又称为线性判别函数，示意图如图 7.5 所示。

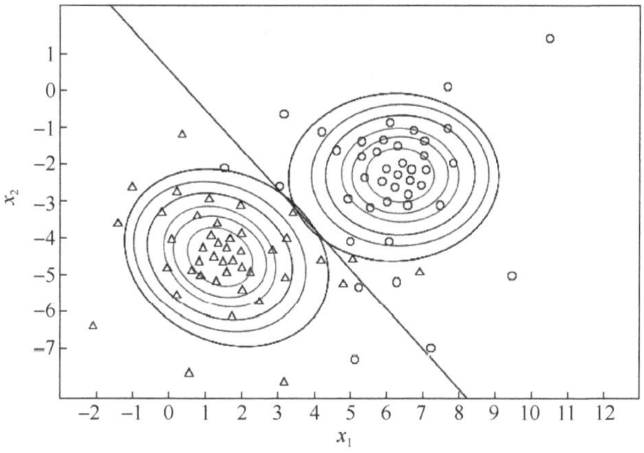

图 7.5　线性判别函数示意图

在大多数情况下，总体参数 μ_1、μ_2、Σ 均为未知参数，此时首先需要通过样本数据来估计总体参数，然后再利用判别规则（7.35）对新样本点 x 进行判别。

如果两个总体的协方差不相等时，即 $\Sigma_1 \neq \Sigma_2$，则有

$$f(x)=(x-\mu_2)^{\mathrm{T}}\Sigma_2^{-1}(x-\mu_2)-(x-\mu_1)^{\mathrm{T}}\Sigma_1^{-1}(x-\mu_1) \tag{7.36}$$

式中，判别函数 $f(x)$ 是关于样本点 x 的二次函数，又称为二次判别函数。

7.3.3　多个总体的判别分析

对于多个总体的判别分析问题，可以将其转化为两个总体判别分析问题。与两总体判别分析问题类似，首先讨论多个总体的协方差阵相等的情况。设有 k 个总体 $G_1,G_2,\cdots,G_k$，它们的均值分别是 $\mu_1,\mu_2,\cdots,\mu_k$，协方差阵均为 Σ，此时可以得到多个线性判别函数：

$$f_{ij}(x)=(\mu_i-\mu_j)^{\mathrm{T}}\Sigma^{-1}x-\frac{1}{2}(\mu_i-\mu_j)^{\mathrm{T}}\Sigma^{-1}(\mu_i+\mu_j),\ i\neq j,\ i,j=1,2,\cdots,k \tag{7.37}$$

对于样本点 x，相应的判别规则为

$$\begin{cases} x\in G_i, & 若 f_{ij}(x)>0, \forall j\neq i \\ 待判, & 若某个 f_{ij}(x)=0 \end{cases} \tag{7.38}$$

如果多个总体的协方差阵 $\Sigma_1,\Sigma_2,\cdots,\Sigma_k$，彼此不相等，此时可以得到多个二次判别函数：

$$f_{ij}(x)=(x-\mu_j)^{\mathrm{T}}\Sigma_j^{-1}(x-\mu_j)-(x-\mu_i)\Sigma_i^{-1}(x-\mu_i),\ i\neq j,i,j=1,2,\cdots,k \tag{7.39}$$

对于样本点 x，相应的判别规则与式（7.38）相同。

7.3.4　应用实例

割草机制造商希望把城市中的家庭分成可能购买割草机（G_1）和不太可能购买割草机（G_2）

两类。在一个城市的家庭数据中，随机抽取 12 个有割草机家庭和 12 个无割草机家庭作为样本，调查两项指标：x_1 =家庭收入（单位：千美元）和 x_2 =草坪面积（单位：kft^2）①。调查后得到的样本数据如表 7.1 所示[3]。

表 7.1　是否拥有割草机的家庭样本调查数据

有割草机家庭 G_1		无割草机家庭 G_2	
x_1 /千美元	x_2 /kft^2	x_1 /千美元	x_2 /kft^2
90.0	18.4	105.0	19.6
115.5	16.8	82.8	20.8
94.8	21.6	94.8	17.2
91.5	20.8	73.2	20.4
117.0	23.6	114.0	17.6
140.1	19.2	79.2	17.6
138.0	17.6	89.4	16.0
112.8	22.4	96.0	18.4
99.0	20.0	77.4	16.4
123.0	20.8	63.0	18.8
81.0	22.0	81.0	14.0
111.0	20.0	93.0	14.8

将表 7.1 中的数据画出散点图，由图 7.6 可以看到，与无割草机家庭相比，有割草机家庭的特征是具有较高的收入和较大的草坪。另外，两个群体有一定程度的重叠。

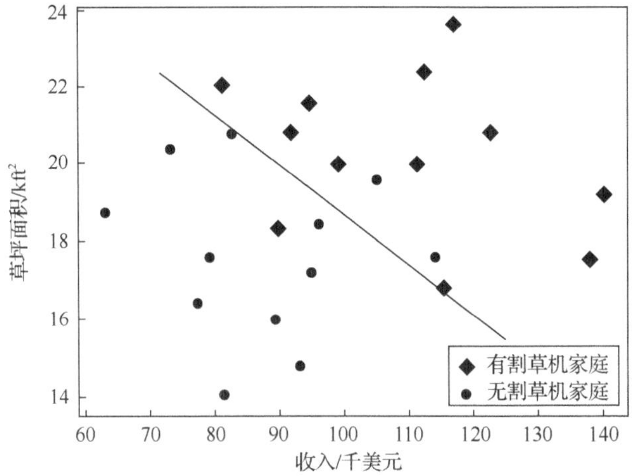

图 7.6　有割草机家庭和无割草机家庭的收入和草坪面积

考虑采用线性判别分析法把区域分成两个部分，使得大多数的有割草机家庭在一个半平面，无割草机家庭在另一个半平面。一个好的判别规则会在有很少的点被误分的情况下分出

① 1ft=0.3048m。

这些数据，如图 7.6 所示的直线在判别这些数据方面看起来性能还可以，其中 24 个样本点中，只有 3 个被误分了。

通过数值计算可能得到线性判别函数。根据表 7.1 的数据，计算总体 G_1 和 G_2 的均值和协方差阵分别为

$$\mu_1 = (109.475, 20.267)\text{，}\quad \mu_2 = (87.4, 17.633)$$

$$\Sigma_1 = \begin{bmatrix} 323.2569 & -10.8333 \\ -10.8333 & 3.7422 \end{bmatrix}\text{，}\quad \Sigma_2 = \begin{bmatrix} 183.98 & -2.3733 \\ -2.3733 & 4.0922 \end{bmatrix}$$

对两总体数据进行协方差阵是否相等的统计检验（Box's M 检验），原假设假定各组协方差阵相等。检验结果显示，在 0.05 的显著性水平下不能拒绝原假设，即认为协方差阵相等。于是可根据式（7.34）计算判别函数。采用下述公式计算协方差阵 Σ 的值：

$$\hat{\Sigma} = \frac{1}{n_1 + n_2 - 2}(A_1 + A_2)\text{，}\quad A_a = \sum_{j=1}^{n_a}(x_j^{(a)} - \overline{x}^{(a)})(x_j^{(a)} - \overline{x}^{(a)})', a = 1, 2$$

式中，n_1 和 n_2 分别是有割草机家庭和无割草机家庭的样本数。协方差阵 Σ 的估计值为

$$\Sigma = \begin{bmatrix} 23.0562 & -0.6003 \\ -0.6003 & 0.3561 \end{bmatrix}\text{，}\quad \Sigma^{-1} = \begin{bmatrix} 0.0454 & 0.7647 \\ 0.7647 & 2.9370 \end{bmatrix}$$

代入式（7.34），得到线性判别函数为 $f(x) = 1.203x_1 + 9.422x_2 - 296.948$。

当给定其他待判样本的取值时，可根据上述得到的线性判别函数及式（7.35）对应的判别规则将待判样本归类。例如，家庭 A 的家庭收入为 120 千美元，草坪面积为 22kft^2，家庭 B 的家庭收入为 90 千美元，草坪面积为 17kft^2。将样本数据（90,17）、（120,22）分别代入判别函数，有

$$f(90, 17) = 1.203 \times 90 + 9.422 \times 17 - 296.948 = -28.504 < 0$$

$$f(120, 22) = 1.203 \times 120 + 9.422 \times 22 - 296.948 = 54.696 > 0$$

于是，家庭 A 和家庭 B 分别对应于 G_1（有割草机家庭）和 G_2（无割草机家庭）。

7.4　分类算法

分类是指将数据映射到预先定义好的群组或类。因为在分析观测数据之前，类别就已经被确定了，所以分类通常被称作有指导的学习[4]。分类算法通常通过观察已经知道所属类别的数据特征来描述类别。模式识别就是一类分类问题。输入的模式根据它与预先定义好的类别的相似度，被划分到某一类中去。作为最常用的一种数据挖掘技术，分类技术已经被广泛应用于许多领域，如图像识别、医疗诊断、贷款审批、工业应用中的故障检测和金融市场走势分类等。

分类与预测有着密切的关系。通常认为，当被预测的值是连续值时，称之为预测；当被预测的值是离散值时，称之为分类。

7.4.1　分类的数学定义

进行分类的所有方法都假设已知训练数据的类别标签。通常利用训练集来计算分类技术需要确定的参数，训练数据由样本输入数据与数据的类别归属组成。完成这个过程一般需要领域专家辅助。下面给出分类问题的数学定义[5]。

给定一个由元组（条目，记录）组成的数据集 $D=\{x_1,x_2,\cdots,x_n\}$ 和一个类别集合 $C=\{C_1,C_2,\cdots,C_k\}$，分类问题是指定义一个映射 $f:D\to C$，其中每个元组被分配到一个类中。如果元组 x_i 被映射到类 C_j 中，则有 $C_j=f(x_i),1\leqslant i\leqslant n,x_i\in D$。

上述定义将分类视为一个从数据集到类别集合的映射。注意到类别是预先定义的，不重叠的，且分割了整个数据集。数据集中的每个元组都被精确地分配到某个类中。对于一个分类问题，与元组 x_i 属于同一类别的所有元组的集合构成了元组 x_i 的等价类。

实际上，一个分类问题要分成如下两步来实现。

步骤 1：通过对训练集进行计算产生一个特定的模型（分类器）。在这个步骤中，以训练数据（包括对每个元组定义的类别）作为输入数据，以计算得到的模型作为输出数据。产生的模型要尽可能精确地分类训练数据。

步骤 2：将步骤 1 中产生的模型应用于目标数据集中的元组进行分类。

虽然实际上在步骤 2 才进行分类，但更多的研究工作集中在步骤 1。步骤 2 通常是很简单的。有以下三种基本方法可以用来求解分类问题。

（1）指定边界。这里是通过将潜在数据集元组的输入空间分割成区域来进行分类，其中每个区域对应于一个类别。

（2）利用概率分布。对于任意给定的类 C_j，$P(x_i\mid C_j)$ 是样本点 x_i 的类条件概率分布函数。如果各个类别 C_j 出现的概率 $P(C_j)$ 是已知的（可能由领域专家确定），则可用 $P(C_j)P(x_i\mid C_j)$ 来估计 x_i 属于类 C_j 的概率。

（3）利用后验概率。给定一个样本点 x_i，要确定 x_i 属于类 C_j 的概率，记为 $P(C_j\mid x_i)$，称作后验概率。分类方法就是要确定每一类的后验概率，然后将 x_i 分配到具有最高概率的类中去。

根据分类算法所采用的基本思想，可以给出不同类型的分类算法，如图 7.7 所示。统计算法直接基于统计信息进行分类，基于距离的算法利用相似性或者距离度量进行分类，基于规则的分类算法则生成 IF-THEN 规则进行分类。决策树、神经网络和支持向量机利用各自的结构进行分类。

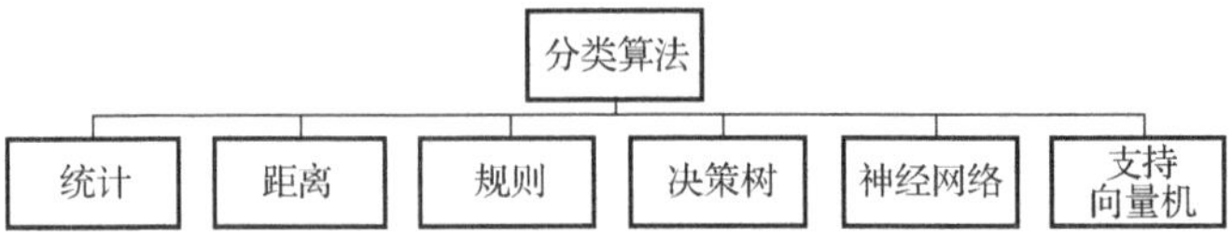

图 7.7　分类算法的分类

在实际的模式分类问题中，不但有多种不同类型的分类器可供选择，而且在每种类型的分类器中也有多种参数需要选择，比如在 k-最近邻分类器中选择多少近邻、在决策树分类器中的叶节点数目和在神经网络的隐层中有多少个神经元。不同的选择就对应着不同的分类器。一个自然的、判断分类器表现的评价准则是这个分类器做出错误分类的概率有多大。一个没有发生错误的分类器可能是完美的，但由于存在噪声数据，在实际中并不希望构建这样的分类器，这就是过拟合问题。如果分类器精确地拟合训练数据，则它可能不会很好地应用于更广泛的数据总体。解决过拟合问题的有效途径是依据结构风险最小化准则来选择和设计分类器。所谓的结构风险最小化就是在保证分类精度（经验风险）的同时，降低分类器的模型复杂度，从而使分类器在整个样本集上的期望风险得到控制。

7.4.2　决策树

决策树是建立在信息论基础之上，是对数据进行分类的一种算法。顾名思义，决策树是基于“树”结构来进行决策的，是人类在面临决策问题时一种很自然的处理机制。利用决策树进行分类的基本思想是通过一批已知的训练数据建立一棵决策树，然后利用建好的决策树，对新的数据进行预测。决策树的建立过程可以看成是数据规则的生成过程。

决策树是一种类似于流程图的树结构，由节点和有向边组成。节点分为内部节点（包括根节点）和叶节点。内部节点表示一个特征或属性；叶节点表示一个类。树中的每个内部节点对应于训练样本集中一个特征属性上的测试，内部节点的每个分支对应属性的一个测试结果，每个叶节点则代表一个类或类分布。树的最顶层节点是根节点，从根节点到叶节点的一条路径形成一条分类规则。决策树可以很方便地转化为分类规则，是一种非常直观的分类模式表示形式。

决策树方法的起源是概念学习系统，然后发展到 ID3 算法和 C4.5 算法。另外，著名的决策树方法还包括建立在坚实的概率论和统计学基础之上的分类与回归树（calssification and regression tree，CART）算法，它是应用较广的归纳推理算法之一。ID3 算法是由 Quinlan 在 1986 年首先提出的[6]，该算法是以信息论为基础，以信息熵（entropy）和信息增益（information gain）为衡量标准，从而实现对数据的归纳分类。ID3 算法通过计算每个属性的信息增益，认为信息增益高的属性应该优先进行划分决策，每次划分选取信息增益最高的属性为划分标准，重复这个过程，直至生成一个能完美分类训练样本的决策树。

1948 年，美国信息学家香农（Shannon）提出了信息熵的概念，表示随机变量不确定性的度量。熵越大，随机变量的不确定性就越大。假设 X 是取有限值的离散随机变量，有 m 个离散值，其概率分布为 $P=\left(p_1,p_2,\cdots,p_m\right)$，则随机变量 X 的熵定义为

$$H(X)=-\sum_{i=1}^{m}p_i\log_2 p_i \tag{7.40}$$

在已知随机变量 X 发生的情况下，随机变量 Y 的熵称为条件熵 $H(Y|X)$，公式如下：

$$H(Y|X)=\sum_{i=1}^{m} p_i H(Y|X=x_i) \tag{7.41}$$

当熵和条件熵中的概率由数据估计得到时，所对应的分别为经验熵和经验条件熵。

信息增益表示得知属性 A 的信息而使得集合 D 的信息不确定性减少的程度，即集合 D 的经验熵减去属性 A 的条件熵，公式如下：

$$\text{Gain}(D,A)=H(D)-H(D|A) \tag{7.42}$$

一般地，熵 $H(D)$ 与条件熵 $H(D|A)$ 之差称为互信息（mutual information）。决策树学习中的信息增益等价于训练数据集中类与特征的互信息。

计算使用所有属性划分数据集 D，得到每个属性划分数据集 D 的信息增益，从这些信息增益中选择最大的，因而当前节点的划分属性便是使信息增益最大的属性。但是信息增益的一个缺点是容易偏向取值较多的属性。当属性的取值较多时，根据该属性划分更容易得到纯度更高的子集，导致划分之后的熵更低，由于划分前的熵是一定的，因此信息增益更大。在 C4.5 算法中使用信息增益比对这个问题进行了校正。信息增益比本质是在信息增益的基础之上乘上一个惩罚参数，当属性取值较多时，惩罚参数较小；属性取值较少时，惩罚参数较大。

ID3 算法的核心是在决策树各个节点上对应信息增益准则选择属性，递归地构建决策树，具体步骤如下。

（1）从根节点开始，对节点计算所有可能属性的信息增益，选择信息增益最大的属性作为节点的属性。

（2）由该属性的不同取值建立子节点，再对子节点递归地调用以上方法，构建决策树；直到所有属性的信息增益均很小或没有属性可以选择为止。

（3）最后得到一个决策树。

下面给出一个利用 ID3 算法来判断某天是否适合打网球的具体应用实例，数据集如表 7.2 所示。

表 7.2　气象数据集

序号	天气	气温	湿度	是否有风	是否适合打网球
1	晴	热	高	无	否
2	晴	热	高	有	否
3	阴	热	高	无	是
4	雨	温	高	无	是
5	雨	凉爽	中	无	是
6	雨	凉爽	中	有	否
7	阴	凉爽	中	有	是

续表

序号	天气	气温	湿度	是否有风	是否适合打网球
8	晴	温	高	无	否
9	晴	凉爽	中	无	是
10	雨	温	中	无	是
11	晴	温	中	有	是
12	阴	温	高	有	是
13	阴	热	中	无	是
14	雨	温	高	有	否

该数据集 D 包含 14 个训练样本，类别属性中取值为“是”和“否”的样本数量分别为 9 个和 5 个，于是根据式(7.40)可计算出根节点的信息熵为

$$H(D)=-\sum_{i=1}^{2}p_i\log_2 p_i=-\frac{9}{14}\log_2\frac{9}{14}-\frac{5}{14}\log_2\frac{5}{14}=0.940$$

然后，计算该例中属性集合{天气，气温，湿度，是否有风}中每个属性的信息增益。以“天气”属性为例，该属性包含三个可能的取值{晴，阴，雨}，用属性“天气”对数据集 D 划分得到三个子集 D^1(天气=晴)、D^2(天气=阴)、D^3(天气=雨)，分别计算这三个分支的信息熵如下所示：

$$H(D^1)=-\frac{2}{5}\log_2\frac{2}{5}-\frac{3}{5}\log_2\frac{3}{5}=0.971$$

$$H(D^2)=-\frac{4}{4}\log_2\frac{4}{4}-0=0$$

$$H(D^3)=-\frac{3}{5}\log_2\frac{3}{5}-\frac{2}{5}\log_2\frac{2}{5}=0.971$$

由式（7.41），属性“天气”的信息增益为

$$\begin{aligned}\text{Gain}(D,\text{天气})&=H(D)-H(D\mid A)\\&=0.940-\left(\frac{5}{14}\times 0.971+\frac{4}{14}\times 0+\frac{5}{14}\times 0.971\right)=0.246\end{aligned}$$

同理，可计算出其他属性的信息增益：

$$\text{Gain}(D,\text{气温})=0.029$$

$$\text{Gain}(D,\text{湿度})=0.151$$

$$\text{Gain}(D,\text{是否有风})=0.048$$

因为属性“天气”的信息增益最大，故选择“天气”为划分属性。该节点的三个子集包

含的样本为 $D^1\{1,2,8,9,11\}$，$D^2\{3,7,12,13\}$，$D^3\{4,5,6,10,14\}$.

对于 D^1(天气=晴)分支，计算该分支下属性集合{气温, 湿度, 是否有风}中每个属性的信息增益分别为

$$\text{Gain}(D^1,\text{气温}) = 0.571$$

$$\text{Gain}(D^1,\text{湿度}) = 0.971$$

$$\text{Gain}(D^1,\text{是否有风}) = 0.020$$

此时，属性“湿度”的信息增益最大，故选择“湿度”为划分属性。在该划分下，由于属性“湿度”取值为“高”的样本分类属性全部为“否”，属性“湿度”取值为“中”的样本分类属性全部为“是”，因此该分支划分终止。

对于 D^2(天气=阴)分支，由于样本分类属性全部为“是”，因此该分支不进一步划分。

对于 D^3(天气=雨)分支，计算该分支下的属性集合{气温, 湿度, 是否有风}中每个属性的信息增益分别为

$$\text{Gain}(D^3,\text{气温}) = 0.020$$

$$\text{Gain}(D^3,\text{湿度}) = 0.020$$

$$\text{Gain}(D^3,\text{是否有风}) = 0.971$$

此时，属性“是否有风”的信息增益最大，故选择“是否有风”为划分属性。在该划分下，由于属性“是否有风”取值为“有”的样本分类属性全部为“否”，属性“是否有风”取值为“无”的样本分类属性全部为“是”，因此该分支划分终止。构建的决策树如图 7.8 所示。

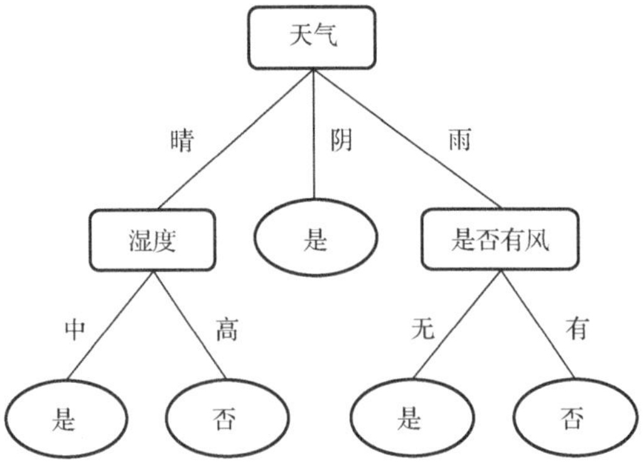

图 7.8　根据气象数据判断某天是否适合打网球的决策树

当给定一个新样本，假设样本各属性的取值为{晴, 温, 中, 无}，则依据构建的决策树可判定该样本的分类结果为“是”。

7.4.3 贝叶斯分类

贝叶斯分类是利用概率统计知识进行分类的一类算法。在许多实际应用中，贝叶斯（Bayes）分类算法可以与决策树和神经网络分类算法相媲美，该算法能运用到大型数据库中，而且方法简单、分类准确率较高、速度快。贝叶斯分类算法以贝叶斯理论为基础，通过求解后验概率分布，预测样本属于某一类别的概率[7]。

设 X 是类标号未知的数据样本，H 为某种假定。对于分类问题，可以形式化为确定概率 $P(H|X)$，即给定观测数据样本 X 的条件下，假定 H 成立的先验概率为 $P(H)$ 。$P(H|X)$ 是在已知 X 的条件下，假定 H 的后验概率。如果已知 $P(X)$ 、 $P(H)$ 和 $P(X|H)$，则利用贝叶斯定理

$$P(H|X)=\frac{P(X|H)P(H)}{P(X)} \tag{7.43}$$

可以计算出假定 H 的后验概率 $P(H|X)$ 。

贝叶斯分类算法的设计思想：对于给出的待分类数据样本点，求解此数据样本点出现的条件下各个类别出现的后验概率，哪个后验概率最大，就认为此待分类数据样本点属于哪个类别。

贝叶斯分类算法的工作过程如下。

（1）给定一个由元组（条目，记录）组成的数据集 $D=\{x_1,x_2,\cdots,x_n\}$ 和一个类别集合 $C=\{C_1,C_2,\cdots,C_k\}$ ，数据样本 x_i 用一个 m 维的属性向量表示，即 $x_i=(x_{i1},x_{i2},\cdots,x_{im})^{\mathrm{T}}$ 。

（2）贝叶斯分类算法将预测数据样本 x_i 属于具有最高后验概率的类。也就是说，贝叶斯分类将数据样本 x_i 分配给类 C_j ，当且仅当

$$P(C_j|x_i)>P(C_l|x_i),\quad 1\leqslant l\leqslant k,l\neq j \tag{7.44}$$

则 $P(C_j|x_i)$ 就是最大后验概率，C_j 称为最大后验假定。为了计算最大后验概率，根据贝叶斯定理，有

$$P(C_j|x_i)=\frac{P(x_i|C_j)P(C_j)}{P(x_i)} \tag{7.45}$$

（3）由于 $P(x_i)$ 对于所有的类都为常数，所以只需要 $P(x_i|C_j)P(C_j)$ 最大即可。如果类的先验概率未知，则通常假定这些类是等概率的，即 $P(C_1)=P(C_2)=\cdots=P(C_k)$ ，并据此只对 $P(x_i|C_j)$ 最大化，否则最大化 $P(x_i|C_j)P(C_j)$ 。

（4）给定具有多维属性的数据集，计算 $P(x_i|C_j)$ 的开销可能非常大。为了降低计算开销，可以做类条件独立的朴素假定。给定数据样本 x_i 的类标号，假定属性值 $x_{i1},x_{i2},\cdots,x_{im}$ 之间相互条件独立，即属性值之间不存在依赖关系，则有

$$P(x_i \mid C_j) == \prod_{p=1}^{m} P(x_{ip} \mid C_j) \tag{7.46}$$

式中，$P(x_{ip} \mid C_j)$可以由训练样本集D估计得到。在估计$P(x_{ip} \mid C_j)$过程中，需要考察属性x_{ip}是分类属性还是连续值属性。考虑如下两种情况：

① 如果x_{ip}是分类属性，则$P(x_{ip} \mid C_j)$是D中C_j类属性值为x_{ip}的元组数除以D中C_j类的元组总数。

② 如果x_{ip}是连续值属性，则通常假定该属性服从正态分布，则有

$$P(x_{ip} \mid C_j) \propto \frac{1}{\sqrt{2\pi}\sigma_{c_j}} \mathrm{e}^{\frac{(x_{ip}-\mu_{c_j})^2}{2\sigma_{c_j}^2}} \tag{7.47}$$

式中，μ_{c_j}、σ_{c_j}分别为C_j类样本的均值和标准差。

（5）为了预测数据样本x_i的类别，对每个类C_l，计算$P(x_i \mid C_l)P(C_l), 1 \leqslant l \leqslant k$。数据样本$x_i$被指派到使$P(x_i \mid C_l)P(C_l)$最大的类$C_j$。

应用实例：利用表 7.2 中的数据集作为训练集，当给定一个新样本，该样本各属性的取值为{晴, 温, 中, 有}，如何用贝叶斯分类算法来判断是否适合打网球？

根据贝叶斯定义，分别计算给定样本属性取值条件下，“适合打网球”和“不适合打网球”这两个类别的概率，公式如下：

$$P(\text{是}|\text{晴},\text{温},\text{中},\text{有}) = \frac{P(\text{晴},\text{温},\text{中},\text{有}|\text{是})P(\text{是})}{P(\text{晴},\text{温},\text{中},\text{有})}$$

$$P(\text{否}|\text{晴},\text{温},\text{中},\text{有}) = \frac{P(\text{晴},\text{温},\text{中},\text{有}|\text{否})P(\text{否})}{P(\text{晴},\text{温},\text{中},\text{有})}$$

由于上述两式分母相同，因此只需比较分子的大小即可得到结果。

$$P(\text{晴},\text{温},\text{中},\text{有}|\text{是})P(\text{是}) = P(\text{晴}|\text{是})P(\text{温}|\text{是})P(\text{中}|\text{是})P(\text{有}|\text{是})P(\text{是})$$

$$= \frac{2}{9} \times \frac{4}{9} \times \frac{6}{9} \times \frac{3}{9} \times \frac{9}{14} \approx 0.014$$

$$P(\text{晴},\text{温},\text{中},\text{有}|\text{否})P(\text{否}) = P(\text{晴}|\text{否})P(\text{温}|\text{否})P(\text{中}|\text{否})P(\text{有}|\text{否})P(\text{否})$$

$$= \frac{3}{6} \times \frac{2}{6} \times \frac{1}{6} \times \frac{3}{6} \times \frac{6}{14} \approx 0.006$$

由于 0.014＞0.006，所以当条件为{晴，温，中，有}，利用贝叶斯分类算法得到的结论为适合打网球。

7.4.4　*k*-最近邻分类

k-最近邻分类算法是数据挖掘分类技术中较简单的方法之一。*k*-最近邻分类算法也被称为基于实例的学习，属于懒惰学习（lazy learning）这是由于 *k*-最近邻分类没有显式的学习过程，也就是说没有训练阶段，而是当需要分类未知样本时才使用具体的训练样本进行预测。

k-最近邻分类算法的思想是建立一种对函数形式没有假设的分类方法。给定一个待分类样本，计算它与训练集中每个对象的距离，圈定距离最近的 *k* 个训练样本点作为其最近邻，然后使用这 *k* 个最近邻中出现次数最多的类标号作为待分类样本的类标号值。*k*-最近邻分类算法具体步骤如下。

（1）确定最近邻的数量，即设定参数 *k* 的取值。

（2）计算未知样本和每个训练样本之间的距离。

（3）对距离从小到大排序。

（4）取出距离从小到大的 *k* 个训练样本，作为 *k*-最近邻样本。

（5）统计 *k*-最近邻样本中每个类标号出现的次数。

（6）选择出现频率最高的类标号作为未知样本的类标号。

图 7.9 中的算例，首先设定最近邻的数量 k=5，训练集数据由 ω_1、ω_2 和 ω_3 三类样本数据组成，给定一个待分类样本 X_u，计算它与训练集中每个对象的距离，圈定距离最近的 5 个训练对象作为其最近邻，然后使用这 5 个最近邻中出现次数最多的类标号作为待分类样本的类标号值，由于有 4 个最近邻都属于 ω_1，按照“少数服从多数”原则，可知样本 X_u 属于 ω_1。

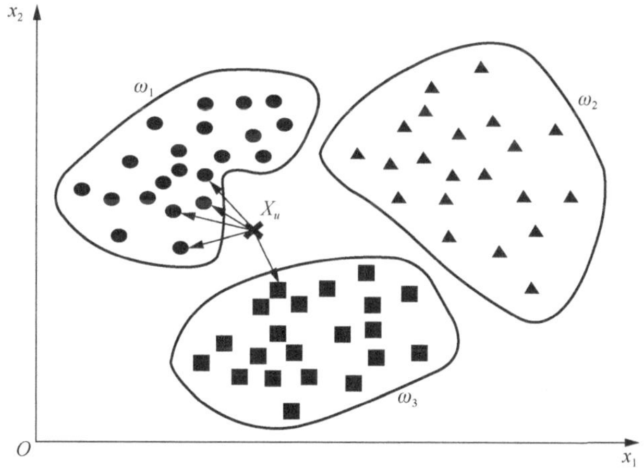

图 7.9　*k* 值取 5 时的最近邻分类器示意图

在给定一个有类标号的样本数据集条件下，启动 *k*-最近邻分类算法仅需要一个参数 *k* 和度量两个样本间距离的度量方法。

参数 *k* 值的选取非常重要，因为如果当 *k* 的取值过小时，决策边界对噪声数据非常敏感，较小的 *k* 值意味着决策边界变得复杂，容易发生过拟合；如果 *k* 的取值过大时，就相当于用较大邻域中的训练实例进行预测，*k* 值的增大意味着决策边界变得平滑，但是学习的近似误差又会增大。这时与待分类样本较远的实例也会对预测起作用，从而使预测发生错误。通常

k 的取值为奇数，以免发生平局的可能性。$k=3$ 或 $k=5$ 是比较常见的选择。

k-最近邻分类算法除了需要确定参数 k 的取值之外，还需要根据具体应用情况选择合适的两个样本间距离的度量方法。例如，二维数据集可用欧氏距离或曼哈顿距离来度量，但是对于文档分类，由于数据的维度非常高，就不能使用欧氏距离，通常使用余弦相似度来计算两个文档之间的距离。

在实际应用 k-最近邻分类算法时有两个困难。一个困难是当训练数据的样本数非常大时，k-最近邻分类算法的时间是难以忍受的。已经有许多方法去克服这个困难，例如通过降维技术来减少维数，从而减少计算距离的时间；用复杂的数据结构，如搜索树去加速最近邻的确定；减少训练集中的冗余点，从而加速搜索最近邻。另一个困难是在训练数据集中要求的观测样本数目，会随着维数 m 的增长以指数方式增长。这种现象被称为“维数灾难”。“维数灾难”对所有分类、预测和聚类等都是个重要的基础问题。为了解决“维数灾难”问题，需要去寻找一些能减少变量空间维数的方法，例如特征选择方法或采用主成分分析、奇异值分解和因子分析等特征抽取方法。

7.4.5　人工神经网络

人工神经网络（artificial neural network，ANN）是由大量处理单元互联组成的非线性、自适应信息处理系统。ANN 是在现代神经科学研究成果的基础上提出的，试图通过模拟大脑神经网络处理、记忆信息的方式进行信息处理。据估计，人类中枢神经系统中约含 1000 亿个神经元，仅大脑皮层中就约有 140 亿个神经元，而每个神经元平均与 1 万个其他的神经元相连接。神经元通过控制神经突触接受信息。这些神经突触的连接被认为是大脑行为的关键因素。ANN 从信息处理的角度对人脑神经元组成的生物神经网络进行抽象，建立数学模型，按不同的连接方式组成不同的人工神经网络。

神经元又称神经元细胞或神经细胞，是构成神经系统结构和功能的基本单位。神经元是具有长突起的细胞，它由细胞体和细胞突起构成，神经元的基本结构如图 7.10 所示。

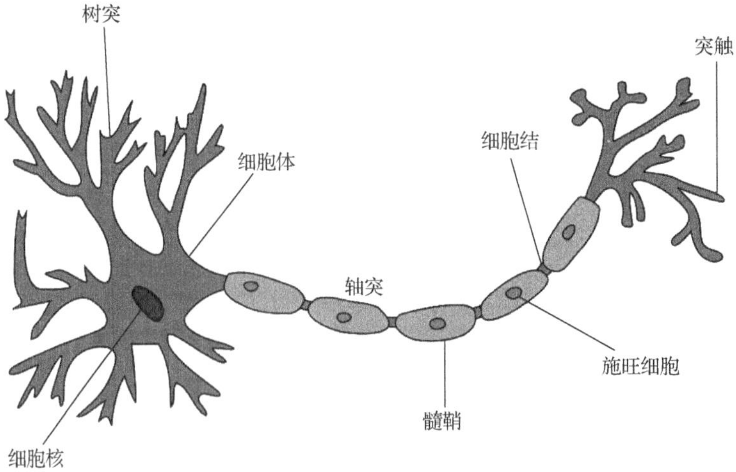

图 7.10　神经元结构示意图

细胞体由细胞核、细胞膜、细胞质组成，具有联络和整合输入信息并传出信息的作用。突起有树突和轴突两种。树突短而分支多，直接由细胞体扩张突出，形成树枝状，其作用是接受其他神经元轴突传来的冲动并传给细胞体。轴突长而分支少，为粗细均匀的细长突起，常起于轴丘，轴突除分出侧枝外，其末端形成树枝样的神经末梢。神经元的功能是神经元受到刺激后能产生兴奋，并能把兴奋传导到其他的神经元，神经元传导神经冲动是沿一定方向传导的，每个神经元可能有很多树突，但是只有一个轴突，树突将神经冲动传向细胞体，轴突则将冲动从细胞体传出。

1943 年，心理学家 W. McCulloch 和数学家 W. Pitts 按照生物神经元的结构和工作原理建立了一个抽象和简化了的神经元数学模型，即 MP 神经元数学模型，如图 7.11 所示。MP 神经元数学模型包含三个基本的组成部分，即

（1）带有权重 w_{ij} 的突触或者联接元，连接到输入值 $x_i, i = 1,2,\cdots,m$。

（2）加法器，将输入值连同权重的加权和 $\sum_{i=0}^{m} w_{ij}x_i$ 代入激活函数中进行计算。其中 $w_{0j} = \theta$ 为激活函数的阈值，为了使模型的数学表示更简洁，通常把它视为附加的偏置单元 x_0 的权重，偏差单元 x_0 的输入值总是为-1，即 $x_0 = -1$。

（3）激活函数 f，也称为压缩函数，将 $\sum_{i=0}^{m} w_{ij}x_i$ 代入激活函数 f 后得到神经元的输出值 y_j。激活函数是单调的，最初的激活函数是 sgn 函数，也就是符号函数。符号函数当输入大于 0 时，输出为 1，否则输出为-1。

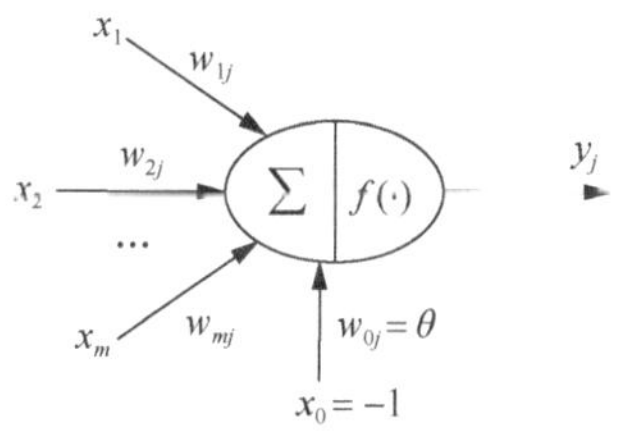

图 7.11　MP 神经元数学模型

在 MP 神经元数学模型中，权重的值都是预先设置的，因此不能学习。虽然 MP 神经元数学模型非常简单，但是它是各种复杂的 ANN 基本信息处理单元。1958 年，计算科学家 F. Rosenblatt 提出一种具有单层计算单元的神经网络，称为感知器（perceptron），感知器是第一个可以学习的人工神经网络[8]。感知器好似一个逻辑回归模型，可以做线性分类任务。感知器模型定义了一个超平面，因此可以用来将输入空间划分成两部分，即输出值为正的半个空间和输出值为负的半个空间。在感知器中，有两个层次，分别是输入层和输出层。输入层里的“输入单元”只负责传输数据，不做计算。输出层里的“输出单元”则需要对前面一层的输入进行计算。

感知器只能做简单的线性分类任务。但是当时的人们热情太过于高涨，并没有人清醒地认识到这点。人工智能领域的巨擘 M. Minsky 和 S. Papert 在 1969 年出版了一本叫 *Perceptron* 的书，从数学角度证明了单层感知器的计算局限性，人工智能开始进入低潮期。Minsky 认为，如果将计算层增加到两层，则计算量过大，而且没有有效的学习算法。所以，他认为研究更深层的神经网络是没有价值的。

1986 年，Rumelhart 等提出了反向传播（back propagation，BP）算法，解决了多层神经网络所需要的复杂计算量问题，从而带动了学术界使用多层神经网络研究的热潮[9]。在众多人工神经网络结构中，成功运用于数据挖掘的是多层前馈网络。多层前馈网络是一个由多个节点组成的仅仅被赋予输入值的输入层和后续的神经元节点组成的隐藏层和输出层，多层前馈网络结构如图 7.12 所示。神经元节点的激活函数有多种，Logistic 函数是一种常用的激活函数，函数表达式为

$$f(x)=\frac{e^x}{1+e^x} \tag{7.48}$$

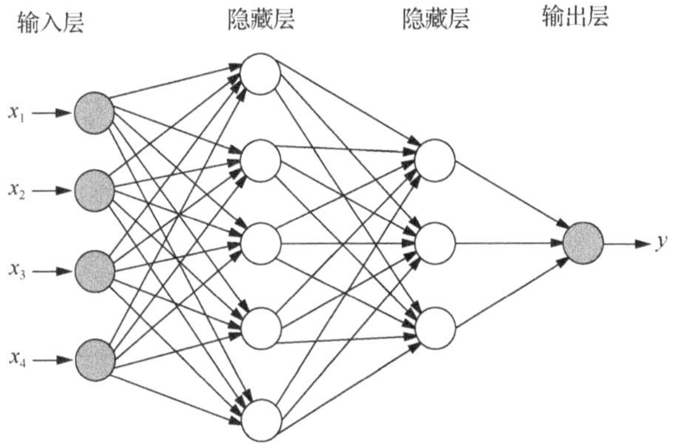

图 7.12　多层前馈网络

Logistic 函数属于 S 型函数，函数图像在初始阶段大致是指数增长，然后随着 x 的增加开始变得饱和并且函数值增加变慢，最后趋于饱和时增加停止。

在多层前馈网络中，上一层神经元的输出是下一层神经元的输入，最后一层称为输出层，包含一个隐藏层和一个输出层的人工神经网络是应用最多的一种多层前馈网络。前馈网络结构简单，应用广泛，能够以任意精度逼近任意连续函数。从系统的观点看，前馈网络是一种静态非线性映射，通过简单非线性处理单元的复合映射，可获得复杂的非线性处理能力。

多层前馈网络优化包括网络结构优化和网络参数优化。目前，在网络结构优化方面，还没有一个明确的理论来指导如何确定每个隐藏层的节点数和网络层数，在实践中通常结合遗传算法等元启发式优化方法来确定隐藏层的节点数和网络层数。在网络参数优化方面，利用误差反向传播算法来优化多层前馈网络的参数。就像单纯形法使得线性规划成为实用工具一样，BP 算法的提出使得多层前馈神经网络成为一个实际工具。

BP 算法通过两种不同的流进行循环，在网络的各个层之间，反向流紧跟着正向流。正向流是指输入层的数据沿着网络中隐藏层和输出层的神经元节点逐层输出计算。在扫描训练数据时，这种算法在这两个流之间交替若干次，训练数据必须在神经网络“学会”如何做出好的输出之前被扫描若干次。BP 算法从第一个隐藏层开始计算，将取自训练集样本数据的自变量取值作为输入值，输出是通过第一隐藏层中所有神经元的加权和以及激活函数的公式计算出来的，这些输出是第二层神经元的输入。同样地，用相应的求和公式和激活函数计算出第二层神经元的输出，这样层层计算一直到输出层。输出层的输出值给出了神经网络对因变量值的预测。

用 w_{ij} 表示节点 i 到节点 j 的连接权，w_{ij} 值随机初始化为一个很小的实数，这些权重根据下面描述的误差反向传播调整到一个新的值。这个阶段始于计算输出层每个神经元的误差。常用的误差函数是节点的输出与它的目标值的离差平方和。这个误差是用来调整输出层与它之前一层的连接权重。调整权重的反向传播过程一直进行到输入层。此时，就有一组新的权重系数使得在训练观测样本时有新的正向流。BP 算法是把最优化方法中的最速下降法应用于寻找使得网络输出误差函数最小的权重。因为函数的复杂度和网络在“学习”过程中“训练”出的大量权重系数，不能保证反向传播算法找到使误差最小的最优权重系数。这个过程也许会陷入局部极小的情况。研究发现在不同扫描中随机地安排训练集中样本数据次序的方式是很有用的。通过流处理方式，即一次用几个例子来更新权重，来提高算法的速度是可能的。扫描训练集的一次迭代是一个周期，通常需要经过多个周期才能达到适当小的误差。许多学者已经提出了大量的、用于减少训练神经网络的周期的修正方法。一个可行的想法是用收敛速度更快的算法来代替最速下降法。另外一个想法是改变调整学习率，使它随着周期的增加而减少，以避免容易发生在训练后期的过拟合。

7.4.6　支持向量机

支持向量机（support vector machine，SVM），又名支持向量网络，是由 Cortes 等于 1995 年提出的一种有监督机器学习模型，广泛用于模式分类问题与回归分析[10]。支持向量机是建立在统计学习理论的 VC 维（vapnik-chervonenkis dimension）理论和结构风险最小化原理基础上的，根据有限的样本信息在模型的复杂度和学习能力之间寻求最佳折中，以求获得最好的推广能力。支持向量机与神经网络类似，都是学习型的机制，但与神经网络不同的是支持向量机使用了概率论与数理统计、泛函分析、核方法、凸优化等数学方法和优化技术。

按照统计学习理论，分类器在经过学习并应用于新数据时会产生风险，风险的类型可分为经验风险和结构风险。经验风险由损失函数定义，描述了分类器所给出的分类结果的准确程度；结构风险由分类器参数矩阵的范数定义，描述了分类器自身的复杂程度以及稳定程度，复杂的分类器容易产生过拟合，因此是不稳定的。

最初的支持向量机是一种二分类模型，它的目的是寻找一个超平面来对样本进行分割，分割的原则是间隔最大化，最终转化为一个凸二次规划问题来求解。按照由简至繁顺序，支持向量机模型包括：①当训练样本线性可分时，通过硬间隔最大化，学习一个线性可分支持向量机；②当训练样本近似线性可分时，通过软间隔最大化，学习一个线性支持向量机；③当训练样本线性不可分时，通过核技巧和软间隔最大化，学习一个非线性支持向量机。

下面以线性可分支持向量机为例，简述支持向量机的基本思想。给定一些样本数据点，它们分别属于两个不同的类，现在要找到一个线性分类器把这些数据分成两类。如果用 x 表示数据点，用 y 表示类别，y 可以取 1 或者 -1，分别代表两个不同的类，则一个线性分类器的学习目标便是要在 m 维的数据空间中找到一个超平面，超平面方程可以表示为

$$w^{\mathrm{T}}x+b=0 \tag{7.49}$$

式中，w 和 b 是超平面的参数；T 代表向量的转置。

对一个样本数据点进行分类，当超平面离数据点的"间隔"越大，分类器的置信度也越大。所以，为了使得分类的置信度尽量高，需要让所选择的超平面能够最大化这个"间隔"值。这个间隔就是图 7.13 中两条虚线之间间隔的一半。中间的实线便是寻找到的最优超平面，其到两条虚线边界的距离相等。虚线间隔边界上的点则是支持向量。由于这些支持向量刚好在虚线间隔边界上，所以它们满足

$$y(w^{\mathrm{T}}x+b)=1 \tag{7.50}$$

而对于所有不是支持向量的样本数据点，则有

$$y(w^{\mathrm{T}}x+b)>1 \tag{7.51}$$

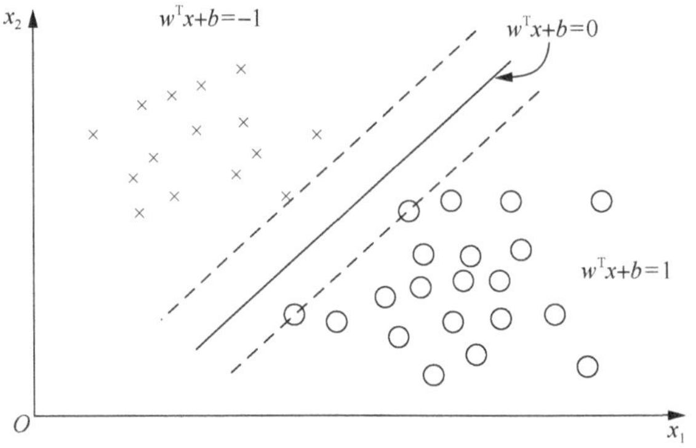

图 7.13 线性可分支持向量机示意图

支持向量机的学习目标是寻找参数 w 和 b 的值，确定一个最优超平面，从而使靠近这个平面的最近的点有最大的间隔。这是一个优化问题，即

$$\max\frac{1}{\|w\|}\quad \text{s.t.}\ \ y_i(w^{\mathrm{T}}x_i+b)\geqslant 1, i=1,2,\cdots,n \tag{7.52}$$

求解优化问题（7.52），就可以确定二分类问题的最优超平面。

7.5 推荐算法

互联网时代的到来使得人们从信息匮乏时代步入了信息过载时代。在这样的背景下，如何从丰富的信息中找到用户感兴趣的内容成为一个重要的问题。以推荐算法为基础的推荐系统便是解决上述问题的一种思路。

7.5.1 个性化推荐的基本概念

推荐算法的研究起源于 20 世纪 90 年代，由美国明尼苏达大学 GroupLens 研究小组最先开始研究，他们想要制作一个名为 Movielens 的电影推荐系统，从而实现对用户进行电影的个性化推荐。不同于传统的搜索引擎技术，个性化推荐以用户丰富的行为数据为基础，在电子商务、新闻、视频、社交、娱乐等各类商品和服务中均有应用。个性化推荐的目的是帮助用户找到他们感兴趣的信息并将信息展现在感兴趣的用户面前，从而解决网络中的信息过载问题，提升平台的转化率。个性化推荐算法可分为基于协同过滤的推荐、基于内容的推荐、基于知识的推荐、基于信任的推荐和混合推荐[11, 12]。

7.5.2 协同过滤推荐

协同过滤推荐算法是推荐系统中应用较早和较为成功的技术之一。协同过滤推荐的出发点是认为任何用户的兴趣都不是孤立的，应处于某个群体所关心的兴趣当中，如果某些用户对一些物品的评分比较相似，则他们对其他物品的评分也比较相似。协同过滤推荐算法的基本思想是采用某种技术找到目标用户的若干最近邻居（与目标用户有相似兴趣的用户），然后根据最近邻居对目标物品的评分产生推荐，把预测评分值最高的多项商品对象作为目标用户的推荐列表。

协同过滤推荐算法基于用户行为数据来设计算法。用户行为在个性化推荐中可以分为两类——显性反馈行为和隐性反馈行为，例如用户对某个商品的显式评分和隐式评分。在以评分衡量用户感兴趣程度的环境中，基于协同过滤的推荐系统以显式评分或隐式评分两种方式取得用户对物品的兴趣程度。显式评分是指推荐系统需要用户直接对某些物品进行评分，而隐式评分则是通过用户的使用日志来获得。例如，如果一个用户在电子商务网站上购买了某本书，则说明该用户喜欢这本书。

协同过滤推荐算法不需要分析商品对象的特征属性，对推荐对象没有特殊要求，能处理非结构化的复杂对象，因而已经成为实现个性化推荐中较成功的方法。但是该种方法也面临很多问题，如冷启动问题（如何对新用户进行推荐以及如何推荐新对象给用户）、评分稀疏性问题以及算法可扩展性问题等。

按照运行机制的不同，基于协同过滤的推荐算法还可分为基于记忆的协同过滤和基于模型的协同过滤两类，其中每一类又可分为许多小类，如图 7.14 所示。

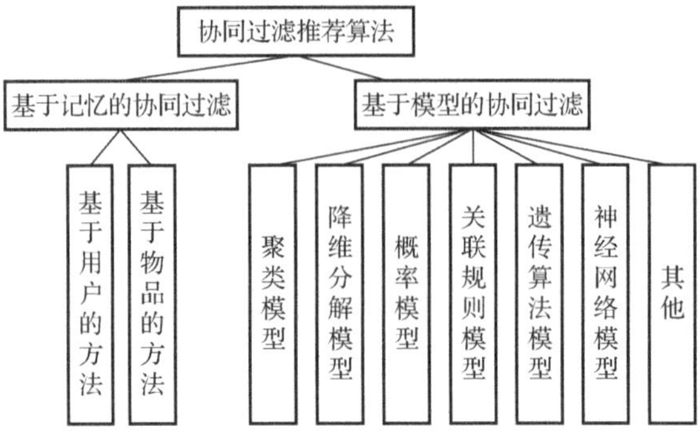

图 7.14　协同过滤推荐算法分类

1. 基于记忆的协同过滤

基于记忆的协同过滤是目前最著名、最经典的协同过滤推荐方法，该方法在对每一个用户推荐物品时都扫描一次“用户-物品”评分矩阵，实现相对简单。根据衡量相似度时选择比较对象的不同，基于记忆的协同过滤又分为基于用户的方法和基于物品的方法等。

（1）基于用户的方法，主要通过比较用户之间的评分相似度来寻找与目标用户有相似兴趣的邻居，根据相似邻居的喜好来预测目标用户的喜好。例如，在电影推荐场景下，用户 A 喜欢观看《我和我的祖国》《我和我的家乡》两部电影，用户 B 喜欢观看《我和我的祖国》，则用户 A 和用户 B 的兴趣具有很大的相似性，那么就将用户 B 没有看过的电影《我和我的家乡》推荐给用户 B。

该方法的过程主要分为如下三步。

步骤 1：计算目标用户与邻居之间的评分相似度。相似度的计算方法主要有 Pearson 相关系数和夹角余弦相似度两种。

Pearson 相关系数是比较常用的一种统计学指标，用来反映两个变量之间相关关系密切的程度。在基于用户的方法中，其主要思想是以用户的平均评分为判断标准，比较用户和邻居对物品的评分偏离平均评分的程度，如果偏离程度相似，则表明用户与该邻居的兴趣相似。Pearson 相关系数的计算公式为

$$\text{Pearson}(u_a,u_b)=\frac{\sum\limits_{i_j\in I(u_a)\cap I(u_b)}(r_{u_a,i_j}-\overline{r}_{u_a})(r_{u_b,i_j}-\overline{r}_{u_b})}{\sqrt{\sum\limits_{i_j\in I(u_a)\cap I(u_b)}(r_{u_a,i_j}-\overline{r}_{u_a})^2}\sqrt{\sum\limits_{i_j\in I(u_a)\cap I(u_b)}(r_{u_b,i_j}-\overline{r}_{u_b})^2}} \tag{7.53}$$

式中，$I(u_a)\cap I(u_b)$ 表示用户 u_a 和 u_b 共同评价的物品集合；$\overline{r}_{u_a}$ 和 $\overline{r}_{u_b}$ 分别表示用户 u_a 和 u_b 的平均评分；$\text{Pearson}(u_a,u_b)\in[-1,1]$，其值为–1 表示负相关，0 表示不相关，1 表示正相关，Pearson 相关系数的值越大，关系越密切，相似度越大。

夹角余弦相似度主要用于比较两个向量之间的相似度。在基于用户的方法中，可以把每个用户的评分看作是一个向量，通过比较两个向量的夹角余弦判断用户与其邻居之间的评分相似度。夹角余弦相似度的计算公式为

$$\text{Cosine}(u_a,u_b)=\frac{x\cdot y}{\|x\|_2\times\|y\|_2}=\frac{\sum\limits_{i_j\in I(u_a)\cap I(u_b)} r_{u_a,i_j}r_{u_b,i_j}}{\sqrt{\sum\limits_{i_j\in I(u_a)\cap I(u_b)} r_{u_a,i_j}^{\ 2}}\sqrt{\sum\limits_{i_j\in I(u_a)\cap I(u_b)} r_{u_b,i_j}^{\ 2}}} \tag{7.54}$$

式中，$\text{Cosine}(u_a,u_b)\in[0,1]$，其值越大，相似度越大。

步骤 2：选择目标用户的最近邻居集。常用的选择目标用户的最近邻居集的方法有两种，分别是阈值法和固定值法。阈值法是预先设置一个相似度阈值δ，凡是与目标用户的评分相似度高于该阈值δ的邻居均选作最近邻居集。固定值法则是按用户与邻居之间的评分相似度从高到低排序，选择与目标用户评分相似度最高的 Top K 个邻居作为最近邻居集。

步骤 3：预测评分，产生推荐。协同过滤推荐方法预测评分是基于这样一个假设：在过去有类似兴趣爱好、曾经评分相似的用户和邻居，在将来也可能出现这种情况。常用的预测评分的方法主要有两种，即

$$\hat{r}_{u_a,i_q}=\frac{\sum\limits_{u_b\in S(u_a)}\xi(u_a,u_b)\times r_{u_b,i_q}}{\sum\limits_{u_b\in S(u_a)}\xi(u_a,u_b)} \tag{7.55}$$

$$\hat{r}_{u_a,i_q}=\overline{r}_{u_a}+\frac{\sum\limits_{u_b\in S(u_a)}\xi(u_a,u_b)(r_{u_b,i_q}-\overline{r}_{u_b})}{\sum\limits_{u_b\in S(u_a)}\xi(u_a,u_b)} \tag{7.56}$$

式中，$S(u_a)$表示用户u_a的最近邻居集；$\xi(u_a,u_b)$为用户u_a和u_b间的相似性，可用 Pearson 相关系数或夹角余弦度量。相比而言，式（7.56）比式（7.55）多考虑了用户平均评分作为判断喜好的标准，能够反映用户的评分习惯，因而预测评分更准确。根据预测的评分从高到低排序，选择高于用户喜好阈值δ的物品或 Top K 进行推荐。

（2）基于物品的方法，主要是通过比较物品之间的得分相似度来寻找与目标物品最相似的且目标用户过去曾喜欢的物品集，根据目标用户对曾喜欢物品的评分，预测用户对未知物品的评分，然后进行推荐。

类似于基于用户的方法，基于物品的方法的过程也分为三步：计算目标物品与其他物品之间的得分相似度；选择与目标物品最相似的物品集；预测评分，产生推荐。其中每一步所涉及的方法也与基于用户的方法类似，只不过均以物品作为研究对象。

由于实际情况中物品的数量往往远少于用户的数量，而且物品信息更新较少，因此基于物品的方法比基于用户的方法效率更高，使用更灵活，适用性也更广。目前，Amazon 将基于物品的方法作为主要个性化推荐技术为用户提供书籍推荐。

2. 基于模型的协同过滤

基于模型的方法仅需扫描一次用户-物品评分矩阵，采用机器学习的技术建立并训练用户兴趣模型，然后就可以使用该模型来预测用户对未知项目的评分，进而进行推荐。常见的一些基于模型的方法包括如下几类。

（1）基于聚类模型的方法。该方法按照聚类对象的不同，可以分为基于用户聚类模型的方法和基于物品聚类模型的方法两种。基于聚类模型的方法的主要思想是根据用户或物品的属性值不同，采用聚类算法，将相似的用户或物品划分到同一类中，对每一类的用户或物品分别使用不同的策略预测评分并产生推荐。常用的聚类模型包括 K-均值聚类、层次聚类和模糊聚类等。

（2）基于降维分解模型的方法。该方法核心思想是挖掘潜在因子，将高维稀疏的用户-物品评分矩阵降维分解成低维的密集矩阵。常见的降维分解模型包括矩阵分解模型、奇异值分解模型等。

（3）基于概率模型的方法。该方法主要是根据用户对物品评分发生的先后概率关系，采用统计推断的办法确定待预测的评分。贝叶斯网络模型是一种比较经典的基于概率模型的方法。

（4）基于关联规则模型的方法。该方法主要思想是根据物品间的关联规则和用户间的关联规则来为当前用户进行推荐。规则可以由用户自己制定，也可以利用基于关联规则的挖掘技术来寻找，最早的关联规则模型为经典的 Apriori 算法。基于关联规则模型推荐的经典案例是美国沃尔玛超市将啤酒和尿布摆在一起销售。

（5）基于遗传算法模型的方法。该方法是借鉴生物进化论，将推荐过程中求解待预测评分的问题模拟成生物进化的过程，通过进行复制、交叉、突变等一系列操作后产生下一代的解，淘汰掉适应度较低的解，增加适应度高的解，从而产生最优解，即预测出用户对未知物品的评分。该方法比较适用于 0-1 二元关系的“用户-物品”评分矩阵。

（6）基于神经网络模型的方法。该方法是一种模仿人或动物的神经网络，利用感知器学习用户对物品的评分特点进行预测的方法。其中比较常见的是基于 BP 神经网络模型的方法、基于自组织映射神经网络模型的方法等。

基于协同过滤的推荐方法虽然被研究和应用较多，但是同时也面临着各种问题带来的严峻挑战。

（1）数据稀疏性。推荐系统中的用户和物品的数量一般都是成千上万，而用户往往只是浏览过极小一部分的物品，而被评分的物品经常更少。例如，Netflix 网站中每个用户评分的电影仅有 1%左右。另外，不同兴趣爱好的用户选择对不同的物品评分，造成用户或物品之间的评分重叠非常少。这种数据稀疏的情况导致协同过滤推荐方法无法计算相似度而推荐效果较差。

（2）冷启动问题。对于推荐系统中的新用户，由于他们没有任何评分，因此协同过滤推荐方法无法获知他们的喜好也就无法推荐，这种情况称为用户冷启动。同样，对于新物品也没有任何得分，协同过滤推荐方法也无法推荐。

（3）易受恶意攻击。一种典型的情况是仿制用户评分和描述的攻击，也就是创建与真实用户喜好相似的虚假用户进行恶意推荐。常出现于电子商务中不法商家的恶意推销。

除此之外，基于协同过滤的推荐方法还存在着可扩展性、过度专业化和推荐不透明性等问题。

7.5.3　基于内容的推荐

基于内容的推荐是一种利用商品对象的内容信息做出推荐的方法。与协同过滤推荐方法不同，基于内容的推荐不依赖于用户对物品的评分数据，它以用户过去购买或浏览的物品记录以及物品的内容描述信息为依据，利用用户和物品自身的属性特征直接分析计算，更多地需要利用机器学习和文本挖掘方法实现。

用户浏览记录会随着用户偏好的改变而发生变化。基于内容的推荐通过分析这些已经购买（或浏览）过的商品对象的内容信息，建立用户画像，通过提取物品的特征向量，建立物品画像，进而比较用户画像和物品画像之间的相似度，直接向用户推荐与其浏览记录最相似的商品对象。

基于内容的推荐方法要求推荐商品对象具有较好的结构化信息，其内容要容易获取以便于形成有意义的特征，且用户的偏好也需要以结构化的形式表达。基于内容的推荐技术在分析商品对象的属性及其相关性时可以脱机进行，因而推荐响应时间快，可以不受冷启动问题和评分稀疏性问题的约束，能推荐新出现的商品和非流行的商品，能够发现隐藏的“暗信息”，从而解决商品推荐中的长尾问题。

这种技术的缺点是难以区分商品对象信息的品质和风格，并且不可避免地受到信息抽取技术的约束，从而在应用上受到了一定的限制。另外，如果一个系统只推荐与用户浏览记录高度相关的商品对象，那么推荐给用户的商品只能是与他之前购买过的商品非常相似，推荐的多样性难以保证。

以电子商务平台图书购买为例，已知用户 U_1 购买了 A、B、C 三本书，用户 U_2 购买了 B、D、F、G 四本书，此时需要做出是否为用户 U_1 推荐图书 F 的决定。基于内容的推荐算法的分析过程如下：

（1）分析用户 U_1 所购买的三本图书的特征，假设 A、B、C 三本书分别是《机器学习》《数据挖掘导论》《机器学习实战》。

（2）分析图书 F 的特征。如果图书 F 是机器学习、数据挖掘相关的图书，那么很大可能会推荐给用户 U_1，如果图书 F 是历史类或文学类的书，那么就不会推荐给用户 U_1。

7.5.4　基于知识的推荐

基于协同过滤和基于内容的推荐是使用较为广泛的推荐方法，但在以下推荐场景下使用这两种推荐方法并不合适。

（1）用户冷启动。协同过滤依赖用户评分进行依赖，存在着较为严重的物品冷启动和用户冷启动问题。基于内容的推荐能够利用物品和用户属性信息一定程度上解决物品冷启动问题，但当面临冷启动用户时，基于内容的推荐也无法运行。

（2）购买频率低。人们不会频繁地购买数码相机、汽车、房子这些商品，这就会导致评分较少，基于协同过滤和基于内容的推荐不擅长这种场景的推荐。

（3）定制化程度高。比如在购买数码相机时，用户会有很多需求，如价格、像素、防抖性能等，基于协同过滤和基于内容的方法难以实现这种具有较高定制化需求的推荐。

基于知识的推荐能够较好地解决以上问题。在基于知识的推荐中，不需要评分数据，所以不存在冷启动问题，而且即使购买频率低也能实现符合用户需求的推荐。同时，基于知识的推荐需要用户指定需求，所以能够实现定制化的推荐。基于知识的推荐具有很强的交互性，用户必须指定其需求，然后推荐系统根据用户的需求给出解决方案。如果用户未指定需求，基于知识的推荐会使用默认需求。

基于知识的推荐又分为基于约束的推荐和基于实例的推荐两种类型。在基于约束的推荐中，根据明确的推荐规则进行推荐。推荐规则就是指各类约束，主要有用户需求约束、产品属性约束、一致性约束这三类约束。以用户购买数码相机为例，假设用户 A 的需求为“价格低于 5000 元像素高于 2400 万具备防水性能”，那么“价格低于 5000 元”“像素高于 2400 万”“具备防水性能”这些都属于用户需求。数码相机本身具有一些属性，如价格、像素、屏幕尺寸等，如表 7.3 所示，这些属性有一定的取值范围［如目前常见的数码相机的屏幕尺寸在 2～3in（1in=2.54cm），10in 明显不符合数码相机屏幕尺寸要求］，数码相机属性取值的约束就属于产品属性约束。另外，还有一些一致性约束，比如，如果需要像素高于 2400 万，则价格必须大于 3000 元。明确了约束条件之后，可以通过合取查询的方式将符合约束的产品过滤出来，从而推荐给用户。如果未找到符合所有约束的解决方案，则必须调整用户需求或者放宽约束条件。

表 7.3　数码相机属性示例

型号	价格/元	像素	光学对焦	屏幕尺寸/in	机身防抖	防水
c_1	4699	2430 万	40×	2.5	否	是
c_2	2299	2040 万	50×	2	是	否
c_3	3599	2430 万	50×	2.5	否	否
c_4	5000	2600 万	40×	3	是	否
c_5	21899	2420 万	50×	3.5	是	是

在基于实例推荐中，通过计算用户需求与产品属性之间的相似度进行推荐。常用的度量物品 p 与需求 r 之间相似度的公式为

$$\text{similarity}(p,r)=\frac{\sum_{i\in S} w_i \times \text{Sim}(p_i,r_i)}{\sum_{i\in S} w_i} \tag{7.57}$$

式中，S 表示物品属性的子集；p_i 表示物品的第 i 个属性；r_i 表示用户对第 i 个属性的需求。$\text{Sim}(p_i,r_i)$ 表示每个物品属性值 p_i 到用户需求 r_i 的距离。此外，w_i 是第 i 个属性的权重，它规定了该属性的相对重要性。

在确定属性权重 w_i 时，可以通过实验和经验来确定，也可以通过用户反馈来确定。在确定 $\mathrm{Sim}(p_i,r_i)$ 时，需要考虑属性是连续数值型的还是离散型的。同时，连续数值型属性又有对称与不对称之分。例如，在其他属性相差不大的情况下，用户更容易接受低于用户原定价格的商品而不是高于用户原定价格的商品。如果是像素的话，用户可能更期望找到具有更高像素的相机，但这种倾向可能不如考虑价格那么强烈。其他一些属性可能会是对称的。一个对称的度量可定义如下：

$$\mathrm{Sim}(p_i,r_i)=1-\frac{|p_i-x_i|}{\max_i-\min_i} \tag{7.58}$$

可以在对称度量公式(7.58)中添加一个非对称的奖励，从而表示非对称度量，即

$$\mathrm{Sim}(p_i,r_i)=1-\frac{|p_i-x_i|}{\max_i-\min_i}+\alpha_i I(p_i>r_i)\frac{|p_i-x_i|}{\max_i-\min_i} \tag{7.59}$$

$$\mathrm{Sim}(p_i,r_i)=1-\frac{|p_i-x_i|}{\max_i-\min_i}+\alpha_i I(p_i<r_i)\frac{|p_i-x_i|}{\max_i-\min_i} \tag{7.60}$$

式中，$\alpha_i \geqslant 0$ 是用户定义的参数；$I(p_i>r_i)$ 是一个指示函数，如果 $p_i>r_i$ 为真，则取值为 1，否则为 0。在式（7.59）中，属性值取较大值要优于取较小值。在式（7.60）中，属性值取较小值优于取较大值。

如果属性是离散型的，通常通过构建领域层次结构，按照领域层次对属性值进行编码，进而计算用户需求与商品属性之间的相似性。

通过计算用户需求和商品属性之间的相似度，可以为用户推荐与其需求最为相似的商品。

7.5.5　基于信任的推荐

随着获取用户信息渠道的增加，用户社交网络数据也越来越多地被应用到推荐系统之中，由此产生了基于信任的推荐。在社交网络中，相对于其他人，用户会更信任朋友的品位和推荐。在基于信任的推荐中，推荐系统会将网络中的信任关系添加进来，在为用户推荐时考虑用户信任的朋友的兴趣和品味。

为了能够实现基于信任的推荐，首先需要构建信任网络。在一些社交网络中，信任关系是通过用户的显式反馈得到的。如在 Golbeck 的 Filmtrust 系统中，用户需要给出他们对熟人的信任度，这些信任度数据之后被用于推荐之中。还有一些信任关系可以通过用户隐式反馈进行推测，如可以分析用户互发电子邮件数据推断信任关系。

虽然能够通过一些方式得到用户间的信任关系，但是一个用户和多数其他用户的信任关系是未知的，整个信任网络仍然是十分稀疏的。为了解决信任网络的稀疏性问题，需要进行信任的传播和聚合。信任传播是指利用信任的传递性，得到未知信任关系的两个用户之间的信任值。比如，用户 A 信任用户 B，而且用户 B 信任用户 C，那么我们就可以推测用户 A 可

能信任用户 C。在进行推荐时，就可以利用已知的用户 C 喜欢的东西来为用户 A 做推荐。由于在信任网络中两个用户之间通常有多条路径。例如，在图 7.15 中，节点代表用户，用户 A、B 之间的有向边的值代表了用户 A 对用户 B 的信任度。图 7.15 中用户 A 与用户 C 之间有两条路径，在计算用户 A 对用户 C 的信任度时，需要将两条路径上得到的信任度做聚合。信任的传播操作和聚合操作计算过程如下。

（1）单条路径上的信任传播。一般使用乘法法则将边上的信任值相乘得到最终的信任度。例如，对于图 7.15 中的 $A \to B \to C$ 这条路径，计算 $A \to C$ 的信任度：$0.7 \times 0.5 = 0.35$。同样的，对于 $A \to D \to E \to C$ 这条路径，计算 $A \to C$ 的信任度：$0.6 \times 1.0 \times 0.4 = 0.24$。实际上，路径越长通过路径传播得到信任度的可信程度一般会越低。通常，会使用信任度衰减来淡化长路径，赋予短路径更高的权重。比如，定义一个信任度衰减因子 $\beta(0 < \beta < 1)$，定义 q 为路径长度，则可以将单条路径信任度结果乘以权重 β^q，得到考虑了信任度衰减之后的信任度。如在 $A \to B \to C$ 这条路径中，考虑信任度衰减的计算方法为 $0.7 \times 0.5 \times \beta^q$。

（2）多条路径上的信任聚合。使用信任聚合可以将多条路径中的信任值聚合为一个值。常见的聚合方法有最大值、最小值、平均值、加权平均或加和等。考虑图 7.15 中的例子，使用平均值方法得到 $A \to C$ 的信任值为$(0.35+0.24)/2=0.295$，使用加和方法得到的信任值为 $0.35+0.24=0.59$。

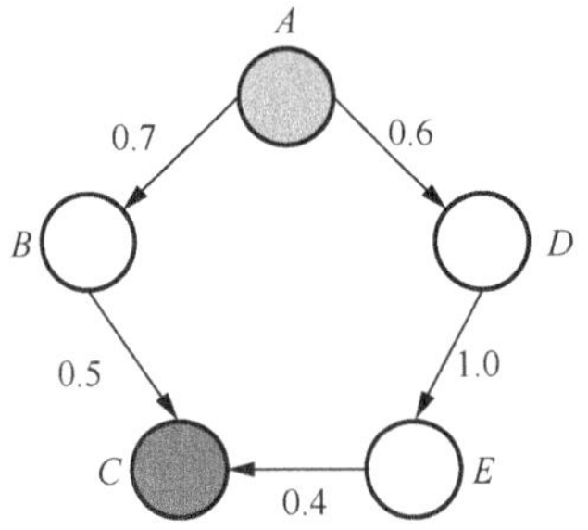

图 7.15　一个简单的信任网络

7.5.6　混合推荐

前面介绍了多种推荐方法，每种方法都各有优缺点以及适合的推荐场景。为了更好地提供功能全面、效果良好的推荐，可以构造混合的推荐方法，结合不同算法和模型的优点，克服各自的缺点。根据混合策略的不同，混合推荐方法可以分为整体式、并行式、流水线式三类。下面分别介绍这三类混合推荐方法。

（1）整体式混合推荐方法。整体式混合推荐方法是指将几种推荐策略整合到一个推荐算法中实现的混合设计。整体式混合推荐方法的混合主要体现在使用的数据源上，这种方法能够通过预处理和组合多个数据源从而将多种方法组合起来。整合之后，还是只包含一个推荐单元。整体式混合推荐方法流程如图 7.16 所示。

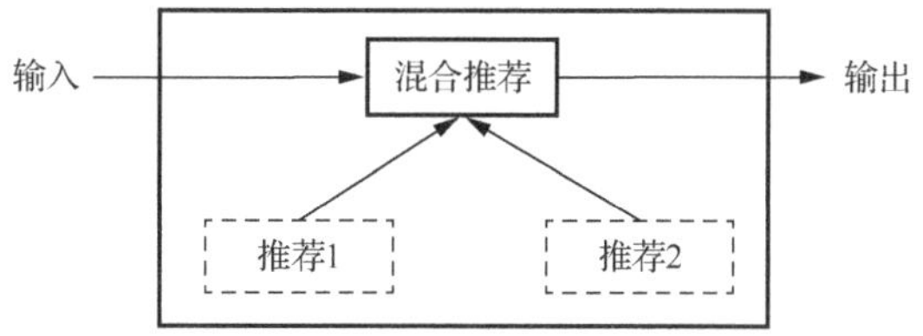

图 7.16　整体式混合推荐方法

（2）并行式混合推荐方法。并行式混合推荐方法是指通过一种特殊的混合机制将多个推荐系统的输出结果整合在一起。并行式混合推荐方法的混合主要体现在对多个推荐系统的输出结果的整合上。交叉、加权、切换是并行式混合推荐中较常使用的策略。在交叉的混合策略中，不同推荐系统得到的结果经过组合之后会被一起呈现在用户交互界面上。在加权的混合策略中，通过计算多个推荐系统输出结果的加权和，将结果分数最高的若干个结果推荐给用户。在切换的混合策略中，会根据推荐结果的质量的需要在不同情况下应用不同的推荐系统，如假设一个推荐系统混合使用基于协同过滤和基于知识的方法，那么在推荐初期为了解决冷启动问题，会先根据基于知识的方法推荐，当有了足够多的评分数据之后，则可以切换到基于协同过滤的推荐。并行式混合推荐方法流程如图 7.17 所示。

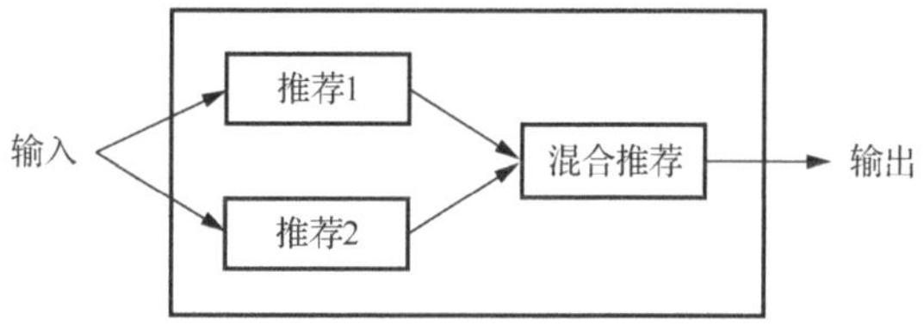

图 7.17　并行式混合推荐方法

（3）流水线式混合推荐方法。流水线式混合推荐方法是指将推荐流程分为多个阶段，多种推荐技术依次起作用，直到产生最后的推荐结果。流水线式混合推荐方法的混合主要体现在一个阶段需要处理其上一阶段输出的数据。串联混合、分级混合是流水线混合推荐中常用的混合策略。在串联混合中，首先将多个推荐方法按照顺序排列，后面的推荐方法以前面推荐方法的结果作为输入并对结果优化排序。在分级混合策略中，一般会有一个主推荐方法和从推荐方法，主推荐方法调用从推荐方法生成推荐结果。流水线式混合推荐方法流程如图 7.18 所示。

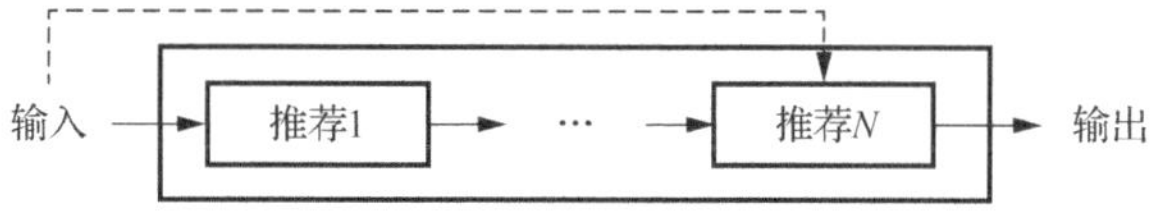

图 7.18　流水线式混合推荐方法

7.5.7　应用实例

基于记忆的协同过滤包含基于用户的方法和基于物品的方法，下面分别举例说明这两种方法在特定场景下的物品推荐过程。

（1）基于用户的方法。以电子商务平台商品购买为例，图 7.19 为用户对商品的购买行为记录。其中，圆圈表示用户，正方形代表商品，第一行表示用户 U_1 对商品 $\{I_1, I_2, I_4\}$ 产生了行为。

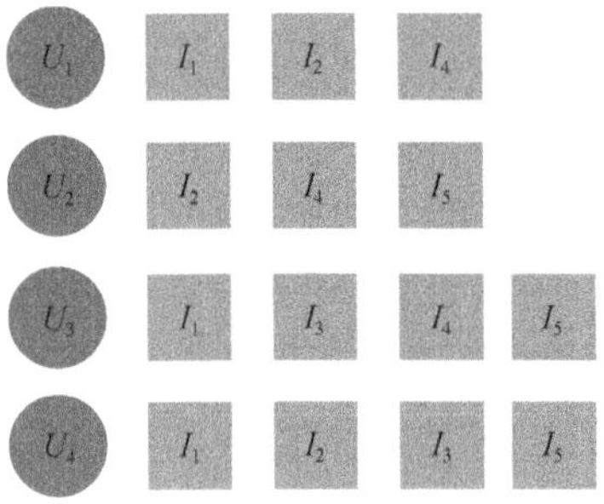

图 7.19　用户购买商品的行为记录

表 7.4 为用户-物品评分矩阵，表中用户对物品评分的取值范围为[1,5]，表中的空白表示该用户对物品没有产生行为及评分，“？”表示待计算的评分。

表 7.4　用户-物品评分矩阵

	I_1	I_2	I_3	I_4	I_5
U_1	3	3	?	1	?
U_2		4		3	2
U_3	4		3	2	3
U_4	3	3	2		3

采用式（7.54）计算用户间的余弦相似度，可得

$$\mathrm{Sim}(U_1, U_2) = \frac{3\times4+1\times3}{\sqrt{(3^2+1^2)(4^2+3^2)}} = 0.949$$

$$\mathrm{Sim}(U_1, U_3) = \frac{3\times4+1\times2}{\sqrt{(3^2+1^2)(4^2+2^2)}} = 0.990$$

$$\mathrm{Sim}(U_1, U_4) = \frac{3\times3+3\times3}{\sqrt{(3^2+3^2)(3^2+3^3)}} = 1$$

预测用户 U_1 对物品 I_3 和 I_5 的评分如下：

$$r_{1,3}=\frac{\mathrm{Sim}(U_1,U_3)r_{3,3}+\mathrm{Sim}(U_1,U_4)r_{4,3}}{\mathrm{Sim}(U_1,U_3)+\mathrm{Sim}(U_1,U_4)}=\frac{0.990\times 3+1\times 2}{0.990+1}=2.497$$

$$r_{1,5}=\frac{\mathrm{Sim}(U_1,U_2)r_{2,5}+\mathrm{Sim}(U_1,U_3)r_{3,5}+\mathrm{Sim}(U_1,U_4)r_{4,5}}{\mathrm{Sim}(U_1,U_2)+\mathrm{Sim}(U_1,U_3)+\mathrm{Sim}(U_1,U_4)}=\frac{0.949\times 2+0.990\times 3+1\times 3}{0.949+0.990+1}=2.677$$

于是得到用户 U_1 对物品 I_3 的可能评分为 2.497，对物品 I_5 的可能评分为 2.677。当为用户 U_1 推荐物品时，由于物品 I_5 的评分比物品 I_3 的评分高，所以会首先推荐物品 I_5，其次推荐物品 I_3。

（2）基于物品的方法。以表 7.4 中的用户-物品评分矩阵为例，采用基于物品的协同过滤方法计算用户 U_1 对物品 I_5 的预测评分。

采用式（7.54）计算物品间的余弦相似度，可得

$$\mathrm{Sim}(I_5,I_1)=\frac{3\times 4+3\times 3}{\sqrt{(3^2+3^2)(4^2+3^2)}}=0.990$$

$$\mathrm{Sim}(I_5,I_2)=\frac{2\times 4+3\times 3}{\sqrt{(2^2+3^2)(4^2+3^2)}}=0.943$$

$$\mathrm{Sim}(I_5,I_4)=\frac{2\times 3+3\times 2}{\sqrt{(2^2+3^2)(3^2+2^2)}}=0.923$$

用户 U_1 对物品 I_5 的预测评分为

$$r_{1,5}=\frac{\mathrm{Sim}(I_5,I_1)r_{1,1}+\mathrm{Sim}(I_5,I_2)r_{1,2}+\mathrm{Sim}(I_5,I_4)r_{1,4}}{\mathrm{Sim}(I_5,I_1)+\mathrm{Sim}(I_5,I_2)+\mathrm{Sim}(I_5,I_4)}=\frac{0.990\times 3+0.943\times 3+0.923\times 1}{0.990+0.943+0.923}=2.354$$

近些年，深度学习在语音识别、图像处理、自然语言处理等领域都取得了很大的突破与成就，但深度学习在推荐系统领域的研究与应用还处于早期阶段，将深度学习技术应用于推荐算法设计是一个重要的研究方向。

参 考 文 献

[1] 贾俊平, 何晓群, 金勇进. 统计学[M]. 7 版. 北京：中国人民大学出版社, 2018.
[2] 何晓群. 多元统计分析[M]. 4 版. 北京：中国人民大学出版社, 2015.
[3] 约翰逊, 威克恩. 实用多元统计分析（第 6 版）[M]. 陆璇, 叶俊, 译. 北京：清华大学出版社, 2008.
[4] 邓纳姆. 数据挖掘教程[M]. 郭崇慧, 田凤占, 靳晓明, 等, 译. 北京：清华大学出版社, 2005.
[5] 王众托, 吴江宁, 郭崇慧. 信息与知识管理[M]. 2 版. 北京：电子工业出版社，2014.
[6] Quinlan J R. Induction of decision trees[J]. Machine Learning, 1986, 1(1): 81-106.
[7] Han J W, Kamber M, Pei J. 数据挖掘：概念与技术（第 3 版）[M]. 范明，孟小峰, 译. 北京：机械工业出

版社, 2012.

[8] Rosenblatt F. The perceptron: a probabilistic model for information storage and organization in the brain[J]. Psychological Review, 1958, 65(6): 386-408.

[9] Rumelhart D E, Hinton G E, Williams R J. Learning internal representations by back-propagating errors[J]. Nature, 1986, 323(99): 533-536.

[10] Cortes C, Vapnik V. Support vector networks[J]. Machine Learning, 1995, 20(3):273-297.

[11] Jannach D, Zanker M, Felfernig A, et al. 推荐系统[M]. 蒋凡, 译. 北京: 人民邮电出版社, 2013.

[12] 阿加沃尔. 推荐系统原理与实践[M]. 黎玲利, 尹丹, 李默涵, 等, 译. 北京: 机械工业出版社, 2018.

第 8 章　规范性数据分析

描述性分析和预测性分析的数据分析结果可以为管理者制定决策提供有用的信息和知识，能够帮助决策者对正在发生和将要发生的事情有一个明确的认知。规范性分析则更进一步，它是描述性分析和预测性分析的终点。规范性分析不只是为决策者提供信息，还要为决策者提供辅助决策，生成问题解决方案并评估方案实施可能带来的后果，这使得规范性分析在推动组织商务分析发展层面显得更加重要。

规范性分析的目的是辅助决策者认识到正在发生什么，并对未来做出可能的预测，同时制定决策获得最大收益。规范性分析的相关理论和方法一直属于运筹学和管理科学的研究范畴，例如航空业中常用的收益管理，就是规范性分析的典型应用案例。

8.1　决策分析

决策是现代管理的核心问题。决策所要回答的问题，笼统地说，就是“做什么”和“怎样做”的问题。决策所要完成的工作则包括审时度势、确立目标、拟订方案、比较评价、做出决定等各个方面，所以决策是一个完整的动态过程。对于重大问题的决策，不仅涉及技术、经济因素，而且还涉及政治、社会、心理因素，是一类复杂系统的管理决策问题。从广义的决策过程来看，整个决策的进程是一个系统分析的过程，因而特别需要利用系统思想与方法进行决策分析与制定。

8.1.1　决策的定义与决策过程

所谓决策，就是指在现代社会、经济、科技、文化的发展过程中，针对某些宏观或微观的问题，或者在有问题存在的处境中，按预期的目标，采用科学理论、方法、手段，与人们的经验和创造性相结合，确定问题，制订若干可供选择的行动方案，从中选择最满意的方案，加以实施，使目标得以实现。决策是人们按主观愿望和对客观事物的认识，制订可实施的行动方案，是人们从认识世界到改造世界的中介。

作为西方决策理论学派的创始人，赫伯特·西蒙（Herbert Simon）对决策科学有着深刻的理解和研究[1]。他借助于心理学的研究成果，对决策过程进行了科学的分析，概括出了决策过程理论。根据西蒙的观点，决策过程主要分为四个阶段：情报活动、设计活动、抉择活动和实施活动，如图 8.1 所示。

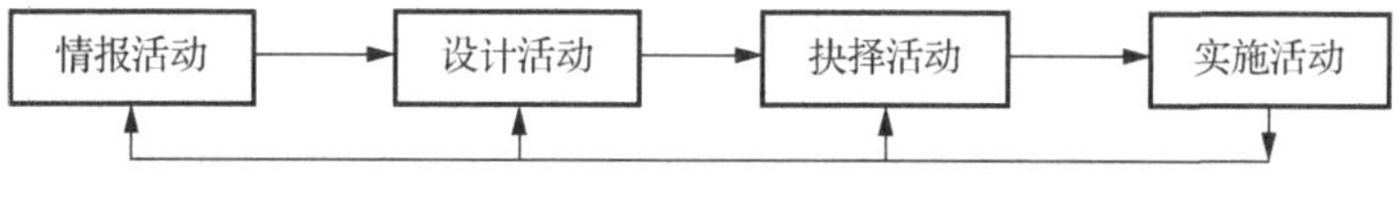

图 8.1　决策过程

（1）情报活动包括决策环境的识别、所需信息的获取及分析。情报活动的主要目的是识别问题、理解问题，并在此基础上设定决策的目标。即要判定在什么情况下做什么样的决策？这是一个决策时机的选择问题。选择什么决策主题则与决策者的偏好、信念有关。有些组织领导者着重于长期发展战略，而有些则强调短期的效益。决策科学研究不可能改变决策者的信念或价值观，但可以促使所选择的决策主题能够确切地反映决策者的价值观。

（2）设计活动是寻求多种途径解决问题的过程，即确定备选方案。在此过程中，决策者或其咨询人员发掘、构想和分析多种可行的可供选择的行动方案。设计活动强调多方案，如果面临的仅仅是一种方案，非采用不可，那就无所谓决策了。

（3）抉择活动。预估各种可供选择方案的后果，并做出结论性的评价，从而选出最满意的方案。选择什么样的方案为好？什么样的方案为差？这是个复杂的问题，并不是弄清各种备选方案的后果以后就能马上做出回答的。由于方案后果的多样性和后果评价准则的多样性，很难找到一个对所有准则来说都满意的方案。方案的后果往往是风险事件，决策人对风险的态度不同，导致对同一组方案有不同的选择结果。抉择最终取决于决策者的习惯、传统、经验和信念等。这就造成理性评价方案的困难，符合理性准则的方案不一定能使决策者满意。然而，恰恰是上述这些困难提供了广阔的引人入胜的决策研究领域。

（4）实施活动。实施选定的方案并在此过程中对原有决策进行检查或修正。一旦选择出满意方案，并不仅仅是下达一些命令、指示，还须制订出方案执行计划和资源预算，以满足实施方案的各种可能的需要和有效措施。方案的实施过程需要跟踪、监督，原计划是否已执行？有哪些偏离？执行决策结果导致了内外部环境发生哪些变化？各下属部门是否按要求完成任务？在实施的过程中需要不断地跟踪、检查、反馈，使选定方案的实施能够完成预定的目标，并能及时调整、改善原有方案。

决策是个动态的过程，一般可按上述情报、设计、抉择和实施四个阶段划分并按顺序进行，但前面的阶段不断从后面的阶段得到反馈信息，设计阶段分析研究的结果可能修正情报阶段提出的决策主题，抉择阶段也可能对各种备选方案提出补充和修改。实施阶段中的信息就更为重要，通过方案实施结果对整个决策做出评价和修正。

8.1.2　决策问题的类型

经营管理人员有责任计划、协调、组织和领导所在的组织去获得更好的绩效，这就需要他们做出战略层面的、战术层面的和运营层面的决策。战略决策涉及组织总体方向性的高层次问题，规定了组织未来的愿景和整体目标。战略决策是非程序化的、带有风险性的决策。在进行战略决策时必须充分考虑组织的经营环境因素，结合组织内部条件，进行认真分析研究。通过战略决策设定了组织总体发展方向和组织架构以后，才能更好地制定更加详尽的战术决策和运营决策。战术决策是为了实现战略决策，解决某一具体问题做出的决策，以战略决策规定的目标为决策标准。运营决策大多是重复发生的，具有一定确定性的程序化决策，例如生产计划制定、人力和物资资源调度、设备维修策略等。

策略金字塔按照决策层次、结构化或程序化的程度将决策问题分为四类，除了战略决策、战术决策和运营决策以外，还有一种基于预认知的本能决策模式，即图 8.2 所示的策略金字塔中底层的决策模式。本能决策是指决策者在进行决策时，将当前的情况与过去已经发生过的类似情况相比较，然后实施以往实施过的策略或者事后他们认为应该实施的策略[2]。

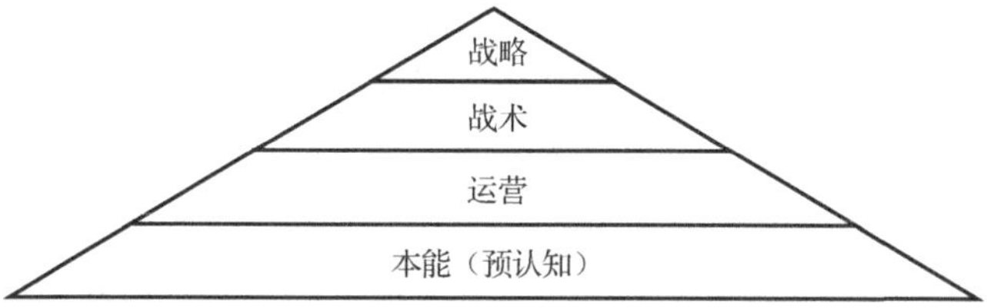

图 8.2　策略金字塔

根据决策活动表现方式的结构化程度，决策活动可分为结构化决策活动、半结构化决策活动和非结构化决策活动[3]。结构化决策和非结构化决策的概念最早由西蒙提出，将其称为程序化决策和非程序化决策。西蒙认为，决策是结合事实性和价值性两种判断的逻辑推理过程的结果。

（1）所谓结构化的决策问题，是指问题的目标与决策元素的关系架构是确定的，决策者可以选择决策规则与评估标准，不需要个别决策者的主观判断，因此任何理性决策者所做的决策都应当相同。例如，生产计划问题、下料问题、运输问题等。结构化问题是有标准答案的，其困难之处在于如何找到最优解。运筹学中的优化模型与算法就是解决这类问题的有效方法。通常，这种结构化的决策问题可以完全依赖专家或者特殊功能的软件来提高求解的效果和效率，各种功能复杂的运筹优化软件可以为决策者解决结构化问题提供帮助。

（2）半结构化决策问题的决策过程和决策方法有一定的规律可以遵循，但又不能完全确定。半结构化决策问题一般可适当建立模型，但无法确定最优方案。半结构化决策要在结构化决策过程所提供信息的基础上，借助专用模型来辅助决策，这些模型主要用来改善管理决策的有效性，扩大和增强决策者处理问题的能力和范围。半结构化决策问题相对于非结构化决策问题而言，并不完全依赖个别决策者的主观判断，而是有规则、程序与分析逻辑可以遵循。半结构化决策问题困难之处在于如何结合决策者的主观判断与客观分析，让客观信息得到正确呈现，并协助决策者做出符合个人主观偏好的决策。针对半结构化决策问题，信息技术与决策科学除了可以为决策者提供完整、充分、翔实的信息，还可以引导决策者发展决策分析模式以及分析输入信息与所需的判断。例如，决策支持系统可为决策者提供决策所需的数据、信息和背景资料，帮助明确决策目标和进行问题的识别，建立或修改决策模型，提供各种备选方案，并且对各种方案进行评价和优选，通过人机交互功能进行分析、比较和判断，为正确决策提供必要的支持。因此，可以针对决策者在进行半结构化决策活动时的需求，设计决策支持系统；或者针对多个决策者在进行半结构化决策活动时的需求，设计群决策支持系统。

（3）非结构化决策是指决策问题的结构模糊不清或错综复杂，并且决策规则与评估标准因人、因时而异，只有当事人才能做出的决定。非结构化决策问题是没有标准答案的。非结构化决策问题的决策过程复杂，决策过程和决策方法没有固定的规律可以遵循，没有固定的决策规则和通用模型可依，决策者的主观行为（学识、经验、直觉、判断力、洞察力、个人偏好和决策风格等）对各阶段的决策效果有很大影响。非结构化决策问题高度依赖决策者的主观判断，其困难之处在于如何确保决策者所做决策是决策者真正想要的，而不会事后反悔。针对非结构化决策问题，信息技术与决策科学对决策者提供的决策支持重点不在于提高决策效率或产生最优决策的分析模式，而是在于尽可能提供相对完整、充分、翔实的数据、信息和知识，进而协助决策者明确问题并做出决策。可以针对高层管理者在进行非结构化决策时的信息需求，设计主管信息系统和知识管理系统。

学者 Snowden 等提出了 Cynefin 框架，给出了决策问题的另外一种分类[4]。Cynefin 框架用于描述问题、环境与系统，说明在不同决策环境下，决策问题所对应的解决方案也是不同的，如图 8.3 所示。

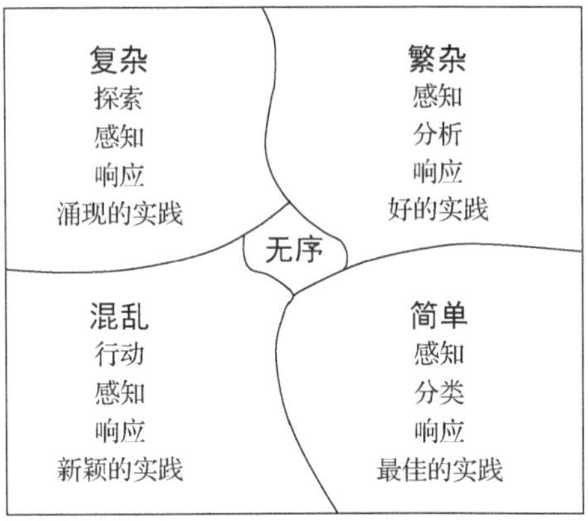

图 8.3　Cynefin 框架

图 8.3 中的 Cynefin 框架包含了如下五个区域。

（1）简单决策问题域。该域中决策问题的因果关系是已知的、显而易见的，解决问题的方法是感知-分类-响应（sense-categorise-respond），这类问题通常会有最佳的实践案例。

（2）繁杂决策问题域。该域中决策问题的因果关系是可知的，但是需要深入分析，或者需要一些其他形式的调查和专业知识的应用，解决问题的方法是感知-分析-响应（sense-analyze-respond），这类问题通常会有好的实践案例。

（3）复杂决策问题域。该域中决策问题的因果关系是复杂的，受到多种不可测因素的影响，解决问题的方法是探索-感知-响应（probe-sense-respond），这类问题通常会有涌现的实践案例。

（4）混乱决策问题域。该域中决策问题的因果关系是混乱的，无法对原因和结果做出预测，解决问题的方法是行动-感知-响应（act-sense-respond），这类问题都是新问题，没有可供参考的实践案例。

（5）无序决策问题域。对于该域中的决策问题，决策者不清楚存在什么样的因果关系，这种状态下决策更多地依赖主观判断而不是客观信息。

8.1.3　决策问题的描述

管理决策活动的主体是管理者，客体是对应的人类可与之交互和管理的客观事物系统，客观事物的概念及属性所处的状态与管理者期望状态的差异形成问题的焦点。一个可管理的客观事物系统，一定存在一些属性特征状态能够进行人为的影响或调整，但这种调整不能违背事物系统的内在变化规律和外在环境条件。调整需要依据一定的准则和采用一些理论方法，最后还要评判问题解决的效果等。一般管理决策问题所涉及的主要因素如下。

（1）决策者，即决策的主体，一般为管理者。当多个管理者一同决策时就是多人决策或群决策。

（2）期望目标，即描述管理者对客观事物状态的期望，实际上它是决策的目的性的一种描述。当只有单一目标时，称为单目标决策。当决策目标为多个时，称为多目标决策。

（3）行动方案，即关于人为能够调整的客观事物属性特征的一组状态值，或一个行动计划过程的表述。一般决策问题必然有多个行动方案，而决策的核心就是寻求和选择行动方案。

（4）内在约束条件，即客观事物系统的内在规律性的限制，它由内部因素决定。

（5）环境状态，也是一种约束条件，是指系统的社会、经济和自然等环境中决策者不可控的因素状态。

（6）准则与方法，即行动方案选择的依据及所采用的理论与方法。

（7）后果指标，即采用不同的行动方案产生不同后果的比较测度或评价指标。通常采用损益或效用作为后果指标。损益即损失或收益。损益值一般用货币值表示，但有时也用时间、产量、质量等指标度量。

按照系统科学的观点，管理决策问题是由决策主体、决策客体和决策手段三个基本要素相互结合构成的有机系统问题[5]。决策主体系统借助决策手段系统（又称决策支持系统），认识决策环境的有利与不利条件，决定如何有效控制决策对象，以实施执行操作实现决策目标，保证决策的科学性。其中决策主体系统可以细分为决策者或决策领导集团、参谋者或参谋集团、实施执行者三个方面。决策客体系统包括决策环境和决策对象两个方面。决策手段系统由决策理论、决策方法与技术、决策信息三个方面构成。对决策问题进行定量分析，可以提高常规决策的时效性和决策的准确性。运用定量决策方法进行决策也是决策方法科学化的重要标志。定量决策的核心活动就是决策主体借助决策模型寻求解决决策问题的最优方案或满意方案。

8.1.4　决策模型与求解方法

模型是客观事物属性及其变化的抽象表述，也可以说是客观事物对象或系统在人们主观知识域上的映像表述。人们对客观事物的认识过程，就是其概念属性、内部及外部联系及变化在主观世界的表述的抽象过程。这种抽象表述除了依赖于事物本身固有性质外，还依赖于主观知识域。知识域不同会形成不同的抽象表述，从而对同一客观事物会有不同的模型。模型具有条理性、简约性、演绎性、连接性和重用性等特征，是对客观事物内在规律的系统化描述，是复杂客观事物系统科学管理和决策的基础。

决策模型有很多种类，每种模型都可以通过具体建模技术进行构建。所有定量决策模型通常是由决策变量、中间结果变量、结果变量和非可控因素四个基本组件组成。数学关系将这些组件连接在一起。决策的结果取决于制定的决策、决策者无法控制的因素（环境因素）和变量之间的关系。建模过程包括变量识别和变量之间关系识别，模型求解是确定决策变量的值和结果变量的值。

依据决策条件和决策问题所研究的对象所处状态的不同，可以把决策分为确定型决策、风险型决策和不确定型决策。确定型决策指决策者拥有完全信息，知道每个行动方案的确切结果，可以直接根据完全确定的情况选择最优的行动方案。在决策对象的自然状态完全确定的条件下，可以建立一个优化模型来进行运算后选择最优方案。运筹学的线性规划、非线性规划、动态规划、图与网络等方法，是进行确定型决策分析、解决确定型决策问题常用的方法。风险型决策也称随机决策。在这种决策中，决策的结果有多种，决策者不知道会发生哪一种结果，但每种结果发生的概率已知。风险型决策在实际决策中应用广泛，常用的准则和方法包括最大可能性准则、最大期望值准则和决策树等。不确定型决策所处的条件和状态都与风险型决策相似，不同的只是各种方案在未来将出现哪一种结果的概率不能预测，因而结果不确定。不确定型决策的基本方法是先用效用值表示各种可能的后果，构造一张损益表，再用一定的评价准则来评定各个方案的优劣，从而选出满意方案。常用的准则有等可能准则、乐观准则、悲观准则和混合准则等。

对于确定型决策问题，通常基于期望目标可以将其转化为最优化问题，然后利用一些优化和搜索方法（例如优化算法、盲目搜索和启发式搜索方法）进行求解[6]，如图 8.4 所示。

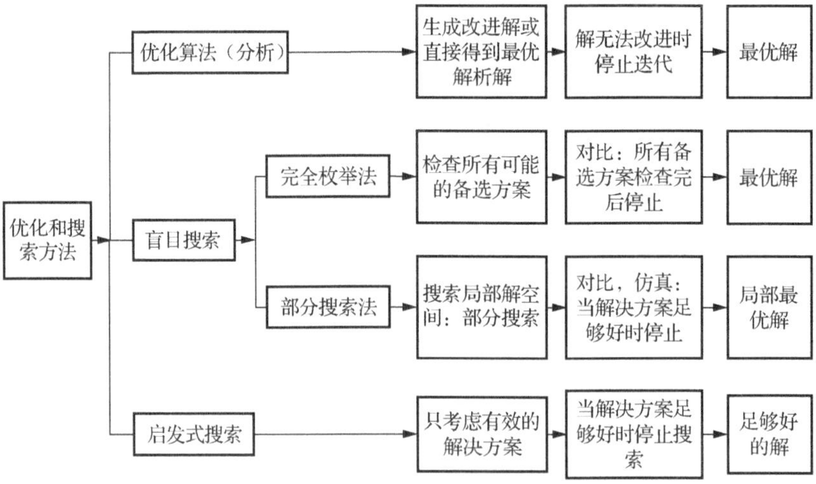

图 8.4　优化和搜索方法的分类

对于一些简单的最优化问题，可以利用解析法直接获得一个最优的解析解。解析法主要用于解决库存管理和资源分配等运营管理领域的结构化决策问题。对于一些复杂的最优化问题，无法使用数学公式直接获得解析解，这时需要利用迭代算法来提高搜索效率，最终获得一个最优的数值解。迭代算法是用计算机解决问题的一种基本方法，它利用计算机运算速度快、适合做重复性操作的特点，让计算机对一组指令（或一定步骤）进行重复执行，在每次执行这组指令（或这些步骤）时，都从变量的原值推出它的一个新值。梯度下降法是求解函数最小值问题最为常用的一种优化算法，算法思想是在每次的迭代过程中，用当前位置的负梯度方向作为搜索方向，再选取一个合适的步长，使得目标函数的值能够最大限度地减小，所以也被称为最速下降法。

如果解空间较小或者备选方案是有限的，通常可以采用盲目搜索方法来求解问题。盲目搜索方法又叫非启发式搜索，是一种无信息搜索，通常按预定的搜索策略进行搜索，而不会考虑到问题本身的特性。有两种类型的盲目搜索方法，一种是完全枚举法，考虑所有备选方案逐一对比，最终发现最优方案；另一种是部分搜索法，搜索局部解空间，当发现一个足够好的解决方案时停止搜索。盲目搜索会受到搜索时间和计算机存储空间的限制，在解决大规模问题时，这种方法并不可行，因为在发现最优解之前，需要检验太多的候选解。

启发式方法是指人们在解决问题时所采取的一种根据经验规则进行发现解决方案的方法。启发式方法的特点是在解决问题时，利用过去的经验，选择已经行之有效的方法，而不是系统地、以确定的步骤去寻求答案。对于很多应用问题，启发式搜索可以利用问题的领域知识找到规则，并利用规则来引导搜索过程，减少计算量。许多启发式算法是相当特殊的，依赖于某个特定问题。在寻求最优解的过程中，启发式策略能够根据个体或者全局的经验来改变其搜索路径，当利用传统的优化算法寻求问题的最优解变得不可能或者很难完成时，启发式策略就是一个高效的获得满意解的办法。

元启发式算法（meta heuristic algorithm）是用来构造启发式算法的一些基础方法。元启发式策略是一个通用的启发式策略，通常不借助于某种问题的特有条件，从而能够运用于更广泛的方面。元启发式策略通常会对搜索过程提出一些要求，按照这些要求实现的启发式算法便被称为元启发式算法，比如模拟退火算法、遗传算法、禁忌搜索算法等。

8.2　数据驱动的决策

随着大数据以及数据采集、存储、分析等技术的快速发展，几乎所有组织都在尽可能地充分利用数据来获取竞争优势。人们收集的数据不但在数量上超过以往任何时候，而且在复杂程度上也前所未有。这个进程中，大数据与商务分析技术也带来了组织管理决策的根本转变，这个转变被定义为数据驱动的决策，表现为组织的管理决策尽可能基于数据和数据分析，而非是更多地依赖于管理决策人员的直觉和经验。比如，以前的市场部管理人员会凭借其多年的专业经验和眼光选择广告创意，而如今他们通常会根据消费者对不同广告的反响进行数据分析来确定最后的广告选择。

为了实现数据驱动决策，首先需要培育组织的数据文化，打造数据驱动型组织[7]。改变组织制定决策的方式并非易事，整个过程中往往会存在一些障碍。这是因为组织无法仅仅凭借数据和技术变得更加成功。观念必须转变，领导和员工必须共同努力。要以高效的方式策划变革，就必须获得领导支持、提高敏捷性、增加数据使用熟练度，并打造广泛而活跃的社区，从流程和技术层面确保整个组织的使命和目标得以实现，各种需求得到满足。

8.2.1　数据文化

要成为真正的数据驱动型组织，就必须改变观念、态度和习惯，让数据成为组织的标志性特征和组织文化。每个人都要有使用数据的意愿并鼓励其他人使用数据。在数据文化中，人们会提出复杂的问题并挑战传统想法。他们肩负着共同的使命，致力于使用数据改善组织和自身。领导者身体力行，提倡根据实际数据进行决策，而不仅仅依赖直觉。信任、承诺、人才、共享和观念是数据文化的五个要素，如图 8.5 所示。

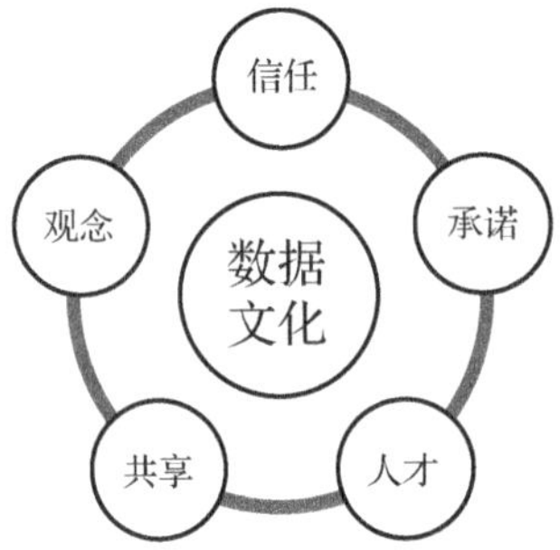

图 8.5　数据文化的五个要素

（1）强盛的数据文化必须根植于信任。领导信任员工，员工信任数据，所有人彼此信任。领导者为相关人员和数据奠定信任基础。了解业务的人可以利用数据自信地决策。有效的数据管控模型可以实现大范围安全访问，为相关人员提供支持。这样便可以形成单一事实来源，消除团队之间的数据和信息孤岛，建立高度信任的协作关系。因此，数据见解不会被限制在某一个部门内。整个组织都可以使用这些数据见解来找出卓有成效的解决方案。在人与数据之间建立高度信任的关系，各团队倡导数据访问和数据透明，数据管控让数据获得可信度，组织设定明确的预期，让人们知道如何负责任地使用数据。

（2）领导层不仅需要承诺大力支持数据驱动的行为，还需要将数据视为战略资产。如果一个组织有成功的数据文化，那么该组织对数据和分析的重视就不会仅限于口号。这样的组织会不遗余力地实现数据资产价值，不但会存储和收集数据，还会帮助相关人员使用数据提高决策质量。从组织结构到日常流程，对数据的重视会在所有层面得到充分体现。组织结构反映了数据的价值，组织会指定一位高层管理者来负责数据使用，确保分析项目与关键业务工作挂钩。

（3）归根结底，数据文化由掌握大数据技术的技能型人才构成。即使拥有最好的技术和流程，如果人们不了解如何使用数据，数据驱动就无从谈起。组织必须在招聘、培养和保留人才方面优先考虑数据技能，在职位描述和工作流程中明确说明和确定数据技能。组织中的每个人都应该有信心找到正确的数据，将分析概念应用于他们的工作，并传达自己的发现。

（4）数据相关团队以跨职能的方式共享数据和分享最佳实践，为业务目标的实现提供支持。适合使用数据来解决的问题往往不是仅限于一个团队，或一条业务线的问题。它们需要来自多个系统的数据以及多个团队之间的协作。在数据文化中，人们有一个共同的目标，即使用数据来改善组织。多个团队共同努力，使用数据来加强自身的影响力。这种共享精神会形成一种持续的动力使其不断发扬光大，营造集体归属感，体现在聚会、消息群组和门户中。然后将这些活动规范化，使其成为以数据和分析为中心的活跃内部社区活动。

（5）建立“数据为先”的观念与开发数据技能同样重要。在数据文化中，人们认为数据比直觉、传言和职位高低更重要。当每个人都树立这种观念时，大家就可以畅所欲言，让想法转化为探索和创新。数据被视为个人成长和职业发展的原动力。人们想知道更多，愿意用数据挑战自己的假设，并且乐意接受其他人的挑战。当所有这些数据驱动做法成为习惯，人们的观念就会改变，开始将数据与改进、成功和增长联系起来。

8.2.2　数据驱动型决策的步骤

如果能将数据和分析整合到组织的各种决策过程中，它们将对组织产生变革性影响。数据驱动型组织可以利用数据的优势保持竞争力，发现新的机会，帮助组织发展和定期改进，以客户为中心，深入了解客户，更好地应对市场和创新。数据驱动型的决策通常可以通过六个步骤来完成，如图 8.6 所示。

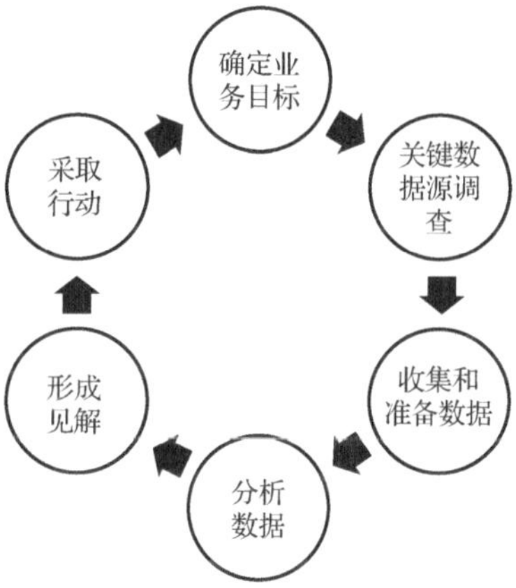

图 8.6　数据驱动型决策的步骤

（1）确定业务目标。这个步骤要求了解组织的执行目标和下游目标。这既可能是非常具体的目标（例如提高销售量和网站流量），也可能是较为模糊的目标（例如提高品牌认知度）。这将帮助在稍后的步骤中选择影响数据决策的关键绩效指标（key performance indicator, KPI），确定应该分析的数据以及应该提出的问题，从而使分析能够支持关键业务目标。例如，如果营销活动的重点是提高网站流量，则可以将 KPI 与潜在客户信息联系起来，以便销售人员可以对潜在客户进行跟进。

（2）对业务团队开展关键数据源调查。为了确保成功，必须从整个组织收集意见和建议，以便了解短期和长期目标。这些意见和建议可以提供关于人们在分析中提出哪些问题的信息，帮助确定已认证数据源的优先级别。来自整个组织的宝贵意见将为商务分析部署和未来目标提供指导信息，包括角色、职责、架构、流程以及成功衡量标准。

（3）收集和准备需要的数据。如果业务信息分散于多个相互隔离的数据源中，那么需要克服很大的障碍才能访问高质量的可信数据。一旦了解整个组织的数据源广度，便可以开始准备数据了。首先准备影响力高但复杂性低的数据源。优先考虑受众最多的数据源，以便迅速产生影响。使用这些数据源来开始构建高影响力仪表板。

（4）分析数据。为了有效地分析数据，可能需要集成系统来连接所有不同的数据源。数据分析主要包括描述性分析、预测性分析和规范性分析，需要的技能水平将根据需要分析的内容而有所不同。分析越复杂，需要的专业技能越多。

（5）形成见解。使用数据进行批判性思考意味着找到有用的见解，发现影响组织能否成功解决问题的机会或风险，并以有效实用的方式传达这些见解。数据的可视化对于数据驱动型决策至关重要。可视化分析是针对数据提出和回答问题的一种直观方法。如果能够以具有视觉冲击力的方式呈现见解，就可以对高层领导和其他员工的决定施加更大的影响。

（6）根据见解采取行动以及分享见解。发现见解后，需要采取行动或与他人共享见解以进行协作。一种方法是共享仪表板，通过使用信息丰富的文本和交互式可视化来突出显示关键见解，可以影响受众的决定，并帮助他们在日常工作中采取更明智的行动。

8.2.3　大数据驱动的管理决策范式与框架

根据国家自然科学基金委员会立项资助的“大数据驱动的管理与决策研究”重大研究计划项目的研究成果，大数据问题应至少具有以下三个特点：粒度缩放、跨界关联和全局视图[8]。首先，粒度缩放是指问题要素的数据化，并能够在不同粒度层级间进行缩放。这需要通过数据感知、连接和采集获得足够细的粒度性，同时对于不同层级间的粒度转换具有分解和聚合能力。其次，跨界关联是指问题的要素空间外拓。这需要扩展惯常的要素约束和领域视角，强调“外部性”和“跨界”，在问题要素空间中通过引入外部视角与传统视角联动，将内部数据（如个体自身、企业组织和行业等内部数据）与外部数据（如社交媒体内容等）予以关联。最后，全局视图是指问题定义与求解的全局性，强调对相关情境的整体画像及其动态演化的把控和诠释。这需要基于数据分析和平台集成的全景式“成像”能力。

一般而言，管理者在业务活动中通常有三个关注：发生了什么（what），为什么发生（why）以及将发生什么（will）。在大数据问题特征的情境下，这三个关注可以从业务层面、数据层面和决策层面进行刻画，进而形成管理决策大数据问题的特征框架，如图 8.7 所示。

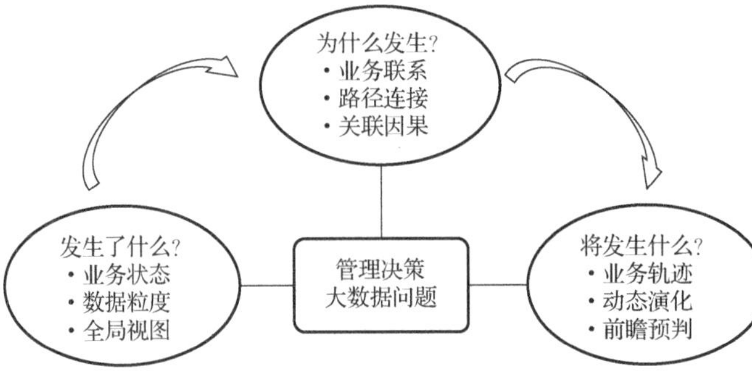

图 8.7　管理决策大数据问题特征框架

首先，对于发生了什么（what）的关注，业务层面需要反映业务的状态，即已经发生或者正在发生的事件和活动（如市场份额、交易现状、KPI 表现等）；数据层面需要体现业务环节的数据粒度，即现有的数据能否足够支撑管理者对不同粒度层级的业务状态进行了解和把握（如感知、采集、解析、融合等）；决策层面需要构建问题的全局视角，即定期整合汇总以及实时要素展现（如按时统计报表、实时信息查询等）。

其次，对于为什么发生（why）的关注，业务层面需要反映业务及其要素之间的联系，即业务特定状态的发生与哪些环节和要素有关联；数据层面需要体现不同业务数据路径的连接，即不同粒度层级和跨界关联的业务数据是否有效融通，并能够支持对数据的分析处理（如多维、切分、回溯等）；决策层面需要发现关联业务/要素之间的因果关系，即厘清业务逻辑和状态转换机理。特别需要指出的是，在很多情形下，尤其在管理决策领域，大数据需要既讲关联也讲因果。对于许多管理问题而言，如果决策者对事件之间的因果关系没有准确的分析与判断，则难以做出有效的决策，当管理者面临重大决策时更是如此（如投融资、进入新市场、业务转型、结构重组等）。

最后，对于将发生什么（will）的关注，业务层面需要反映业务发展轨迹，即勾勒出由决策或变化导致的业务走向；数据层面需要体现数据的动态演化情况，即对于相关事件进行不确定性动态建模并能够支持智能学习和推断（如模拟、预测、人工智能等）；决策层面需要提升前瞻性和风险洞察力，即获得决策情境实时感知和趋势预判能力。

大数据环境下，管理决策正在从关注传统流程变为以数据为中心，管理决策中各参与方的角色和信息流向更趋于多元和交互，使新型管理决策范式呈现出大数据驱动的全景式特点[9]，如图 8.8 所示。

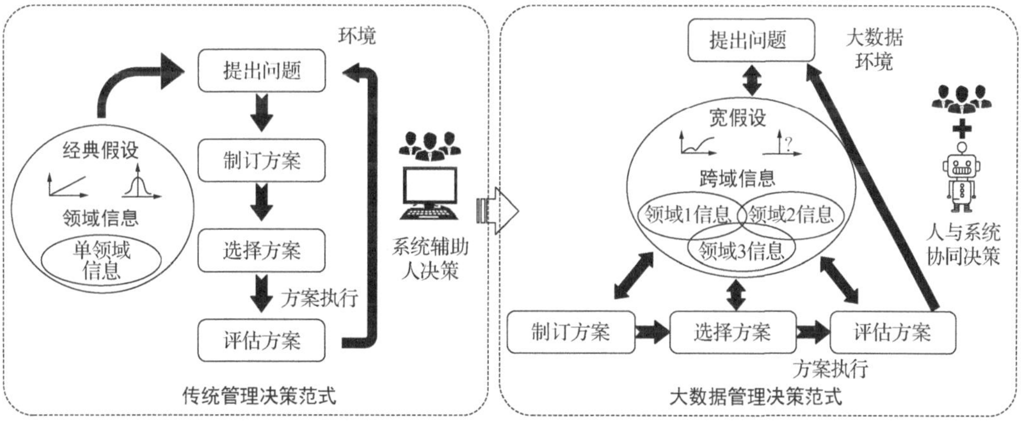

图 8.8　管理决策范式的转变

在大数据环境下，管理决策的理论与实践正在经历着一系列极为深刻的变化，管理决策范式开启了一轮新的转变。这种转变全面地体现在管理决策范式的信息情境、决策主体、理念假设、方法流程四方面要素之中。

（1）在信息情境方面，决策所涵盖的信息范围从单一领域向跨域融合转变，管理决策过程中利用的信息从领域内延伸至领域外，即“跨域转变”。

（2）在决策主体方面，决策者与受众的角色在交互融合，特别是决策形式从人运用机器向人机协同转变，从人作为决策主导、以计算机技术为辅助，逐渐向人与智能机器人（或人工智能系统）并重转变，即“主体转变”。

（3）在理念假设方面，决策时的理念立足点从经典假设向宽假设，甚至无假设条件转变，支撑传统管理决策方法的诸多经典理论假设被放宽或取消，即“假设转变”。

（4）在方法流程方面，决策从线性、分阶段过程向非线性过程转变，线性模式转变为各管理决策环节和要素相互关联反馈的非线性模式，即“流程转变”。

全景式 PAGE 框架是融合大数据特征和重要研究方向的要素矩阵，旨在刻画大数据驱动的“全景式”管理决策框架。全景式 PAGE 框架具有三个要件：大数据问题特征、PAGE 内核、领域情境，如图 8.9 所示。

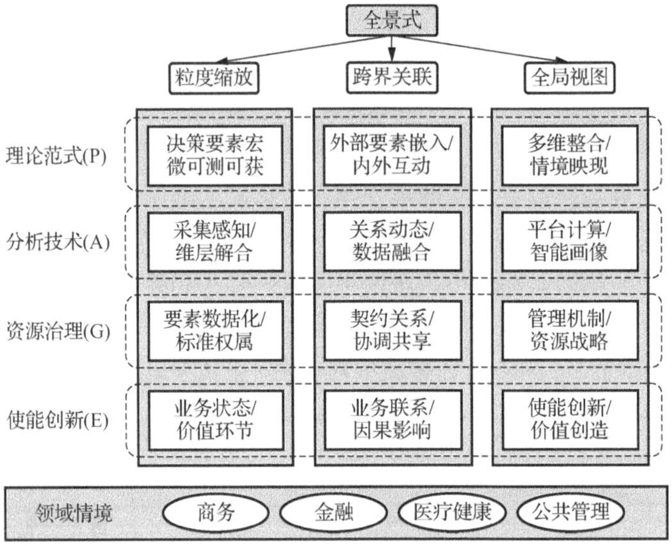

图 8.9　全景式 PAGE 框架

大数据问题特征涵盖粒度缩放、跨界关联和全局视图，并作为管理决策背景下的特征视角映射到研究内容方向上。PAGE 内核是指四个研究方向，即理论范式（paradigm）、分析技术（analytics）、资源治理（governance）以及使能创新（enabling）。领域情境是指针对具体行业/领域（如商务、金融、医疗健康和公共管理等）进行集成升华。围绕 PAGE 内核，在大数据问题特征映射下可以形成一个 4×3 的要素矩阵，简要介绍如下。

（1）在理论范式（P）研究方向上，重点关注管理决策范式转变机理与理论。传统的管理决策正在从以管理流程为主的线性范式逐渐向以数据为中心的新型扁平化互动范式转变，管理决策中各参与方的角色和相关信息流向更趋于多元和交互。概括说来，新型管理决策范式呈现出大数据驱动的全景式特点。进而，由于全景式的多维交互动态性以及全要素参与特点，在研究上需要采用新型的研究范式，即大数据驱动的管理决策范式。具体说来，在粒度缩放方面，需要决策要素在宏观和微观层面可测可获；在跨界关联方面，需要引入外部要素并形成内外要素互动；在全局视图方面，需要多维整合并能够针对不同决策环境进行情境映现和评估。

（2）在分析技术（A）研究方向上，重点关注管理决策问题导向的大数据分析方法和支撑技术。在粒度缩放方面，需要数据的感知与采集，并能够在不同维度和层次上进行分解与聚合；在跨界关联方面，需要捕捉数据关系及其动态变化，并能够进行针对多源异构的内外数据融合；在全局视图方面，需要体系构建和平台计算能力，并能够形成各类画像以及开展智能应用。

（3）在资源治理（G）研究方向上，重点关注大数据资源治理机制设计与协同管理。在粒度缩放方面，需要进行资源要素的数据化，并明确数据标准和权属；在跨界关联方面，需要刻画资源流通的契约关系，并形成有效协调共享模式；在全局视图方面，需要建立资源管理机制，并制定组织的资源战略。

（4）在使能创新（E）研究方向上，重点关注大数据使能的价值创造与模式创新。在粒度缩放方面，需要提升业务价值环节的像素，并把握业务状态；在跨界关联方面，需要梳理业务逻辑和联系，并辨识影响业务状态的因果关系；在全局视图方面，需要提升大数据使能创新能力，并促进组织发展与价值创造。

围绕领域情境，可以利用全景式 PAGE 框架对相关研究和应用进行凝练、整合和升华。以商务领域为例，对于大数据管理决策集成平台，平台体系由一个商务管理决策相关的数据池，以及相应的数据管理和应用管理平台系统（包括模型、方法、工具库）等组成；内置部件由针对特定行业和特定领域的研究成果及示范系统组成；整合部件由商务领域内其他相关项目成果在平台体系框架下经过提炼升华汇集而成。

8.3　决策支持系统

社会化大生产和现代科学研究的宏大规模，产生了巨额动态数据与信息，使得任何一个决策者个人都难以及时收集、整理、分析综合这些数据与信息而做出科学的选择决定。面对这种迅速变化和复杂联系的系统，要做出正确的、科学的决策，不但要有高速自动化的信息收集、处理、分析、综合的系统支持，还需要由各个领域的专家组成的、密切合作的集体来发挥集思广益的作用，只有这种人机结合的系统发挥整体功能，才能完成现代的决策任务。所以决策的计算机支持，人机结合的决策系统的形成和发展，是现代决策发展的主要方向之一。

决策支持系统（decision support system，DSS）是以管理科学、运筹学、控制论和行为科学为基础，以计算机技术、仿真技术和信息技术为手段，针对半结构化与非结构化的决策问题，支持决策活动的具有智能作用的人机交互系统。DSS 能够为决策者提供决策所需的数据、信息和背景资料，帮助明确决策目标和进行问题的识别，建立或修改决策模型，提供各种备选方案，并且对各种方案进行评价和优选，通过人机交互功能进行分析、比较和判断，为正确决策提供必要的支持。决策支持系统强调的是对管理决策的支持，而不是决策的自动化，它所支持的决策可以是任何管理层次上的，如战略决策、战术决策或运营决策。

8.3.1 决策支持系统的组件

从系统架构上来看，DSS 是帮助决策者利用数据、模型、方法、知识推理等去解决半结构化与非结构化决策问题的人机交互系统，主要由用户界面子系统、数据管理子系统、模型管理子系统、知识管理子系统组成[6]，如图 8.10 所示。

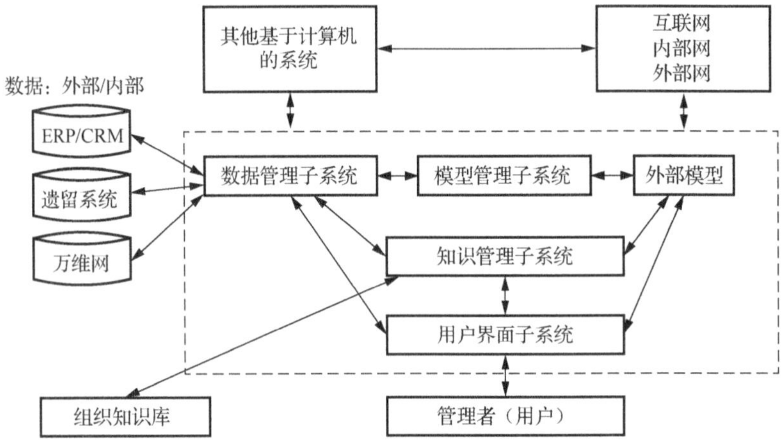

图 8.10　决策支持系统的典型架构

（1）用户界面子系统。用户（决策者）通过用户界面子系统实现用户和系统之间的对话。用户通过人机交互界面以各种形式输入有关信息，包括数据、模型、公式、经验判断等，通过调用数据管理子系统、模型管理子系统、知识管理子系统完成推理和运算，为决策者提供决策支持。用户也被认为是系统的一部分，因为只有通过用户的使用，DSS 才有意义。DSS 需要借助人机交互过程加入决策者的主观判断，用来完成决策的非结构化部分，并结合客观数据与分析，形成一个完整的决策问题系统分析。

（2）数据管理子系统。数据管理子系统包括数据库、数据库管理系统、数据目录、查询设施。数据库包括组织的内部数据，例如企业资源计划（ERP）系统、客户关系管理系统和遗留系统中的数据，也包括万维网上的组织外部数据。数据库管理系统负责管理和维护 DSS 中使用的各种数据，对于在模型运行过程中所使用的数据，按其数据内容分类，分别建立数据仓库文件。运行的结果所产生的各种决策信息常以报表或图形的形式存放在数据库中，并增加时间维度来实现数据库的动态连续性。通过数据库管理系统有效地实现与模型管理子系统、知识管理子系统与用户界面子系统方便、快捷地连接，实现数据的有效输出，以达到为各种决策服务的目的。

（3）模型管理子系统。模型管理子系统包括模型库、模型库管理系统、建模语言、模型目录、模型执行、集成和命令处理器。DSS 的模型管理子系统是 DSS 的核心，也是 DSS 区别于管理信息系统的重要特征。DSS 模型的建立通常是随着 DSS 解决问题的要求而定的，不同层次的组织决策需求是不一样的，一般包括战略规划模型、管理控制模型、运营管理模型等。DSS 中的大多数模型都属于数学模型，例如预测模型、统计分析模型、优化模型、数据挖掘模型等。

(4) 知识管理子系统。知识管理子系统包括组织知识库及其管理系统。组织知识库是以相关领域专家的经验为基础，形成一系列与决策有关的知识信息，最终表示成显性知识，通过知识获取形成一定内容的知识库，并结合一些事实规则及运用人工智能等有关原理，通过建立推理机制来实现知识的表达和运用。知识库中的知识有很多种不同的形式，例如本体知识、关联性知识、规则库、案例知识等。知识管理子系统可以作为一个独立的组件支持任何其他子系统或者行为，它提供的知识用于支持知识推理和决策制定。

目前，DSS 组件开发大都采用了基于 Web 的无缝集成技术，减少了技术壁垒，获得决策相关数据和知识更容易、成本更低。DSS 正在嵌入到其他系统中，DSS 组件中的不同类型正在频繁地被整合到一起，以提高管理效率和决策质量。

8.3.2 新一代决策支持系统

近年来，尽管 DSS 领域中的理论研究和应用开发取得了丰硕的成果，然而，随着系统科学领域中系统分析与建模范围、数据组织、通信和编程方法论方面的新概念、新方法和新工具的出现，对 DSS 的发展表现出新的要求并提供了新的机遇，新一代 DSS 的发展趋势已初见端倪。例如，对复杂系统的重新认识以及分布式系统问题求解方法研究，为 DSS 这一人造系统面对的对象形态、问题求解策略与方法带来了新的思考。又如，大数据与商务分析技术为 DSS 的构成及其功能带来了新的发展机遇。再如，机器学习方法与知识图谱技术为 DSS 的数据与知识获取、辅助建模和交互模式展现出了新的前景。同时，面向 Agent 的编程方法也为新一代 DSS 的构成与软集成提供了实现基础。

(1) 群决策支持系统 (group decision supporting system，GDSS)。随着组织经营管理环境日趋复杂，制定决策所需考虑的因素也随之增加，很多重要的决策往往不是一个人可以独立完成的，通常需要集中多个专家或决策者的意见，以形成更为合理、更加科学的决策。群决策支持系统通过辅助一群决策者的群决策过程，来解决特定领域的半结构化或非结构化问题。典型的 GDSS 由硬件资源、软件资源和决策者三部分组成。其中，硬件资源是指各决策者独立使用的工作站（或终端）、共享使用的外部数据库、模型库及输入/输出设备等硬件资源，还包括整个 GDSS 基于的通信网络；软件资源包括在各决策者的工作站（或终端）上运行的决策支持软件、支撑 GDSS 的底层软件（如数据管理子系统、模型管理子系统）及网络软件；决策者不仅包括参与决策的人员，还包括决策过程的协调人员。

(2) 智能决策支持系统 (intelligent decision support system，IDSS)。智能决策支持系统是将人工智能技术引入决策支持系统而形成的一种新型信息系统。它是以信息技术为手段，应用管理科学、计算机科学及有关学科的理论和方法，针对半结构化和非结构化的决策问题，通过提供背景材料、协助明确问题、修改完善模型、列举可能方案、进行分析比较等方式，为管理者做出正确决策提供帮助的智能型人机交互式信息系统。IDSS 应用专家系统技术，在用户界面子系统加入自然语言处理系统和问题处理系统，在 DSS 数据库、模型库、方法库的基础上增设知识库与推理机，使 DSS 能够更充分地应用人类的知识，如关于决策问题的描述性知识，决策过程中的过程性知识，求解问题的推理性知识，通过逻辑推理来帮助解决复杂的决策问题的辅助决策系统。只有当决策支持系统具有较丰富的知识和较强的知识处理能力时，才能向决策者提供更为有效的决策支持。

（3）智能型、交互式、集成化决策支持系统（intelligent，interactive and integrated DSS，I^3DSS）。为了使决策支持进行得更有成效，现代的决策支持系统正在向高度智能化、交互化、集成化发展[10]。所谓智能化，就是在各层次和环节上使用人工智能、知识工程的方法和技术处理一些决策问题。由于决策问题的综合性与复杂性，特别是高层战略决策，要想建立一个理想的专家系统是很困难的，因为它不像一些专项技术，有一批领域专家能提供领域知识，所以要使用混合型的系统，将定性与定量方法有机结合起来。所谓交互化，就是在系统工作过程中，人和计算机不断地交换信息，使人和机都在最能发挥各自特长的时机工作，使人的随机应变能力和计算机的高速处理、大容量存储能力交互作用，相得益彰。尤其是在半结构化与非结构化决策时，决策者或决策分析人员正是通过人机交换信息，不断得到新的启示，来进一步明确问题，设想情景，生成方案，权衡折中，逐步提高对问题的洞察力，使决策水平逐渐提高，这样才能做出高明的决策。至于系统的集成化，则是为了能在系统面向应用、博采众长时，将各部分各模块统一起来。这就要求系统在开发时，就考虑到决策者的决策程序、决策习惯、决策风格，以及现有的各种方法工具，怎样把它们按决策过程组织起来，使决策者感到是在一种友好、合作的环境下和计算机一块进行决策分析，自己掌握的信息愈来愈丰富但又愈来愈精炼，对问题的认识逐渐由浅入深，由表及里，由此及彼，因而制定决策的信心与能力也就增强了。

8.4 商务智能系统

目前，商务智能系统通常被理解为将企业现有的数据转化为知识，帮助企业做出明智的业务经营决策的工具。这里的数据包括来自企业业务系统的订单、库存、交易账目、客户和供应商资料，也包括来自企业所处行业和竞争对手的数据，以及来自企业所处的其他外部环境中的各种数据。而商务智能系统能够辅助的业务经营决策，既可以是运作层的，也可以是战术层和战略层的决策。为了将数据转化为知识，需要利用数据仓库、联机分析处理工具和数据挖掘等技术。因此，从技术层面上讲，商务智能系统并不是基础技术或者产品技术，它是数据仓库、联机分析处理工具和数据挖掘等相关技术走向商业应用后形成的一种信息系统。与一般的信息系统不同的是，商务智能系统在处理海量数据、数据分析和信息展现等多个方面都具有突出性能。

8.4.1 商务智能系统的主要功能

商务智能（BI）系统是深化企业信息化的重要工具，它的出现为企业决策层提供了决策分析与风险规避的工具，为企业提供了资源优化与价值评价的平台，为企业信息化提供了从运营层向决策层发展的支撑。商务智能系统的主要功能如下。

（1）数据集成。数据是决策分析的基础。很多情况下，决策需要的数据零散分布在几个业务系统中，为了做出正确的经营决策，就需要把这些零散的数据收集起来，形成一个系统的整体。因此从多个异构数据源，包括内部的业务系统和外部的数据源提取源数据，再经过一定的变换后装载到数据仓库，实现数据的集成是必要的。

（2）信息呈现。信息呈现把收集的数据以报表的形式呈现出来，让用户了解到企业、市场现状。这是商务智能的初步功能。例如商务智能软件 Business Objects 的水晶报表（crystal reports）允许从各种数据源收集数据，使报表分析人员可以随心所欲、快速便捷地设计报表。在信息呈现的方式上，除了报表、图等形式以外，还可以用其他直观的方式。此外，利用联机分析处理也可以从多个维度观察数据。

（3）运营分析。运营分析包括运营指标分析、运营业绩分析和财务分析等。运营指标分析是指对企业不同的业务流程和业务环节的指标进行分析，运营业绩分析是指对各部门的营业额、销售量等进行统计，在此基础上进行同期比较分析、应收分析、盈亏分析和各种商品的风险分析等。财务分析是指对利润、费用支出、资金占用以及其他经济指标进行分析，及时掌握企业在资金使用方面的实际情况，调整和降低企业成本。

（4）战略决策支持。战略决策支持是指根据公司各战略业务单元的经营业绩和定位，选择一种合理的投资组合战略。由于商务智能系统集成了外部数据，例如外部环境和行业信息，各战略业务单元可据此制定自身的竞争战略。此外，企业还可以利用业务运营的数据，提供营销、生产、财务和人力资源等决策支持。

8.4.2　商务智能系统的体系架构

面向企业建立商务智能系统，首先需要搭建适合企业的商务智能框架。商务智能框架是商务智能系统的构成要素、关键组成部分之间的关系和整体结构的界定。企业商务智能框架可以分成五个层次，即战略层、经营层、功能层、技术层、业务层，如图 8.11 所示。

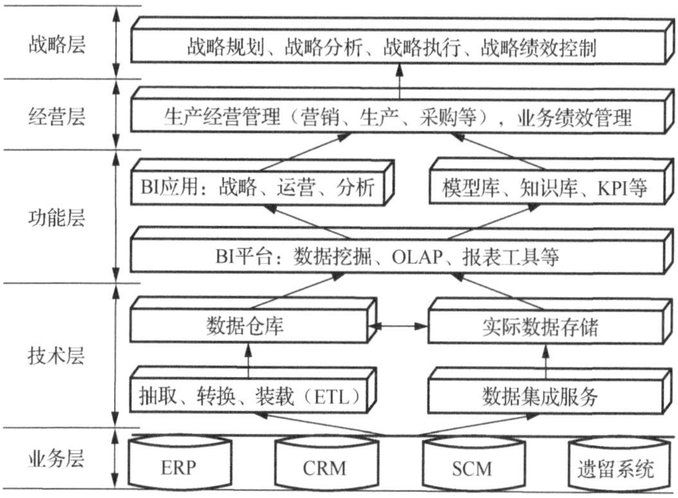

图 8.11　企业商务智能系统的框架层次

业务层是指企业的业务系统，例如企业资源计划（ERP）、客户关系管理（CRM）、供应链管理（SCM）、遗留系统（legacy system）等，这些系统是原始数据的来源地。商务智能软件可以通过应用程序接口（API）来访问这些系统。技术层是指对来自业务层的原始数据进行抽取、转换、装载等加工，并把处理好的数据放入数据仓库，在加工过程必须保证数据质量和元数据的一致性。功能层是指对技术层处理好的数据进行分析，以辅助运营层和战略层的商务分析，功能层的分析软件分为三种类型：商务智能套件、商务智能平台、报表查询工具。运营层针对生产经营管理和业务绩效管理中的问题，利用商务智能平台和应用实现快速响应、高效运营。最后，在上述四层的支撑下，企业真正实现智能商务这一战略目标。

从系统的观点来看，一个典型的商务智能系统主要包括数据获取、数据管理、数据分析及数据展现四个主要阶段和处理流程，技术体系架构如图 8.12 所示。

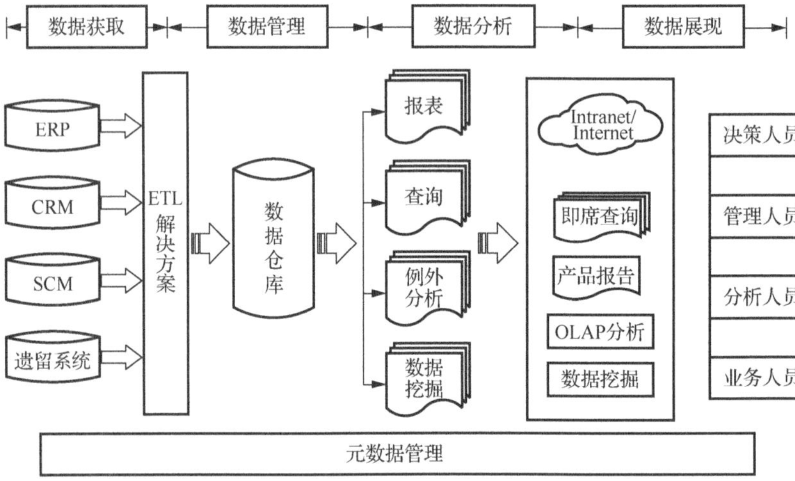

图 8.12　商务智能系统的技术体系架构

数据获取是整合企业原始数据的第一步，它包括数据的抽取、转换和装载三个过程。数据管理阶段则需要建立数据仓库，奠定处理海量数据的基础。元数据贯穿了商务智能系统的整个生命周期，使用元数据驱动数据仓库的开发，使数据仓库自动化、可视化。数据分析是体现商务智能系统“智能”的关键，一般采用联机分析处理和数据挖掘两大技术。联机分析处理不仅进行数据汇总，同时还提供切片、切块、下钻、上卷和旋转等数据分析功能，用户可以方便地对海量数据进行多维分析。数据挖掘的目标则是挖掘数据背后隐藏的知识，通过关联分析、聚类和分类等方法建立分析模型，预测企业未来发展趋势和将要面临的问题。在海量数据和分析手段增多的情况下，数据展现则主要保障系统分析结果的可视化。

8.5　知识管理系统

现在企业界已经越来越重视知识的管理。各级政府在急剧变化的复杂条件下，也感到及时正确的决策需要掌握更多的知识。人们常把决策失误归咎于缺少信息，实际上缺乏的是能够洞察全局和预见未来的知识。

目前对知识管理有宽窄两种理解，一种更加宽泛的理解是把知识管理当作一种新的管理理念。这种理解认为，在知识经济时代，一切管理都应该以知识为基础。另一种较窄的理解则认为知识管理仅仅是对企业的知识生成与应用加以管理，就像财务管理一样，只是企业管理的一个领域。前者可以说是“用知识进行管理”，后者可以说是“对知识进行管理”。在目前管理界所理解的知识管理还是指后一种而言[11]。

8.5.1　知识系统的工作过程

工农业生产的管理，是对实物生产活动的管理，而知识管理则是对知识活动的管理。知识活动是对一种特殊的、抽象的要素——知识加以处理或者加以创新，得到的知识又使用到实物的生产或服务中去。如果说在实物生产中，生产过程和管理过程形成了两个不同的层次的话，知识运作（处理）过程与知识管理过程也形成了两个不同的层次，如图 8.13 所示。这两类过程形成了一个两层结构，知识运作过程是在生产、研究开发或者营销一线的人员为了本身的工作需要而去收集知识或者生成新知识的过程。知识管理过程则是对知识的运作进行管理、提供有利于知识应用和知识创新环境的过程。两者既有区别，又是紧密联系着的。

知识运作过程中包含了知识从识别、采集到利用和创新的各种知识功能，即知识需求与审计、知识采集与编码、知识吸收与利用、知识保存与保护、知识传播与共享、知识转化与生成、知识学习与重用、知识集成与创新过程。

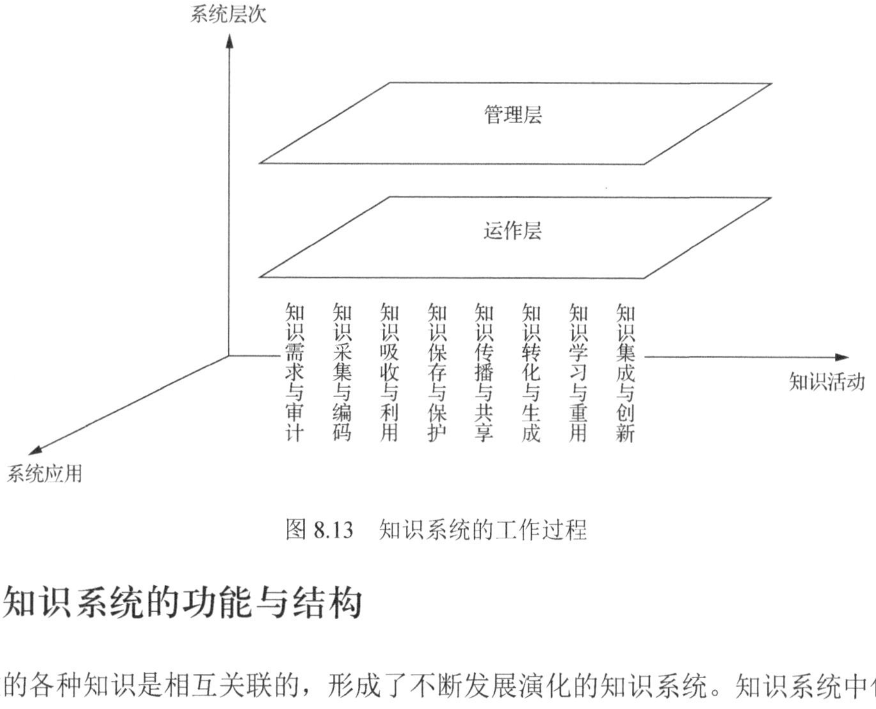

图 8.13　知识系统的工作过程

8.5.2　知识系统的功能与结构

人类的各种知识是相互关联的，形成了不断发展演化的知识系统。知识系统中包含两类子系统：一类是知识处理系统，另一类则是对知识处理进行管理的知识管理系统。这两类系统形成了一个两层结构。由于组织中的工作过程或人员也是以系统形式存在的，因此知识系统和业务工作过程系统或人员系统集成为一个更大的知识系统。因此，这里所谓的知识系统，不是仅指建立在信息技术基础上的以管理显性（可编码）知识为主的知识处理系统与知识管理系统，而且是指以人为中心、同时开发和运用显性和隐性知识的系统，这个系统不是人围着计算机转，而是计算机等信息工具随着人转。系统的组成不仅包括有形的知识和工具，还包括无形的知识资产和最重要的知识源泉——作为知识创造者的人。

知识系统的任务一般包括：

（1）获取和生成知识；

（2）对知识编码和标准化；

（3）进行知识组织与处理；

（4）支持新知识的生成；

（5）进行知识转移和传播；

（6）支持组织学习。

为了完成知识系统的任务，知识系统的功能应该包括如下四个方面：

（1）提供用户一个单一的入口以便获取知识；

（2）对企业所有的知识资源进行保存与管理；

（3）对知识流程进行管理；

（4）提供知识的协同工作环境。

一般来说，知识系统分成四个层次，即表示层、应用层、功能层和数据层，知识系统的结构如图 8.14 所示。

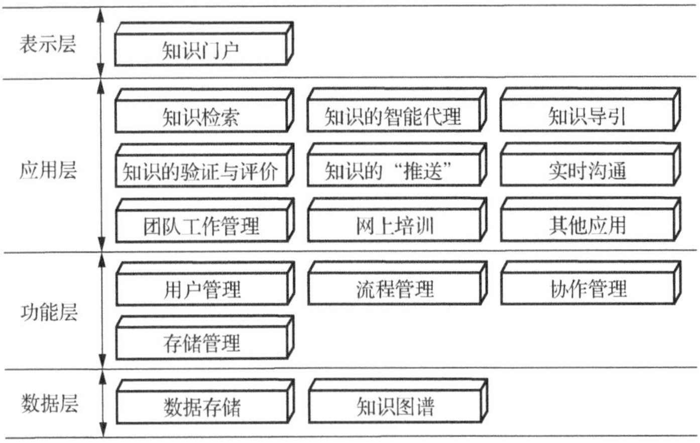

图 8.14　知识系统结构图

下面自上而下地对各层次的作用和组成要素进行分析。

1. 表示层

表示层是用户与系统进行联系的接口。它的功能是响应用户的操作指令，迅速导向有关的应用模块，进行处理，并将处理结果进行显示。它应该是用户进入系统的唯一入口。简单的表示层就是通用的图形接口，大型的、复杂的系统则是用企业知识门户来充当入口。它可以使企业的员工、客户和合作伙伴都能够访问、获取、交流与他们有关的知识。对表示层的要求是它应该使用单一的访问方式，一般是使用浏览器进入系统，进行操作。在一次登录进入后，可以访问不同的模块。它应该能够进行个性化的定制，用户可以自己定义自己的角色，选择相应的页面，按自己的偏好过滤信息。这个层次不仅是一个入口，而且能够把已有的系统加以集成，特别是知识路线图的集成和团队工作平台的集成。

2. 应用层

应用层是对知识应用和知识创新进行管理的实现层次，直接决定了整个系统的能力。它包括知识运作和知识管理的各种应用模块。这些模块有的是通用的，在任何企业或组织中都能够使用；有的是专门针对某一企业或者它某一项任务特点的；有的是针对个人使用的；有的是针对团组使用的；还有的是面向组织全体人员的；以及面向企业外的人员如用户、供应商等的。下面列举一些有代表性的模块。

（1）知识检索。与用户最先接触的应该是知识检索模块。它为用户提供了一个统一的检索工具，并能够支持多种检索方式。在今天的技术水平上，全文检索已经没有什么困难，但利用关键词检索可能得到的结果会过于繁杂而缺少针对性，因而出现了许多利用智能技术提高检索效率的方法，以及具有学习功能和在检索过程中不断改进检索方法的工具。

（2）知识的智能代理。智能代理可以认为是一种软件机器人，利用它可在后台运行，接收用户的知识查询请求，代替用户搜索文档。由于它能够收集用户操作记录，对用户的操作规律和知识需求进行分析，因而能更切合用户要求去进行知识收集。

（3）知识导引（知识路线图）。知识路线图是一种向导，能够指引用户找到所需要的知识。它不仅可以指出可编码的知识在什么地方，而且可以指出具有知识的人在哪里，这样就可以找到隐性知识的来源。知识路线图给出的是知识的位置，而不包括知识的内容。所以，它只起到索引的作用。系统中应该具备建立知识路线图的工具，利用它可以进行知识的分层和分类，构建路线图，以及对路线图的维护和更新。这种工具的进一步发展应该是能够自动按照文档和人员的变化，增删或者移动知识路线图的内容。

（4）知识的验证与评价。不论是从外面采集的知识，还是内部生成的新知识，都需要进行验证与评价。最根本的验证与评价要通过应用知识的实践，但在应用之前，为了做出是否应用的决策，还得通过对知识有发言权的人（包括专家和使用者）的检验和评价。系统中的这一模块就是为此而设的。它能够收集专家和使用者对知识的真实性、可用性以及水平和质量做出的判断和评价，以提供选择时的参考。

（5）知识的“推送”。用户既可以从系统中“拉”出所需的知识，又可以由系统向他“推”送知识。系统中的知识推送模块起到一个订阅中心的作用，它列出所有可供用户选择的知识内容，供用户选订。当有新的资料进入系统后，它还能把更新的信息通知用户。

（6）实时沟通。实时沟通模块提供了用户通过网络进行实时沟通的渠道。它既可以进行个人之间点对点的沟通，也可以通过远程会议的方式，进行工作讨论和会商。由于现在网络的频带日益加宽，所以通过摄像头和话筒等工具，可以形象地传递双方的沟通内容乃至于会场气氛和人的情绪，强化了会议的真实程度。这对于进行隐性知识交流和共识的形成是一种极其有效的工具。由于现在组织中的知识创新工作多半是由一些创新团队担任的，知识团队都是按任务临时组织，任务完成后就解散的；另外，在组织的其他经营活动中也采取项目管理的方式，项目组也带有临时特点。这就提出了新的问题：怎样能够迅速组建团队，迅速获取有关的知识，而在团队解散后又能把工作过程与工作成果作为组织的知识资源加以保存和保护呢？这就需要对团队的工作进行管理和跟踪。团队工作模块具有自行积累经验的能力，会向整个系统不断提供经验型的知识。

（7）网上培训。网上培训也是系统所能提供的为更广大的人群服务的模块。由于当前知识更新的速度越来越快，组织的培训任务也越来越迫切和越来越重要。利用网络进行培训是一种成本低而灵活性高的方式。网上培训可以有两种方式：一种是有计划、有进度，对接受培训者要求较严，而且有规定的作业和考核；另一种是由接受培训者自己掌握内容和进度，主动接受测验与考核。两种方式都应该有在线的讨论，只是前一种组织得比较严密而后一种比较松散。前一种方式适合企业有计划地组织培训以提高员工的能力与水平，后一种则更多地带有深造性质，更尊重员工的自愿原则。

除了上面列举的几种应用之外，还有其他一些针对某一特定要求的模块。知识运作与管理的信息技术系统目前还在发展的初期，随着其在企业中的地位和作用日益提高，还会有更多的应用出现。

3. 功能层

功能层介于应用层和数据层中间，它不直接参加应用操作，没有用户接口，而只是为用户使用和开发应用任务提供平台和工具支持。这一层包括下列四种功能。

（1）用户管理。通过用户目录，存储用户的基本信息，用户的组织归属、个人角色、信息与知识权限等，都在这里登记保存。一旦用户进行登录，就可以统一进行身份验证。对用户进行管理，还有利于组建和扩充社会网络。

（2）知识流程管理。这一模块支持用户自己定义各种知识流程，确定文档流转，以及各种传阅机制，还可以将阅读意见附加到文档上。在权限许可的条件下，还能查看其他相关意见文档。它还具有各种推送机制。

（3）协作管理。这一模块负责对于进行协作的团组或者临时组成的协同工作进行登记，检查身份和权限，还可以把协作历史进行统计，提供协同工作的历史记录，为今后进一步的组织提供参考。

（4）存储管理。这一模块是为应用层和数据层之间的数据传递服务的。它可以进行数据格式的转换，以及提供各种数据视角。

4. 数据层

数据层是系统的底层，用于进行企业各种数据资源和知识资源的保存和管理，存储组织所有可编码的知识资源。这些资源可以分成两大类型，一类是数据存储，另一类是知识图谱。

（1）数据存储。结构化的数据，用通常使用的关系型数据库来保存。半结构化和非结构化的数据，用原始文档或文件形式保存。在传统的数据库中，数据分割成离散的数据段，而文档的保存却是以文档作为基本单位。文档可能很长，不具备固定的结构，对于使用文档的用户来说，不必严格按照规定的结构进行输入，但文档的处理却遇到很多困难。以网页为例，人们很难对网页中的某一个或一组信息元素进行处理。现在开始使用的 XML 语言部分地解决了这个问题，为信息处理和检索提供了方便。在系统的具体实现方面，目前大多系统架构采用浏览器-万维网-数据库模式。在网络方面，处丁一地的组织，多半采用局域网互连的方式。对分散在各地的大型企业集团或机构来说，还得借助广域网进行沟通。在网络构建时，要考虑开放性、灵活性与可扩展性、实用性。

（2）知识图谱。知识图谱（knowledge graph）的概念由谷歌公司于 2012 年正式提出，旨在提高搜索引擎的能力，改善用户的搜索质量以及搜索体验。目前，随着智能信息服务应用的不断发展，知识图谱已被广泛应用于智能搜索、智能问答、个性化推荐、情报分析、反欺诈等领域。另外，通过知识图谱能够将 Web 上的信息、数据以及链接关系聚集为知识，使信息资源更易于计算、理解以及评价，并且形成一套 Web 语义知识库。本质上，知识图谱是一种揭示实体之间关系的语义网络，可以对现实世界的事物及其相互关系进行形式化的描述。知识图谱通过对错综复杂的文档的数据进行有效的加工、处理、整合，转化为简单、清晰的“实体-关系-实体”三元组，最后聚合大量知识，从而实现知识的快速响应和推理。

8.6　个性化推荐系统

在信息爆炸时代，个性化推荐被认为是当前解决信息过载问题较有效的工具之一。个性化推荐系统可以根据用户的访问历史记录、爱好与兴趣、需求或者访问页面的相关性，为用户推荐与之相关的可能感兴趣的“对象”。比如，亚马逊购物网站中，一旦用户登录，网站就可以根据用户之前浏览的行为模式和当前访问的对象，为用户推荐与之相配套的商品，这样不但减少了用户搜索感兴趣商品的次数，而且刺激了用户的消费。在日趋激烈的竞争环境下，个性化推荐系统已经不仅仅是一种商业营销工具，更重要的是可以增进用户的黏着性。

8.6.1　推荐系统的工作原理与构成

推荐系统的功能就是为不同的用户依据用户的历史选择（评价）信息提供不同的推荐对象。在不同的推荐系统应用场景中，推荐对象的内涵各不相同。例如，电子商务系统中，对象是指待销售的商品；社交媒体中的对象是指用户上传的社交媒体内容，如图片、视频或音频；微博和博客等社交网站系统中，对象既可以是用户产生的内容，也可以是用户本身，因为用户感兴趣的不一定是资源内容，用户感兴趣的更可能是创建内容的用户。

在电子商务领域，推荐系统的工作原理可以概括如下：系统自动搜集互联网上每个用户的点击、跳转、停留时间和评分等用户行为，甚至用户性别、年龄等个人信息，然后用基于用户兴趣建模技术分析用户在网上的行为和个人信息，从而总结出用户行为规律和特征，建立用户兴趣模型，通过预测用户当前对各种类型商品的购买概率确定用户意图，对相关内容进行筛选和过滤，只展现给用户最可能关注和感兴趣的少数商品。

个性化推荐系统一般由推荐对象、用户和推荐算法构成。推荐算法是推荐系统最核心的部分，这在很大程度上决定了推荐系统性能的优劣。推荐系统通常依赖输入模块、推荐算法模块和输出模块共同完成推荐任务。

（1）输入模块，其主要功能是收集辅助推荐的数据源。随着电子商务的广泛应用，可以收集到大量的用户行为数据，如用户的交易数据、用户的评分信息、用户的投票数据、用户的注册信息等，并且服务器中也有大量的日志信息可以辅助获得用户的兴趣信息。输入模块在收集这些数据的同时，还进行一些数据的清洗工作，以提高数据的质量。然后以这些数据源为基础，构建相应的用户和商品模型。

（2）推荐算法模块，是整体推荐系统的核心模块，它的好坏直接决定了推荐的质量。在不同的应用环境和数据模型情况下，系统需采用不同的推荐算法模块以使推荐效果达到最优。

（3）输出模块，其主要功能是将推荐算法计算出来的推荐结果以合适的方式展示给推荐系统的用户。它常用的方式有：① Top N 推荐，即将可能最符合用户兴趣的前 N 个商品展示给用户；② 预测评分，即利用推荐算法，预测目标用户对未评分商品的可能评分值，然后按照评分值升序或者降序的方式排列所有的用户未评分商品。另外还涉及推荐解释的问题，告诉用户为什么要推荐这些商品，使用户能提高对推荐商品的信任程度。

8.6.2　推荐系统的架构

由于推送策略本身的复杂性，如果要在一个系统中把用户特征、对象特征和各类推荐算法都统筹考虑，那么系统将会非常复杂，而且很难通过配置文件方便地配置不同特征和推荐任务的权重。因此，推荐系统需要由多个推荐引擎组成，每个推荐引擎负责一类特性和一种任务，推荐系统的任务是将推荐引擎的结果按照一定权重或者优先级合并，排序然后返回，如图 8.15 所示[12]。

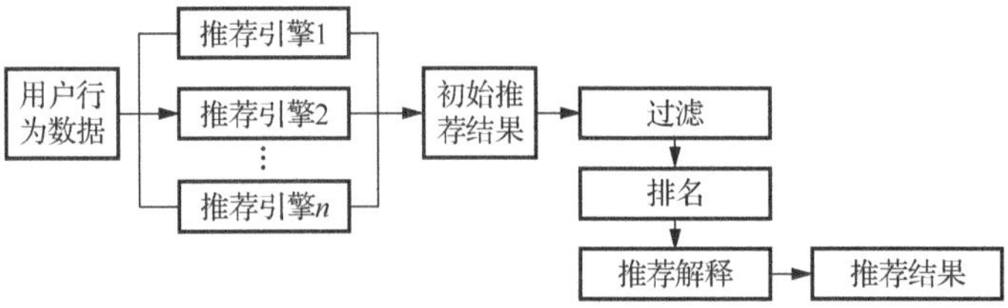

图 8.15　推荐系统的架构图

推荐系统中包含多个推荐引擎，优点在于：一是可以方便地增加或者删除推荐引擎单元，控制不同推荐引擎单元对推荐结果的影响，对于绝大多数需求，只需要通过不同的推荐引擎组合实现；二是可以实现推荐引擎级别的用户反馈，每一个推荐引擎其实代表了一种推荐策略，而不同的用户可能喜欢不同的推荐策略。可以将每一种策略都设计成一个推荐引擎，然后通过分析用户对推荐结果的反馈了解用户比较喜欢哪些引擎推荐出来的结果，从而对不同的用户给出不同的推荐引擎组合权重。

图 8.15 中的用户行为数据主要来源于用户行为日志存储系统。一般来说，每个网站都会有一个用户界面系统，负责给用户展示网页并和用户交互。网站会通过日志系统将用户在用户界面上各种各样的行为记录到用户行为日志中。日志可能存储在内存缓存里，也可能存储在数据库中，也可能存储在文件系统中。而推荐系统通过分析用户的行为日志，给用户生成推荐列表，最终展示到网站的界面上。推荐系统与日志系统的关系如图 8.16 所示。

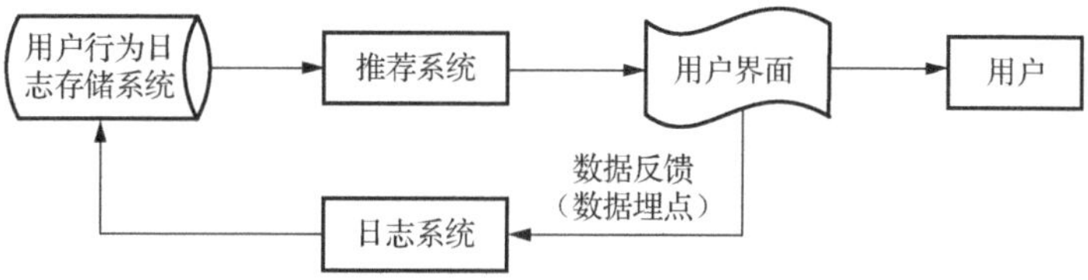

图 8.16　推荐系统与日志系统的关系图

推荐引擎使用一种或几种用户特征，按照一种推荐策略生成一种类型对象的推荐列表，每个推荐引擎的基本架构如图 8.17 所示。

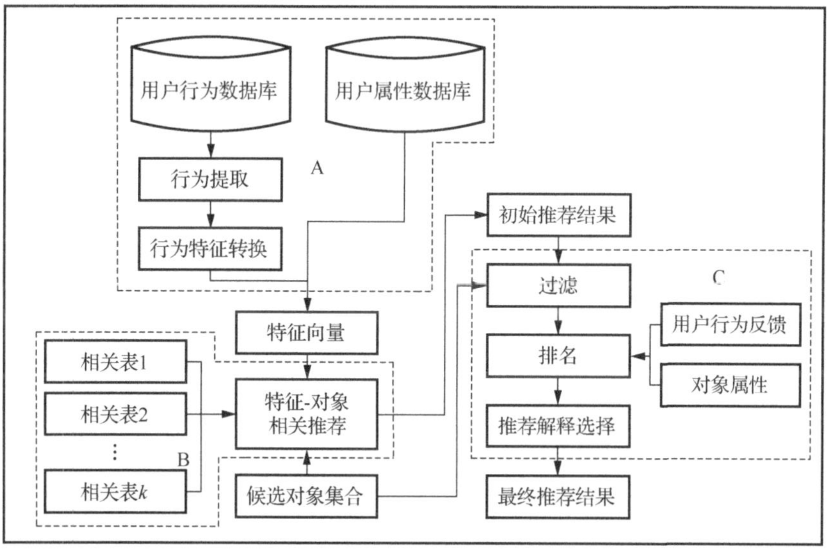

图 8.17　推荐引擎的架构图

推荐引擎架构主要包括用户行为数据模块、对象数据模块和最终结果生成模块三部分。图中 A 部分是用户行为数据模块，负责从数据库或缓存中拿到用户行为数据，通过分析不同行为，生成当前用户的特征向量，如果使用了非行为类的特征，就不需要行为提取和分析模块了，该模块的输出就是用户特征向量。图中 B 部分是对象数据模块，负责将用户的特征向量通过特征-对象相关矩阵转化为初始推荐对象列表。图中 C 部分是最终结果生成模块，负责对初始的推荐列表进行过滤、排名等处理，从而生成该引擎的最终推荐结果。

特征-对象相关推荐模块还可以接受一个候选对象集合。候选对象集合的目的是保证推荐结果只包含特定候选对象集合中的对象。比如有些推荐系统要求给用户推荐最近一周加入的新商品，那么候选对象集合就包括最近一周新加的商品。

在得到初步的推荐列表后，还不能把这个列表直接展现给用户。例如，在电子商务领域，首先需要按照商品需求对结果进行过滤，过滤掉那些不符合要求的商品。一般来说，过滤模块会过滤掉以下商品。

（1）用户已经购买过的商品，因为推荐系统的目的是帮助用户发现新商品，因此没必要给用户推荐已购买的商品，这样可以保证推荐结果的新颖性。

（2）候选商品以外的商品，候选商品集合一般有两个来源，一个是商品推广需求，比如在首页可能要求将新加入的商品推荐给用户，因此需要在过滤模块中过滤掉不满足这一条件的商品。另一个来源是用户自己的选择，比如用户选择了某一个价格区间，只希望看到这个价格区间内的商品，那么过滤模块需要过滤掉不满足用户需求的商品。

（3）某些质量很差的商品，为了提高用户的体验，推荐系统需要给用户推荐质量好的商品，那么对于一些绝大多数用户评论都很差的商品，推荐系统需要过滤掉。这种过滤一般以用户的历史评分为依据，比如过滤掉低于平均分的商品。

经过过滤后的推荐结果可以直接展示给用户。如果通过排名模块对它们进行一些排名，则可以更好地提升用户满意度。实际进行排名时，可以基于新颖性、多样性、用户反馈进行排名优化。

8.7　收益管理系统

近年来，收益管理的理论和实践在诸多行业得到了广泛关注，如航空运输业、酒店住宿业、出租行业等。这些行业存在一个共同特点，就是必须在限定的期限前将各种不同价位的产品销售出去，否则，就会白白损失销售不了的产品。对航空公司来讲，这种产品就是在特定日期离港航班上的座位，而同一航班上的座位又可根据市场的需求划分成多个不同价位的销售等级，从公务舱、全价票到很低的折扣。一般情况下，低等级的旅客会先于高等级的旅客订票，如何拒绝低等级旅客的过多需求，保证迟到的高等级旅客需求，从而实现单航班销售收入最大化就成了一个重要的销售决策问题。

收益管理（也被称为收入管理）是指将合适的产品，以合适的价格，通过合适的渠道，在合适的时间，销售给合适的客人，以实现收益最大化的过程。航空公司把过去的机票销售数据输入到分析模型中，得到所有航线最优定价策略，以确保获得的收益最大化。

8.7.1　收益管理理论

收益管理本身也是一门动态发展中的学科。收益管理是从航空运输的实际应用问题中产生的一个概念，它的许多理论来源于运筹学、管理科学、微观经济学、计算机科学等学科，是多学科的结合产物，尤其是管理科学和运筹学的产生与发展，奠定了收益管理的理论基础[13]。

需求预测是收益管理的基础和前提，因为所有的收益优化模型都需要将预测结果作为它的输入，并且预测能力直接影响收益管理系统的功能。在一个收益管理系统中，需求预测是最基础和关键的工作。需求预测问题包含了三个不同层次的预测：①针对航线的宏观市场预测；②针对旅客行为的预测；③针对具体航班各个等级订座需求的微观预测。通常的预测方法包括统计预测方法（例如回归分析、时间序列预测等）和机器学习技术（例如神经网络、支持向量机等）两大类。目前将机器学习技术应用于航班预测时，一般将舱位容量、各个等级的订座数、距离港日的天数等作为输入，而将预测结果作为输出。机器学习技术最大的好处是可以采用离线学习、在线预测的方式，减少实际工作中的在线运算时间。随着收益管理研究的深入，收益管理的预测工作有两方面发展趋势：一方面是考虑顾客行为对预测的影响。而顾客行为又受服务、价格、质量等影响，如在航空公司收益管理中，影响顾客行为的因素有航班离港时间、联程与直达、整个路程的时间、价格和服务限制等。另一方面，要从不能观察的数据中进行预测。因为传统的收益管理预订系统只记载实际发生的预订数据，不考虑已经到来的但没有被满足的需求。未被满足的需求通常与价格和库存有关。显然，这部分需求对收益管理结果的准确度有很大影响。如何把预订系统中被截掉的需求修复，是收益管理预测中特有的难题。

经济理论和实践证明，价格是影响产品市场需求的最有效工具。收益管理的差别定价策略基于细分市场的存在，即根据消费者需求的多样性以及不同时刻消费者对于产品价值认同的差异，将产品或服务设定在不同价格水平上。如以商务乘客为主的航班，乘客对时间、服务较价格更为敏感，则应多售全价票；热门旅游线路上对价格比较敏感的休闲旅客占多数，则应以折价票为主。通过差别定价，可满足不同价格弹性的消费者对产品的需求，最大限度地增加收入。对同一座位，航空公司的票价有可能多达十多种。不同票价的设置取决于订票时，乘客接受的限制条件或其他多种因素。例如，起飞前 14 天出票，或一周前出票，票价都会不同。航空公司大多通过动态定价模型对不同价位、不同种类的机票实行限量配给制，并通过需求形态分析，不断修正定价策略，从而实现不同渠道间收益的最大化。

收益管理除动态定价策略外，还可通过存量控制来实现资源价值最大化的目的。存量控制是指将尚未售出的产品在不同的消费等级中适当分配，在航空公司称为舱位控制或者座位分配控制。由于存量控制策略完全掌握在公司自己手中，因此即使在价格竞争的情况下，这一手段也常常奏效。座位分配控制需要考虑一系列的因素，例如，首先需要考虑的问题是各个舱位等级的需求预测；其次，一个可能产生当前最高收益的订座请求永远不应该被拒绝，即使分配给该等级的座位数已经售空；最后，订座过程遵循嵌套原则，即高等级的旅客可以挤占任何分配给较低等级的座位，反之，则不允许。为了决定是否接受一个订座请求，就必须计算接受该订座的收益和拒绝该订座可能带来的机会成本，以均衡求得航班最终订座收益的最大值。

超售是指航空公司在飞机离港前出售的座位超过了实有的座位，其目的是减少空位损失。超售是航空公司最早使用的收益管理方法，也是较基本、较主要的收益管理方法之一。由于总存在一部分旅客订了座位却没有登机或者在飞机离港前又取消了订座，浪费的空位给航空公司造成了经济损失。超售在增加收益的同时，又带来了另一种潜在的风险，即当因超售而使部分旅客不能登机时，航空公司必须为此做出补偿。超售的目的就是为了给航班设一个最佳的可售座位数，以期在收益和风险之间取得均衡。

8.7.2　收益管理系统的体系架构

收益管理系统在航空业、酒店业、租车业及其他旅游服务业都广泛应用，其中航空业和酒店业是收益管理系统应用的领军行业，收益管理系统已经是航空公司和酒店的标配信息系统之一。几乎所有的航空公司都应用收益管理系统进行需求预测，并基于需求动态制定票价。

收益管理系统主要包括定价和会计系统、飞机调度系统、库存管理系统和需求预测与存量优化系统，体系架构如图 8.18 所示[6]。

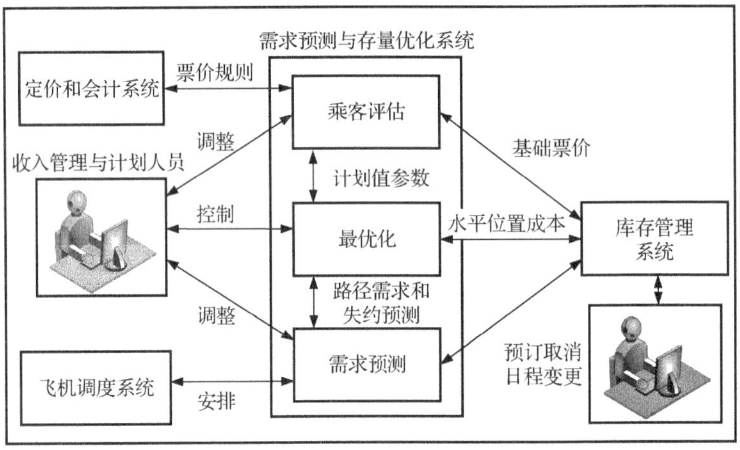

图 8.18　航空公司收益管理系统的体系架构

定价和会计系统处理票价数据、发布票价和制定定价规则。飞机调度系统根据客户需求制定飞行计划。库存管理系统处理预订、取消和变更数据。需求预测与存量优化系统利用对顾客的分类、各类旅客价格敏感度的不同和未来需求变化的规律进行需求预测，根据需求预测结果来控制舱位分配，提高收益。收益管理计划人员在整个收益管理系统运行过程中发挥着重要作用，收益管理系统通过提供多样化的功能，多渠道的信息和丰富的数据，来帮助收益管理计划人员做出最优决策。先进的现代科学技术是收益管理应用和发展的保障条件。

一套收益管理系统的背后，依赖于大量数据基础和一系列算法和经验规则。传统的收益管理系统采用数据埋点技术采集数据，一般每天采集一次数据进行分析。对于欧美市场，乘客的购票习惯可以延展到 3 个月以外，并在起飞前一两个月内平稳上客，因此每天更新一次数据已经能够比较完善地绘制销售成长情况。对于国内市场，一个月外的预订量非常少，航班一般在起飞前一周左右开始快速上客，甚至大部分航班是集中在最后三天上客。这表示销售进度在航班起飞前几天会快速变化，所以每天一次的数据更新频率不能及时反映市场的变化，导致预测结果不准确和优化结果滞后。在当前基于大数据分析的激烈竞争市场环境中，每天一次的数据更新频率无法满足国内市场收益管理系统日益增长的实时需求预测和优化决策分析需要，因此需要增加数据采集和更新的频率。例如，目前已经有收益管理系统在国内可以实现和“民航信息系统”每天多次文档数据的更新及储存。在调舱功能中也已经实现和“民航信息系统的预订系统”的实时数据对接，确保数据的即时性和准确性，这既包括库存和销售数据的实时下载，也包括调舱命令的实时上传。

8.7.3　收益管理优化算例

下面通过一个算例来说明收益管理中的收益最大化原理[5]。某航空公司的一架波音 737-800 客机的航线为广州—上海—大连，飞机早上从广州飞往大连，中途经停上海，飞机最多可容纳 112 个座位。图 8.19 说明了该客机的航线状况。该航空公司为此客机制定了两种级别的机票：A 级别和 B 级别机票。表 8.1 详细说明了该客机各旅程的两种级别机票的票价和需求预测情况。

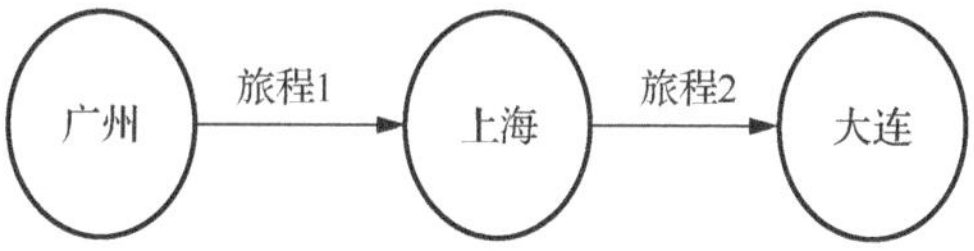

图 8.19　客机的航线状况

表 8.1　客机各旅程的两种级别机票的票价和需求预测情况

出发地	目的地	机票级别	票价/元	预测的需求数
广州	上海	B	640	34
上海	大连	B	310	41
广州	大连	B	875	47
广州	上海	A	1020	25
上海	大连	A	580	31
广州	大连	A	1375	17

应如何安排该客机各旅程的两种级别机票的数量以使总收益最大化？

解： 设 GSB 为广州到上海旅程的 B 级机票数，SDB 为上海到大连旅程的 B 级机票数，GDB 为广州到大连旅程的 B 级机票数，GSA 为广州到上海旅程的 A 级机票数，SDA 为上海到大连旅程的 A 级机票数，GDA 为广州到大连旅程的 A 级机票数，z 为总收益。

目标函数为

$$\max\ z = 640\text{GSB} + 310\text{SDB} + 875\text{GDB} + 1020\text{GSA} + 580\text{SDA} + 1375\text{GDA}$$

约束条件包括需求约束和能力约束，需求约束指各级别票数不能大于对应的预测需求数量，即有 $\text{GSB} \leqslant 34, \text{SDB} \leqslant 41, \text{GDB} \leqslant 47, \text{GSA} \leqslant 25, \text{SDA} \leqslant 31, \text{GDA} \leqslant 17$。能力约束指各旅程的机票总数不能大于客机座位总数，经过旅程 1（广州—上海）的机票有 GSB、GDB、GSA、GDA 四种，所以应有 $\text{GSB} + \text{GDB} + \text{GSA} + \text{GDA} \leqslant 112$，经过旅程 2（上海—大连）的机票有 SDB、GDB、SDA、GDA 四种，所以应有 $\text{SDB} + \text{GDB} + \text{SDA} + \text{GDA} \leqslant 112$。

综上目标函数和约束条件，得到此问题的数学模型为

目标函数　$\max z = 640\text{GSB} + 310\text{SDB} + 875\text{GDB} + 1020\text{GSA} + 580\text{SDA} + 1375\text{GDA}$

约束条件　$\begin{cases} \text{GSB} + \text{GDB} + \text{GSA} + \text{GDA} \leqslant 112 \\ \text{SDB} + \text{GDB} + \text{SDA} + \text{GDA} \leqslant 112 \\ \text{GSB} \leqslant 34, \text{SDB} \leqslant 41, \text{GDB} \leqslant 47, \text{GSA} \leqslant 25, \text{SDA} \leqslant 31, \text{GDA} \leqslant 17 \\ \text{GSB}, \text{SDB}, \text{GDB}, \text{GSA}, \text{SDA}, \text{GDA} \geqslant 0 \end{cases}$

经求解，最优解如下：

$$X^* = (30,\ 41,\ 40,\ 25,\ 31,\ 17)^{\mathrm{T}},\quad z^* = 133765$$

由结果可知，设置广州到上海旅程的 B 级机票数为 30，上海到大连旅程的 B 级机票数为 41，广州到大连旅程的 B 级机票数为 40，广州到上海旅程的 A 级机票数为 25，上海到大连旅程的 A 级机票数为 31，广州到大连旅程的 A 级机票数为 17，这样安排使得总收益最大，最大总收益为 133765 元。

参考文献

[1] 西蒙. 管理科学新决策[M]. 李柱流，汤俊澄，译. 北京：中国社会科学出版社, 1982.

[2] 弗兰奇，莫尔，帕米歇尔. 决策分析[M]. 李华旸，译. 北京：清华大学出版社，2012.

[3] 简祯富. 决策分析与管理：全面决策质量提升的架构与方法[M]. 北京：清华大学出版社, 2007.

[4] Snowden D, Goh Z, Borchardt S, et al. Cynefin: Weaving Sense-Making into the Fabric of Our World[M]. Singapore: Cognitive Edge Pte. Ltd., 2020.

[5] 王延章，郭崇慧，叶鑫. 管理决策方法[M]. 北京：清华大学出版社, 2010.

[6] 沙尔达，德伦，特班. 商务智能与分析：决策支持系统（第 10 版）[M]. 叶强，徐敏，方斌，译. 北京：机械工业出版社, 2018.

[7] Tableau 公司. 数据驱动型决策：在数字时代取得成功[EB/OL]. [2021-03-01]. https://www.tableau.com/zh-cn/learn/articles/data-driven-decision-making.

[8] 陈国青，曾大军，卫强，等. 大数据环境下的决策范式转变与使能创新[J]. 管理世界, 2020, 36(2): 95-105.

[9] 陈国青，吴刚，顾远东，等. 管理决策情境下大数据驱动的研究和应用挑战——范式转变与研究方向[J]. 管理科学学报, 2018, 21(7): 1-10.

[10] 王众托. 系统工程引论[M]. 4 版. 北京：电子工业出版社, 2013.

[11] 王众托，吴江宁，郭崇慧. 信息与知识管理[M]. 2 版. 北京：电子工业出版社, 2014.

[12] 项亮. 推荐系统实践[M]. 北京：人民邮电出版社, 2012.

[13] 罗利. 收入管理理论的研究现状及发展前景[J]. 管理科学学报, 2004, 7(5): 75-83.

第 9 章　非结构化数据分析

非结构化数据是数据结构不规则或不完整，没有预定义的数据模型，不方便用数据库二维逻辑表来表现的数据，包括所有格式的办公文档、文本、图片、XML、HTML、各类报表、图像和音频/视频信息等。非结构化数据在大数据时代，呈现出爆炸性增长趋势，据 IDC 的一项调查报告指出[1]：企业中 80%的数据都是非结构化数据，且增长速度很快。非结构化数据中蕴含着大量有价值的信息，非结构化数据分析可以为企业带来新的竞争优势。

本章针对 Web 数据、文本数据和图数据这三类非结构化数据，介绍它们的处理技术和分析方法。

9.1　Web 数据分析

9.1.1　Web 数据分析任务

Web 数据与数据库中的数据不同，具有以下特点。

（1）异构数据库环境。Web 上的每个站点都是一个数据源，每一站点中的信息和组织各不一样，因此就形成了一个巨大的异构数据库环境。

（2）散布式数据源。Web 页面散布在世界各地的 Web 服务器上，形成了散布式数据源。

（3）半结构化/非结构化。Web 数据绝大部分是非结构化的文本文件和半结构化的日志文件，因此很难对其进行统一的格式转化，整理和加工也存在很大的难度。

（4）动态性强。Web 是一个动态性极强的信息源，不仅信息增长速度极快，而且内容也在不断更新，各站点的链接信息和访问记录的更新更是频繁。

（5）多样复杂性。Web 包含了各种信息和资源，有文本数据、超文本数据、图表、图像、音频数据和视频数据等各种多媒体数据，体现了数据的多样性和复杂性。

（6）“垃圾”泛滥。面对庞大的、形形色色的用户群体，对于 99%的用户来说，Web 上 99%的信息毫无用处。

由于 Web 数据的特殊性，使得 Web 数据挖掘与传统的数据挖掘任务有所不同。一般地，从 Web 挖掘对象的角度可以将 Web 数据分析任务分为 Web 内容挖掘、Web 结构挖掘和 Web 使用挖掘三类，这三类是按照挖掘信息的来源分类的，如图 9.1 所示。

1. Web 内容挖掘

Web 内容挖掘是指从 Web 页面内容及其描述信息中获取潜在的、有价值的知识模式，以实现 Web 资源的自动检索，提高 Web 数据的利用率。这项技术可以细分为 Web 文本挖掘和

Web 多媒体挖掘两种。Web 文本挖掘是指对 Web 上大量文档集合的内容进行总结、分类、聚类和关联分析等；而 Web 多媒体挖掘是指从 Web 多媒体数据如音频、视频和图像等信息中抽取事先未知的、隐藏的、完整的和新颖的知识。

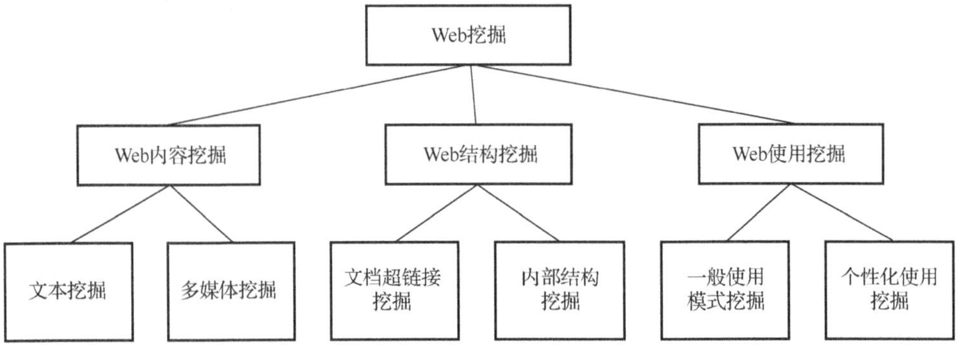

图 9.1　Web 数据分析任务分类

Web 挖掘的另外一种分类体系把 Web 内容挖掘分为基于代理的挖掘和基于数据库的挖掘。基于代理的挖掘由软件系统（代理）负责内容挖掘，如搜索引擎就属于此类，它还包括智能搜索代理、信息过滤和个性化 Web 代理。与简单的搜索引擎相比，除了使用关键字之外，智能搜索代理还使用其他技术完成搜索任务。例如，可以使用用户信息和特定领域的知识。它的信息过滤主要使用信息检索技术、链接结构相关知识及其他一些技术，以实现对网页的存取和分类。个性化基于代理的挖掘以基于用户的偏好信息指导搜索过程，基于数据库的内容挖掘则把 Web 上的数据看作数据库的数据。目前，已经有一些方法把 Web 看成一个多层次的数据库，并且已经存在多种面向 Web 的查询语言。

事实上，可以将 Web 内容挖掘看作是对基本搜索引擎所完成工作的扩展。目前，已有许多基于最新人工智能技术的搜索工具，这些工具能够从 Web 上更智能地提取信息，可以对 HTML 页面中的文本信息进行挖掘以及对页面中的多媒体信息进行挖掘。

2. Web 结构挖掘

Web 结构挖掘是指通过对 Web 站点的超链接结构进行分析、变形和归纳，将 Web 页面进行分类，以利于信息的搜索。Web 不仅由页面组成，而且还包含了从一个页面指向另一个页面的超链接信息。超链接信息包含了人类潜在的注释。大量的 Web 超链接信息提供了关于 Web 页面内容相关性、质量和结构方面的信息，它有助于自动推断出页面的权威性。当一个页面包含指向另一个页面的超链接时，可以认为是对另一个页面的认可。把对一个页面的不同超链接信息收集起来，就可以用来反映该页面的重要性。超链接分析方法主要包括网页排序（PageRank）和超链诱导的主题搜索（hyperlink-induced topic search，HITS）算法两种。

3. Web 使用挖掘

Web 使用挖掘是指对用户与 Web 站点交互过程中留下的访问记录数据进行挖掘。这些数据包括 Web 服务器的访问记录、代理服务器日志文件、浏览器日志记录、用户注册信息和用户对话或交易信息等。这些 Web 访问信息体现了用户使用 Web 资源的行为特性，以及隐藏在行为背后的更深层次的动因和规律。挖掘 Web 访问信息作为 Web 挖掘的一个重要组成部分，有其独特的理论和实践意义。其研究主要包括一般使用模式挖掘和个性化的使用特性挖掘两个方向。

一般使用模式挖掘主要是面向群体 Web 用户。通过 Web 使用挖掘，对总的用户访问行为、频度和内容等进行分析，以得到关于群体用户访问行为和访问方式的普遍知识，用以改进 Web 服务方的设计。而更重要的是，通过对这些用户特征的理解和分析，可以有助于开展有针对性的电子商务活动，如改进站点的组织结构以提供更高效的访问，吸引用户和保持用户，群体推荐用户，对用户总体地区、行业和阶层进行分析等。

个性化的使用特性挖掘面向群体中的每一个用户。通过 Web 使用挖掘，对每个用户访问行为、频度和内容等进行分析，提取出每个用户或每类用户的特征，给每个用户或者用户簇提供个性化的电子商务服务。比如进行个性化推荐、用户建模和个性化推销等。个性化推荐是指如果用户的访问兴趣与其他一些用户很相似，那么就考虑推荐给该用户其他用户也相似感兴趣的东西；用户建模是指根据用户曾经的访问，推断当前访问的特征；个性化推销是指识别出对某种产品或服务的可能购买者，然后对其推荐相应的产品或服务。

9.1.2　Web 挖掘的基本流程

Web 数据与传统的数据相比，虽然挖掘步骤基本一致，但由于 Web 数据有其自己的特点，所以在具体数据获取和预处理方面，两者有明显的不同。Web 挖掘的基本流程如图 9.2 所示[2]。

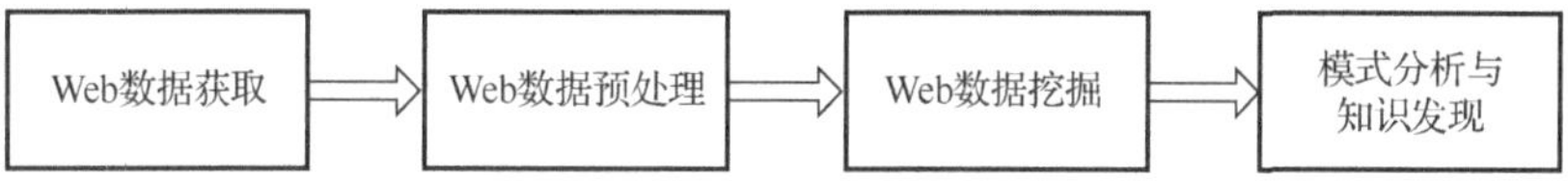

图 9.2　Web 挖掘的基本流程

1. Web 数据获取

Web 数据包括 Web 页面内容、Web 页面结构、用户访问信息和超链接等。

获取这些数据的来源包括服务器端数据、客户端生成的数据以及代理服务器数据。

（1）服务器端数据。Web 服务器端产生服务器日志、错误日志和 Cookie 日志三类日志文件。其中，服务器日志（server logs）记录网站被访问的全过程；错误日志（error logs）记录存取请求失败的数据；Cookie 日志记录用户 ID、密码、浏览过的网页和停留的时间等信息。

（2）客户端数据。客户端数据主要指客户端日志数据，该日志用于记录该用户对各个网站的访问情况。客户端数据比服务器端数据更能准确地反映用户的访问行为，但由于涉及隐私保护，需经用户同意才能获得。

（3）代理服务器数据。代理服务器数据主要指代理服务器日志数据，该日志用于记录通过该代理进入互联网的所有用户对各个网站的访问行为。但由于 Cache 的大量存在，使得代理服务器中的日志数据不能准确地确定用户和访问时间，其采集的信息也不够全面。

2. Web 数据预处理

Web 数据预处理主要包括数据清洗、用户识别和用户会话识别及事务识别等过程。

（1）数据清洗。数据清洗是指删除 Web 日志中与挖掘任务无关的数据，但删除哪些数据要根据具体的任务和功能而定。同时，将有用的 Web 日志记录转换为适当的数据格式，并对用户请求页面时发生错误的记录进行适当处理。常见的数据清洗方法有删除日志文件中后缀为 gif、jpg 和 jpeg 的自动下载项，删除访问返回的错误记录等。

（2）用户识别和会话识别。用户识别是对访问网站的用户进行分类。以前进行用户分类是根据 IP 地址来区分，而现有的动态 IP、代理服务器、防火墙和本地缓存地址的存在使得依据 IP 地址识别用户变得不可靠；现在，可通过用户注册信息、Cookie 技术和日志访问的方法来识别用户。

用户会话是指用户在一次访问站点的过程中，从进入该网站到离开该网站期间一系列的浏览行为。一次用户会话就是单个用户在浏览 Web 站点时完整的访问路径，会话识别就是将访问记录分为若干个独立的、一次性会话的过程。会话识别方法主要包括基于时间的会话识别、基于导航的会话识别和基于语义的会话识别三种方法。

（3）事务识别。所谓事务就是指页面及其表示的集合。事务识别就是将用户会话分割为更小的事务。一般有三种事务标识模型，包括引用长度模型、最大向前引用模型和时间窗口模型三种。

3. Web 数据挖掘

可以利用各种挖掘技术针对处理后的数据，挖掘出有效的、全新的、潜在的及最终可以理解的模式和知识。这一过程既可在同一个站点内部进行，也可在多个站点之间进行。常用的挖掘技术包括路径分析、关联规则挖掘、时序模式分析和聚类分类等几种。

4. 模式分析与知识发现

模式分析是利用合适的工具和技术对发现的模式进行解释、评估和可视化，同时把发现的规则或模式转换为知识。它可由机器自动完成，也可通过与分析人员进行交互来完成。

9.1.3 Web 信息爬取

面对 Web 上浩如烟海的网页，搜索引擎已成为互联网用户快速获取信息不可或缺的工具。搜索引擎中一个关键的技术就是网络爬虫（crawler），它是一个自动抓取网页的程序，可为搜索引擎从互联网上下载网页。

网络爬虫又被称作网络机器人（robot）或者蜘蛛（spider），如果把互联网比喻成一个覆盖全球的蜘蛛网，那么抓取程序就是在网上爬来爬去的蜘蛛。网络爬虫的主要工作是尽量多地自动收集互联网中的网页，并且尽量保持网页的新鲜度。网络爬虫的好坏决定着搜索引擎返回的内容是否丰富以及信息是否更新及时。

1. 网络爬虫原理

通用的网络爬虫其工作原理是：从给定的一个或若干个种子统一资源定位器（uniform resource locator，URL）开始，获取页面，将其存储到本地数据库中，同时在获取网页的过程中，不断抽取当前页面上内嵌的新 URL，并将它们放入 URL 待爬队列，直到 URL 待爬队列为空或者满足其他终止条件时为止。

网络爬虫可以分为批量型爬虫、增量型爬虫和聚焦型爬虫三类。

（1）批量型爬虫。这类爬虫抓取范围与抓取目标比较明确，当目标条件满足后，就会停止对网页的抓取。具体目标或者范围可能各异，如可能是设定的抓取时间，设定的抓取网页数量等。

（2）增量型爬虫。与批量型爬虫不同，增量型爬虫会持续不断地抓取新的网页，并且会持续地、定期地更新已经镜像到本地的网页。由于互联网网页的动态性，网页的新增、删除以及修改都是很常见的事情。增量型爬虫要及时地应对网页的动态变化，始终处于持续不断的抓取过程中。一般来说，通用的商业搜索引擎中的爬虫基本上都属于这一类型。

（3）聚焦型爬虫。这类爬虫关注属于特定行业的网页内容，如对旅游网站来说，只需在互联网上找到与旅游相关的页面内容即可，而不必考虑其他行业的内容。聚焦型爬虫重点需要解决的问题是，判断一个网页内容是否属于某个行业或者某个主题。为了避免资源浪费，人们不能把所有互联网上的网页都下载下来然后进行筛选，所以需要聚焦型爬虫在抓取阶段就能够识别某个网页是否符合相应的行业要求或主题，以达到节省资源的目的。垂直搜索引擎中往往使用的是聚焦型爬虫。

无论何种类型的爬虫，其基本架构大致相同，如图 9.3 所示。

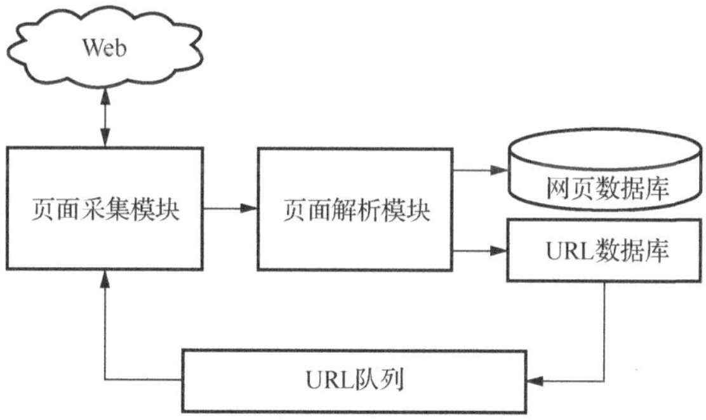

图 9.3　通用网络爬虫的基本架构

页面采集模块负责根据选定的 URL 来获得当前页面的内容，方法非常简单，就是普通的 I/O 操作。在这个模块中，仅仅是把 URL 所指的内容按照二进制的格式读出来，而不对内容做任何处理。

页面解析模块对爬取的网页内容进行清洗、整理，从中整理出要索引的文本内容及待爬链接。接下来，对文本内容先做一个是否已经被索引过的简单判断，后经分词、停用词去除后，以倒排索引的形式存储在搜索引擎的服务器中。

在实际应用中，爬虫往往会以多线程的方式进行并行爬取，而每一线程都将执行以下基本流程。

（1）从 URL 的初始种子队列中读取一个 URL。

（2）将 URL 解析为对应的 IP 地址。通过向域名服务器（domain name system，DNS）发送解析请求或者通过本地的 URL-IP 缓存文件解析。

（3）下载 Robot.txt 文件（该文件是网站服务器对某个或某些搜索引擎爬虫行为的规定，记录网站允许爬虫访问哪些网页文件、禁止访问哪些网页文件等）。

（4）判断网站服务器主机的通信协议。依据通信协议决定爬虫的通信方式，如超文本传输协议（hyper text transport protocol，HTTP）和文本传输协议（file transfer protocol，FTP）等。

（5）下载网页文档。根据已经确定的通信协议，向网站服务器发送请求，并接收网页文档。

（6）识别网页文档的格式，如 html、doc 和 pdf 等。

（7）判断选择的网页文档是否之前已经被下载过。

（8）处理文档。步骤如下：

① 如果选择的文档已经被下载过，并且该文档与之前下载的版本相同，则丢弃该文档；

② 如果选择的文档已经被下载过，但较之前下载的版本新，也就是该网页在上次抓取和本次抓取之间做过更新了，那么转到第（4）步；

③ 如果选择的文档以前并未抓取过，是新文档，转入第（4）步；

④ 提取网页文档中包含其他网页的 URL。

（9）将提取出的 URL 根据某种策略筛选后加入待抓取的 URL 队列中。

2. Web 页面处理技术

针对网页内容繁杂、相似或重复、更新速度快等问题，采用网页正文提取技术、网页更新技术和网页去重技术予以解决。下面分别介绍这些技术中所使用的方法。

1）网页正文提取技术

一个网页中，除了正文信息外，往往还包含很多其他信息，如广告、导航等，而用户期望得到的搜索结果只是针对网页正文的，因此其他非正文信息排除在外。

（1）基于 DOM 树的网页正文提取方法。

DOM 的全称是 document object model，即文档对象模型。它利用 HTML 文档中的标签信息，将网页内容组织成一棵树，其树的节点就是一个个对象。DOM 树构建完成后，通过遍历各个节点，识别并移除各种非正文信息，包括广告和链接群等。非正文信息移除完毕后，DOM 树中剩下的节点内容就是正文内容。

从列表网页中提取数据记录集的简单树匹配（simple tree matching，STM）算法即是典型的依赖 DOM 树的算法。该算法从网页生成 DOM 树，再利用 DOM 树的相似性匹配进行重复模式识别，从而解析出网页中包含数据块的对象节点，最后从这些对象节点中提取出数据记录。

基于 DOM 树算法的缺点在于对 HTML 的规范化要求很高，使得不规范网页可能导致 DOM 树的构建失败。对树的遍历方法也会因 HTML 标签的差异而有不同。并且，更重要的一点在于，DOM 树的解析过程效率较低，它会对文档中的每一个 Element（元素）、Attribute（属性）和 Content（内容）等都创建一个对象，因而，在运行过程中将创建和销毁大量对象，这对于搜索引擎中海量数据的处理是一个极大的负担。

（2）基于文本及标签分布的网页正文提取方法。

与基于 DOM 树的提取方法不同，基于文本及标签分布的网页正文提取方法并不关心网页源码中语法结构，而是根据文本及标签的分布状况来区分正文与非正文。这类方法有一个基本点，即网页的正文部分文字比较多，而非正文部分标签比较多。这个结论很直观，并且避免了过分依赖网页源码语言结构的缺点。

这种方法比较典型的有基于文本密度的正文提取算法。该算法读取网页源文件后，以行或段为单位统计文本和 HTML 代码的字节数，并计算该部分文本所占比重，即文本密度，然后根据设定的密度阈值来决定该行或该段是不是正文的一部分。该算法在最后判定一行是否为正文时，会考虑相邻行的文本密度，从而提高了判定的准确性。

基于行块分布函数的正文提取算法也属于依赖 DOM 树的算法。该算法首先将所有的 HTML 标签用空格代替，只留下文本部分，然后取第 i 行开始的连续 K 行作为第 i 行的一个行块，这样便得到了行号与行块文本长度的一个分布函数，最后根据分布函数的骤升骤降点来确定网页中正文所在区域。

基于文本及标签分布的网页正文提取方法相对于依赖源码语法结构的方法来说有了质的飞跃，它不再依赖分析源码的结构来构建树，因而效率大大提高。

2）网页更新技术

互联网上新网页层出不穷，已有网页随时存在被修改或删除的可能，面对这种情况，对于已经下载到本地的网页，需要网页更新技术，来保证本地“镜像”网页的内容与互联网上相应网页同步。网页更新主要采用历史参考算法、用户体验算法和聚类抽样算法。

（1）历史参考算法。

历史参考算法建立在假设条件下，如在过去一段时间内某些频繁更新的网页，在以后的时间里也会频繁地更新。所以，可以参考网页的历史更新状况对某个网页何时更新进行预测。这种算法一般使用泊松过程来对网页的变化进行建模。

（2）用户体验算法。

通常用户在搜索引擎中输入一个查询词后，搜索引擎会返回很多结果，但用户关心的往往是前几页的结果，之后便没有耐心再浏览其他结果。用户体验算法就是根据此特点来设计更新算法的。用户体验算法的思想是：某个网页在搜索结果中排名越靠前，则这个网页越能够影响用户的体验，其重要度越高。对这类网页，就要及时更新。相反，如果某个网页在搜索结果中排名很靠后，用户一般不会轻易发现它，则不必急于更新。

（3）聚类抽样算法。

前两种网页更新算法都非常依赖网页的历史信息，但如果为每个网页都保存历史更新信息，则信息量巨大，会增加搜索系统的额外负担。而且，如果某个网页是第一次被抓取，则不存在历史信息，也就无法用上面两种方法预估更新的周期。聚类抽样算法可以解决以上算法的缺点。聚类抽样算法的思想是：根据网页的一些属性对网页进行分类，考虑处于相同类别中的网页更新周期也应该类似，由此可以对同一类别中的网页采用相同的更新频率。具体操作可对某一类别内部的网页进行采样，计算出更新周期，然后对于同一类别中其他未采样的网页按照计算出的更新周期来抓取。这样可不必保存网页的历史更新信息。

3）网页去重技术

互联网中存在大量近似或者完全相同的网页，应用爬虫抓取网页时应能快速、准确地找到这些重复的网页，这就需要网页去重技术。网页去重有以下好处：第一，减少存储量，节省存储空间；第二，提高网页的采集速度；第三，可以对死链接进行引导，增加用户体验。一般来说，常用的去重算法有 I-Match 算法、Shingling 算法和 SimHash 算法等，下面依次介绍这三种算法。

（1）I-Match 算法。

I-Match 算法的基本思想是剔除文档中出现的高频词和低频词，然后对剩下的单词进行哈希（hash）运算，判断重复的时候只需判断文档哈希值是否相同即可。这样做的原因是在 I-Match 算法看来，高频词和低频词都不会影响文档的语义。该算法的主要流程如下。

步骤 1：获取文档（或者是主体内容）。

步骤 2：将文档分解成 token（词条）流，移除格式化的标签。

步骤 3：使用 term（词项）的倒文档频率（inverse document frequency，IDF）值识别并保留有意义的词条。

步骤 4：插入词条到升序排列的排序树中。

步骤 5：计算词条的 SHA1（SHA1 是 I-Match 所采用的哈希算法）。

步骤 6：比较某个文档的 SHA1 值是否已经存在，如果存在则表示该文档重复。

I-Match 算法在开始之前很重要的一个步骤就是要事先计算出一个全局特征词典。也就是说，需要对大规模的语料进行统计，对语料中的词按照 IDF 值由低到高排序，然后去掉一定比例的 IDF 值中过低或者过高的词，保留下来的词作为特征词典。

I-Match 算法的优点是效率高，速度快，可以避免做一些复杂的集合运算。但是它也存在很多的问题，首先，对于短文档容易出现误判，问题所在就是特征词典，假如有两个短文档，它们的内容并不相似，但是经过特征词典过滤后可能只有很少几个词被保留，如果被保留的词相同，则算法得出的结论是两个文档肯定相似。另外一个问题是 I-Match 算法的稳定性差。如果对某个文档 A 进行了细微改变，变成了文档 B，两者此时应算相似文档，但由于 I-Match 算法采用特征词典机制和 SHA1 哈希算法，它对词的变化会比较敏感，因而可能无法计算出预期的结果。

（2）Shingling 算法。

Shingles 是指一个文档中一组位置相近的有序词，Shingling 算法就是以 Shingles 作为文档的特征，根据文档特征的重叠度判断文档是否重复。

Shingling 算法的基本原理是：将每个文档看成是单词的序列，忽略文档中的格式、大小写等与内容无关的信息，然后提取文档中能标识文档的单词序列作为该文档的特征码。定义文档 A 中的一个 shingle 为文档中连续的单词序列，同时定义文档 A 的长度为 L 的 shingle 集合为 $S(A)$，那么文档 A 和文档 B 的相似度 $r(A, B)$如式（9.1）所示，文档 A 和文档 B 的包含

度 $c(A, B)$如式（9.2）所示。

$$r(A, B)=|S(A)\cap S(B)| / |S(A)\cup S(B)| \tag{9.1}$$

$$c(A, B)=|S(A)\cap S(B)| / |S(A)| \tag{9.2}$$

从式（9.1）和式（9.2）可以看出，$r(A, B)$和 $c(A, B)$都是一个介于 0 至 1 之间的数字，$r(A, B)$可以表示文档 A 与文档 B 大致有多少相似，而 $c(A, B)$可以表示文档 A 是否包含于文档 B，如果完全包含，那么 $c(A, B)$的值就为 1。例如，文档 A 的单词序列为 A={our, beautiful, school}，它按长度 3 进行划分后的 shingle 集合为 $S(A)$={<our, beautiful, school>}，文档 B 的单词序列为 B={we, love, our, beautiful, school}，那么它按长度 3 进行划分后的 shingle 集合为 $S(B)$={<we, love, our>, <love, our, beautiful>, <our, beautiful, school>}，按照式（9.1）和式（9.2）计算文档 A 与文档 B 的相似度 $r(A, B)$ =33.33%，文档 A 与文档 B 的包含度 $c(A, B)$=100%。这时计算的文档 A 与文档 B 相似度非常低而包含度非常高，很有可能是由于网页的部分转载或者分页造成的。为解决这种问题在实际中可以将网页进行去除只保留比较全面的文档 B，也可以将它们当作不同文档进行处理。

Shingling 算法很简单，并且有很好的数学依据，但由于每篇文档的 shingle 集合容量非常大，因此计算文档间的交集付出的代价也将非常高，这会导致 Shingling 算法对于大规模的网页去重结果并不理想。

（3）SimHash 算法。

SimHash 算法是位置敏感性哈希算法（locality sensitive hash，LSH）的一种。SimHash 算法可分为两大步骤：第一步，进行文档指纹计算，即将一篇文档转化为一个固定大小的二进制数值，并以此作为文档的信息指纹；第二步，进行相似文档查找，即根据信息指纹来找近似重复的文档。

SimHash 算法将每个文档的特征集合及其权重作为输入值，然后输出一个 n 位的指纹信息，具体步骤如下。

步骤 1：将一个 n 维的向量 V 和 n 位的二进制数 S 用 0 来进行初始化。

步骤 2：对于特征集合中的每个特征值采用普通哈希算法产生一个 n 位的哈希值 b，并且 $i=1, 2,\cdots, n$，如果哈希值 b 的第 i 位等于 1，则向量 V 的第 i 个元素就加上这个特征值的权重，否则就减去这个特征的权重。

步骤 3：如果向量 V 的第 i 个元素大于 0，那么将 S 的第 i 位设为 1，否则将其第 i 位设为 0。

步骤 4：将二进制数 S 输出作为文档的 n 位指纹信息。

若两篇文档的 SimHash 指纹信息相同的位数越多，则表明这两篇文档越相似。

由于 SimHash 算法与 Shingling 算法相比其产生的特征码长度要小得多，因而大大节省了存储开销，而且算法效率很高。但 SimHash 算法需要通过计算指纹间的海明距离来判断两篇文档的相似度，这样两两计算相似度显然效率低下。

9.1.4 Web 结构挖掘

Web 页面展现给网络用户的不仅仅是它所包含的内容，还包含相关页面的推荐或认可关系的超链接。超链接作为 Web 数据的特点，将分布广泛的网络信息联系起来，使网络用户可以方便地顺着超链接在各个网页之间跳转，从而获取所需信息。可以说没有超链接就没有 Web。所谓 Web 的结构是指 Web 页面间的超链接结构关系，Web 结构挖掘则是通过对网页超链接分析发现有价值信息的过程。

对网页进行超链接分析，即 Web 结构挖掘具有重要的意义。Web 结构挖掘可以通过对页面超链接的链接率和链接的有效性，验证一个网站的受欢迎程度和其生命周期。通过对节点和链接路径的分析，获得链接的使用效能，寻找到最有价值的链接路径和一些需要改进的链接路径，来指导网站进行相关的调整，以获得更多具有实际意义的访问量。对链接引用关系的分析，可帮助用户获得与查询主题相关的重要网页。

1. Web 链接结构分析

如果把从一个页面指向另一个页面的链接与指向这个页面的链接作标记，那么整个互联网网络就是一个巨大的有向图。通常用 $G=(V, E)$表示，其中，V 表示由网页构成的节点集合，E 表示由网页间的超链接构成的有向边的集合。如果节点 p 有一条超链接指向 q，则称 p 为链源，q 为链宿。p 指向其他节点的超链接称为出链，其他节点指向 q 的超链接称为入链。节点出度是指节点的出链数目，节点入度是指节点的入链数目。

网页之间的超链接并非任意无序，而是存在着如下某种关系。

（1）内容关联。如果存在超链接 $p\to q$，则表明页面 p 与 q 之间在内容上往往存在较大的相似性。也就是说，存在链接关系的网页间，其描述的主题一般都有较为相似的背景（内容的关联程度会随着链接级数的增加而降低，甚至有可能从当前主题演化为另一个主题）。

（2）内容群集。如果节点 p、q 和 s 的信息内容相似，节点 u 的内容与 p、q 和 s 的内容不相关，则 p、q 和 s 之间存在超链接的可能将远大于它们与 u 存在链接的可能。在网络中相似主题的节点间一般都存在着大量的链接，形成核心集合。同一个核心集合中的节点链接关系最为密切，内容也最相近。随着内容相似度的降低，相互间的链接也会逐渐减少。

（3）内容的可见度。如果节点 p 的入链数目为 m，节点 q 的入链数目为 n，且 p 和 q 描述相同的主题，如果 $m>n$，则节点 p 被访问的概率就要比 q 大，而且 p 比 q 更具有权威性。

（4）质量递推。如果节点 $p\to q$，且 p 质量较高，那么 q 的信息质量也相应较高。这是因为一个网页不会选择低质量的网页进行链接，同时如果一个网页有很多高质量的网页节点指向它，那么该网页也有较高的权威性。

通过 $p\to q$ 的超链接，用户可以在访问网页 p 后沿着这条超链接对网页 q 进行访问。这条超链接表明了网页 p 与 q 具有相关的主题，以及网页 p 对网页 q 的认可。可以说，超链接是 p 在某种程度上承认了 q 的权威性。

利用链接分析技术，可获得关于不同网页之间相似度及关联度的信息，能够帮助用户找到相关主题的权威网页。

2. 链接分析经典算法

PageRank 算法和 HITS 算法是被广泛使用且具有深远影响的网页重要性评价方法。PageRank 是一种由搜索引擎根据网页之间相互的超链信息进行计算的网页排名技术，它把从网页 A 到网页 B 的链接解释为网页 A 给网页 B 的投票，从而可以根据投票来源和投票目标的等级来决定当前网页的等级。HITS 算法的基本思想也是利用页面之间的引用链接来挖掘隐含在其中的有用信息，它通过计算权威值和中心值两个评价权值来对网页质量进行评估。

面向权威网页发现链接分析算法基于以下两个假设。

（1）如果两个网页之间存在链接关系，则表示两个网页之间的内容是相关的。

（2）如果网页 A 中定义了指向网页 B 的超链接，则表明网页 A 信任并推荐网页 B 的内容。

1）PageRank 算法

PageRank 算法是谷歌公司的两位创始人 Sergey Brin 和 Larry Page 于 1998 年提出的[3]。这个算法被嵌入谷歌搜索引擎中，取得了巨大的成功。

PageRank 算法的基本思想来源于传统的学术文献引用分析方法，该方法为：一篇文献的重要性可以通过其他文献对其引用的数量来衡量。如果文献 A 被同学科的许多文献所引用，则文献 A 在该学科内应该是一篇有影响力的文章。类似地，在 Web 环境下，如果页面 A 通过超链接指向了页面 B，相当于页面 A 引用了页面 B，即页面 A 给页面 B 投了一票，页面 A 需要把自己的一部分 PageRank 值分给页面 B。由此，根据每个页面的 PageRank 值就可判断其重要性，重要的页面将排在搜索结果的前列。

PageRank 算法基于这样一个理论前提：一个网页被多次引用，则它可能是很重要的；一个网页虽然没有被多次引用，但是被重要的网页所引用，则它也可能是很重要的；一个网页的重要性被平均分配给它所引用的网页。

PageRank（PR）值的计算公式为

$$\mathrm{PR}(A)=(1-d)+d(\mathrm{PR}(T_1)/C(T_1)+\cdots+\mathrm{PR}(T_n)/C(T_n)) \tag{9.3}$$

式中，$\mathrm{PR}(A)$表示页面 A 的网页级别，即页面 A 的 PR 值；$\mathrm{PR}(T_i)$ 表示页面 T_i 的网页级别，页面 T_i 指向页面 A；$C(T_i)$表示页面 T_i 的出链数目；d 表示衰减因子，是用户跟随当前网页的链接继续浏览的概率，$1-d$ 表示用户跳转到任意其他页面的概率，d 取值在 0～1。

通常情况下，设定每个网页的初始 PR 值为 1，通过式（9.3），递归计算各网页的 PR 值，直到网页的 PR 值趋于收敛。由于该算法的用户行为模型假设用户访问网页是完全随机的，因此一个页面的 PR 值被平均分配给了其所指向的页面，由式（9.3）中的项 $\mathrm{PR}(T_i)/C(T_i)$可以明显看出其平分策略。而衰减因子减小了其他页面对当前页面的影响。

PageRank 算法的主要缺点有以下三点。

（1）PageRank 算法中页面的重要性是由链入链接决定的，即被重要的页面指向的页面也是重要的，也就是说链接是有区别的。但 PageRank 算法再向下分配 PR 值时却没有考虑链接的区别，只是采用简单的平均分配，这样显然是不合理的。

（2）PageRank 算法比较歧视新网页，更加倾向于旧网页。因为一个网页存在的时间越长，被其他网页引用的机会就越大，而新网页在短时间内可能较少被其他网页引用。所以新网页的 PR 值往往比较低，这与现实情况有较大差别，因为现实中人们需要的往往是新网页。

（3）PageRank 算法是完全通过链接来计算页面的 PR 值，没有考虑查询与页面内容之间的关系。这使得 PageRank 算法虽然能够返回权威性较高的页面，但不能保证这些页面与查询的相关性。

2）HITS 算法

Kleinberg 提出的 HITS 算法也是一种链接分析算法[4]，它基于主题来衡量网页的重要程度。在算法模型中，Kleinberg 提出了权威（authoritive）网页和中心（hub）网页的概念。权威网页是指那些与给定查询主题内容最为相关且具有权威性的网页，这也是人们对于主题查询最关心的网页；而中心网页则是那些本身的内容虽然未必具有权威性，但却包含了多个指向权威页面的超链接的网页。

HITS 算法将页面的重要性建立在用户查询的基础之上，描述了权威网页与中心网页之间的一种相互加强的依赖关系。一个好的权威网页应该被很多好的中心网页链接，与此同时一个好的中心网页也必定会指向很多个好的权威网页。中心网页与权威网页之间的链接关系如图 9.4 所示。

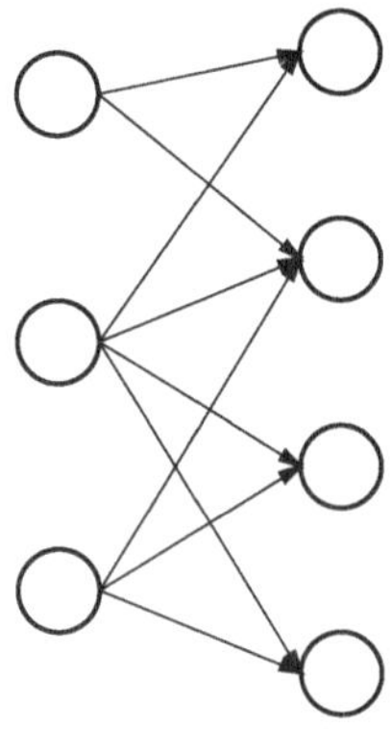

图 9.4　中心网页与权威网页之间的链接关系

HITS 算法的步骤如下。

第一阶段：找出网络中与特定主题相关或者与查询相关的网页集合。

步骤 1：查找根集合 S，即根据用户在搜索引擎中输入的关键字（即查询内容）进行查询，找出与该查询最为匹配的前 n 个网页作为根集合 S，这里 n 是预设参数值。

步骤 2：扩充根集合 S 为基础集合，即将所有与 S 中网页存在链接关系（链向或者被链向）的网页添加到根集合 S 中。

步骤 3：将所有的站内链接移除。

第二阶段：为每个网页的中心值和权威值进行初始化。

步骤 4：赋予每个网页一个权威值 $a(v)$和一个中心值 $h(v)$，其中 $a(v)$和 $h(v)$的初始值为

$a(v)=h(v)=1$。

第三阶段：对所有的网页进行重复投票。

步骤 5：统计所有网页入链链接的中心值之和，将这个网页的权威值更新为所有中心值之和。

步骤 6：统计每个网页出链网页的权威值之和，将这个网页的中心值更新为所有权威值之和。

步骤 7：标准化中心值和权威值，即分别用所有网页的中心值和权威值分别除以它们对应的最高中心值和最高权威值来进行标准化。

步骤 8：将步骤 5 到步骤 7 重复 n 次。

第四阶段：输出结果。

步骤 9：依据更新后的权威值和中心值对网页进行排序，最终将一个排列好顺序的网页列表返回给用户。用户可以根据需要进行选择，或者选择具有较高中心值的网页，或者选择具有较高权威值的网页。

HITS 算法存在的问题如下：

（1）容易受垃圾链接影响。随着互联网的快速发展，Web 中的垃圾链接越来越多，在将根集合扩展为基础集合的时候，很容易引入垃圾链接，这对 HITS 算法影响很大，包括影响最后的算法结果。

（2）计算网页集合的规模较小，通常是几千。这显然不能满足当前飞速发展的互联网的需求。

（3）没有充分利用用户查询这一有利条件，因为 HITS 算法只在步骤 1 基于查询主题返回基础集合，之后则是根据页面的链接结构进行迭代计算，由此导致结果泛化，容易产生“主题漂移”现象。

（4）将根集合扩展为基础集合时，计算量非常大。

9.1.5　Web 观点挖掘

随着 Web 2.0 的迅速发展，互联网已成为人们表达观点的重要渠道，互联网上的主观信息量呈指数增长，这些海量的原生态文本是未经整理、非结构化的文本。它们使得用户在阅读和整理过程中遇到极大困难，需要花费大量时间和精力才能获取所需信息。利用 Web 观点挖掘技术可自动完成分析并汇集各方意见，既能保证处理的时效性，又能节约用户大量的阅读时间。

1. 观点要素

所谓观点是指针对某个对象明确表达出某种情感倾向性的陈述。

对象：通常来讲，人们可以对任何事物进行评价，如一件商品、一件事、一个话题、一个人物或某个机构等。它们统统可称为实体，一个实体本身可能由许多部分构成或者包含许多属性，而一个部分可能包含另外的子部分和衍生出的子属性。所有这些部分和属性构成了一个层次关系，实体本身则处于根节点的位置。而这棵树的每一个节点都可能是观点所评价的对象。

倾向性：观点持有者对评价对象的态度，是肯定的（positive）、否定的（negative），还是中立的（neutral）。这种倾向性在陈述中并不显式存在。一般情况下可以通过陈述中的一些评价词（如“好”或“差”等）和搭配（如“油耗-高”“性价比-高”“待机时间-长”“聚焦时间-长”等）来体现。

陈述：作为对象与倾向的载体，它可以是一个句子，也可以是句子中的一个片段。

观点句：如果一个句子中包含观点，这个句子就称为观点句。一个句子仅具有情感倾向而没有明确的评价对象，则不能称为观点句；反之，一个句子没有倾向性，仅具有陈述的对象也不能称为观点句。因此，我们将对象和对象的倾向性称为观点句的两个核心要素。

除了上述两个核心要素之外，与观点相关的要素还有观点的持有者、观点的时效性以及观点的强度等。

2. 观点挖掘流程

观点挖掘的主要工作是对意见的情感倾向性进行分析。其挖掘任务可分为文本级观点挖掘任务、句子级观点挖掘任务和特征级观点挖掘任务三个级别。

1）文本级（或者评论级）观点挖掘的任务

假设每一个文本（或者评论）针对一个事物进行描述（很多情况下是不正确的）并且只包含一个单独观点持有者的观点。观点类别：正向、负向和中立。

2）句子级观点挖掘任务

句子级观点挖掘任务包括：识别主观句或者观点句，观点类别包括主观和客观两类；进行句子的情感分类，假设一个句子只包含一个观点（很多情况下是不正确的），观点类别为正向、负向和中立。

3）特征级观点挖掘任务

特征级观点挖掘任务包括：识别和抽取评论中的事物特征；确定特征中的观点是正向、负向或者中立的；分组同义特征，用以提供基于特征的多角度观点总结。

无论在哪个级别上进行观点挖掘，其流程大致相同。

步骤 1：搜集相关素材。目前，情感倾向分析的素材主要来源于电子商务网站中的客户评论、博客、新闻网站、专业评论网站和电子布告栏（bulletin board system，BBS）等。

步骤 2：预处理。情感分析基本都是利用已有的富有情感极性的文本来分析，所以在分析情感之前，需要对获取的文本信息消除噪声、过滤标签信息以及进行分词，从而降低噪声的干扰、提高情感倾向分析的准确性。根据不同的素材特征和算法需求，预处理的方法也有很多种，如词性标注、停用词、分词以及必要的简化替换（如把“电视机”替换成“产品名”）等。

步骤 3：情感信息抽取。情感信息抽取是情感倾向分类的前提。根据分类的要求，可以抽取出各种不同的情感信息。最简单的方法是直接抽取代表情感的特征词，如“漂亮”“美丽”“好”等。这需要事先建设语料数据库，存储大量的情感词，这些情感词能够被自动抽取，有时候还要由人为添加情感词，用于完善语料数据库。然后，利用已有的情感词词库识别文本信息，抽取文本信息的特征词，用于判断情感倾向。

步骤 4：判断文本情感倾向性及其分类。情感分析一般使用分类或聚类的方法，即在文本信息的情感极性基础上，利用这一技术将文本分类。结合语料数据库，计算文本信息与情感词词库里的情感特征词之间的相似度，依据文本信息之间的相似性，将情感极性比较接近的文本信息归为一类，并标识文本信息的情感倾向。常用的基于统计的分类方法有贝叶斯分类、支持向量机、*k*-最近邻分类法、人工神经网络分类方法和基于规则的分类方法等。

3. 情感信息抽取

1）情感词的抽取和判别

情感词的抽取是一个一体化过程，主要分为基于语料库的方法和基于字典的方法。基于语料库的情感词的抽取和判别是通过观察和利用大语料库的统计性来挖掘和判别情感词的极性。研究发现，由连词（如 and 或者 but）连接的两个形容词常常存在一定的关联性，如 and 连接的两个形容词的极性是相同的，而 but 连接的两个形容词的极性是相反的。基于语料库方法的优点主要是简单易行，其缺点在于只有有限的情感字语料库可用，很难在大语料库中归纳情感字的分布。

基于词典的情感词抽取和辨别方法主要使用词典中词语间的词义联系来辨别情感词的极性。这里的词典一般是指 WordNet 或者 HowNet 等。但是，并非所有语种的情感资源都像英文一样丰富。将词典资源丰富的语种的情感字典翻译为资源较少的语种，是解决该类问题的方法之一。但是实验表明，很多情感词在翻译之后其极性发生了改变。鉴于此，基于词典方法的优点主要是可以获取相当可观规模的情感词，但由于很多词语的多义性，情感词典的构建往往有较多的歧义词。

2）主观表达式的抽取

主观表达式是指表示情感文本单元主观性的词或者短语。可以使用挖掘出的大量的主观表达式作为主观表达式库，然后基于主观表达式库完成文本的客观分类和褒贬分类。具体来说，首先从语料中抽取出所有的 n 元词（$1\leqslant n\leqslant 4$）作为候选主观表达式；然后通过与训练语料中的标准主观表达式进行对比，计算出每个候选主观表达式可能成为主观表达式的概率；最后通过分析概率值，获得这些主观表达式。

3）情感评价对象的抽取

所谓情感评价对象是指某段评论中所讨论的主题，具体表现为评论文本中评论词所修饰的对象，如产品评论中某种产品的属性或者新闻评论中的某个事件/话题等。现有的研究主要集中于产品领域对评价对象的抽取，而且大多将评价对象限定在名词或名词短语（候选评价对象）的范畴内，然后对其进行识别。可采用基于规则/模板的方法、话题模型等来抽取评价对象。

4. 观点情感倾向性分析

观点情感倾向性分析是指有效地分析挖掘某些文本信息，从而判断出这些信息的情感倾向，如“正向”“负向”“中立”“支持”“反对”等，并且进一步分析出情感倾向随时间的变化。从主观性离散文本挖掘出文本包含的情感极性信息可以更好地理解顾客的消费习惯，掌握焦点事件的舆情发展趋势，企业和政府等机构可以根据这些舆情信息做出及时合适的决策。

1）文本情感倾向值的计算

经过处理后的文本信息被分成多个情感项，计算文本的情感倾向就是计算这些情感项倾向的权值，其关键在于情感词汇的情感倾向权值的计算。情感倾向权值计算时，以词语的静态情感倾向权值为基础，综合考虑动态组合中所发生的情感倾向变化，包括计算情感词组或者语言模式的情感倾向权值。例如说：“你的服务不够好”。计算“好”的情感倾向权值时，它为正向词，但是“好”的前面加上了“不够”，情感倾向也随之发生了变化。计算情感倾向权值时需要认真考虑词语之间的互相作用对权值所产生的影响，从而使得情感倾向权值的计算更加准确有效。

计算词汇的情感倾向权值的方法主要包括基于 HowNet 词典和 WordNet 词典两种。基于 WordNet 词典的计算方法主要是应用其中建立的词语同义结构图，利用相似度计算方法计算出待测词语与库中特征词之间的相似度，从而确定待测词语的情感倾向权值。基于 HowNet 词典的计算方法是在抽取一定数量的基准词的基础之上，利用 HowNet 词典中的语义相似度以及语义相关性计算出待测词语与语料库中基准词之间的相似度，从而计算出待测词语的情感倾向权值。除此之外，基于语义相似度计算的词汇情感倾向权值的计算方法，需分别计算出待测词语与基准词中所有褒义词之间的相似度之和，以及待测词语与基准词中所有贬义词的相似度之和，然后由前者减去后者得到词汇的情感倾向权值。计算词汇的倾向值还可以使用基准词中所有的褒义词（或者贬义词）构造出多维正向空间（或者负向空间），其所有的待测词语都可以用空间中的一个点表示，而由这个点对应的基准坐标上的权值就是与所有基准词的相似度，这个点到原点的距离就可以表示为待测词语的情感倾向性。这种方法是基于向量空间的词汇情感倾向计算，计算得出的结果更加科学合理。

除了利用词典中词语之间的关系计算词汇情感倾向权值之外，还可使用词汇的互信息（mutual information，MI）计算词汇的情感倾向权值，即根据待测词汇与基准词之间的共现概率，得到两者之间的互信息，然后分别计算待测词汇与所有褒义基准词之间的点互信息之和，以及待测词汇与所有贬义基准词之间的点互信息之和，再把两者相减得到待测词汇的语义情感倾向权值。

2）文本情感倾向分类方法

通常而言，文本情感倾向性分类的方法分为两步：第一，针对带有情感极性的词语、句子进行倾向性识别，计算得到这些情感词、句子的情感倾向权值；第二，通过一定的计算方法以及这些情感项的权值，计算整个文本的语义情感倾向，这些文本可以是词组、句子或者篇章级的文本。常用的方法有如下三种。

（1）利用简单统计的方法进行情感倾向分类。

一般而言，就是运用统计学的求和或者向量空间模型简单统计所有情感项的情感倾向权值，并将最终得到的权值与事先确定的倾向权值进行比较，获得情感倾向数据（其数据越多，统计分析就会越接近真实值，所以这种方法适用于篇幅较大的文本）。抽取词语并计算这些词语的情感倾向权值，然后将这些权值通过简单的统计分析得到整个文本信息的情感倾向权值。

利用简单统计的方法进行情感倾向分类，虽说是一种粗粒度的情感倾向分类方法，但实现起来比较简单，准确度也较高，所以在情感倾向分析中使用较多。

（2）应用机器学习的方法进行情感倾向分类。

应用机器学习方法需要事先标注大量的语料，建立比较庞大的基础语料库，从而生成情感倾向分类器，该分类器可以用于分类测试文本信息。

应用机器学习的方法进行情感倾向分类的实现流程如下：首先由人工标注文本信息的情感倾向，抽取出文本信息的特征表达式；然后将获得的表达式作为训练集，应用机器学习的方法构造出分类器；等待检测的文本经过分类器的识别后可获得文本的情感倾向性信息。比较常用的文本特征表示方法包括 *n*-gram 文本特征表示、基于评价词组的特征表示以及单个词语的特征表示等；分类方法可使用贝叶斯分类和支持向量机等方法。

应用机器学习的方法进行情感倾向分类的关键部分就在于如何有效地提取特征信息，随着语义的特征信息的加入和训练语料库的不断发展，该分类方法发展前景十分广阔。

（3）利用相关性进行情感倾向分类。

前面提到的两种分类方法都是粗粒度的情感倾向分析，而利用相关性进行情感倾向分类属于细粒度分析。它利用情感项和特征项的共现信息，或通过对情感项和特征项的句法依存分析，或通过语义角色标注，充分考虑情感项和特征项的相关性，实现了特征级别的情感倾向分析。

利用相关性进行情感倾向分类，是一种细粒度的文本情感倾向性分类方法。它重点考察情感词汇或者词组与特征词汇之间的相互依存关系，是一种基于特征的全新的细粒度的情感倾向分类方法，不再只是情感词汇或者语言模式情感倾向权值的简单加权统计。同时，这种分类方式需要更高的自然语言处理技术，利用这一技术分析情感项与特征项之间的依存关系。在目前的研究中，大多数人都是通过标注句子语义具有的角色和结构化提取出文本的句法信息来达到分析的目的。

5. 观点展示

Web 文本中的观点被识别出来后，接下来的工作就是把结果展示给用户。这种展示可以用文字的形式进行，每个被评价的事物和特征对应哪些观点，正负观点的数量等都能够表现出来。表格的形式也很直观，表示成矩阵的形式也可以，横行是观点词，纵列是不同的被评价事物及其特征，但由于观点词和特征往往成百上千，这样的表达形式将会非常复杂。图片的形式无疑更加直观，它可以把不同的特征对应的观点倾向表示成柱状图或饼状图等统计图的形式，会给人一目了然的感觉。

观点挖掘结果被作为一种全新的知识进行展示，会给人很多启发。应用在客户关系管理中后，商家可以更好地了解客户的心理动态，并更好地服务客户。对客户来说，其他人的观点可以作为自己的参考，在与商家打交道时做到更谨慎的决策。其他领域的应用也非常多，如观点发现可以帮助教师了解学生的评价、医生了解病人的感受、政府洞察大众的情绪，等等。

9.1.6　Web 使用挖掘

Web 使用挖掘也称 Web 日志挖掘，是指从 Web 的使用记录中提取感兴趣的模式。Web 中的每个服务器都保留了访问日志，记录了关于用户访问和交互的信息，可以通过分析和研究 Web 日志记录中的规律，来识别网站的潜在用户；可以用基于扩展有向树模型来识别用户浏览序列模式，从而进行 Web 日志挖掘；可以根据用户访问的 Web 记录挖掘用户的兴趣关联规则，存放在兴趣关联知识库中，作为对用户行为进行预测的依据，从而为用户预取一些 Web 页面，加快用户获取页面的速度。分析这些数据还可以帮助理解用户的行为，从而改进网站的结构，或为用户提供个性化的服务。

通过对 Web 服务器日志中大量的用户访问记录进行深入分析，能够发现用户的访问模式和兴趣爱好等有趣、新颖、潜在有用的以及可理解的未知信息和知识，它们将被用于分析站点的使用情况，从而辅助管理和支持决策。Web 日志挖掘主要被用于个性化服务与定制、改进系统性能和结构、站点修改、商业智能以及 Web 特征描述等领域。

在电商网站中，Web 日志挖掘的主要内容如下：

（1）网站的概要统计。包括分析覆盖的时间、总的页面数、访问数、会话数、唯一访问者，以及平均访问、最高访问、上周访问、昨日访问等结果集。

（2）内容访问分析。包括最多及最少被访问的页面、最多访问路径、最高访问的时间等。

（3）用户信息分析。包括用户的来源统计、用户使用的浏览器及操作系统分析、访问来自的页面或者网站、来自的 IP 地址以及用户使用的搜索引擎等。

（4）用户活动周期行为分析。包括一周 7 天的访问行为、一天 24 小时的访问行为、每周最多的访问日、每天最多的访问时段等。

（5）主要访问错误分析。包括发现服务端错误、页面找不到错误等，以期改进网站质量，提升用户体验水平。

（6）网站栏目分析。包括定制的频道和栏目设定，统计出各个栏目的访问情况，并进行分析。

（7）发现用户访问模式。通过分析和探究 Web 日志记录中的规律，识别潜在客户，提高对最终用户的服务质量，并改进 Web 服务器系统的性能。

（8）个性挖掘。针对单个用户的使用记录对用户进行建模，结合用户基本信息分析其使用习惯、个人喜好，以便为用户提供与众不同的个性化服务。

Web 日志挖掘大致包括四个阶段，如图 9.5 所示。

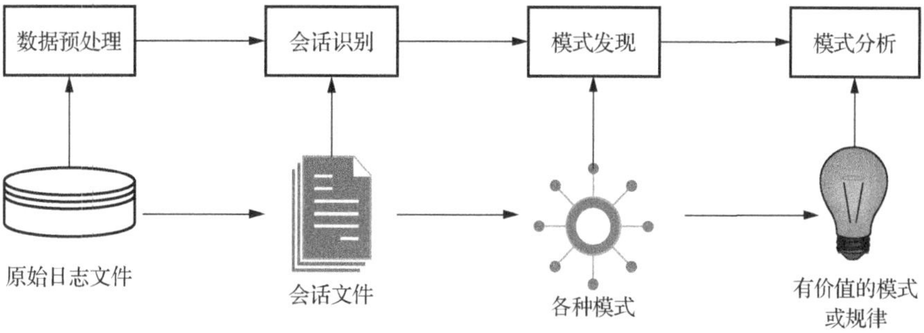

图 9.5　Web 日志挖掘流程

1. 数据预处理阶段

从访问日志中得到的原始日志记录并不适于直接挖掘，必须进行适当的处理，如通过日志清理，去除无用的记录；对于某些记录，需要通过站点结构信息，将 URL 路径补充成完整的访问序列。经预处理后的日志记录可转化为用户会话文件。数据预处理阶段是 Web 访问信息挖掘最关键的阶段，这一阶段的主要任务是对用户访问信息进行预处理、对日志内容和结构进行预处理。

2. 会话识别阶段

该阶段本是属于数据预处理阶段中的一部分，这里将其划分成单独的一个阶段，是因为把用户会话文件划分成的一组组用户会话序列将直接用于挖掘算法，它的精准度直接决定了挖掘结果的好坏，是挖掘过程中最重要的阶段。

3. 模式发现阶段

一旦会话识别完成，就可以采用下面的方法和技术进行用户使用模式发现了。模式发现是运用各种方法和技术挖掘用户使用 Web 的各种潜在规律和模式的过程。模式发现使用的算法和方法不仅仅来自数据挖掘领域，还包括机器学习、统计学和模式识别等其他专业领域。

（1）统计分析。统计分析是从 Web 站点中抽取知识最常用的方法，它通过分析会话文件，对浏览时间、浏览路径等进行频度和均值分析。虽然缺乏深度，但仍可用于改进网站结构，增强系统安全性，提高网站访问的效率等。常用的统计分析模型有贝叶斯定理、预测回归、对数回归、对数线性回归等。

（2）路径分析。路径分析可以用来识别网站上的频繁访问路径，从而调整和优化网站结构，使得用户访问所需网页更加简单快捷，还可以根据用户典型的浏览模式用于智能推荐和有针对性的电子商务活动。

（3）关联规则。关联规则是最基本的挖掘技术，同时也是 Web 使用挖掘（web usage mining）中常用的分析方法。使用关联规则发现方法，可以从 Web 的访问事务中找到相关性，如可发现哪些商品被频繁购买，哪些顾客是潜在顾客等。

（4）序列模式。序列模式挖掘就是找出所有的频繁子序列，即子序列在序列集中的出现频率不低于用户指定的最小支持度阈值。序列模式挖掘能发现如“在某一段时间内，客户购

买商品 A，接着会购买商品 B，尔后又购买商品 C，即序列 $A\rightarrow B\rightarrow C$ 出现的频率高”之类的购物模式。

（5）聚类。聚类是将具有相似特征的用户或数据项进行归类。在网站管理中通过将具有相似浏览行为的用户进行分组，可达到对用户群精准画像的目的。

（6）分类。分类的目标是将用户信息归入某一特定的类别中，以便给用户提供个性化的服务。实现分类的技术有决策树、k-最近邻、贝叶斯分类器、支持向量机等。

（7）协同过滤。协同过滤技术采用最近邻技术，利用用户的历史、喜好信息计算不同用户之间的相似度，据此识别邻居用户；目标用户对商品的喜好程度由最近邻居对该商品的评价的加权平均值来度量。

4. 模式分析阶段

模式分析是 Web 使用挖掘的最后一步，主要目的是过滤模式发现阶段产生的规则和模式，去除那些无用的模式，并把发现的模式通过一定的方法直观地表现出来，为网页的规划以及网站建设的决策提供具体的理论依据。由于 Web 使用挖掘在大多数情况下属于无偏向学习，有可能挖掘出所有的模式和规则，所以不能排除其中有些模式是常识性的、普通的或用户不感兴趣的，因此必须采用模式分析方法进行评价，使得挖掘出来的规则和知识具有可读性和最终可理解性。常见的模式分析方法有图形和可视化技术、数据库查询机制、数理统计和可用性分析等。

9.2　文本数据分析

非结构化数据中，比较重要的一大类数据形态是文本类型数据。文本数据无处不在，如几十亿的网页、大量的电子邮件、社交媒体状态、产品介绍、博文等存在于互联网上的文本；传统的人与人交流产生的记录文本，如病历、用户投诉记录、产品查询记录、维修记录等。

如何将文本类型数据加工处理成适合数据分析工具的表示方式，是这一节的主要内容。

9.2.1　预处理技术

文本往往被称作“非结构化”数据，这指的是文本中不含有一般数据所具备的结构：由有固定意义的域构成的记录表格，以及表格之间的关联关系。虽然文本中的确存在大量结构，但这些结构是供人们理解自然语言的语言学结构，计算机无法理解。文本中单词的长度和文本域中所含的单词数都会不同。有时单词的顺序会影响含义，有时又不会。从数据角度看，文本相对较“脏”，因为人们写东西时常常不合语法，还总是犯拼写错误，有时把词连在一起，胡乱缩写和乱加标点符号。即使文本的表达完美无瑕，其中也可能存在同义词（多词同义）和同形异义词（一词多义）现象。另外，一个领域中的术语和简写对另一个领域而言可能是毫无意义的，比如我们不能强求医疗记录和计算机维修记录包含相同的术语。最坏的可能是，两者的术语含义甚至存在冲突。

由于文本的目的是方便人们之间的交流，故而语境非常重要，甚至比在其他数据格式中更重要。思考下面的影评片段：

"电影的第一部分远好过第二部分。演员演技很差，到最后甚至失控了。影片中暴力部分过头了，结尾也令人难以置信。但这仍不失为一部有趣的电影。"

整段话到底是褒还是贬呢？"难以置信"一词是褒义还是贬义？在不考虑整个语境的情况下，评估任何单词或短语都是困难的。因此，文本在输入数据分析算法之前，必须经过预处理。通常，文本的特性越复杂，文本问题所包含的方面就越多。

在实际应用中，最常使用的两种语言是中文和英文，因此，文本预处理部分将针对这两种语言进行介绍。文本预处理流程通常包含以下步骤：获取原始文本、分词、词形规范化、词性标注、去除停用词等[5]，如图 9.6 所示。

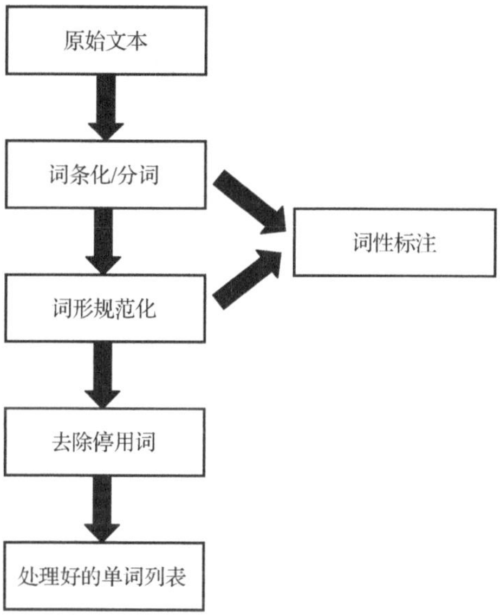

图 9.6　文本预处理流程

1. 词条化

词条化（tokenization）指的是将原始的字符流转换成一个个词条的过程。文本预处理的主要目的在于建立词条的等价类，其中每个等价类对应一个词项（term）。

定义好文档单位之后，词条化是将给定的字符序列拆分成一系列子序列的过程，其中每个子序列称为一个词条。在这个过程中，可能会同时去掉一些特殊字符，如标点符号、停用词等。比如用户对饭店的评论"Not tasty and the texture was just nasty."，词条化后的输出为 tasty texture nasty。

在非严格的情况下，词条往往与词项或词（word）通用。

词条化的主要任务是确定哪些才是正确的词条。比如，英文中的上撇号"'"既可以代表所有关系也可以代表缩写，应当在词条化的过程中进行判断。比如，句子"Mr. O'Neill thinks that the boys' stories about Chile's capital aren't amusing."，对"Chile's"来说，需识别出其中的"'"代表所有关系，而"aren't"中的"'"则代表缩写。再比如，英文中的连字符"-"存在着多种不同的用法，它可以用于分隔单词中的元音字母（如 co-education），也可以用于将多个名词连接成一个新的名称（如 Hewlett-Packard）。容易判定，第一个例子可以作为一个词条看待，实际应用中往往被写成 coeducation。第二个例子，处理起来稍显困难，在实际应用中，它可以当成一个分类任务来处理，也可以通过一些启发式规则来处理，比如允许单词包含连字符，但此时可以规定只允许出现短前缀而不是长前缀。

在英文的行文中，单词之间是以空格作为自然分界符的，词条化工作相对容易，相比之下，中文文本中只是句和段能通过明显的分界符来划界，字或词没有一个形式上的分界符，为此需要专门技术对中文进行分词。

2. 中文分词

所谓中文分词也称中文切词，是指将连续的字序列按照一定的规范重新组合成词序列的过程。分词技术大致分为两种，一种是基于词典的方法，另外一种是基于概率统计的方法。

1）基于词典的分词方法

基于词典的分词方法也称为机械分词法，其主要思想是：基于贪心算法，在词典中进行扫描，尽可能地选择与词典中最长单词匹配的词作为目标分词。设 D 为词典，MAX 表示词典中最长词的字数，句子 $S=C_1C_2C_3\cdots C_n$，假设词 $C_i=W_1W_2W_3\cdots W_{\mathrm{MAX}}$。

正向最大匹配分词方法：每次从 S 中取长度为 MAX 的字串与 D 中的词进行匹配。若成功，则该字串为词，指针后移 MAX 个汉字后继续匹配；如果不成功，字串逐次减 1 进行匹配。匹配有前向和后向两种。

正向最大匹配分词方法的步骤如下。

假设词典中最长的词长为 MAX，那么最大匹配的起始子串字数则为 MAX 个。

步骤 1：扫描词典，测试读入的子串是否在词典中。

步骤 2：如果存在，则从输入中删除该子串，重新按照规则取子串，重复步骤 1。

步骤 3：如果不存在于词典中，则从右向左减少子串长度，重复步骤 1。

举例，用正向最大减字匹配方法对“北京大学生前来应聘”进行分词，假设词典中最长单词的字数为 5 个。

第一轮：取子串“北京大学生”（5 个字），正向取词，如果匹配失败，每次去掉匹配字段中最后面的一个字。“北京大学生”，扫描 5 字词典，没有匹配，子串长度减 1 变为“北京大学”；“北京大学”，扫描 4 字词典，有匹配，输出“北京大学”，输入变为“生前来应聘”（5 个字）。

第二轮：取子串“生前来应聘”，扫描 5 字词典，没有匹配，子串长度减 1 变为“生前来应”；“生前来应”，扫描 4 字词典，没有匹配，子串长度减 1 变为“生前来”；“生前来”，扫描 3 字词典，没有匹配，子串长度减 1 变为“生前”；“生前”，扫描 2 字词典，有匹配，输出“生前”，输入变为“来应聘”。

第三轮：取子串“来应聘”，扫描 3 字词典，没有匹配，子串长度减 1 变为“来应”；“来应”，扫描 2 字词典，没有匹配，子串长度减 1 变为“来”，颗粒度最小为 1，直接输出“来”，输入变为“应聘”。

第四轮：取子串“应聘”，扫描 2 字词典，有匹配，输出“应聘”，输入变为“”，输入长度为 0，扫描终止。

基于词典的分词方法有可能陷入局部最优，算法效率依赖于定义的词长 MAX。此外，这种分词方法的切分结果可能产生歧义，这是因为分词过程不能考虑语义。

2）基于概率统计的分词方法

基于概率统计分词方法的基本假设是：语言是字母表上的某种概率分布，该分布反映了任何一个字母序列成为该语言的一个句子的可能性，这个概率分布就是语言模型。或者这样假设：将所有获得的分词结果放到一个“黑箱”里，黑箱可以为我们判断这个分词结果的语义概率（即输入的句子符合正常语句的可能性），然后选择那个概率最大的作为分词的结果。这个“黑箱”就是语言模型。

简单地说，语言模型就是用来计算一个句子的概率的模型。比如下面三句话：

（1）今天天气很好，我们去故宫游览吧。

（2）今天很好天气，我们去故宫游览吧。

（3）今天我们天气很好，去故宫游览吧。

如何判断一个句子是否合理，只需要看它出现的概率就行了。第一个句子出现的概率大概是 80%，第二个句子出现的概率大概是 50%，第三个句子出现的概率大概是 20%，第一个句子出现的可能性最大，因此这个句子最为合理。

如何计算一个句子出现的概率 $P(S)$？假设句子 S 由 n 个字组成，即 $S=w_1w_2\cdots w_n$，$P(S)$ 的表达式为

$$P(S)=P(w_1w_2\cdots w_n)$$

利用条件概率公式，S 这个序列出现的概率等于每一个词出现的条件概率的乘积，展开为

$$P(S)=P(w_1)P(w_2|w_1)P(w_3|w_1w_2)\cdots P(w_n|w_1w_2\cdots w_{n-1}) \tag{9.4}$$

从式（9.4）中容易看到，计算 $P(w_1)$很容易，$P(w_2|w_1)$也还能算出来，$P(w_3|w_1w_2)$已经非常难以计算了。

所以这种方法存在如下两个致命的缺陷。

（1）参数空间过大：条件概率 $P(w_n|w_1w_2\cdots w_{n-1})$的可能性太多，无法估算。

（2）数据稀疏严重：对于非常多的词对组合，在语料库中都没有出现，依据最大似然估计得到的概率将会是 0。

为了解决参数空间过大的问题，在语言模型中引入了马尔可夫假设，即任意一个词出现的概率只与它前面出现的有限的一个或者几个词有关。假设一个词 w_i 出现的概率只与它前面的 w_{i-1} 个词有关，这种假设称为一阶马尔可夫假设。基于这一假设，S 的概率计算就变得简单了，其计算公式为

$$P(w_1w_2\cdots w_n)\approx P(w_1)P(w_2|w_1) \tag{9.5}$$

接下来的问题是估计条件概率 $P(w_i|w_{i-1})$，根据它的定义：

$$P(w_i|w_{i-1})=\frac{P(w_i,w_{i-1})}{P(w_{i-1})} \tag{9.6}$$

当样本量很大时，基于大数定律，一个词出现的概率可以用它的频率来表示，即

$$P(w_i|w_{i-1})\approx\frac{\text{count}(w_i,w_{i-1})}{\text{count}(i)} \tag{9.7}$$

$$P(w_{i-1})\approx\frac{\text{count}(w_{i-1})}{\text{count}(i)} \tag{9.8}$$

式中，count(i)表示词 i 出现的次数，count 表示语料库的大小。于是得到

$$P(w_i|w_{i-1})=\frac{P(w_i,w_{i-1})}{P(w_{i-1})}\approx\frac{\text{count}(w_i,w_{i-1})}{\text{count}(w_{i-1})} \tag{9.9}$$

一元语言模型（unigram）：如果一个词的出现与它周围的词是独立的，称为一元语言模型，其数学表达式为

$$P(S)=P(w_1)P(w_2)\cdots P(w_n) \tag{9.10}$$

二元语言模型（bigram）：如果一个词的出现仅依赖于它前面出现的一个词，称为二元语言模型，其数学表达式为

$$\begin{aligned}P(S)&=P(w_1)P(w_2)\cdots P(w_n)\\&\approx P(w_1)P(w_2|w_1)P(w_3|w_2)\cdots P(w_n|w_{n-1})\end{aligned} \tag{9.11}$$

三元语言模型（trigram）：假设一个词的出现仅依赖于它前面出现的两个词，称为三元语言模型，其数学表达式为

$$\begin{aligned}P(S)&=P(w_1)P(w_2)\cdots P(w_n)\\&\approx P(w_1)P(w_2|w_1)P(w_3|w_2,w_1)\cdots P(w_n|w_{n-1},w_{n-2})\end{aligned} \tag{9.12}$$

一般来说，N 元模型就是假设当前词的出现概率只与它前面的 N−1 个词有关。在实际应用中，用得最多的是二元语言模型和三元语言模型，高于四元语言模型用得非常少，因为训练它需要更庞大的语料，而且由于数据稀疏严重，算法时间复杂度较高，而精度却提高的不多。

3. 去除停用词

停用词（stop words）主要指功能词（functional words），通常指在各类文档中频繁出现的、附带极少文本信息的助词、介词、连词、语气词等高频词，如英语中的 the、at、which、 a 等，汉语中的“的”“着”“了”“是”等。“是”尽管不是功能词，但由于出现频率很高，对于文本区分没有实质性意义，因此通常也作为停用词被删除。为了减少文本挖掘系统的存储空间，提高运行效率，常常在文本表示时就自动将这些停用词过滤掉。具体实现时可建立一个停用词表，在特征抽取时直接移除停用词表中的词。

4. 词性标注

词性是语言中对词的一种分类方法，以语法特征为主要依据、兼顾词汇意义对词进行划分的结果，常见的词性有 14 种，如名词、动词、形容词、副词等。

词性标注（part-of-speech tagging，POS）是标注出一段文本中每个词的词性。比如，“我爱自然语言处理”这句话，经词性标注后，可表示为我/rr，爱/v，自然语言/n，处理/vn，其中 rr 代表人称代词，v 代表动词，n 代表名词，vn 代表动名词。

词性标注的作用是帮助机器解释文本的上下文，从而理解其中的内容。理解哪些单词对应哪些词性，这有助于机器以多种方式处理自然语言。

（1）词性标注有助于区分同音异义词，即拼写相同但含义不同的词。例如，单词“play”可以指进行活动时的动词，也可以指将在舞台上表演的戏剧作品中的名词。词性标注器可以通过确定词性标注来帮助机器理解单词“play”是在什么上下文中使用的。

（2）词性标注建立在句子和分词需求的基础上，这是自然语言处理的基本任务之一。

（3）词性标注被其他算法用于执行更高级别的任务，如命名实体识别。

（4）词性标注也有助于情感分析和问题回答的过程。例如，在句子“蒂姆·库克（Tim Cook）是这家科技公司的首席执行官”中，你希望机器能够用公司名称来代替“这家科技公司（this technology company）”。词性标注可以帮助机器识别短语“这家科技公司”是限定词（this）+名词短语（technology company）。例如，它可以使用这些信息在网上搜索网页，并检查“蒂姆·库克是苹果公司的首席执行官”出现的次数，然后决定苹果公司是否是正确的答案。

5. 词形规范化

针对英文文本，需要对一个词的不同形态进行归并，即词形规范化，从而提高文本处理的效率，同时减缓离散特征表示可能造成的数据稀疏问题。词形规范化过程包含两个概念：词形还原（lemmatization）和词干提取（stemming）。

词形还原是指把任意变形的词还原成原形（能够表达完整的语义）。词干提取是去除词缀得到词根的过程（不一定能够表达完整的语义）。

在原理上，词干提取主要是采用“缩减”的方法，将词转换为词干，如将“cats”处理为“cat”，将“effective”处理为“effect”。而词形还原主要采用“转变”的方法，将词转变为其原形，如将“drove”处理为“drive”，将“driving”处理为“drive”。

在复杂性上，词干提取方法相对简单，词形还原则需要返回词的原形，需要对词形进行分析，不仅要进行词缀的转化，还要进行词性识别，区分相同词形但原形不同的词的差别。词性标注的准确率也直接影响词形还原的准确率，因此，词形还原更为复杂。

在结果上，词干提取和词形还原也有部分区别。词干提取的结果可能并不是完整的、具有意义的词，而只是词的一部分，如“revival”词干提取的结果为“reviv”，“airliner”词干提取的结果为“airlin”。而经词形还原处理后获得的结果是具有一定意义的、完整的词，一般为词典中的有效词。

在应用领域上，同样各有侧重。虽然二者均被应用于信息检索和文本处理中，但侧重不同。词干提取更多被应用于信息检索领域，用于扩展检索，粒度较粗。词形还原更主要被应用于文本挖掘、自然语言处理，用于更细粒度、更为准确的文本分析和表达，所以需要根据实际使用场景来选择词形规范化方法。

9.2.2 文本表示

在自然语言处理中，最细粒度的表示是词语，词语可以组成句子，句子再构成段落、篇章和文档。但是计算机并不能够直接处理词语，因此需要对以词汇为代表的自然语言进行数学上的表征。这种将文本进行形式化的表征过程称为文本表示。文本表示模型主要包括词袋模型、主题模型和词嵌入模型等。

1. 词袋模型

词袋模型（bag of words，BOW）是最简单、最基础的文本表示模型，它把每一个文档看作是一袋子的词，忽略词与词的顺序。具体来说，就是将整段文本以词为单位进行切分，然后每个文档用一个长向量来表示，向量中每个维度代表一个词，该维度对应的权重反映了这个词在文档中的重要性。

在词袋模型中，以向量空间模型（vector space model，VSM）最为著名，VSM 是由 Salton 等于 20 世纪 70 年代提出的[6]。这一模型将给定的文档转换成一个维数很高的向量，并以特征项作为文档表示的基本单位，向量的各维对应文档中的一个特征项，而每一维本身则表示了其对应的特征项在该文档中的权值。权值代表了特征项对于所在文档的重要程度，即该特征项能够多大程度上反映它所在文档的类别。

1）有关 VSM 的基本概念

文档（document）：通常是文本中具有一定规模的片段，如句子、句群、段落组直至整篇文本。

语料集（copus）：是指文档集合。

特征项：是指文档的最小的不可分的语言单元，可以是字、词、词组或短语等。一个文档的内容可以看成是它含有的特征项的集合，表示为 $d=\{t_1, t_2,\cdots, t_n\}$，其中 t_k 是特征项，$1\leqslant k\leqslant n$。

特征项的权重：对于含有 n 个特征项的文档 $d=\{t_1, t_2,\cdots, t_n\}$，每一个特征项 t_k 都依据一定的原则被赋予一个权重 w_k，表示它们在文档中的重要程度。这样一个文档 d 就可用它含有的特征项及特征项对应的权重来表示了，即

$$d=\{w_1, w_2,\cdots, w_k\}, 1\leqslant k\leqslant n \tag{9.13}$$

一个文档可以看成是 n 维空间中的一个向量，特征项为坐标系，权重为坐标值。我们称 $d=\{w_1, w_2,\cdots, w_k\}$ 为文档 d 的向量空间模型。

文档 d 符合以下两个约定：

（1）各个特征项互异（即没有重复）。

（2）各个特征项之间无先后顺序关系（即不考虑文本的内部结构）。

2）特征项的权重

在特征项集合 $\{t_1, t_2,\cdots, t_k\}$ 中，如果使用词作为特征项，特征项的集合可以看作是一个词表（vocabulary），此时特征项也称为词项。这个词表可以从语料集中产生，也可以从外部导入。

定义特征项权重 $\{w_1, w_2,\cdots, w_k\}$ 的方式包括以下四种。

（1）布尔权重（Boolean weight）：表示该特征项是否在当前文档中出现，如果出现，则记为 1，否则记为 0。特征项 t_i 在文档 d 中的布尔权重记为

$$\mathrm{bool}_i=\begin{cases}1, & \text{如果}t_i\text{在文本}d\text{中}\\ 0, & \text{否则}\end{cases} \tag{9.14}$$

（2）特征频率（term frequency，TF）权重：表示该特征项在当前文档中出现的次数。TF 权重假设高频特征包含的信息量高于低频特征的信息量，因此在文档中出现次数越多的特征项，其重要性越大。通常用下式表示：

$$\mathrm{TF}_i=N(t_i, d) \tag{9.15}$$

少数高频词如采用绝对词频权重会远高于平均权重，这样不利于文档表示，为了降低这种影响，还可以采用对数词频权重进行文档表示，即

$$f_i=\log(\mathrm{TF}_i+1) \tag{9.16}$$

（3）倒文档频率（inverse document frequency，IDF）权重：文档频率（document frequence, DF）表示语料集中包含特征项的文档的数目。一个特征项的 DF 越高，其包含的有效信息量往往越低。IDF 是反映特征项在整个语料集中重要性的全局性统计特征，定义如下：

$$\mathrm{IDF}_i=\log\frac{N}{\mathrm{DF}_i} \tag{9.17}$$

式中，DF_i 表示特征项 t_i 的 DF 值；N 是语料集中的文档总数。

（4）特征频率-倒文档频率（TF-IDF）权重：定义为 TF 和 IDF 的乘积，即

$$\text{TF-IDF}_i=\mathrm{TF}_i\times\mathrm{IDF}_i \tag{9.18}$$

TF-IDF 认为对区别文档最有意义的特征项应该是那些在当前文档中出现频率足够高，而在语料集的其他文档中出现频率足够低的词项。换句话说，如果一个词在非常多的文档中出现，那它可能是一个比较通用的词汇，对于区分某个文档特殊语义的贡献较小，所以加入 IDF 是

对词项权重做一定的惩罚。

3）文档长度规范化

语料集中每个文档的长度是不一样的，文档长度对于文本表示也会产生影响。举一个极端的例子，将一段文字进行两倍长度的复制扩展，并使用上面提到的 TF 权重进行文本表示，尽管扩展后的文档在信息量上并没有得到增加，但新的文档向量规模却变成了原来的两倍。

为了消除或减少文档长度给文本表示带来的影响，需要对特征向量进行规范化处理，这一过程也称为文本长度归一化。对于文档 $d=\{w_1, w_2, \cdots, w_k\}$，常用的长度规范化处理方法如下。

（1）1-范数规范化：

$$d_1 = \frac{d}{\|d\|_1} = \frac{d}{\sum_i w_i} \tag{9.19}$$

规范后的向量落在 $w_1+w_2+\cdots+w_k=1$ 的超平面上。

（2）2-范数规范化：

$$d_2 = \frac{d}{\|d\|_2} = \frac{d}{\sqrt[2]{\sum_i w_i^2}} \tag{9.20}$$

规范后的向量落在 $w_1^2 + w_2^2 + \cdots + w_k^2 = 1$ 的球面上。

（3）最大词频规范化：

$$d_{\max} = \frac{d}{\|d\|_\infty} = \frac{d}{\max_i \{w_i\}} \tag{9.21}$$

以向量空间模型为代表的词袋模型假设文档的特征项是各自独立的，与位置或顺序无关。事实上，这样的假设丢失了原始文档的词序、句法和部分语义信息，虽然在一部分简单的文本挖掘任务上（如文本主题分类）这样的假设还算合理，但对于很多相对复杂的文本挖掘任务（如情感分析、观点挖掘等），这类模型的表现往往差强人意。比如，语义倾向完全相反的两个文档“John is quicker than Mary”和“Mary is quicker than John”，在词袋模型下的文本表示方式完全相同，这显然是不合理的。

与高维稀疏的向量空间模型不同，还有一类分布式文本表示方法，这类方法通过建立主题模型或表示学习模型，实现文本的低维稠密表示。下面介绍两种典型的词的分布式表示模型：主题模型和词嵌入模型。

2. 主题模型

主题模型（topic model，TM）是以无监督学习方式对文档集的潜在语义结构进行聚类的统计模型。主题模型主要包括：潜在语义分析（latent semantic analysis，LSA）、概率潜在语义分析（probabilistic latent semantic analysis，PLSA）和潜在狄利克雷分布（latent Dirichlet allocation，LDA）等。

主题模型的思想最早源自信息检索领域，Deerwester 等学者提出的潜在语义索引（latent semantic indexing，LSI）模型[7]，利用奇异值分解（singular value decomposition，SVD）技术将文档向量从高维词项空间映射到一个低维的语义空间（主题空间）。这种方法可以发掘文档中隐含的主题信息，而且不依赖任何先验知识，从而实现对“一词多义”和“一义多词”的语言现象进行建模，以确保搜索引擎返回的结果不仅在词汇层面上，而且在语义层面上与用户的查询相匹配。

在 LSI 模型之后，Hofmann 提出了概率潜在语义索引（probabilistic latent semantic indexing，PLSI）模型[8]，通过概率生成模型模拟文档中词的产生过程，将 LSI 模型扩展到概率统计的框架下。LSI 模型和 PLSI 模型也被称为 LSA 模型和 PLSA 模型，即潜在语义分析模型和概率潜在语义分析模型。

然而，PLSI 模型只针对训练集中的有限文档进行拟合，其参数空间随着训练集中文档数的增加，容易出现过度拟合现象，而且对于训练集以外的文档，很难分配合适的概率。为了解决这些问题，Blei 等学者提出了基于 LDA 的模型[9]，该模型在 PLSA 模型的基础上，引入了参数的先验分布，利用贝叶斯估计取代了 PLSA 中的最大似然估计方法，完善了 PLSA 模型。下面简要介绍 LDA 模型的原理。

假设有 m 篇文档（记为 doc），对应第 d 个文档中有 N_d 个词（记为 W），文档集合如图 9.7 所示。

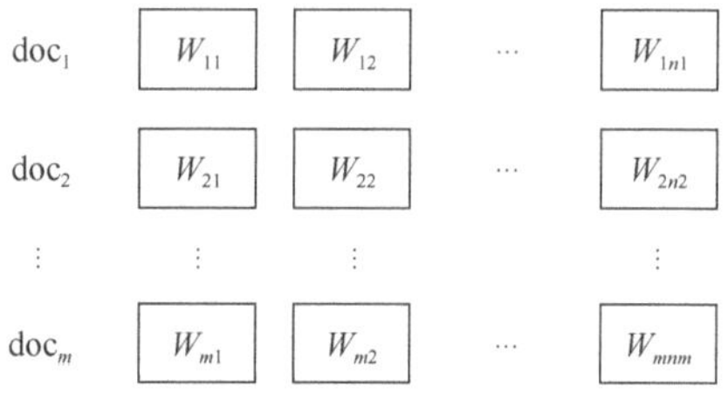

图 9.7　文档集合

我们的目标是找到每一个文档的主题分布和每一个主题中词的分布。在 LDA 模型中，需要先假定一个主题数目 K，这样所有的分布就都基于 K 个主题展开。LDA 模型是基于贝叶斯模型的，如图 9.8 所示，下面详细介绍模型中参数的求解方法。

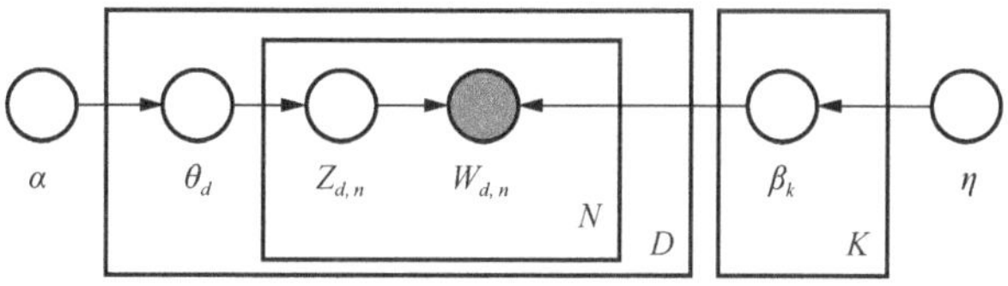

图 9.8　LDA 模型

LDA 模型假设文档主题的先验分布是 Dirichlet 分布，即对于任一文档 d，其主题分布 θ_d 为

$$\theta_d = \text{Dirichlet}(\alpha) \tag{9.22}$$

式中，α为分布的超参数，是一个 K 维向量。

LDA 模型假设主题中词的先验分布是 Dirichlet 分布，即对于任一主题 k，其词分布β_k为

$$\beta_k = \text{Dirichlet}(\eta) \tag{9.23}$$

式中，η为分布的超参数，是一个 V 维向量，V 代表词汇表中所有词的个数。

对于文档集合 D 中任一一篇文档 d 中的第 n 个词，可以从主题分布中得到它的主题编号 z_{dn} 的分布为

$$z_{dn} = \text{multi}(\theta_d) \tag{9.24}$$

对于该主题编号，得到词 w_{dn} 的概率分布为

$$w_{dn} = \text{multi}\left(\beta_{z_{dn}}\right) \tag{9.25}$$

在这个主题模型中，有 M 个文档主题的 Dirichlet 分布，而对应的数据有 M 个主题编号的多项分布，于是（$\alpha \to \theta_d \to \overline{z}_d$）就组成了 Dirichlet-multinomial 共轭，使用贝叶斯推断方法可以得到基于 Dirichlet 分布的文档主题的后验分布。

如果在第 d 个文档中，第 K 个主题的词的个数为$n_d^{(K)}$，则对应的多项分布的计数可以表示为

$$\overline{n}_d = \left(n_d^{(1)}, n_d^{(2)}, \cdots, n_d^{(K)}\right) \tag{9.26}$$

利用 Dirichlet-multinomial 共轭，得到θ_d的后验分布为

$$\text{Dirichlet}(\theta_d \mid \overline{\alpha} + \overline{n}_d) \tag{9.27}$$

同理，对于主题与词的分布，有 K 个主题与词的 Dirichlet 分布，对应的数据有 K 个主题编号的多项分布，这样（$\eta \to \beta_k \to \overline{w}_{(k)}$）就组成了 Dirichlet-multinomial 共轭，使用贝叶斯推断方法可以得到基于 Dirichlet 分布的主题词的后验分布。

如果在第 k 个主题中，第 v 个词的个数为$n_k^{(V)}$，则对应的多项分布的计数可以表示为

$$\vec{n}_k = \left(n_k^{(1)}, n_k^{(2)}, \cdots, n_k^{(V)}\right) \tag{9.28}$$

利用 Dirichlet-multinomial 共轭，得到β_k的后验分布为

$$\text{Dirichlet}(\beta_k \mid \overline{\eta} + \overline{n}_k) \tag{9.29}$$

由于主题产生词时不依赖于具体的某一个文档，因此，文档主题分布和主题词分布是独立的。

LDA 模型难以进行精确的学习和推断，通常的解决方案是使用近似推断算法，如采用变分期望最大化（variational expectation maximization）算法、期望传播（expectation propagation，EP）算法和马尔可夫链蒙特卡罗（Markov chain Monte Carlo，MCMC）算法等。

3. 词嵌入模型

词嵌入（word embedding）模型是一类将词向量化的模型的统称。这类模型基于词的分布式假说：一个词的语义由其上下文决定，即上下文相似的词语，其语义也相似。

词嵌入方法是指将字典中的词转化为向量的方法。换句话说，是将词转换成数值并“嵌入”到一个数据空间中，所以称为词嵌入。例如，对句子“Word embeddings are words converted into numbers.”做词嵌入，其中，“词”指的是句子中的“embeddings”“numbers”等，“字典”指的是句子中所有不重复单词的列表。所以，上述句子的词典是[‘Word’‘embeddings’‘are’‘converted’‘into’‘numbers’]。

传统的词向量一般用独热向量（one-hot vector）表示，one-hot 表示通常面临两个问题：①高维稀疏的向量带来较大的计算成本；②不同的词向量彼此正交，无法衡量词之间的相似度。

而词嵌入模型通过训练，可以得到每个词的低维（一般为 50～300 维）稠密向量，不仅计算成本低，且可以通过向量间的距离计算来表示词与词之间的相似度。在词嵌入模型中以 word2vec 模型最为著名。

word2vec 模型是浅的双层神经网络，于 2013 年由谷歌公司提出。word2vec 模型充分利用上下文信息，对上下文进行训练，每个词不再是只有一个位置为 1、其余位置为 0 的稀疏向量，而是一个稠密的固定维度向量。在计算效率方面，该模型减少了额外存储和计算开销。在深层语义理解方面，经过训练后的词向量能利用上下文信息，找出相似词语。例如，word2vec 从大量文本语料中以无监督的方式学习语义信息，即通过一个嵌入空间使得语义上相似的单词在该空间内距离很近。比如“机器”和“机械”意思很相近，而“机器”和“猴子”的意思相差很远，当由 word2vec 构建这个数值空间时，“机器”和“机械”的距离较“机器”和“猴子”的距离而言要近很多。

word2vec 模型主要由两个模型——连续词袋（continuous bag-of-words，CBOW）模型和跳字（Skip-gram）模型组成，以及两种高效的训练方法——负采样和层序 softmax。

1）CBOW 模型

CBOW 模型是用上下文预测中心词，如图 9.9 所示。

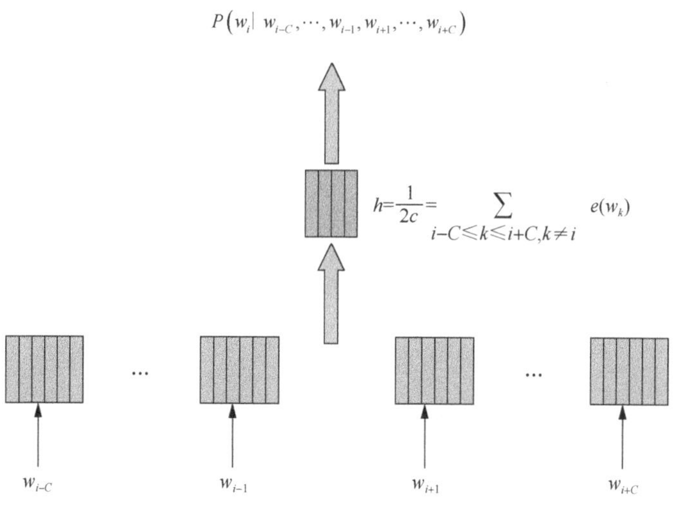

图 9.9　CBOW 模型示意图

例如，给定文本序列“the”“man”“hit”“his”“son”，CBOW 模型关心的是邻近词“the”“man”“his”和“son”，一起生成中心词“hit”的概率。

CBOW 模型在网络结构设计上做了两点优化。

（1）输入层不再是上下文词对应词向量的拼接，而是忽略词序信息，直接采用所有词向量的平均值。

（2）省略隐藏层，输入层与输出层连接，采用逻辑回归计算中心词的概率。

形式化地，给定训练语料中任意一个 $n(n=2C+1)$元组$(w_i, C)=w_{i-C}\cdots w_{i-1}w_iw_{i+1}\cdots w_{i+C}$，其中 C 为上下文词的个数，将 $\mathrm{WC}=w_{i-C}\cdots w_{i-1}w_{i+1}\cdots w_{i+C}$ 作为输入，计算上下文词的平均词向量：

$$h=\frac{1}{2c}=\sum_{i-C\leqslant k\leqslant i+C,k\neq i} e\left(w_k\right) \tag{9.30}$$

式中，c 表示上下文词向量；$e(w_k)$表示词 $w_k\in\mathfrak{R}^d$ 对应的 d 维词向量，可通过检索词向量矩阵 $L\in\mathfrak{R}^{|V|\times d}$ 获得，h 直接作为上下文的语义表示，用以预测中心词 w_i 的概率：

$$P(w_i \mid \mathrm{WC})=\frac{\exp(h\cdot e(w_i))}{\sum_{k=1}^{|V|}\exp(h\cdot e(w_k))} \tag{9.31}$$

在 CBOW 模型中，词向量矩阵 L 是唯一的神经网络参数。对于整个训练语料，CBOW 模型优化词向量矩阵 L 以最大化所有词的对数似然：

$$L^*=\underset{L}{\operatorname{argmax}}\sum_{w_i\in V}\log P(w_i \mid \mathrm{WC}) \tag{9.32}$$

2）Skip-gram 模型

Skip-gram 模型与 CBOW 模型不同，是用中心词来预测所有上下文词。Skip-gram 模型的基本思想如图 9.10 所示。

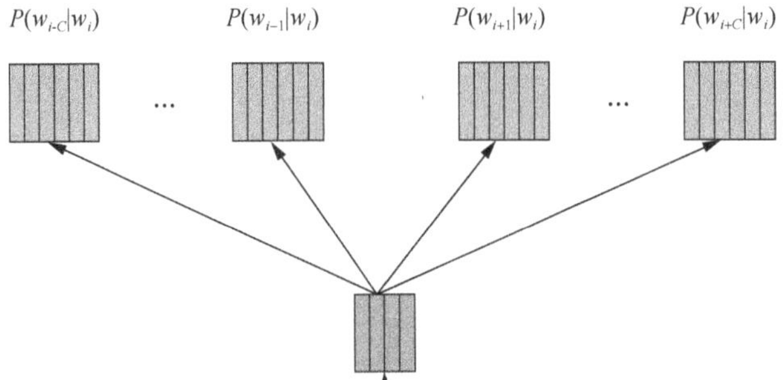

图 9.10　Skip-gram 模型示意图

例如，给定文本序列“the”“man”“hit”“his”“son”，Skip-gram 模型关心的是：给定“hit”，生成它的邻近词“the”“man”“his”和“son”的概率。在这个例子中，“hit”叫作中心词，“the”“man”“his”和“son”叫作上下文词。由于“hit”只生成与它距离不超过 2 的上下文词，所以称时间窗口的大小为 2。

形式化地，给定训练语料中任意一个 n 元组$(w_i, C)=w_{i-C}\cdots w_{i-1}w_iw_{i+1}\cdots w_{i+C}$，Skip-gram 模型直接利用中心词 w_i 的词向量 $e(w_i)$预测上下文 $\mathrm{WC}=w_{i-C}\cdots w_{i-1}w_{i+1}\cdots w_{i+C}$ 中每个词 w_c 的概率：

$$P(w_c \mid w_i)=\frac{\exp(e(w_i)\cdot e(w_c))}{\sum_{k=1}^{|V|}\exp(e(w_i)\cdot e(w_k))} \tag{9.33}$$

Skip-gram 模型的目标函数与 CBOW 模型的目标函数类似，都是优化词向量矩阵 L 以最大化所有上下文词的对数似然：

$$L^* = \underset{L}{\operatorname{argmax}}\sum_{w_i\in V}\sum_{w_c\in \mathrm{WC}}\log P(w_c \mid w_i) \tag{9.34}$$

CBOW 模型和 Skip-gram 模型虽然极大地简化了神经网络结构，但是仍然需要利用 softmax 函数计算词汇表 V 中所有词的概率分布。为了加速神经网络模型的训练效率，Mikolov 等还提出了负采样（negative sampling，NEG）技术[10]。

9.2.3　文本聚类

将文本表示为机器可计算的形式后，就可采用聚类算法对文本进行聚类了。常用的聚类算法包括基于划分的方法、基于层次的方法、基于密度的方法等。尽管不同的聚类算法会产生不同的结果，但这些方法均以相似性为基础。因此，文本聚类的关键问题是文本相似性度量。

1. 文本相似性度量

常用的文本相似性度量指标有：文本对象之间的相似度，文本集合之间的相似度，以及文本对象与文本集合间的相似度。

1）文本对象间的相似度

（1）基于距离的度量。

令 a、b 分别为两个待比较文本的向量表示。

① 欧氏距离定义为

$$d(a,b)=\left(\sum_{k=1}^{M}(a_k-b_k)^2\right)^{\frac{1}{2}} \tag{9.35}$$

② 曼哈顿距离定义为

$$d(a,b)=\sum_{k=1}^{M}\left|a_k-b_k\right| \tag{9.36}$$

③ 切比雪夫距离定义为

$$d(a,b)=\max_k\left|a_k-b_k\right| \tag{9.37}$$

④ 闵可夫斯基距离定义为

$$d(a,b)=\left(\sum_{k=1}^{M}(a_k-b_k)^p\right)^{\frac{1}{p}} \tag{9.38}$$

（2）基于夹角余弦的度量。

在文本挖掘中，余弦相似度通过测量两个向量之间夹角的余弦值来度量它们之间的相似程度。计算公式如下：

$$\cos(a,b)=\frac{a^{\mathrm{T}}b}{\|a\|\|b\|} \tag{9.39}$$

余弦相似度取值范围通常为[−1,1]。

（3）基于分布的度量。

当文本通过概率表示时，如词项分布、基于 PLSA 模型和 LDA 模型的主题分布等，可以用统计距离度量两个文本之间的相似度。

统计距离计算的是两个概率分布之间的差异程度，常见的准则包括 K-L（Kullback-Leibler）距离等。在多项分布假设下，从分布 Q 到分布 P 的 K-L 距离定义为

$$D_{\mathrm{KL}}(P\|Q)=\sum_i P(i)\log\frac{P(i)}{Q(i)} \tag{9.40}$$

K-L 距离具有不对称性，即 $D_{\mathrm{KL}}(P\|Q)\neq D_{\mathrm{KL}}(Q\|P)$，在实际应用中，常使用对称的 K-L 距离，其表达式为

$$D_{\mathrm{SKL}}(P,Q)\neq D_{\mathrm{KL}}(P\|Q)+D_{\mathrm{KL}}(Q\|P) \tag{9.41}$$

需要注意的是，当文本长度较短时，数据稀疏问题容易让分布刻画失去意义。因此，基于分布的度量更多地用于刻画文本集合而非单个文本，也就是说 K-L 距离常常用于度量两个文本集合之间的相似度。

（4）其他度量方法。

除了上述度量方法外，还有其他一些相似性度量方法。例如杰卡德相似系数（Jaccard similarity coefficient）。这个指标以两个文本特征项交集与并集的比例作为文本之间的相似度，计算公式如下：

$$J(x_i,x_j)=\frac{\left|x_i\cap x_j\right|}{\left|x_i\cup x_j\right|} \tag{9.42}$$

2）文本集合间的相似度

文本集合可以看成是一个簇，簇间的相似性度量是以簇内样本之间的相似度为基础的。假设 $d(C_m, C_n)$表示簇 C_m 和簇 C_n 之间的距离，$d(x_i, x_j)$表示样本 x_i 和样本 x_j 之间的距离。常见的簇间相似性度量方法有如下几种。

（1）最短距离。取分别来自两个簇的两个样本之间的最短距离作为两个簇的距离：

$$d(C_m,C_n)=\min_{x_i\in C_m,x_j\in C_n} d(x_i,x_j) \tag{9.43}$$

（2）最长距离。取分别来自两个簇的两个样本之间的最长距离作为两个簇的距离：

$$d(C_m,C_n)=\max_{x_i\in C_m,x_j\in C_n} d(x_i,x_j) \tag{9.44}$$

（3）重心距离。取两个簇的重心之间的距离作为两个簇间的距离：

$$d(C_m,C_n)=d(\overline{x}(C_m),\overline{x}(C_n)) \tag{9.45}$$

式中，$\overline{x}(C_m)$ 和 $\overline{x}(C_n)$ 分别表示簇 C_m 和簇 C_n 的重心。

（4）簇平均距离。取分别来自两个簇的两两样本之间距离的平均值作为两个簇间的距离：

$$d(C_m,C_n)=\frac{1}{|C_m||C_n|}\sum_{x_i\in C_m}\sum_{x_j\in C_n} d(x_i,x_j) \tag{9.46}$$

3）文本对象与文本集合间的相似度

文本对象与文本集合间的相似度可转化为文本对象间的相似度或文本集合间的相似度。如果用均值向量表示一个文本集合，那么单个文本对象与文本集合之间的相似度可以转化为文本向量与均值向量间的相似度。如果将单个文本对象看成是一个集合（仅包含一个文本对象），那么文本对象与文本集合间的相似度可采用文本集合间相似度的度量方法进行计算。

2. 文本聚类方法

文本聚类的任务是根据相似性度量，将给定文本集合划分成不同的簇，使得簇内文本相似、簇间文本不相似。常用的文本聚类方法有划分方法、层次方法、基于密度的方法、基于网格的方法、基于模型的方法等。

（1）划分方法。给定一个有 N 个元组或者记录的数据集，分裂法将构造 K 个分组，每一个分组就代表一个聚类，$K<N$。而且这 K 个分组满足下列条件：①每一个分组至少包含一个数据记录；②每一个数据记录属于且仅属于一个分组。对于给定的 K，算法首先给出一个初始的分组方案，然后通过反复迭代的方法改变分组，使得每一次改进之后的分组方案都较前一次好，而所谓好的标准就是：同一分组中的记录越近越好，而不同分组中的记录越远越好。使用这个基本思想的算法有 K-均值聚类算法、K-中心点聚类算法、CLARANS。

（2）层次方法。这种方法对给定的数据集进行层次似的分解，直到某种条件满足为止。具体又可分为“自底向上”和“自顶向下”两种方案。在“自底向上”方案中，初始时每一个数据记录组成一个单独的组，在接下来的迭代中，算法将那些相互邻近的组合并成一个组，直到所有的记录组成一个分组或者某个条件满足为止。代表算法有 BIRCH 算法、CURE 算法、CHAMELEON 算法等。

（3）基于密度的方法。该方法与其他聚类方法的一个根本区别是：它不是基于各种各样的距离的，而是基于密度的。这样就能克服基于距离的算法只能发现"类圆形"的聚类的缺点。这个方法的指导思想是：只要一个区域中的点的密度大过某个阈值，就把它加到与之相近的聚类中去。代表算法有 DBSCAN 算法、OPTICS 算法等。

（4）基于网格的方法。这种方法首先将数据空间划分成为有限个单元的网格结构，所有的处理都是以单个的单元为对象的。这么处理的一个突出的优点就是处理速度快，通常这是与目标数据库中记录的个数无关的，它只与把数据空间分为多少个单元有关。代表算法有 STING 算法、CLIQUE 算法、WaveCluster 算法等。

（5）基于模型的方法。该方法给每一个聚类假定一个模型，然后去寻找一个能很好地满足这个模型的数据集。这样一个模型可能是数据点在空间中的密度分布函数。它的一个潜在假定是：目标数据集是由一系列的概率分布所决定的。通常有两种尝试方向：统计的方案和神经网络的方案。

9.2.4 文本分类

文本分类是按照一定的分类体系对文本类别进行自动标注的过程，其目标是在给定分类体系下，将文档集中的每个文档划分到某个或者几个类别中。常见的文本分类任务包括文本主题分类、体裁分类、垃圾邮件识别等。

文本分类的任务可以理解为获得这样一个函数：

$$f: D \times C \to \{T, F\}$$

式中，$D=\{d_1, d_2,\cdots, d_n\}$表示待分类的文档集合；$C=\{c_1, c_2,\cdots, c_m\}$表示预定义的分类体系下的类别集合；$T$ 值表示对于$<d_j, c_i>$来说，文档 d_j 属于类 c_i；F 值表示对于$<d_j, c_i>$而言，文档 d_j 不属于类 c_i。也就是说，文本分类任务的最终目的是要找到一个有效的映射函数，准确地实现域 $D\times C$ 到值 T 或 F 的映射，这个映射函数实际上就是我们通常所说的分类器。因此，文本分类中有两个关键问题：一个是文本表示，另一个是分类器设计。关于文本表示方法可以参考 9.2.2 节的内容，关于分类器设计可以参考 7.4 节的内容。

将文本表示为模型可以处理的向量数据后，就可以使用机器学习模型来进行分类了，传统的分类模型有贝叶斯、逻辑回归、*k*-最近邻、决策树、支持向量机等。近年来，以卷积神经网络（convolutinal neural network，CNN）和循环神经网络（recurrent neural network，RNN）为代表的深度神经网络技术在文本分类任务中取得了较大的进展，已成为当下的主流方法。

9.3　图数据分析

图数据在互联网世界中越来越普遍，例如社交网络、移动网络和博客。万维网（world wide web, WWW）超链结构是图数据的另一个例子。在生物信息学领域，尤其是系统生物学，需要理解各种不同类型的生物分子之间的相互作用网络，例如蛋白质-蛋白质相互作用网络、代谢网络、基因网络等。另一类突出的图数据来源是语义网（semantic web）和开放互联数据，其中图是以资源描述框架（resource description framework，RDF）数据模型来表示的。

图数据分析的目标是从一个单一的大图（如一个社交网络）或一个包含很多图的数据库中提取出感兴趣的子图。在不同的应用中，人们可能会对不同类型的子图模式感兴趣，例如子树、完全图、团、二分团、密集子图等。这些模式可对应于现实世界，例如社交网络中的社区、万维网中的中心节点和权威页面、具有类似生物化学功能的蛋白质等。

本章重点介绍图匹配、图的频繁模式挖掘和图聚类方面的知识。

9.3.1　图的基础知识

1. 基本概念

图是一种数据结构，由节点和边构成，如图 9.11 所示。其中节点可以具有零个或多个相邻元素，两个节点之间的连接称为边（edge）。节点（node）亦可称为顶点（vertex）。

度（degree）：是与顶点相关联的边的个数。

有向图（directed graph）：如果边有方向，则称为有向图或简单图，如图 9.12 所示。

自循环（self-cycle）：顶点可以有关于自己的边，称为自循环，如图 9.12 中右下的顶点。

循环图（cyclic graph）：包含循环的图，如图 9.13（a）所示。这意味着如果要遍历节点，则可以多次访问同一节点。

非循环图（acyclic graph）：没有循环的图称为非循环图，如图 9.13（b）所示。非循环无向图称为树（tree）。

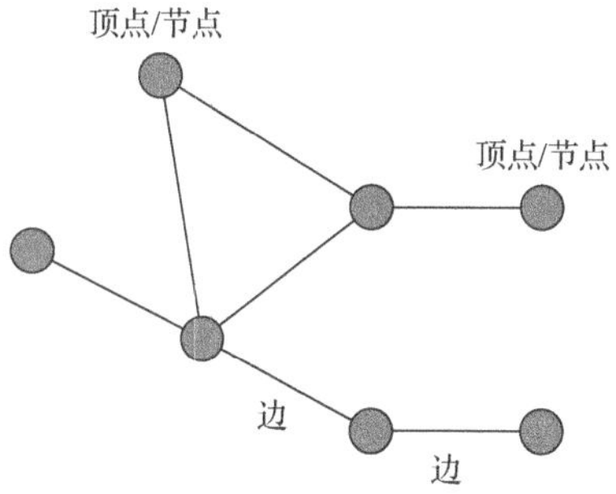

图 9.11　图结构示例

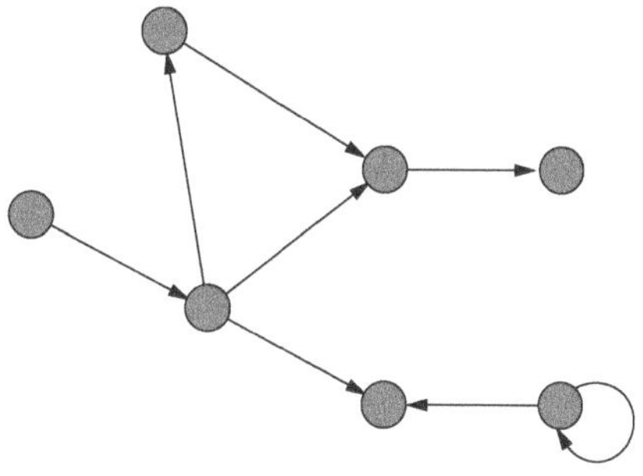

图 9.12　有向图示例

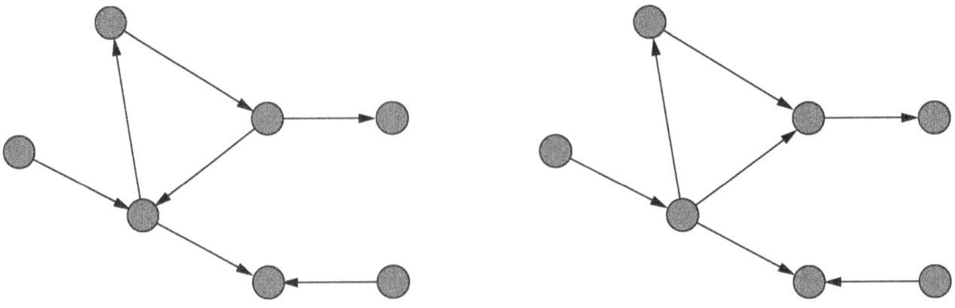

（a）循环图　　（b）非循环图

图 9.13　循环图与非循环图示例

并非所有的顶点都必须在图中连接，可以有孤立的节点甚至是分离的子图，这类图称为非连通图，如图 9.14（a）所示。如果所有节点都至少有一个边，也就是说沿着边可以从任何顶点到其他顶点，这就是连通图，如图 9.14（b）所示。当所有节点都连接到所有其他节点时，就成了完全图，如图 9.14（c）所示。

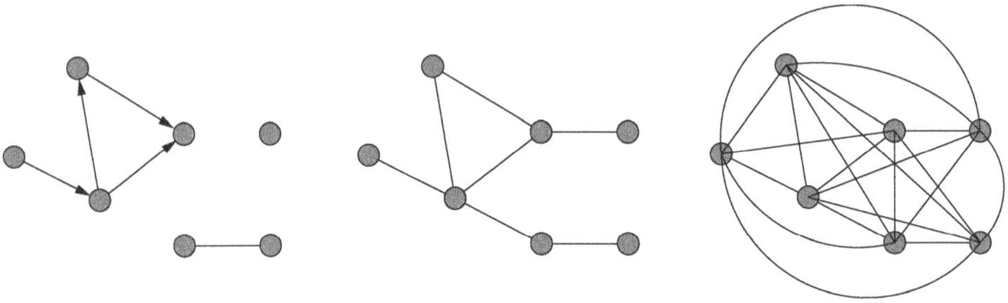

（a）非连通图　　（b）连通图　　（c）完全图

图 9.14　非连通图、连通图和完全图

2. 图的应用

通过图挖掘所获得的知识和信息已广泛应用于各个领域，如商务管理、市场分析、生产控制、科学探索、工程设计等。

（1）航线交通。节点是机场，边是两个机场之间的直线航班，如图 9.15 所示。其中边上的数字表示两个机场之间的里程数。

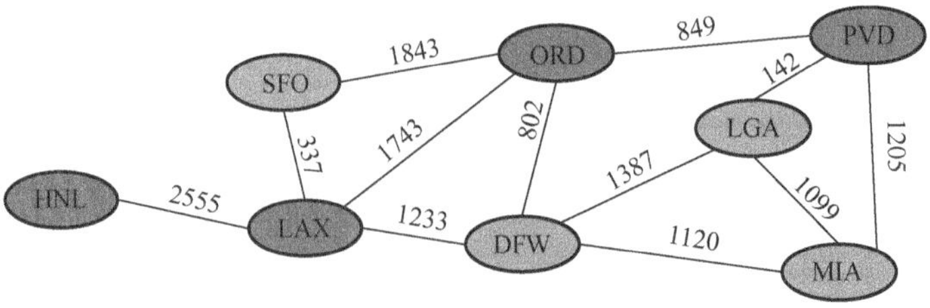

图 9.15　部分航线里程图

（2）生物信息学（蛋白质结构分析、基因组织识别）。图形是蛋白质结构，顶点是氨基酸，边是接触残基。

（3）社交网络（实体间的联系）。图形是社会关系网络结构，顶点是个体或组合，边是依赖关系。

（4）Web 分析（Web 连接结构分析、Web 内容挖掘、Web 日志搜索）。图形是 Web 浏览模式，顶点是 Web 页面，边是页面之间的超链接。

（5）网络计算。图形是计算机网络，顶点是计算机和服务器，边是机器之间的互联。

3. 图的存储表示

图的存储表示主要分两种，一种是邻接矩阵，另一种是邻接表。

邻接矩阵是表示顶点之间相邻关系的矩阵。其基本思想是：用一个一维数组存储图中顶点的信息，用一个二维数组（邻接矩阵）存储图中各顶点之间的邻接关系。假设 $G=(V, E)$是一个图，其中 V 表示顶点集合，E 表示边集合，图 G 中有 n 个顶点，则邻接矩阵 W 是一个 $n\times n$ 的方阵，定义为

$$W=\begin{cases}1, & 若(v_i,v_j)\in E或\left\langle v_i,v_j\right\rangle\in E\\ 0, & 否则\end{cases} \tag{9.47}$$

如果 G 是无向的，它的邻接矩阵具有以下三个性质。

（1）对于无向图而言，邻接矩阵一定是对称的，而且主对角线一定为零，副对角线不一定为 0，有向图则不一定如此。

（2）在无向图中，任一顶点 i 的度为第 i 列（或第 i 行）所有非零元素的个数；在有向图中，顶点 i 的出度为第 i 行所有非零元素的个数，而入度为第 i 列所有非零元素的个数。

（3）用邻接矩阵表示图需要 $n\times n$ 的空间，由于无向图的邻接矩阵是对称的，所以扣除对角线为零外，仅需要存储上三角形或下三角形的数据即可，因此仅需要 $n(n-1)/2$ 的空间。

以图 9.16 为例，这是一个无向图，图中有 5 个顶点，顶点的连接情况如图 9.16 所示。

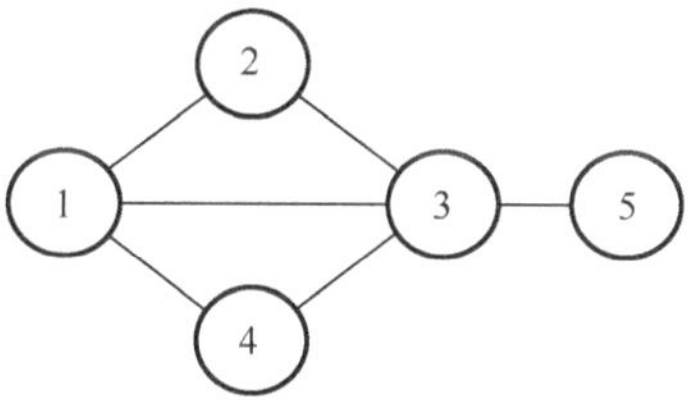

图 9.16　5-顶点无向图

对于无向图，图的顶点集合和边集合如下：

$$V=\{1, 2, 3, 4, 5\}$$

$$E=\{(1, 2), (1, 3), (1, 4), (2, 3), (3, 4), (3, 5)\}$$

图 9.16 可用一个 5×5 的邻接矩阵进行表示，其中矩阵元素反映了顶点的相交情况。如果两个顶点是相连的，则相应的元素赋值为 1，否则赋值为 0。因为矩阵是对称的，所以保留上三角或下三角的数据均可。具体的，邻接矩阵的元素值如图 9.17 所示。

	1	2	3	4	5
1	0				
2	1	0			
3	1	1	0		
4	1	0	1	0	
5	0	0	1	0	0

图 9.17　无向图邻接矩阵元素值

如果是有向图，如图 9.18 所示，其顶点集合和边集合分别为

$$V=\{1, 2, 3, 4, 5\}$$

$$E=\{<1, 2>, <1, 3>, <1, 4>, <2, 3>, <3, 1>, <3, 5>, <4, 3>\}$$

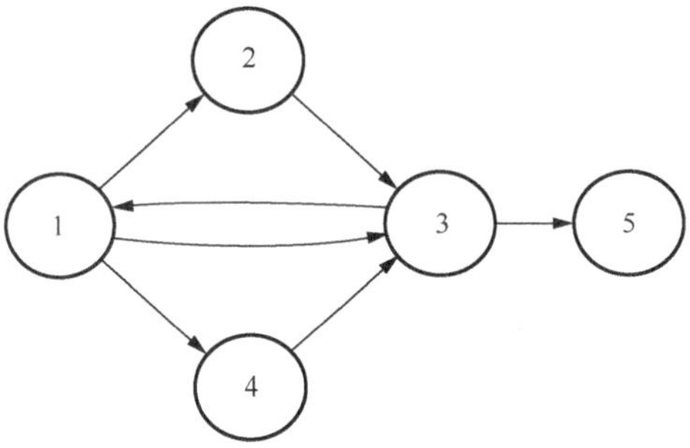

图 9.18　5-顶点有向图

有向图邻接矩阵的元素值如图 9.19 所示。

	1	2	3	4	5
1	0	1	1	1	0
2	0	0	1	0	0
3	1	0	0	0	1
4	0	0	1	0	0
5	0	0	0	0	0

图 9.19　有向图邻接矩阵元素值

需要提醒的是，对于有向图，邻接矩阵是不对称的（但也有例外，如有向完全图），因此矩阵中需保存所有的元素值。

若采用邻接矩阵表示，需要申请空间大小为$|V|^2$ 的二维数组，在二维数组中保存每两个顶点之间的连接关系，无论是有向图还是无向图，邻接矩阵方式的存储空间复杂度均为$O(|V|^2)$。若只记录图中顶点是否相连，不记录权值大小，则可以使用一个二进制位来表示二维数组的每个元素，并且根据无向图的特点可知，无向图的邻接矩阵沿对角线对称，所以可以选择记录一半邻接矩阵的形式来节省空间开销。

邻接矩阵的优点在于简单，对于小图，很容易看到哪些节点连接到其他节点。然而，对于边数相对顶点较少的图即稀疏图而言，矩阵中大多数的单元格是空的，这种结构会对存储

空间造成极大的浪费，所以邻接矩阵不适合用于存储稀疏数据。

邻接表是一种数组与链表相结合的存储方法。邻接表存储的基本思想是：对于图中的每个顶点 v_i，将所有邻接于 v_i 的顶点链成一个单链表，称为顶点 v_i 的边表（对于有向图则称为出边表），所有边表的头指针和存储顶点信息的一维数组构成了顶点表。

邻接表的处理方法如下：

（1）顶点用一个一维数组存储，也可以用单链表存储。不过，数组可以较容易地读取顶点的信息，更加方便。

（2）每个顶点 v_i 的所有邻接点构成一个线性表，由于邻接点的个数不定，所以用单链表存储，无向图称为顶点 v_i 的边表，有向图称为顶点 v_i 作为弧尾的出边表。

在图 9.16 的例子中，无向图的邻接表如图 9.20 所示。

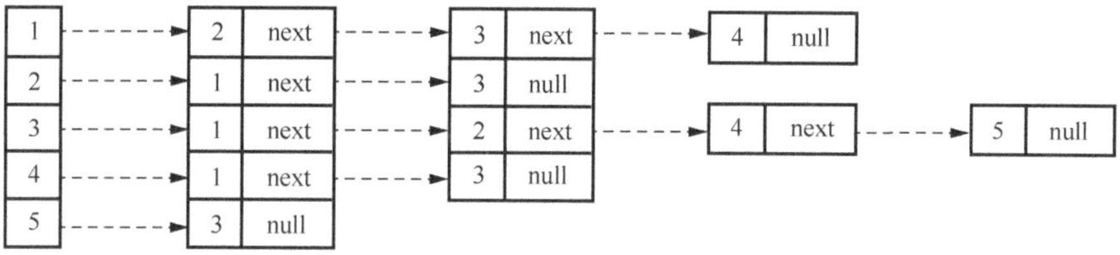

图 9.20　无向图的邻接表

在图 9.18 的例子中，有向图的邻接表如图 9.21 所示。

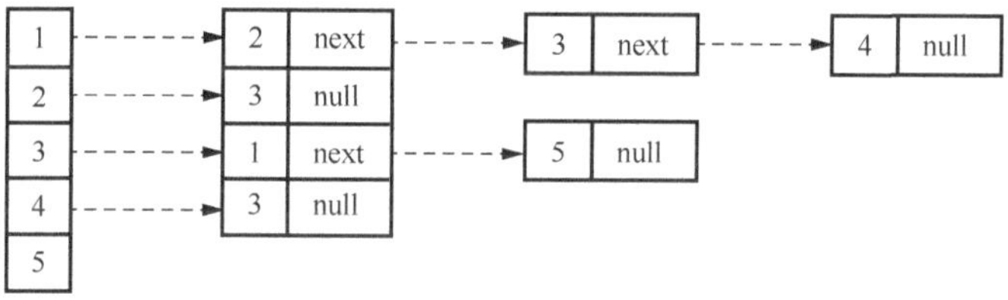

图 9.21　有向图的邻接表

若采用邻接表表示，需要申请$|V|$个列表，每个列表存储一个顶点出发的所有相邻顶点。如果图 G 为有向图，则$|V|$个列表存储的总顶点个数为$|E|$；如果图 G 为无向图，则$|V|$个列表存储的总顶点个数为 $2|E|$（不考虑自回路）。因为需要申请大小为$|V|$的数组来保存节点，对节点分配序号，所以需要申请大小为$|V|$的额外存储空间，所以邻接表方式的存储空间复杂度为 $O(|V|+|E|)$。

9.3.2　二分图匹配

二分图又称为二部图，是图中的一种特殊模型。设 $G=(V, E)$是一个无向图，如果顶点 V 可分割为两个互不相交的子集（A 和 B），并且图中的每条边(i, j)所关联的两个顶点 i 和 $j(i\in A, j\in B)$分别属于这两个不同的顶点集，则称图 G 为一个二分图。简单来说，如果图中的点可以被分为两组，并且使得所有的边都跨越组的边界，那这个图就是一个二分图，二分图是一种特殊的图，如图 9.22（a）所示。

匹配是指给定一个二分图 G，在 G 的一个子图 M 中，M 的边集$\{E\}$中任意两条边都没有公共顶点，则称 M 是一个匹配。例如，图 9.22（b）、（c）中的粗实线边就是图 9.22（a）的匹配。

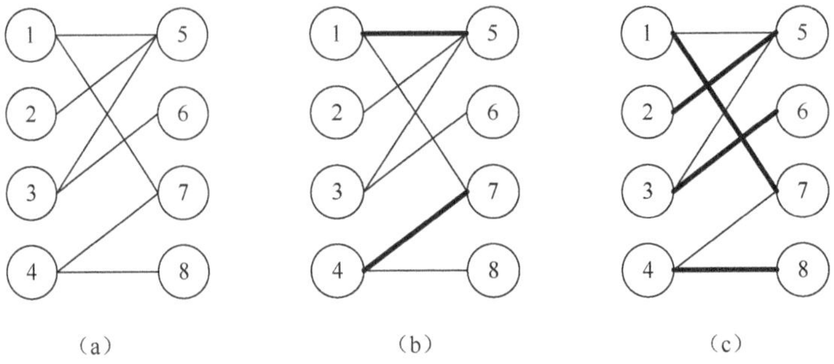

图 9.22　二分图及匹配

匹配点、匹配边、未匹配点、未匹配边的含义就是字面意义。例如，图 9.22（b）中 1、4、5、7 为匹配点，其他顶点为未匹配点；顶点 1-5 之间、顶点 4-7 之间为匹配边，其他边为未匹配边。

最大匹配是指在一个图的所有匹配中，所含匹配边数最多的匹配。图 9.22（c）是一个最大匹配，它包含 4 条匹配边（粗实线）。

完美匹配是指如果一个图的某个匹配中，所有的顶点都是匹配点，那么它就是一个完美匹配。图 9.22（c）是一个完美匹配。显然，完美匹配一定是最大匹配（完美匹配的任何一个点都已经匹配，添加一条新的匹配边一定会与已有的匹配边冲突）。但并非每个图都存在完美匹配。

二分图的匹配可以用最大流或者匈牙利算法来实现。下面简要介绍匈牙利算法。

在介绍匈牙利算法之前，有必要了解交替路和增广路的概念。

交替路：从一个未匹配点出发，依次经过非匹配边、匹配边、非匹配边……所形成的路径被称为交替路。例如，图 9.23 中，从未匹配点 9 出发，由带箭头的实线所形成的路径即为交替路，其中实线圆框表示未匹配点，如 2、3、7、9 顶点，虚线圆框表示匹配点，如 1、6、4、8 顶点。

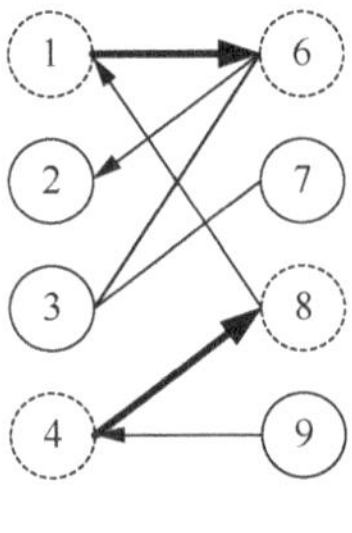

图 9.23　交替路

增广路：若 P 是图 G 中一条连通两个未匹配顶点的路径，并且属于 M 的边和不属于 M 的边（即已匹配和待匹配的边）在 P 上交替出现，则称 P 为相对于 M 的一条增广路。也就是说从一个未匹配点出发，走交替路，如果途经另一个未匹配点（出发的点不算），这条交替路就是增广路。例如，图 9.23 中的一条增广路如图 9.24 所示，图中的匹配点用虚线圆框标识。

图 9.24　增广路

由增广路的定义可推出以下三个结论。

（1）P 的路径长度必定为奇数，第一条边和最后一条边都不属于 M。

（2）P 经过取反操作（即非 M 中的边变为 M 中的边，原来 M 中的边去掉）可以得到一个更大的匹配 M'。

（3）M 为 G 的最大匹配当且仅当不存在相对于 M 的增广路径。

匈牙利算法的目的是实现二分图的最大匹配，其主要任务是不断寻找原有匹配 M 的增广路径，因为找到一条 M 匹配的增广路径，就意味着一个更大的匹配 M'，其恰好比 M 多一条边。

匈牙利算法步骤如下。

步骤 1：置 M 为空。

步骤 2：找出一条增广路径 P，通过取反操作获得更大的匹配 M'代替 M。

步骤 3：重复步骤 2，直到找不出增广路径为止。

9.3.3　频繁子图挖掘

频繁子图挖掘算法是一种思路简单，以递归计数为基础，就可以挖掘出所有频繁子图的计算方法。

1. 子图的概念

子图：给定图 $g=(v, e)$和图 $G=(V, E)$，如果图 g 的顶点集 v 是 V 的子集，并且它的边集 e 是 E 的子集，则称图 g 是图 G 的子图，子图关系记为 $g\subseteq G$。

子图的支持度：给定图集 G，子图 g 的支持度 s 定义为包含它的所有图所占的百分比，可由式（9.48）计算：

$$s(g)=\frac{\left|G_i\right|_{g\subseteq sG_i,G_i\subseteq s}}{\left|s\right|} \tag{9.48}$$

图 9.25 所示的图集为 5 个顶点构成的 5 个图 G_1～G_5，所有图的边权均为 1。

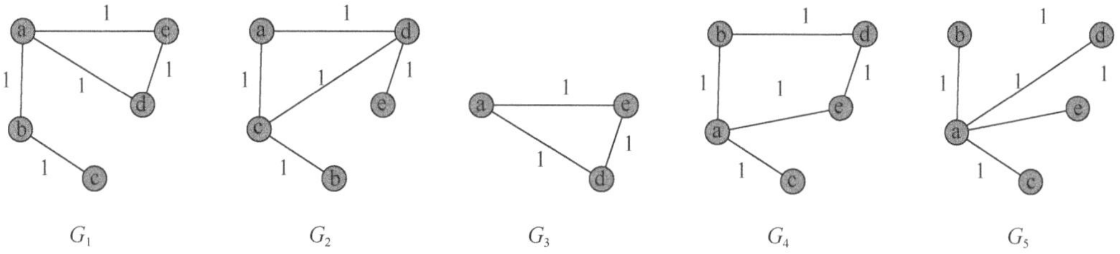

图 9.25　图数据集

$G_1 \sim G_5$ 的子图 g_1、g_2 和 g_3 的支持度分别为 80%、60%和 40%，如图 9.26 所示。

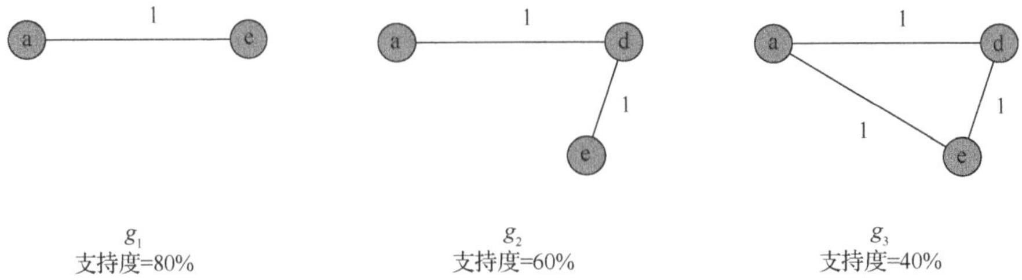

图 9.26　子图的支持度

频繁子图：满足最小支持度阈值（min_sup）的子图称为频繁子图。

2. 频繁子图挖掘算法

频繁子图挖掘是在图形数据库中发现令人感兴趣的子图的过程。按照挖掘情况的不同，频繁子图挖掘可分为以下三类。

（1）按图数据库的输入类型，分为事务型和大图型。前者是仅包含几十到几百个顶点的图构成的数据库；后者是包含成千上万个顶点的大图构成的数据库。

（2）按采用的度量，分为支持度、支持度-置信度以及最小描述长度（minimum description length，MDL）。前两者是指数据库中子图出现的次数，而 MDL 度量的是数据的压缩程度。

（3）按频繁子图的类型，分为一般子图、连通子图、诱导子图、顺序树、无序树等。

频繁子图挖掘算法步骤如下。

步骤 1：生成候选子图。将一对 $k-1$ 阶子图合并，得到候选 k 阶子图。

步骤 2：候选剪支。删除包含非频繁 $k-1$ 阶子图的所有候选 k 阶子图。

步骤 3：支持度计算。计算图集中包含候选图的个数。

步骤 4：删除非频繁子图。删除支持度小于最小支持度阈值（min_sup）的所有候选子图。

频繁子图挖掘算法的思想普遍是基于 Apriori 算法和 FP-growth 算法。由于 Apriori 算法需要多次扫描数据库，算法的时间复杂度较高，因此在实际应用中 FP-growth 算法更受欢迎。基于 Apriori 算法思想产生的频繁子图挖掘算法主要包括 AGM 算法和 FSG 算法，基于 FP-growth 算法思想产生的频繁子图挖掘算法以 gSpan 算法和 FFSM 算法较为有代表性。

3. AGM 算法

最早提出在频繁子图挖掘算法中引入 Apriori 算法思想的是 AGM 算法，即基于 Apriori 算法的图挖掘（Apriori-based graph mining，AGM）算法。

AGM 算法以邻接矩阵作为图的存储结构，并根据图的邻接矩阵为该图生成一个编码序列。由于存在一图多矩阵的情况，将编码最小的矩阵作为图的唯一邻接矩阵，以避免直接进行子图同构的计算。

AGM 算法思想：通过递归统计，在图集中挖掘出所有的诱导子图。在挖掘过程中，候选子图扩展是通过顶点增长来实现的，在挖掘出所有的 k 阶频繁子图后，在 k 阶子图的基础上添加一个顶点得到 $k+1$ 阶候选子图，再计算 $k+1$ 阶候选子图的支持度，满足最小支持度阈值的候选子图会被保留下来，直到所有的 $k+1$ 阶候选子图都计算完毕再进行 $k+2$ 阶频繁子图的挖掘。

AGM 算法步骤如下。

步骤 1：遍历整个图集，计算所有顶点和边的支持度，把不小于最小支持度的点和边作为频繁项保存下来，以这些频繁边作为初始频繁子图，对它们进行编码，每次添加一个顶点，生成更高阶的候选子图。

步骤 2：在 k 阶频繁子图上，添加一个顶点得到 $k+1$ 阶候选子图。因为 AGM 算法是以邻接矩阵作为存储结构的，所以子图扩展实际上就是同阶矩阵的合并。已知两个 k 阶矩阵 X_k 和 Y_k，如果 X_k 和 Y_k 拥有相同的 $k-1$ 阶子图，那么它们的 $k+1$ 阶扩展子图的矩阵则为 $Z_{k+1}=X_k+Y_k$，其中"+"表示两个矩阵的合并。

步骤 3：如果 $k+1$ 阶扩展子图的支持度满足最小支持度阈值要求，那么 $k+1$ 阶扩展子图则为频繁子图。$k+1$ 阶子图的支持度 s_{k+1}=包含 $k+1$ 阶扩展子图的图的个数，也就是与 $k+1$ 阶扩展子图同构的图的个数。

步骤 4：重复步骤 2 和步骤 3，直到找到所有的 $k+1$ 阶频繁子图。

AGM 算法在每次生成候选子图时，因为没有做图的同构检测，这样会产生大量的冗余子图。算法在剪支时，需花费大量的时间用于判断每个候选图中所有的子图是否为频繁子图。剪支完成后，候选集中的子图数量仍然很大，此时需要多次重复扫描数据库，才能计算出候选子图的支持度，导致该算法运行需要占用大量的存储空间，同时增加了算法的运行时间，以至于难于发现较长模式的频繁子图。

4. FSG 算法

频繁子图（frequent subgraph，FSG）算法是继 AGM 算法之后提出的基于 Apriori 思想的频繁子图挖掘算法。FSG 算法也需要逐级扩展，即通过每次增加一条边，生成下一阶候选子图；FSG 算法强化了剪支过程；对支持度的计算也采用了优化策略，FSG 算法在性能上要优于 AGM 算法。

与 AGM 算法最大的不同是，FSG 算法使用稀疏矩阵存储图的结构，使图的存储和计算都能够快速进行，因此适用于在大图结构中挖掘频繁连通子图。在候选子图的扩展过程中，FSG 算法采用的是边增长模式，每次在 k 阶子图上通过添加一条边来生成 $k+1$ 阶候选子图。得到 $k+1$ 阶候选子图后，计算 $k+1$ 阶候选子图的支持度，如果 $k+1$ 阶候选子图的支持度满足最小支持度阈值，那么该 $k+1$ 阶候选子图就是频繁子图，后面这个过程与 AGM 算法一样。

为了简化识别两个子图是否存在相同的上一阶子图，FSG 算法将 k 阶子图的 $k-1$ 阶子图的信息保存下来。在支持度计算方面，FSG 算法使用事务标识列表来优化频度计数，为每个频繁子图保存一个事务标识列表。当需要计算 $k+1$ 阶子图的支持度时，先计算 $k+1$ 阶子图所有的 k 阶频繁子图的事务标识列表的交集。若交集的大小小于最小阈值，则对该 $k+1$ 阶子图修剪，否则，只计算 $k+1$ 阶子图与交集中的图所构成的子图同构的个数。这样，当交集足够小时，可以直接进行修剪操作；而当交集足够大时，只需对交集中的图执行子图同构操作，不必涉及图集中的所有对象。但是，由于该做法为每个频繁子图都设立了一个事务表，若图集中子图的数量较多，则需要较大的存储空间来存储相关事务信息，会造成多余的额外开销。

FSG 算法步骤如下。

步骤 1：遍历整个图集，计算图集中所有边的支持度，保留频繁边，同时将不满足最小支持度阈值的边删除。以单个频繁边作为初始的频繁子图，每次添加一条边，构成新的候选子图。

步骤 2：在 k 阶频繁子图上，添加一条边得到 k+1 阶候选子图。因为 FSG 算法是以稀疏矩阵作为存储结构的，所以子图的扩展就是稀疏矩阵的合并。已知两个 k 阶矩阵 X_k 和 Y_k，如果 X_k 和 Y_k 拥有相同的 k−1 阶子图，那么它们的 k+1 阶扩展子图的矩阵则为 $Z_{k+1}=X_k+Y_k$，其中"+"表示两个矩阵的合并。

步骤 3：如果 k+1 阶扩展子图的支持度满足最小支持度阈值要求，那么 k+1 阶扩展子图则为频繁子图。k+1 阶子图的支持度 s_{k+1}=包含 k+1 阶扩展子图的图的个数，也就是与 k+1 阶扩展子图同构的图的个数。

步骤 4：重复步骤 2 和步骤 3，直到找到所有的 k+1 阶频繁子图。

FSG 算法虽然使用了稀疏矩阵来存储图，能够简化计算，适合大规模图集的频繁子图挖掘。但也正是由于稀疏矩阵表示的自身限制，使得密集型的图不适合使用 FSG 算法进行频繁子图的挖掘。

5. gSpan 算法

基于图的子结构模式挖掘（graph-based substructure pattern mining，gSpan）算法是基于 FP-growth 算法思想的，所以采取的是深度优先搜索（depth first search，DFS）策略，而不像那些基于 Apriori 算法思想的频繁子图挖掘算法采取的是广度优先搜索（broad first search，BFS）策略。gSpan 算法中的频繁子图都采用 DFS 编码，同一个频繁子图可能会有多个 DFS 编码，但是只有最小的 DFS 编码即 min_DFS_code 才能作为频繁子图的编码被保存下来，其余情况下生成的频繁子图会被当作冗余子图在后期被删除掉。

gSpan 算法的基本思想是：首先选择初始频繁子图，然后采用边增长模式，每次添加一条边（通过 DFS 策略），得到新的候选子图，并对其进行 DFS 编码，如果该子图的 DFS 编码为最小，则保留下来进行下一步的深度搜索的扩展；否则，删除该候选子图。gSpan 算法有效地减少了冗余候选子图的产生，且不保存所有原先发现的频繁子图的嵌入信息。

gSpan 算法步骤如下。

步骤 1：遍历整个图集，得到图集中所有点和边的支持度，将支持度小于最小支持度阈值的点和边删除。

步骤 2：将保留下的单个频繁边输入到频繁子图集中，并将它们作为初始频繁子图进行扩展。

步骤 3：在 k 阶频繁子图中添加一条边，扩展为 k+1 阶候选子图，计算 k+1 阶候选子图的支持度，将不满足最小支持度阈值要求的候选子图直接删除。

步骤 4：对于满足最小支持度阈值要求的候选子图进行 DFS 编码，检查它的 DFS 编码是否是 min_DFS_code，如果不是删除该子图，而其余的候选子图放入频繁子图集中。

步骤 5：重复步骤 3 和步骤 4，直到整个图集中的所有频繁子图全部被挖掘出来，频繁子图集不再增大，最后输出所有的频繁子图。

gSpan 算法之所以高效是由于在挖掘过程不必列出所有潜在的子图结构，而是通过为频繁子图保存一个子图同构列表，来减少子图同构的测试次数。虽然算法通过边扩展方法将时间复杂度提高到 $O(2n)$，但总的时间复杂度仍为 $O(2n \times 2n)$。

6. FFSM 算法

快速频繁子图挖掘（fast frequent subgraph mining，FFSM）算法是继 gSpan 算法之后提出的基于 FP-growth 思想的算法，它使用边增长模式，通过添加边来扩展子图。FFSM 算法使用邻接矩阵存储图的结构，进行图的各种操作其实就是对图的存储矩阵进行各种操作。由于每个图存在多种矩阵存储方式，因此每个图会产生多种编码方式，为了对图结构进行唯一标识，FFSM 算法使用邻接矩阵中编码最小的邻接矩阵对图结构进行唯一标识，该邻接矩阵被称为标准邻接矩阵（canonical adjacency matrix，CAM）。

FFSM 算法的主要思想是：首先通过连接生成候选子图，然后检查子图的 CAM，若 CAM 中最后一行的非零值的个数不小于 2，则称该子图为内部（inner）型，否则称为外部（outer）型。然后采用不同的方式对 k 阶频繁子图进行组合，产生 k+1 阶候选子图。接下来，通过对候选子图添加一个顶点进行扩展，生成下一阶候选子图。最后，修剪掉邻接矩阵不满足最优形式的候选子图。

FFSM 算法步骤如下。

步骤 1：通过 FFSM_Join 函数产生候选子图。生成候选子图时，需采取不同的合并方式，因为图的类型是不同的，有的为内部型，有的为外部型。

步骤 2：用 FFSM_Extension 函数进行弥补。因为 FFSM_Join 方法规定了多种不同的合并方式，所以不能完全保证候选子图的完整性，可能会漏掉一些子图，因此需要使用 FFSM_Extension 函数进行弥补，防止候选子图的遗漏。

步骤 3：计算候选子图的支持度。如果候选子图的支持度小于最小支持度阈值，该子图被删除，重新执行 FFSM_Join 函数和 FFSM_Extension 函数，生成新的候选子图。

步骤 4：判断候选子图的编码是否最小，如果不是，删除候选子图，重新执行 FFSM_Join 函数和 FFSM_Extension 函数，生成新的候选子图。

步骤 5：候选子图作为频繁子图被放入结果集中，算法结束后，输出结果集中所有的频繁子图。

FFSM 算法能够应用到有向图的处理中；由于使用邻接矩阵存储图的结构，FFSM 算法无法应用到大规模图集和稠密图的频繁子图挖掘中，否则会严重降低频繁子图的挖掘效率。

9.3.4　图聚类

图聚类是一种基于图划分理论的算法。与其他聚类算法相比，图聚类算法的优势在于，它可识别任意形状的聚类。图聚类算法在诸多领域得到了较好的应用，如文本挖掘、网页划分、图像分割、视频分割、语音识别等领域。

图聚类算法的核心是将聚类问题看成图划分问题。所谓图划分是将图 G 完全划分为若干个子图，各子图之间无交集。其数学表达为 $G=G_1\cup G_2\cup\cdots\cup G_k$，$G_i\cap G_j=\varnothing$。一个好的划分应该如下：

（1）同子图内的数据对象相似度高。

（2）不同子图间的数据对象相似度低。

关于图划分，常用的方法有谱划分算法、多层划分算法、马尔可夫聚类算法（Markov cluster algorithm，MCL）等。

（1）谱划分算法的基本思想是：把所有的数据看作是空间中的点，这些点之间可以用边连接起来。距离较远的两个点之间的边权重值较低，而距离较近的两个点之间的边权重值较高，通过对所有数据点组成的图进行切图，让切图后不同的子图间边权重和尽可能地低，而子图内的边权重和尽可能地高，从而达到聚类的目的。

（2）多层划分算法的核心思想是：将原始图经粗化阶段一层一层压缩变“小”，得到顶点数目足够小的图，再将这个数目足够小的图经过初始划分阶段和细化阶段一层一层还原变“大”，直到还原成原始图，完成划分。

（3）马尔可夫聚类算法的关键思想是：基于随机游走和马尔可夫链。算法假定：“随机漫游者抵达稠密的类后，不会轻易离开该类”。前者是随机游走的过程，后者的依据是马尔可夫链的“无后效性”（即将来的状态只依赖当前状态，而与过去的状态无关）。MCL 中随机漫游的过程，其实是一个不断修改转移概率矩阵的过程，该过程重复执行扩展和膨胀两个操作。

上述三种图划分方法中，以谱划分算法应用最为广泛，下面详细介绍谱划分算法[11]。

谱划分也称谱聚类，是从图论中演化出来的算法，通过对给定数据的拉普拉斯矩阵的特征向量进行分析来完成聚类。下面先介绍图的相关概念，然后给出谱聚类的算法流程。

1. 图和矩阵

对于一个图 $G=(V, E)$，V 为顶点集合，E 为边的集合，定义 w_{ij} 为顶点 v_i 和顶点 v_j 之间的权重。由于是无向图，所以 $w_{ij}=w_{ji}$。

对于有边连接的两个点 v_i 和 v_j，$w_{ij}>0$；对于没有边连接的两个点 v_i 和 v_j，$w_{ij}=0$。对于图中的任意一点 v_i，它的度 d_i 定义为与它相连的所有边的权重之和，即

$$d_i=\sum_{j=1}^{n}w_{ij} \tag{9.49}$$

利用每个点度的定义，可以得到一个 $n\times n$ 的度矩阵 Δ，它是一个对角矩阵，只有主对角线有值，形式如下：

$$\Delta=\begin{bmatrix} d_1 & 0 & \cdots & 0 \\ 0 & d_2 & \cdots & 0 \\ \vdots & \vdots & & \vdots \\ 0 & 0 & \cdots & d_n \end{bmatrix}=\begin{bmatrix} \sum_{j=1}^{n} w_{1j} & 0 & \cdots & 0 \\ 0 & \sum_{j=1}^{n} w_{2j} & \cdots & 0 \\ \vdots & \vdots & & \vdots \\ 0 & 0 & \cdots & \sum_{j=1}^{n} w_{nj} \end{bmatrix}$$

对于点集 V 的一个子集 $A\subset V$，定义$|A|$为子集 A 中顶点的个数 vol(A)，即

$$\text{vol}(A)=\sum_{i\in A} d_i$$

1）邻接矩阵

邻接矩阵是由任意两点之间的权重值 w_{ij} 组成的矩阵。它可以通过数据集的相似度矩阵 S 来获得。主要是基于以下考虑：距离较远的两个点之间的边权重值较低，而距离较近的两个点之间的边权重值较高。

构建邻接矩阵 W 的方法主要有三种：ε-邻近法、k-邻近法和全连接法。

（1）对于ε-邻近法，它设置了一个距离阈值ε，然后用欧氏距离 s_{ij} 度量任意两点 x_i 和 x_j 之间的距离。即相似度矩阵中的 $s_{ij}=\|x_i-x_j\|_2^2$，然后根据 s_{ij} 和ε的大小关系，定义邻接矩阵 W 的形式如下：

$$w_{ij}=\begin{cases} 0, & s_{ij}\geqslant\varepsilon \\ \varepsilon, & s_{ij}<\varepsilon \end{cases} \tag{9.50}$$

从式（9.50）可见，两点间的权重或者是ε，或者是 0，不包含其他信息，距离远近度量很不精确，因此，在实际应用中，较少使用ε-邻近法。

（2）k-邻近法是利用 KNN 算法遍历所有的数据点，取每个数据点最近的 k 个点作为近邻，只有与数据点最近的 k 个点之间的 $w_{ij}>0$。这种方法会造成重构之后的邻接矩阵 W 非对称，而谱聚类算法需要对称的邻接矩阵，为了解决这个问题，一般采取如下两种策略。

策略一：只要一个点在另一个点的 k 个近邻中，则保留 s_{ij}。权重 w_{ij} 的计算公式为

$$w_{ij}=w_{ji}=\begin{cases} 0, & x_i\notin \text{KNN}(x_j)\text{且}x_j\notin \text{KNN}(x_i) \\ \exp\left(-\dfrac{\|x_i-x_j\|_2^2}{2\sigma^2}\right), & x_i\in \text{KNN}(x_j)\text{或}x_j\in \text{KNN}(x_i) \end{cases} \tag{9.51}$$

策略二：两个点互为 k-近邻时，才能保留 s_{ij}。权重 w_{ij} 的计算公式为

$$w_{ij}=w_{ji}=\begin{cases}0, & x_i\notin \mathrm{KNN}(x_j)\text{或}x_j\notin \mathrm{KNN}(x_i)\\ \exp\left(-\dfrac{\|x_i-x_j\|_2^2}{2\sigma^2}\right), & x_i\in \mathrm{KNN}(x_j)\text{且}x_j\in \mathrm{KNN}(x_i)\end{cases} \tag{9.52}$$

（3）全连接法相比前两种方法，所有点之间的权重值都大于 0。可以选择不同的核函数来定义边的权值，常用的有多项式核函数、高斯核函数、Sigmoid 核函数等。此时相似度矩阵与邻接矩阵相同，权重 w_{ij} 的计算公式为

$$w_{ij}=s_{ij}=\exp\left(-\frac{\|x_i-x_j\|_2^2}{2\sigma^2}\right) \tag{9.53}$$

在实际应用中，使用全连接法建立邻接矩阵是最普遍的，而在全连接法中使用高斯径向基函数（radial basis function，RBF）是最为普遍的。

2）拉普拉斯矩阵

图的拉普拉斯矩阵（Laplacian matrix）L 定义为

$$L=\Delta-W \tag{9.54}$$

式中，Δ为度矩阵，它是一个对角矩阵；W 为邻接矩阵。

拉普拉斯矩阵 L 具有如下特性：

（1）拉普拉斯矩阵是对称矩阵，可以由Δ和 W 都是对称矩阵而得。

（2）由于拉普拉斯矩阵是对称矩阵，则它所有的特征值都是实数。

（3）对于任意的向量 f，有

$$f^{\mathrm{T}}Lf=\frac{1}{2}\sum_{i,j=1}^{n}w_{ij}(f_i-f_j)^2 \tag{9.55}$$

（4）拉普拉斯矩阵是半正定的，且对应的 n 个实数特征值都大于等于 0，即 $0=\lambda_1\leqslant\lambda_2\leqslant\cdots\leqslant\lambda_n$，且最小的特征值为 0。

2. 切图与划分准则

对于无向图 G 的划分，我们的目标是将图 $G(V, E)$切成相互没有连接的 k 个子图，每个子图点的集合为 $A_1, A_2,\cdots, A_k$，它们满足 $A_i\cap A_j=\varnothing$，且 $A_1\cup A_2\cup\cdots\cup A_k=V$。

对于任意两个子图点的集合 $A, B\subset V$，$A\cap B=\varnothing$，定义 A 和 B 之间的切图权重为

$$W(A,B)=\sum_{i\in A,\, j\in B}w_{ij} \tag{9.56}$$

对于 k 个子图中点的集合 $A_1, A_2,\cdots, A_k$，定义切图 cut 为

$$\text{cut}(A_1, A_2, \cdots, A_k) = \frac{1}{2}\sum_{i=1}^{k} W(A_i, \overline{A}_i) \tag{9.57}$$

式中，$\overline{A}_i$ 为 A_i 的补集，表示除 A_i 子集外其他 V 的子集的并集。

如前所述，谱聚类算法将聚类问题转化成图的划分问题，最优划分原则是切图后不同的子图间边权重和最小，而子图内的边权重和最大，要找到满足这个优化问题的解是一个非确定性多项式（nondeterministic polynominal，NP）难问题，因此需要使用维数归约的思想去近似地解决这个问题。聚类结果的好坏会直接受划分准则的影响，常见的划分准则有最小割（minimum cut，Mcut）准则、比例割（ratio cut，Rcut）准则、正则割（normalized cut，Ncut）准则等。

1）最小割准则

假如将一个图 G 划分为 A、B 两个子图，最小割准则是指最小化目标函数 cut(A, B)，使得子图间的公共连接权重值最小。但是最小割由于没有对类规模进行限制而仅考虑了聚类的外部连接，从而使得子图划分出现分割不均匀现象（将原图分割后，某个子图含有数据点特别少，其他子图含有数据点特别多，即分割的子图不均衡），如图 9.27 所示。

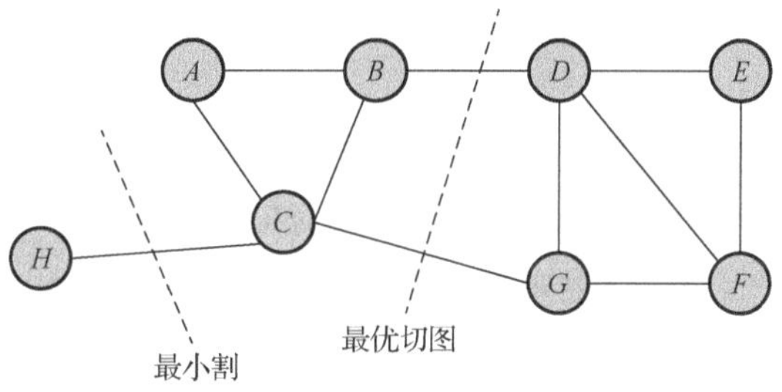

图 9.27　最小割切图

在图 9.27 中，选择权重最小的边缘点如 C 和 H 之间进行切割，可以最小化 $\text{cut}(A_1, A_2, \cdots, A_k)$，但却不是一个最优的切图。

2）比例割准则

比例割准则不仅考虑最小化 $\text{cut}(A_1, A_2, \cdots, A_k)$，还同时考虑最大化每个子图点的个数，即

$$\text{Rcut}(A_1, A_2, \cdots, A_k) = \frac{1}{2}\sum_{i=1}^{k} \frac{W(A_i, \overline{A}_i)}{|A_i|} \tag{9.58}$$

比例割可以最小化类间相似性，主要是在目标函数中引入了类平衡项。比例割能够在一定程度上规避分割不均匀的问题。

3）正则割准则

正则割准则不仅考虑加入所有与节点相关的边权值进行计算，而且还考虑连接每个子图后的权值和。正则割为了考虑类间的互相连接，而引入了容量的概念。正则割与比例割类似，只是将比例割的分母 $|A_i|$ 换成了 $\text{vol}(A_i)$，即

$$\mathrm{Ncut}(A_1, A_2, \cdots, A_k) = \frac{1}{2}\sum_{i=1}^{k}\frac{W(A_i, \overline{A}_i)}{\mathrm{vol}(A_i)} \tag{9.59}$$

当类与类之间容易分开时，上述多种准则都能给出不错的聚类结果；当类与类不容易分开时，正则割能相对给出不错的聚类结果。很多实验表明，正则割相对于其他准则具有相对稳定的性能，故一般图聚类首选正则割。

3. 谱聚类算法流程

在谱聚类算法中，需要注意相似度矩阵的生成方式、切图的方式以及聚类算法的选择。下面以全连接法生成相似度矩阵、采用 Ncut 切图、用 K-均值聚类算法为例，给出谱聚类算法的流程。

输入：数据集 $D=\{x_i\}_{i=1}^{n}$，相似度矩阵的生成方式，降维后的维度 k_1，聚类算法，聚类后的维度 k_2。

输出：簇划分 $C(C_1, C_2,\cdots, C_{k2})$。

（1）根据输入的相似度矩阵的生成方式构建数据对象的相似度矩阵 S。

（2）根据相似度矩阵 S 构建邻接矩阵 W，构建度矩阵$\varDelta$。

（3）计算出拉普拉斯矩阵 L。

（4）构建标准化后的拉普拉斯矩阵$\varDelta^{-1/2}L\varDelta^{-1/2}$。

（5）计算$\varDelta^{-1/2}L\varDelta^{-1/2}$ 最小的 k_1 个特征值所各自对应的特征向量 f。

（6）将各自对应的特征向量 f 组成的矩阵按行标准化，形成 $n\times k_1$ 特征矩阵 F。

（7）将 F 中的每一行作为一个 k_1 维的样本，共 n 个样本，用输入的 K-均值聚类算法对其进行聚类，聚类维数为 k_2。

（8）得到的簇划分 $C(C_1, C_2,\cdots, C_{k2})$。

4. 谱聚类算法的优缺点

谱聚类只需要数据之间的相似度矩阵，因此对于处理稀疏数据的聚类很有效。这一点传统聚类算法比如 K-均值聚类很难做得到。由于使用了降维，因此在处理高维数据聚类时，算法的复杂度比传统聚类算法要低。但如果最终聚类的维度较高时，由于降维的幅度不够，谱聚类的运行速度较高，聚类效果也较差。谱聚类算法的聚类效果依赖于相似度矩阵，不同的相似度矩阵得到的最终聚类结果可能很不相同。

参 考 文 献

[1] 数据时代 2025[R]. 国际数据公司（IDC）, 2018.

[2] 王众托, 吴江宁, 郭崇慧. 信息与知识管理[M]. 2 版. 北京：电子工业出版社, 2014.

[3] Brin S, Page L. The anatomy of a large-scale hypertextual web search engine[C]. Proceedings of the 7th ACM-WWW International Conference, 1998: 107-117.

[4] Kleinberg J M. Authoritative sources in a hyperlinked environment[J]. Journal of the ACM, 1999, 46: 604-632.

[5] 宗成庆, 夏睿, 张家俊. 文本数据挖掘[M]. 北京: 清华大学出版社, 2019.

[6] Salton G, Wong A, Yang C S. A vector space model for automatic indexing[J]. Communications of the ACM, 1975, 18(11): 613-620.

[7] Deerwester S, Dumais S T, Landauer T K, et al. Indexing by latent semantic analysis[J]. Journal of the American Society for Information Science, 1990, 41(6): 397-401.

[8] Hofmann T. Probabilistic latent semantic indexing[C]. Proceedings of the Twenty-Second Annual International SIGIR Conference on Research and Development in Information Retrieval, 1999.

[9] Blei D M, Ng A Y, Jordan M I, et al. Latent Dirichlet allocation[J]. Journal of Machine Learning Research, 2003, 3(4-5): 993-1022.

[10] Mikolov T, Sutskever I, Chen K, et al. Distributed representations of words and phrases and their compositionality[C]. International Conference on Neural Information Processing Systems, 2013: 3111-3119.

[11] Zaki M J, Meira Jr W. 数据挖掘与分析: 概念与算法[M]. 吴诚堃, 译. 北京: 人民邮电出版社, 2017.